砂卵石地层
土压平衡盾构技术与工程实践

张晋勋 ◎ 著

中国建筑工业出版社

图书在版编目（CIP）数据

砂卵石地层土压平衡盾构技术与工程实践 / 张晋勋著. — 北京：中国建筑工业出版社，2023.8
ISBN 978-7-112-28878-6

Ⅰ.①砂… Ⅱ.①张… Ⅲ.①卵石—地层—道施工—盾构法—研究 Ⅳ.①U455.43

中国国家版本馆 CIP 数据核字（2023）第 120653 号

本书系统阐述了砂卵石地层土压平衡盾构理论、技术和装备。全书共分 6 篇，包括砂卵石地层土压平衡盾构工程概述、砂卵石地层盾构压力平衡掘进与渣土改良技术、可输排粒径砂卵石地层盾构开挖理论与长距离高效掘进技术、不可输排粒径漂石地层盾构开挖理论与碎石掘进技术、砂卵石地层盾构施工地层位移变化特征与精准测控技术、工程案例等内容。

本书内容新颖，技术全面，针对性强并有工程实践，可作为隧道建设、勘察、设计、施工和科研技术人员的参考用书，对高等院校相关专业师生也有参考价值。

责任编辑：刘颖超　李静伟　杨　允　咸大庆
责任校对：姜小莲

砂卵石地层土压平衡盾构技术与工程实践
张晋勋　著

*

中国建筑工业出版社出版、发行（北京海淀三里河路 9 号）
各地新华书店、建筑书店经销
国排高科（北京）信息技术有限公司制版
临西县阅读时光印刷有限公司印刷

*

开本：787 毫米×1092 毫米　1/16　印张：$27\frac{1}{2}$　字数：682 千字
2023 年 7 月第一版　　2023 年 7 月第一次印刷
定价：**268.00** 元
ISBN 978-7-112-28878-6
（41248）

版权所有　翻印必究
如有内容及印装质量问题，请联系本社读者服务中心退换
电话：（010）58337283　　QQ：2885381756
（地址：北京海淀三里河路 9 号中国建筑工业出版社 604 室　邮政编码：100037）

序

砂卵石地层盾构施工是盾构隧道工程的世界难题，主要在于盾构刀具磨损严重导致难以长距离连续高效掘进、大粒径漂石盾构破碎输排难、盾构施工引起的地层位移控制难，北京、成都、兰州等地区的砂卵石地层盾构隧道工程是其代表，都曾付出了相当高的代价。

张晋勋博士带领的北京城建集团盾构技术团队，15年来一直致力于砂卵石地层土压平衡盾构技术研究与工程实践，在北京地铁9号线军事博物馆站—白堆子站区间隧道工程中，成功解决了富水富含大粒径漂石地层盾构破碎漂石掘进难题，成为该领域的先行者；在北京大兴国际机场线全断面无水砂卵石地层，创造了采用8.8m直径土压平衡盾构一次不换刀连续掘进1.7km的施工纪录，形成了砂卵石地层盾构施工的理论、技术与装备体系。

本书是作者团队多年来关于砂卵石地层盾构技术的研究成果和实践总结，也是国内外专题论述砂卵石地层盾构技术较为全面的学术著作。该书系统阐述了砂卵石地层土压平衡盾构工程难题、砂卵石地层盾构工程特征分类、盾构压力平衡掘进技术、渣土改良技术、盾构开挖机理与掘进技术、盾构施工地层位移变化特征与精准测控技术、工程案例等内容。

该书技术体系全面，内容翔实，有很强的指导性和实用性，对盾构机设计制造、盾构施工和学术研究，均有借鉴价值。

2023年7月

前　言

砂卵石地层磨蚀性强、可掘性低、渗透性高、稳定性差，是盾构施工的困难地层，在我国北京、成都、乌鲁木齐、兰州、洛阳等城市广泛分布。刀具磨损、漂石破碎、渣土输排、地层沉陷是砂卵石地层盾构施工的主要工程问题。施工难度大、掘进效率低、安全风险高、工程成本居高不下，是盾构隧道工程领域的世界难题。实现砂卵石地层盾构长距离、高效、安全掘进，需要系统研究盾构理论、技术和装备。

北京城建集团盾构技术团队自2000年承担北京地铁5号线688m盾构试验段工程以来，以北京地铁9号线玉渊潭富水富含超大粒径漂石地层、北京轨道交通大兴国际机场线全断面砂卵石地层等典型盾构隧道工程为依托，对砂卵石地层土压平衡盾构技术进行了持续系统地研究与实践，形成了砂卵石地层盾构理论、技术和装备体系，希望通过本书能将其完整呈现出来，以对行业有所裨益。

本书共分6篇15章，论述了砂卵石地层工程特征分类和工程问题，盾构压力平衡掘进与渣土改良技术，盾构开挖理论、掘进技术和装备系统，盾构施工地层位移特征与测控技术以及典型工程案例等内容。

在本书的撰写过程中，北京城建轨道交通建设工程有限公司王良、廖秋林、武福美、恽军、桂轶雄、刘双全、周刘刚、李乾斌、商啸旻、车凯、李文峰、唐虎、宋祥林、龙长喜等，北京城建集团有限责任公司殷明伦、孙正阳、李博等，中国矿业大学（北京）江玉生、江华、张小燕、杨志勇等给予了大力支持和帮助；行业专家、学者对本书进行了认真审阅，尤其是钱七虎院士提出了中肯的意见与建议，一并表示感谢！

本书内容新颖，技术全面，针对性强并有工程实践，可作为隧道建设、勘察、设计、施工和科研技术人员的参考用书，对高等院校相关专业师生也有参考价值。

限于作者水平，书中难免有疏漏与欠妥之处，敬请读者批评指正。

北京城建集团有限责任公司
2023年7月

目 录

第1篇 | 砂卵石地层土压平衡盾构工程概述 ········· 001

第1章 砂卵石地层土压平衡盾构工程难题 ········· 003

1.1 渣土改良难以完整实现 ········· 004
1.2 平衡压力建立与保持困难 ········· 005
1.3 刀具磨损预测与控制技术欠缺 ········· 006
1.4 大粒径漂石破碎理论与技术欠缺 ········· 006
1.5 地层位移控制问题频现 ········· 007
1.6 本章小结 ········· 007

第2章 砂卵石地层盾构工程特征分类 ········· 009

2.1 砂卵石地层总述 ········· 009
2.2 砂卵石地层特性 ········· 015
2.3 基于盾构工程特征的砂卵石地层分类 ········· 019
2.4 本章小结 ········· 026

第3章 砂卵石地层土压平衡盾构技术体系 ········· 027

3.1 盾构开挖理论 ········· 028
3.2 刀盘刀具设计与配置技术 ········· 029
3.3 渣土改良技术 ········· 031
3.4 盾构压力平衡掘进技术 ········· 034
3.5 盾构长距离高效掘进与刀具磨损控制技术 ········· 036

3.6 含不可输排粒径漂石的砂卵石地层盾构碎石掘进技术 ················ 038

3.7 地层位移时空发展规律与精准测控技术 ·············· 039

3.8 土压平衡盾构系统配置技术 ·············· 041

3.9 本章小结 ·············· 042

第 2 篇 | 砂卵石地层盾构压力平衡掘进与渣土改良技术·· 043

第 4 章 砂卵石地层土压平衡盾构压力平衡掘进技术 ······ 045

4.1 盾构开挖面稳定机理 ·············· 045

4.2 盾构开挖面土压模型与土压力计算 ·············· 046

4.3 盾构压力平衡掘进技术 ·············· 068

4.4 本章小结 ·············· 082

第 5 章 砂卵石地层土压平衡盾构渣土改良技术 ············ 083

5.1 盾构渣土改良作用 ·············· 083

5.2 盾构改良渣土性能设计 ·············· 086

5.3 土压平衡盾构渣土改良技术 ·············· 123

5.4 本章小结 ·············· 129

第 3 篇 | 可输排粒径砂卵石地层盾构开挖理论与长距离高效掘进技术 ·············· 131

第 6 章 砂卵石地层盾构"楔犁—松动—剥落"开挖机理 ·············· 133

6.1 常用盾构切削刀具工作机理概述 ·············· 133

6.2 楔犁刀"楔犁—松动—剥落"机理 ·············· 136

6.3 楔犁刀"楔犁—松动—剥落"物理力学模型 ······ 138

目 录

  6.4 "楔犁刀楔犁 + 刮刀辅助剥落"组合作用力学分析
    ·· 154

  6.5 本章小结 ·· 163

第 7 章 砂卵石地层盾构刀具磨损机理 ·················· 165

  7.1 磨损机理 ·· 165

  7.2 磨损控制 ·· 181

  7.3 磨损预测 ·· 182

  7.4 本章小结 ·· 185

第 8 章 砂卵石地层盾构长距离高效掘进技术 ·············· 187

  8.1 砂卵石地层盾构"楔犁—输排"保压掘进理念 ······ 187

  8.2 砂卵石地层盾构刀盘刀具设计与配置 ················ 188

  8.3 砂卵石地层盾构"高贯低转"掘进模式 ············· 226

  8.4 本章小结 ·· 231

第 4 篇 | 不可输排粒径漂石地层盾构开挖理论与碎石掘进技术 ··· 233

第 9 章 不可输排粒径漂石地层盾构"楔击—劈裂—破碎"开挖机理 ·· 235

  9.1 工程问题与技术不足 ································· 235

  9.2 漂石地层盾构"楔击—劈裂—破碎"开挖机理 ····· 238

  9.3 基于能量原理的盾构楔击碎石机理与破碎能力分析
    ·· 242

  9.4 本章小结 ·· 244

第10章　不可输排粒径漂石地层盾构碎石掘进技术 ········ 245

10.1　不可输排粒径漂石地层盾构"楔击—输排"保压碎石掘进理念 ·· 245

10.2　不可输排粒径漂石地层盾构刀盘刀具设计与配置 ·· 246

10.3　不可输排粒径漂石地层盾构"低贯高转"掘进模式 ·· 256

10.4　本章小结 ·· 258

第5篇　砂卵石地层盾构施工地层位移变化特征与精准测控技术 ·· 261

第11章　盾构施工地层竖向分层位移测试方法 ··············· 263

11.1　盾构施工地层位移特征 ··························· 263

11.2　地层竖向位移测试现状 ··························· 264

11.3　地层竖向分层位移新型测试系统 ··············· 265

11.4　地层位移的空间坐标转换方法 ··················· 267

11.5　现场测试 ·· 271

11.6　本章小结 ·· 273

第12章　砂卵石地层盾构施工地层竖向分层位移变化特征 ·· 275

12.1　地层竖向位移沿横向分布特征 ··················· 275

12.2　地层竖向位移沿竖向分布特征 ··················· 288

12.3　地层竖向位移沿纵向分布特征 ··················· 291

12.4　本章小结 ·· 294

第13章　地层位移微变形控制方法与盾体同步注浆材料性能 ········· 295

  13.1 盾构施工地层位移分级控制方法 ················· 295
  13.2 盾体同步注浆材料性能试验 ····················· 300
  13.3 盾体同步注浆材料力学特性 ····················· 306
  13.4 浆液性能对地层位移影响的数值模拟研究 ········· 325
  13.5 本章小结 ································· 335

第6篇 ｜ 工程案例 ·· 337

第14章　可输排粒径砂卵石地层盾构长距离高效掘进工程 ············ 339

  14.1 工程简介 ································· 339
  14.2 工程难点 ································· 342
  14.3 砂卵石地层力学特征 ························· 343
  14.4 盾构选型与刀具配置 ························· 348
  14.5 盾构长距离高效掘进 ························· 355

第15章　不可输排粒径漂石地层盾构碎石掘进工程 ········ 367

  15.1 工程简介 ································· 367
  15.2 工程难点 ································· 376
  15.3 不可输排粒径漂石地层力学特征 ················· 377
  15.4 盾构选型与刀具配置 ························· 400
  15.5 盾构碎石掘进 ····························· 404

参考文献 ·· 425

第1篇

砂卵石地层土压平衡盾构工程概述

第 1 章
砂卵石地层土压平衡盾构工程难题

进入 21 世纪以来，盾构法因其机械化、自动化程度高，施工速度快，作业条件好，隧道成品质量优，周边环境影响小，地层适应范围广等优势，已逐渐成为我国隧道与地下工程领域主要施工工法之一，被广泛应用于城市轨道交通、市政、水利、电力、铁路、公路等工程建设领域，尤其在城市轨道交通地下区间隧道修建中，盾构法已十分普及。

1967 年，泥水式盾构首次在日本排水管道工程中应用。1974 年，在闭胸挤压式和泥水式盾构基础上，日本首次成功研制和应用了土压平衡式盾构，主要针对冲洪积层的淤泥质软土、黏性土层和砂层等具有良好塑性的土层。后来，土压平衡盾构不断发展，逐渐拓展应用至软土、砂土、砂卵石和复合地层等更广泛的地层，与泥水平衡式盾构一起成为当今盾构技术领域的两大主流工法。目前，盾构机已从成熟的土压平衡式盾构、泥水平衡式盾构向复合式盾构、双模式盾构甚至多模式盾构发展，使其能够适应不同的工程地质与水文地质条件。

我国不同地域地质条件差异大，根据已建和在建盾构工程地层特点，典型地层主要是以天津、上海、杭州等城市为代表的滨海沿江或河湖冲积地区的软土地层，以广州、深圳、南京、南宁、武汉、福州等城市为代表的沿海或沿江地区的土岩复合地层或软硬不均岩层，以北京、成都、兰州、洛阳等城市为代表的冲积地区砂卵石地层。以上三种地层为目前国内盾构施工领域的三种典型地层，仍然存在诸多盾构工程问题需要持续研究解决，以提高盾构法的地层适用性和技术成熟度。

砂卵石地层是行业公认的特殊地层，无论选用土压平衡或泥水平衡盾构，均存在工程难题和风险需要研究和解决。尽管国内外学者针对砂卵石地层盾构施工问题开展了系列研究，也取得了较多的成果，但多集中于专项、单一问题的解决，成果系统性不强，完整的砂卵石地层盾构技术体系有待建立。

对砂卵石地层盾构工程特征的认知、砂卵石地层盾构工程特征分类的研究、盾构掘进模式的选择及盾构工程难题的应对等方面，还没有形成共识。

（1）砂卵石地层盾构工程特征的认知方面：对砂卵石地层自身稳定性的认知存在差异。一般认为，砂卵石地层为松散地层，自稳性差，对变形反应敏感，盾构掘进产生扰动后，地层容易沉降，严重时会失稳坍塌。也有观点认为，砂卵石地层密实，卵石骨架和咬合作用明显，稳定性好，可以形成拱效应，承载能力强，盾构掘进期间不易沉降坍塌；但在盾构掘进过后，如壁后间隙浆液充填不及时、不饱满、初凝慢，则容易形成晚于盾构掘进时的滞后沉降和塌陷。由于在颗粒级配、卵石含量、砂填充量、地层成因和埋深等方面的差异，以及地层胶结、地下水赋存、透镜体分布、夹土夹砂和互层等因素的影响，砂卵石地层松散、不密实、稳定性差的特征，与地层密实、稳定性好、成拱能力强的特征是共同存在的。在一定埋深或厚度的密实砂卵石地层，内摩擦角大，不同粒径卵石颗粒之间的镶嵌咬合作用强，形成承载骨架，开挖引起地层应力释放后，颗粒结构之间具有再分布和再调整的特性，有一定的成拱能力和自稳能力，盾构施工时存在一定的临时稳定性和滞后沉降效应。

（2）砂卵石地层盾构工程特征分类方面：目前仍在沿用岩土工程勘察方面的按粒径和不同分组含量来划分的岩土分类标准，对所遇不同特征的砂卵石地层命名不一，比如：砂卵石、砂砾、卵漂石、大粒径漂石、超大粒径漂石、卵石土等称谓，缺乏适应盾构工程特点的针对性工程分类方法和标准。比如从粒径方面，砾石、卵石及部分粒径的漂石地层，在盾构掘进过程中所遇到的工程问题和技术措施相近，可以归为一类；对粒径超过一定尺寸的漂石地层，需要有专门的针对性措施可归为另一类。从地层是否赋存地下水、颗粒间是否存在胶结、含泥还是含砂等方面的地质差异和施工问题，也有相应的分类需求。

（3）砂卵石盾构掘进技术方面：始终存在着漂石是否需要破碎的问题，在土压平衡盾构施工中还存在着是否要保压掘进的问题。实际工程中存在砂卵石地层土压建立困难，无法采用土压平衡模式掘进，即保压模式掘进；或认为保压掘进在掘进效率、掘进参数、刀具磨损、地表隆沉、富水喷涌等方面带来的一系列负面效应无法解决，所以常采取欠压快速掘进模式，或辅助地层加固的欠压掘进模式。

砂卵石地层土压平衡盾构技术已有大量成功案例和成熟经验，也有大量失败教训，地层自身特征带来的盾构工程难题仍未完全解决，制约着砂卵石地层盾构技术的发展，主要体现在渣土改良难以完整实现、平衡压力建立与保持困难、刀具磨损预测与控制技术欠缺、大粒径漂石盾构破碎理论与技术仍是空白、地层位移控制难题频现五个方面。以系统解决砂卵石地层土压平衡盾构工程问题为目标，依托工程实践，通过理论分析、数值模拟、室内试验、原位测试和现场试验与工程实施，完成理论创新、系统设计、体系建立和实践检验，建立一套集理论、技术与实践于一体，内容全面、体系完整、技术领先的砂卵石地层土压平衡盾构技术体系，供行业借鉴，是本书的初衷。

1.1 渣土改良难以完整实现

盾构在掘进过程中，刀盘前方水土压力与盾构推力实现平衡，通过螺旋机动态出渣保持相对稳定，实现开挖面稳定和地层位移可控。砂卵石地层中，卵石、漂石颗粒含量多、强度高、离散性大、黏聚力低、渗透性强，受机械扰动后易发生颗粒流动，在螺旋机排渣过程中易造成"闭塞""喷涌"等问题，引起开挖面压力失稳，诱发地表坍陷事故。

砂卵石地层渣土改良方面的现有研究成果主要集中在粒径 200mm 以内的砂砾石、砂卵石地层，对于粒径大于 200mm 的卵漂石地层改良成果的适用性有待进一步研究和验证。2009 年，正在施工的北京地铁 9 号线军事博物馆站—白堆子站盾构区间，是当时国内外首次面对富水富含大粒径漂石的砂卵石地层和砾岩地层，对此类地层渣土改良问题的研究和解决成为该工程的关键问题。

目前，砂卵石地层土压平衡盾构渣土改良目标与技术体系相对缺乏，直接制约盾构在此类地层中高效掘进的实现。砂卵石地层地质条件复杂，土压平衡盾构掘进需要渣土改良辅助，以改善盾构开挖渣土性状，优化盾构掘进参数，减少刀具磨损和螺旋输排问题，提高盾构掘进效率。在实际工程中，砂卵石地层渣土改良添加材料和方法多样，关注点多集中在用什么改良添加剂、配比如何、加注量多少。至于改良效果是否满足要求，渣土应该改良成什么样的物理状态，用哪些指标和什么标准来评价其改良状态的优劣，针对不同盾构工程特征的砂卵石地层采用什么添加剂，如何实现改良指标等问题较少研究，缺乏统一的渣土改良目标设计和渣土改良技术体系，造成实际工程中渣土改良的盲目性、随意性，缺乏系统性、规范性，目的片面、技术单一，影响渣土改良效果的实现和掘进效率的提高。

渣土改良不佳，会带来以下问题：掘进参数未得到改善，盾构刀具开挖困难；不利于建立土压平衡，保压掘进困难；渣土进仓和螺旋输送机输排不畅，不利于土压平衡盾构均衡输排的实现，进而影响土压平衡的建立；磨损系数高，刀具磨损快，容易出现冲击损坏加速磨耗，换刀次数多，连续掘进距离短。总体而言，渣土改良不好，盾构掘进效率低。

盾构工程实践迫切要求从不同特征砂卵石地层条件出发，围绕渣土改良的必要性、目标、方法，进行针对性、系统性研究，建立砂卵石地层渣土改良技术体系，回答砂卵石地层为什么要渣土改良、改良成什么状态、如何改良等系列问题，进而指导砂卵石地层土压平衡盾构掘进施工。

1.2 平衡压力建立与保持困难

维持动态压力平衡是实现盾构长距离掘进的保证。土压平衡盾构建立与保持合理土压力，可以使开挖面不致因土压偏低造成土体过量位移或坍塌及地下水流失。由于砂卵石地层中卵石含量高，地层性质难以合理确定，采用常规理论计算的平衡压力与实际所需平衡压力差异较大，会导致掘进过程中压力控制不当，进而引发盾构掘进困难或坍塌事故。实际案例中，由于盾构穿越砂卵石地层无法保持动态压力平衡，导致地面塌陷的事故屡见不鲜。

无论是采用欠压还是保压方式掘进，土压如何计算和选取的问题一直是砂卵石地层研究的重点。对于砂卵石地层土压平衡盾构掘进的压力平衡问题，已有较多的研究成果，但大多以实际掘进数据进行分析并提出经验措施和意见为主，由于受不同地域地质条件差异化的影响，成果普适性较差。因此，从理论上建立砂卵石地层盾构掘进压力平衡模型进行研究十分必要，对于从本质上解析压力的分布、大小等特征具有重要意义。

砂卵石地层土压平衡盾构掘进中，开挖面平衡压力建立与保持困难，影响盾构安全掘进。砂卵石地层受盾构掘进扰动后，开挖面及上方土体易松动、掉块、坍塌、形成空洞，进而形成超挖超排，反应至地层环境则形成瞬时或滞后的沉降甚至塌陷。从地层环境和工程周边环境保护，以及盾构掘进技术控制要求的角度出发，需要减小沉降，防止塌陷发生。沿隧道全长或重点地段采取洞内外超前预加固的措施，从经济、工期和作业条件方面考虑，都是不现实的。在不稳定的砂卵石地层，开挖面支护力不足的欠压掘进，必然引起与盾构掘进同步或滞后掘进的地层位移、空洞、坍塌和沉陷，严重时形成地表的"拉槽""冒顶"或"塌坑"事故，处理成本高，社会影响大。所以，建立土压平衡，采取保压掘进的方式，维持砂卵石地层开挖面稳定，减少地层损失，是控制沉降的最佳选择。

由于砂卵石地层自身物理力学特征的原因，给工程人员造成的表象是：一方面，因砂卵石渣土流动性差，建压和保压困难，不容易实现满仓掘进；另一方面，保压掘进会带来扭矩、推力升高，掘进速度下降，刀具磨损加快，排渣不畅，有水地层喷涌更加严重等诸多负面影响。故而为了追求掘进效率，主动降低渣土仓位，欠压推进。根据国内已有的成功经验，以上情况只能说明土压建立和保压掘进有难度，不易操作和控制，或者说明保压掘进的问题没有解决好，而不是去否定建压掘进的作用和必要性。

在砂卵石地层盾构隧道工程中，不稳定砂卵石地层中的不保压掘进会引起较大的地层位移和坍塌。因不保压掘进形成超挖、超排和地层位移而引起显著地表沉降和塌陷的案例越来越多，主要是在隧顶地表形成沿线路方向较长的沉降带，或者圆柱状、圆台状陷坑等事故，导致城市道路交通中断、管线断裂，甚至出现车辆陷落和人员伤亡事故，以及其他次生灾害，影响盾构安全掘进。

在充分研究砂卵石地层盾构工程特征基础上，采取具有针对性的盾构选型配置、刀盘刀具设计、掘进模式参数设置和渣土改良等盾构设备和掘进技术措施，实现压力平衡掘进，主动控制地层位移，是解决压力建立与保持难，地层位移控制难的根本思路和方法。需要系统回答砂卵石地层，为什么或在什么条件下要盾构保压掘进、保多少土压掘进，如何实现保压掘进等主要问题。

1.3　刀具磨损预测与控制技术欠缺

盾构刀盘刀具磨损一直是困扰砂卵石地层盾构施工的一大难题。由于卵漂石含量大、强度高，磨蚀性强，在盾构开挖与输排中，极易造成刀具磨损，需要频繁换刀。根据北京地铁砂卵石地层盾构掘进经验，在⑤层卵石—圆砾，盾构单盘刀具可掘进600～800m；在⑦层卵石—圆砾，可掘进400～600m；在⑨层卵石—圆砾，可掘进200～400m。在北京地铁9号线建设之前，含有大粒径漂石的砂卵石地层是盾构工程的禁区，一般选线时进行绕避，或者采用明挖、暗挖法施工。成都地铁2号线盾构区间穿越砂卵石地层，掘进50～100m就需要进行换刀，严重影响掘进效率。在砂卵石地层，无论采用洞内常压开仓还是气压开仓的方法进行盾构换刀，都是高风险作业，且成功率低。在多数情况下，是在盾构掘进前主动设置计划性的检修换刀井，或者被动设置应急性的检修换刀井来进行查换刀作业，施工成本高，工期长，且需要占地，受地面环境制约影响大。

目前，对于刀具磨损的相关研究主要集中在数值模拟分析，以及对现场刀具磨损特征分析来采取对应措施等方面。针对以北京、成都、兰州等地为代表的砂卵石地层的刀具磨损机理研究尚显不足，刀具实时动态磨损监测和理论预测的方法还不成熟，未建立起统一的磨损判定标准与评价体系。同时，从盾构刀盘刀具设计与配置、盾构掘进模式等方面降低磨损，延长掘进距离的研究和实践，没有较大突破。在砂卵石地层，通过针对性的盾构刀盘刀具设计与配置，合理的盾构掘进模式选取，良好的渣土改良等方法，来降低刀具磨损，延长连续掘进距离，少换刀，是实现盾构长距离掘进的根本。

1.4　大粒径漂石破碎理论与技术欠缺

根据《土的工程分类标准》GB/T 50145—2007规定，颗粒粒径大于200mm属于漂石。盾构刀盘直径、开口率和螺旋输送机直径不同，能够直接输排的漂石粒径大小不同。对于砂卵石地层盾构工程，往往将无法直接进仓输排，必须在刀盘前依靠盾构刀具破碎才能输排的漂石称为大粒径漂石，其颗粒粒径一般大于400mm；而将颗粒粒径大于800mm的漂石称为超大粒径漂石。

因漂石在地层空间随机分布的特点，通过常规地质勘察较难发现，且漂石本身位置分布离散性大、强度高，盾构掘进时容易造成刀盘卡困停机。如果大粒径或超大粒径漂石不破碎，盾构就无法继续掘进，而通过先勘探定位，再人工、机械或爆破破碎等处置复合地层中的孤石（球状风化体）的方法，来解决富含大粒径漂石地层盾构掘进问题，显然是不适用的。对于含量高的大粒径漂石地层，依靠前述方法，不仅费时费工，而且无法保证盾构开挖范围内大粒径漂石能够全部被探明和破碎，也无法称之为真正意义上的盾构法施工。

尽管针对不同地区的漂石地层盾构施工，已有一定的研究成果，但主要集中在盾构选型研究、施工问题解决、技术措施分析等方面，未能从根本上解决盾构区间遭遇的大粒径漂石的破碎与输排问题，大粒径漂石的存在仍然是制约盾构正常连续施工的首要难题。

1.5 地层位移控制问题频现

目前国内外关于盾构施工造成地层损失而引起地层位移问题的研究方法归纳起来，主要集中在公式经验法、理论分析法、数值计算法、模型试验法、人工智能法、现场实测法等方面。通过经验公式能够获得地表沉降变形的基本趋势，但是对于深部地层变形特征获取难度较大；理论分析受边界条件约束，无法准确得到解析解；数值分析对施工各工序的描述模拟有所欠缺，影响了反映真实工况的能力；而模型试验尽管可以真实揭示施工工序对变形的影响规律，但是受到原始地质条件、施工参数及模型尺寸比例等因素的影响，只能反映规律性变化，对于定量准确分析仍显不足。

受盾构掘进刀盘扰动、螺旋输送机渣土超排、壁后注浆充填效果不佳等因素影响，砂卵石地层盾构施工中，隧道上方路面开裂、坍塌事故频发，社会影响大。砂卵石地层位移规律研究不足，不能真正揭示实际地层位移演变特征，使得施工技术防控措施针对性不足。关于盾构工程地层位移研究成果，多集中于地表沉降方面，涉及深层地层位移的较少；多集中于土层，砂卵石地层较少；研究方法多以数值模拟、模型试验分析为主，基于现场原位测试数据揭示深层位移特征的研究较少；跟随盾构掘进的时程变化研究较多，从地层位移的时间、空间特征角度做全面研究的较少。砂卵石盾构施工引起地层位移规律的深入研究，以及基于该研究进一步创新砂卵石地层位移精细化控制技术，预防坍塌事故发生，成为亟待解决的问题。

1.6 本章小结

本章系统阐述了砂卵石地层土压平衡盾构施工难题，主要包括：渣土改良、压力平衡掘进、刀具磨损、大粒径漂石破碎、地层位移控制五个方面。其中，渣土改良是核心，压力平衡掘进是基础，刀具磨损预测与控制、大粒径漂石破碎、地层位移控制是目标，最终实现砂卵石地层土压平衡盾构长距离安全高效掘进（图1.6-1）。围绕解决以上五方面施工难题，综合进行理论研究、技术创新和工程实践，基于砂卵石地层盾构工程特征分类，完整形成一套砂卵石地层土压平衡盾构长距离安全高效掘进技术体系，是本书的目标和意义所在。

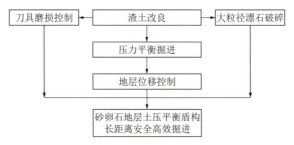

图 1.6-1　砂卵石地层土压平衡盾构长距离安全高效掘进技术体系图

第 2 章
砂卵石地层盾构工程特征分类

工程地质条件具有地域性的分布特征,也存在差别化的工程特征,科学认识、深入研究这些地质特征,对于工程实施和防范工程问题至关重要。在国内盾构工程领域,工程地质条件的地域性分布特征表现在普遍浅层的第四纪沉积的土、砂地层,东部沿海冲洪积或海相沉积成因的软土地层,东部和南部沿海及沿江构造成因的岩层或复合地层,部分河流冲积地区的砂卵石地层。不同地质条件有着不同的工程特征与工程问题,如黄土的湿陷问题、软土的强度问题、砂土的塌陷问题、岩石的风化和构造裂隙的破坏问题等。对于砂卵石地层而言,其盾构工程领域的难点问题在前文已经阐明,不再赘述,但由于地层颗粒组成、细观结构、水文地质条件等方面的差异,在盾构施工中呈现出不同的工程特征和需求,需要加以区分,以便采取相应的技术措施。目前,行业内缺少从盾构工程施工实际需求出发,对砂卵石地层盾构工程特征及其分类进行有针对性的系统研究,这些问题也正是本章内容的重点。

2.1 砂卵石地层总述

2.1.1 基本概念

《土的工程分类标准》GB/T 50145—2007中对土的颗粒组成进行了划分和规定(表2.1-1)。

土的颗粒组成划分 表 2.1-1

粒组	颗粒名称		粒径d的范围/mm
巨粒	漂石(块石)		$d > 200$
	卵石(碎石)		$60 < d \leqslant 200$
粗粒	砾粒	粗砾	$20 < d \leqslant 60$
		中砾	$5 < d \leqslant 20$
		细砾	$2 < d \leqslant 5$
	砂粒	粗砂	$0.5 < d \leqslant 2$
		中砂	$0.25 < d \leqslant 0.5$
		细砂	$0.075 < d \leqslant 0.25$
细粒	粉粒		$0.005 < d \leqslant 0.075$
	黏粒		$d \leqslant 0.005$

其中，粒径满足60mm < d ≤ 200mm的颗粒称为卵石，粒径d > 200mm的颗粒称为漂石，均属于巨粒粒组。粒径满足2mm < d ≤ 60mm的颗粒称为砾粒，0.075mm < d ≤ 2mm的颗粒称为砂粒，均属于粗粒粒组。

《岩土工程勘察规范》GB 50021—2001、《城市轨道交通岩土工程勘察规范》GB 50307—2012 等规范，将粒径大于 2mm 的颗粒质量超过总质量 50%的土定义为碎石土，碎石土的分类见表 2.1-2。

碎石土的分类 表 2.1-2

土的名称	颗粒形状	颗粒含量
漂石	圆形和亚圆形为主	粒径大于 200mm 颗粒的质量超过总质量的 50%
块石	棱角形为主	
卵石	圆形和亚圆形为主	粒径大于 20mm 颗粒的质量超过总质量的 50%
碎石	棱角形为主	
圆砾	圆形和亚圆形为主	粒径大于 2mm 颗粒的质量超过总质量的 50%
角砾	棱角形为主	

注：分类时应根据粒组含量由大到小，以最先符合者确定。

砂卵石地层是土木工程行业，特别是地下工程领域对特殊土层的泛称，一般是指以表 2.1-1 中粗粒组的砂粒、砾粒和巨粒组的卵石、漂石为主形成的混合土地层。按照地层中不同粒组颗粒含量的不同，工程习惯上又分别称为：砂砾石或砂砾（以砾石为主，充填砂）、砂卵石或卵砾石（以卵石为主，含砾石，充填砂）、卵漂石（以卵石为主，含漂石，充填砂）、漂石（以漂石为主，含卵石、砾石，充填砂）地层等。

由此看出，严格意义上的砂卵石，应该是以卵石为主的砂粒、砾粒与卵石的混合土。广义上的砂卵石地层，应该是以砂粒与砾粒、卵石、漂石按照不同级配比例组成的混合土。在本书中，砂卵石指广义上的砂卵石概念，对于含漂石的砂卵石地层，作为砂卵石地层概念中的一种特殊地层会特别注明。

2.1.2 成因

砂卵石地层主要存在于第四纪沉积层，其形成与山脉（母岩）、风和地表水（洪水和径流）等因素有关，受气候和地质共同作用（包括构造变动、冰水侵蚀、风力干燥剥蚀、冲刷沉积等）。第四纪时期沉积物的形成，是由地壳表层坚硬岩石在漫长的地质年代里，经过风化、剥蚀等外力作用，破碎成大小不等的岩石碎块或矿物颗粒，在斜坡重力作用、流水作用、风力吹扬作用、剥蚀作用、冰川作用以及其他外力作用下，被搬运到适当的环境下沉积成各种类型的土体。第四纪沉积物就是这种在地球表面外营力相互作用过程中，岩石圈发生破坏、搬运、堆积且堆积厚度不断加大的过程。岩石碎块被搬运、沉积过程中，通常按颗粒大小、形状及矿物成分不同，出现分选作用和胶结作用，使土体在成分、结构、构造和性质上表现出差异性。第四纪沉积层成因类型见表 2.1-3。

第2章 砂卵石地层盾构工程特征分类

第四纪沉积层成因类型　　　　　　　　　　　　　　　表 2.1-3

环境类型	分类	主导地质作用
陆相沉积	坡、残积	风化、重力作用
	冲、洪积	暂时性水流或河流搬运沉积作用
	沙漠	风的搬运作用
	冰川	冰川及冰水的搬运沉积作用
	河流	河流搬运沉积作用
	湖泊	地表水搬运、湖水沉积作用
	沼泽	生物化学作用
海陆过渡相沉积	三角洲	海洋与河流搬运沉积作用
	河口湾	
	海岸	
海相沉积	浅海陆棚	重力流、等深流搬运沉积作用
	次深海	
	深海	

砂卵石是第四系土体中常见的一种粗粒土，广泛分布在大江大河、中小型河流中上游地带，多分布在河床中，部分分布在河谷两岸阶地上，成因以冲积为主，其次为洪积、冰川堆积等，局部地带以多种成因混合堆积。砂卵石地层主要是在较强的水动力作用下搬运沉积形成的，主要分布在水动力由强变弱的地段，且根据其水动力条件的不同，其分布和工程特征也不同，主要成因为冲积、洪积和冰川沉积。在洪积地貌和冲积地貌这两种地貌中，砂、砾、卵石较多。冲积成因的砂卵石层又因为山区和平原河流的河道平缓程度不同，分为山区河谷砂卵石层和平原河谷砂卵石层。关于冲积、洪积与冰川沉积三大类砂卵石层成因地层特征见表 2.1-4。

不同成因砂卵石地层特征　　　　　　　　　　　　　　表 2.1-4

砂卵石层类型	主要特征
山区河谷冲积成因的砂卵石层	含有砂层透镜体，粒径较大，分选性差，级配较好，承载力较高，砂卵石层分布及厚度变化较大
平原河谷冲积成因的砂卵石层	上游颗粒粒径较大，下游逐渐过渡变细，一般呈带状分布，具有一定的水平层理，每一层中岩性成分均匀，有着良好的分选性及较高的磨圆度，分布广泛，厚度均匀，力学强度较好，承载力较高
洪积成因的砂卵石层	砂卵石层具有一定的分选性，顺着河流流向，砂卵石层的粒径由大变小，有时会出现大的漂石，在距离山区或高地较远的地方，具有比较明显的沉积层理，一般成为水平层理，粒径在竖向上看来从上到下逐渐变大
冰川沉积砂卵石层	卵石层杂乱无层序，常常遇到巨大的漂石，空隙中常见充填物有细砂、黏土等，无明显规律可循。分布范围较小，厚度小，几乎没有分选性，磨圆度很差

（1）山区河谷冲积物是指暴雨或冰雪消融形成洪流，携带砂石从山地流出山口或流入主流河谷，堆积形成洪积物。洪积物岩相主要有扇顶相、过渡相、扇缘相，巨砾、砾石等粗粒沉积物主要分布在扇顶相，砾间细粒物质被后续水流带走，孔隙度大，形成砂卵石地层。

（2）平原河谷冲积物是河流上游的冲积物，一般颗粒粗大，向下游逐渐变细。冲积物的颗粒形状一般为亚圆形或圆形，搬运的距离越长，颗粒的浑圆度越好。平原河谷冲积物可分为：河床冲积物、河漫滩冲积物、牛轭湖冲积物和阶地冲积物。漂石、卵石、圆砾多为河床冲积物、河漫滩冲积，磨圆度较好。

（3）洪积物是山地受到暂时性水流冲蚀，把岩石碎屑物质带到沟口或出山口时的堆积物。洪积物大小混杂、分选差，颗粒多带棱角，粗大砾石多位于洪积扇顶，中部地带和扇缘地带以粉砂、黏土为主。

（4）湖泊堆积物是指湖泊由于机械、化学或生物作用而形成的堆积物。湖泊堆积物由于成因不同，可分为机械堆积物、化学堆积物和生物堆积物。卵石、漂石存在于机械堆积物中。

（5）滨海堆积物是指海洋中靠近海岸且海水深度最深不超过20m，经常受海潮涨落作用的狭长地带的堆积物。滨海堆积物主要是风化碎屑物的机械堆积作用，根据其堆积条件可分为陡岸堆积物、海滩堆积物和泻湖堆积物。陡岸堆积物以粗大颗粒为主，由陡岸悬崖上的崩塌岩块和海浪冲来的卵石、圆砾组成。海滩堆积物靠陆地边缘以卵石、圆砾、粗砂为主，往海域方向逐渐变为颗粒较细的砂、淤泥混砂、淤泥。

2.1.3 分布

在我国水利、交通、市政等行业领域工程建设中，砂卵石地层非常多见。就近年大规模兴起的城市轨道交通盾构工程来看，目前集中在北京、成都、兰州、洛阳、乌鲁木齐等城市，以及沈阳、南宁、南昌市的部分地区，前者分布范围广、粒径分布不均、卵石粒径大、含量高、分布有漂石；后者多以砂砾或较小粒径的卵石颗粒为主，局部分布或呈复合地层性状。

砂卵石为第四纪沉积物，多分布于冲洪积平原地带，山前、沟口、谷地等山区冲洪积地带，河床、河漫滩、两侧台地以及古河道等江河流经冲刷地带。砂卵石地层渗透系数高，受邻近河流补给影响，地下水丰富、水压高。

（1）北京地区砂卵石

北京地区位于华北平原的北部边缘，总体地势西北高、东南低，由西、西北、北部中低山地和向渤海缓倾斜的东南冲洪积平原两大地貌单元组成（图2.1-1）。西部山地统称西山，属太行山脉；北部山地统称军都山，属燕山山脉。冲洪积平原地貌以永定河、潮白河、拒马河、沟河、温榆河等冲积扇交汇而成（图2.1-2）。

第四系土体在北京平原区广泛分布，其沉积规律主要受古地形和新构造运动及永定河流域堆积作用控制。永定河冲洪积扇由北京市西北向东南展布，北京地区地层自西向东由单一的碎石土层，逐渐过渡到黏性土和碎石土的交互沉积层。地层岩性颗粒自北向南主要由古河道控制，在古河道以沉积为主，在两个古河道之间的古河间地块以细颗粒沉积为主。受新构造运动、古气候变迁和人类活动影响，河流频繁变化，北京平原区的古河道也多次变迁。历史上永定河在北京平原从晚更新世到全新世出山后，先后发育有古清河、古金沟河、漯水河、无定河、浑河和永定河6条古河道。潮白河和温榆河古河道也进行着规律性演变（图2.1-3）。

北京地区主要受永定河河流堆积影响，第四系沉积厚度由西向东逐渐增大，沉积颗粒由粗变细。在西部永定河冲洪积扇顶部，以厚层砂土和卵、砾石地层为主，向东逐渐过渡为黏性土、粉土与砂土、砂卵石互层，再向东南以厚层黏性土、粉土为主（图2.1-4）。

第2章 砂卵石地层盾构工程特征分类

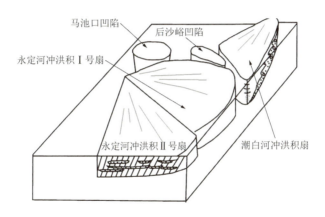

图 2.1-1　北京平原区第四系地质单元组合示意图

图 2.1-2　北京平原区冲洪积扇分布图

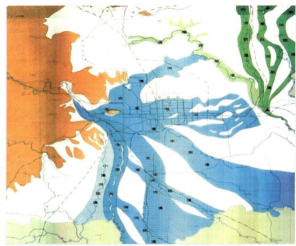

图 2.1-3　北京平原区古河道分布图

图 2.1-4　北京平原区工程地质条件分布图

北京地区典型地层为：黏性土、粉土地层，砂土地层和砾石、卵石地层，其中，砾石、卵石地层主要分布在西部、北部、南部山前地区和永定河冲积扇地区。在西二环以西地区，卵石颗粒由西部山前向东逐渐减小，根据已建地铁工程揭示，分布有粒径大、强度高的漂石，大体位于永定河冲洪积扇顶部及中上部，最大粒径可达1000mm以上，胶结程度不高，透水性好。在东北部、南部和西二环东部大部分地区，地层以黏性土、粉土、砂土及卵石土交互为主。

（2）成都地区砂卵石

成都市位于四川省中部、四川盆地西部、岷江中游地区。成都市从西到东，地形分为山地、平原和丘陵三部分。西部为龙门山和邛崃山，中部为广阔平原，东部为龙泉山和四川盆地中部丘陵的西缘（图2.1-5、图2.1-6）。

成都平原为龙门山前缘的第四纪沉积盆地，地处川西平原岷江水系东南面，属于岷江冲洪积、冰水沉积形成的扇状向东和东南微倾斜的宽阔平原，为侵蚀堆积阶地地貌，地势平坦。市区西部、中部为川西平原岷江水系Ⅰ级阶地，以全新世黏土、砂卵石土夹粉细砂为主；东部为Ⅱ级阶地，典型开阔平坦，以晚更新世晚期的成都黏土及广汉层、砂卵石土夹粉细砂为主；东部边缘及以东为Ⅲ级阶地，地形起伏较大，坡度平缓，以晚更新世雅安黏土或雅安砾石层、砂卵石土夹粉细砂为主。全市第四系地层下伏白垩系上统灌口组泥岩。

图2.1-5 成都平原区

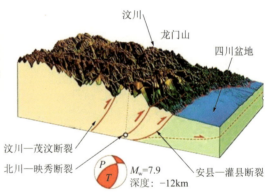

图2.1-6 成都断陷盆地

卵石在成都地区广泛分布，卵石含量60%～90%，厚度大，强度高，地下水发育。卵石地层不均匀分布有漂石，既有资料揭示漂石最大粒径为800mm。

（3）兰州地区砂卵石

兰州市地貌总体南北高，中间低。南部为皋兰山等黄土丘陵，中部为黄河谷地，北部为黄土丘陵及低中山。因黄河穿城而过，几千年的历史长河中，黄河经过多次改道，造成兰州地区存在大面积的河漫滩砂卵石地层，卵石含量达60%。在兰州地铁隧道施工中揭示的漂石最大粒径为600mm以上。因黄河的水力补给作用，卵石层地下水丰富。

兰州地铁1号线一期工程在"三滩"地区2次下穿黄河，奥体中心站—世纪大道站和迎门滩站—马滩站两条盾构区间下穿黄河，成为首条穿黄的地铁盾构工程。隧址处砂卵石地层卵石含量55%～75%，颗粒级配不均，卵石一般粒径20～50mm，最大粒径650mm，平均饱和抗压强度60～120MPa，最大饱和抗压强度达200MPa；细颗粒较少，石英含量70%～90%；地下水丰富，最高承受38m水头，地层渗透系数55～60m/d，地下水补给迅速，属强透水地层。

2.2 砂卵石地层特性

2.2.1 物理特性

砂卵石是非黏性散粒体颗粒，属于不连续级配，也称宽级配。砂卵石地层中，砾石、卵石、漂石等随机分布，砂粒和黏土粒填充于空隙中。砾石、卵石、漂石等粗颗粒具有骨架承载作用，砂粒和黏土粒等细颗粒具有填充抗渗作用。两者共同作用，形成咬合、镶嵌结构，有一定自稳性，能产生"拱效应"。

（1）组成成分

砂卵石母岩多以花岗岩、石英岩、辉绿岩、砂岩等硬质岩为主，颜色多为灰色、深灰色、杂色。矿物成分多以石英、长石为主的硬质矿物组成，单体强度较高。

（2）几何特征

在以大粒径颗粒为主的砂卵石地层，砂卵石含量超过50%，甚至高达80%~90%，局地富含漂石（粒径200mm以上）、大粒径漂石（400mm以上）或超大粒径漂石（粒径800mm以上）。形状多为浑圆状、扁平状，呈亚圆形，磨圆度较好，分选性较差。

（3）结构特征

砂卵石属于散粒体，构成骨架，形成点对点接触的咬合结构，砂粒或黏粒等细颗粒填充，一般少胶结性，部分存在泥质、钙质胶结。

（4）颗粒级配

砂卵石地层为不连续级配，根据成因和埋深等不同，砾石、卵石、漂石等粗粒和巨粒含量、整体级配和不均匀系数不同，颗粒分选差。粒径小于0.075mm的粉粒、黏粒颗粒含量少，多数为细砂、中粗砂填充，无黏聚力，少胶结。

颗粒级配通过不均匀系数C_u和曲率系数C_c来反映。C_u反映不同粒组的分布情况，C_u越大表示颗粒大小分布范围越广、级配良好。曲率系数C_c描述累计曲线的分布范围，反映曲线的整体形状。一般规定当$C_u \geq 5$且$1 < C_c < 3$时颗粒级配良好，当$C_u < 5$或$C_c < 1$或$C_c > 3$时级配不良。不均匀系数C_u和曲率系数C_c可通过下式进行计算：

$$C_u = \frac{d_{60}}{d_{10}} \tag{2.2-1}$$

$$C_c = \frac{d_{30}^2}{d_{10} \times d_{60}} \tag{2.2-2}$$

式中：d_{60}——限定粒径，是小于某粒径的土粒含量占总土颗粒质量的60%时的粒径；

d_{30}——中间粒径，是小于某粒径的土粒含量占总土颗粒质量的30%时的粒径；

d_{10}——有效粒径，是小于某粒径的土粒含量占总土颗粒质量的10%时的粒径。

（5）密实度

地层动力触探值一般大于10，最大可达100以上，属于中密—密实地层，开挖困难。砂卵石地层密实度可通过圆锥动力触探锤击数按《岩土工程勘察规范》GB 50021—2001（2009年版）中对碎石土的密实度分类的规定划分，见表2.2-1、表2.2-2。

碎石土密实度按$N_{63.5}$分类　　　　表2.2-1

重型动力触探锤击数$N_{63.5}$	密实度	重型动力触探锤击数$N_{63.5}$	密实度
$N_{63.5} \leqslant 5$	松散	$10 < N_{63.5} \leqslant 20$	中密
$5 < N_{63.5} \leqslant 10$	稍密	$N_{63.5} > 20$	密实

注：本表适用于平均粒径等于或小于50mm，且最大粒径小于100mm的碎石土。对于平均粒径大于50mm，或最大粒径大于100mm的碎石土，可用超重型动力触探或用野外观察鉴别。

碎石土密实度按N_{120}分类　　　　表2.2-2

超重型动力触探锤击数N_{120}	密实度	超重型动力触探锤击数N_{120}	密实度
$N_{120} \leqslant 3$	松散	$11 < N_{120} \leqslant 14$	密实
$3 < N_{120} \leqslant 6$	稍密	$N_{120} > 14$	很密
$6 < N_{120} \leqslant 11$	中密		

（6）孔隙率与渗透性

粗粒和巨粒地层的孔隙比和孔隙率较细粒地层小，但有效孔隙率和孔隙直径大，孔隙有效连通条件好。因大颗粒骨架作用，细颗粒较少，造成颗粒间孔隙连通较好，孔隙水以自由水形式存在并渗透扩散，渗透系数高。孔隙比小、有效孔隙率大、渗透系数高的水层为中等—强透水层，地下水补给快。对于无水砂卵石、含水砂卵石和富水砂卵石，当地下水赋存丰富且有隔水层时，地下水承压性较高。

2.2.2　力学特性

（1）稳定性

砂卵石地层黏聚力低，基本为零；内摩擦角大，一般在40°～50°；内摩阻力大，受扰动后能够通过自调整达到一定的稳定性，具有一定的拱效应。

（2）强度

卵石以花岗岩、石英岩、灰岩、砂岩等硬质岩为主，卵石巨粒单体抗压强度高，根据卵石岩性成分，基本在100MPa以上，最高值可达200MPa以上，刀具破碎困难，非正常磨损高。

（3）压缩性

砂卵石地层因地层的颗粒骨架作用，属于低压缩性土，压缩模量较高，随着密度和压力增大，压缩模量逐渐增大。

（4）磨蚀性

砂卵石单体磨蚀性高，刀盘、刀具磨损快，对盾构设备和刀具的耐磨性要求高。

（5）流变性

砂卵石因以粗粒砾石和巨粒卵石、漂石为主，细粒含量少，内摩阻力大，流动性差，在受剪切等外力作用时流变性低，盾构施工时需加以改良，利于渣土流动和输排。

2.2.3　工程特征

将砂卵石地层与盾构工程密切相关的工程特性称之为砂卵石地层盾构工程特征，主要包括可掘性、稳定性、磨蚀性、渗透性。

（1）可掘性

我国铁路、公路行业根据岩土性质和施工难易程度将隧道围岩划分为Ⅰ～Ⅵ级，其施工难易程度通过人工和机械开挖方法鉴别。基本依据开挖面敞开条件下，评判地层开挖的难度和开挖后维持自稳的能力，与盾构掘进时开挖面处于封闭环境且始终有渣土或泥浆支护不同。陈立宪等在《地下掘进之地盘——机械互制与可挖指标研探》中提出了广义化地下机械掘削机制的可挖性指标 CI，Z.T.Bieniawskivon Preinl 等在《围岩可开挖性（RME）指数：选择最佳隧道开挖方法的新途径》中提出了围岩可开挖性（RME）指数，用来预测 TBM 的可开挖性，量化 TBM 性能，并提供选择隧道开挖方法的途径。这两种指标虽然与机械结合紧密且可以量化，但是具体操作较复杂。

结合盾构隧道工法特点，提出地层的盾构可掘性作为其盾构工程特性之一来综合评判盾构施工难易程度。地层的盾构可掘性可以在特定地层条件下，通过对盾构法的适用性、掘进参数和施工效率的优劣性，以及地层位移的可控性等因素和指标来综合评判，包括：盾构刀盘刀具开挖地层、建立开挖面压力平衡、渣体平衡输排、地层位移控制等关键环节。

砂卵石地层一般较密实、摩阻力大、卵石强度和磨蚀性高、掘进阻力大、刀具磨损快，密集砂卵石刀具犁落和大粒径漂石刀具破碎难度大。砂卵石流变性低，渣体流动性差，盾构建压与输排困难，渣土可输排性差。砂卵石总体而言，掘进难度高、可掘性差，属于盾构施工的困难地层。盾构可掘性具体量化指标和方法的建立，还需要做进一步研究。

（2）稳定性

盾构工程中地层稳定性指盾构刀盘切削后开挖面和上覆地层的自稳能力与稳定状态。

目前对砂卵石地层稳定性的认识不尽相同，普遍认为"自稳性差"或"易塌方"，特别是考虑到地下水作用后，认为稳定性更差；但施工中却发现，由于颗粒骨架作用与咬合力的存在，以及粒间被细粒土和粗粒土填充密实，总体表现出了较好的自稳能力，开挖面甚至可以直立存在而不坍塌，只在较大机械扰动情况下，地层结构发生剪切破坏后，容易出现滑塌。

密实砂卵石地层结构致密，具有一定的自稳性，隧道开挖时需要借助动力机具或机械。开挖过程中，机械冲击、振动作用过大时，会对周围原状地层产生强烈扰动，卵石颗粒之间的咬合作用发生松动或错动，砂土、黏土等颗粒填充物松散流出，砂卵石原始结构状态被破坏，开挖面拱部砂卵石成拱能力降低，产生剥落、滑塌、空洞，甚至地面坍塌。受扰动的砂卵石地层，会存在自调整、自适应、再稳定的过程，这一过程会带来地层位移，以致地面沉降。此过程中，如果注浆及时，能快速充填颗粒孔隙和地层空隙，形成有效支撑，则可以使地层趋于稳定、沉降得到控制，否则易形成滞后沉降或坍塌。砂卵石能否实现地层结构自调整、自适应、再稳定，与所受开挖扰动的大小有关。开挖作用匀速、稳定、持续且支护及时，则效果明显；开挖作用突发性强、波动大、冲击力强、振动大，则直接发生垮塌的可能性增大，如果支护和后期控制又不及时，也会存在滞后坍塌或二次坍塌。

另外，由于沉积年代和沉积作用的不同，砂卵石分布特征和各自性状也会有所差异。砂卵石地层根据埋深和密实度不同，浅层薄层松散，稳定性差，成拱效应弱，受扰动易失稳坍塌，盾构掘进时地层位移反应比较敏感；深层厚层密实，自稳能力强，成拱效应明显，开挖面有一定稳定性，措施及时得当，盾构掘进时的地层位移相对可控。盾构掘进时，拱顶容易形成一定的空洞效应，如果壁后注浆充填不及时、不饱满，容易产生滞后沉降。

（3）磨蚀性

由于砂卵石粒径大、粒径不均匀、强度高，对盾构刀盘刀具有很强的磨蚀性，以至在盾构掘进过程中需要多次开仓查刀换刀，影响工程进度及施工成本。所以，砂卵石地层盾构隧道应考虑砂卵石地层对刀具的磨损影响。

衡量岩体磨蚀程度的试验主要有：LCPC（Laboratoire Central des Ponts et Chaussees）磨蚀性试验以及 CAI（Cerchar Abrasion Index）磨蚀试验。LCPC 磨蚀试验是能对不同粒径级配的混合土体进行磨蚀性研究的方法，CAI 磨蚀试验则是欧洲范围内常用的一种测试硬岩磨蚀性指标的试验方法。

雒伟勃等基于围岩的磨蚀性和稳定性提出了砂卵石地层磨损程度综合指标分级表，如表 2.2-3 所示，通过分析将盾构隧道施工条件下围岩由好到差分为四个等级：A—工作条件好；B—工作条件一般；C—工作条件差；D—工作条件极差。用于降低围岩分级评价过程中潜在的风险。

砂卵石地层盾构隧道地质综合磨蚀指标等级表　　　　表 2.2-3

围岩级别	分级标准								盾构工作条件下的围岩等级
	密实程度			细粒含量 $W/\%$	细粒含水率 $W_L/\%$	磨蚀程度			
	定性描述	定量指标				定性描述	土体耐磨性指数 LAC/（g/t）	岩石耐磨性指数 CAI	
		动力触探锤击数	相对密实度 D_r						
Ⅳ	密实	$N_{63.5}>20$ 或 $N_{120}>11$	$0.73<D_r \leqslant 1.0$	<30	—	极强磨蚀	≥1300	4～6	ⅣB
				≥30	≤14	强磨蚀	<1300	2～4	ⅣA
					>14	强磨蚀	<1300	2～4	ⅣC
Ⅴ	中密	$10<N_{63.5}\leqslant 20$ 或 $6<N_{120}\leqslant 11$	$0.49<D_r \leqslant 0.73$	<30	—	极强磨蚀	≥1300	4～6	ⅤC
				≥30	<18	强磨蚀	<1300	2～4	ⅤA
					≥18	强磨蚀	<1300	2～4	ⅤB
	稍密	$N_{63.5}\leqslant 10$ 或 $N_{120}\leqslant 6$	$D_r<0.49$	—	—	—	—	—	ⅤD

从表 2.2-3 中可以发现，砂卵石土体细料含量、密实程度及细料含水量是决定砂卵石磨蚀性的关键因素，将 CAI 岩石磨蚀分类标准引入到砂卵石土体中是一种有效的测试手段，可以降低围岩分级评价过程中潜在的风险。以北京大兴机场线盾构区间为例，采用 CAI 来表征砂卵石的磨蚀性，在岩石磨蚀伺服试验仪上进行砂卵石试样磨蚀性试验如图 2.2-1 所示，北京大兴机场线盾构区间部分砂卵石 CAI 值的测试结果见表 2.2-4。

图 2.2-1　ATA-IGGI 岩石磨蚀伺服试验仪、试验用钢针和试件

大兴机场线磁各庄站—1号区间风井区间砂卵石的 CAI 值　　　　表 2.2-4

组号	测量值/μm			测量平均值/μm	磨蚀指数/0.1mm
	测角 0°	测角 120°	测角 240°		
E1	304	313	288	301.66	3.02
E2	361	335	346	347.33	3.47
E3	324	315	319	319.33	3.19
E4	299	310	320	309.66	3.10
E5	314	319	314	315.66	3.16
均值	320.4	318.4	317.4	318.728	3.188

由表 2.2-4 可知，试件硬度大，钢针划痕较浅。磨蚀指数分布范围：3.02～3.79，均值 3.33，总体磨蚀指数 CAI 值偏大，会对盾构刀盘刀具产生严重磨损和冲击。

（4）渗透性

砂卵石地层有效孔隙率和有效孔隙直径大，孔隙有效连通条件好，渗透性高，地下水赋存条件好，孔隙水以自由水形态存在，可以在孔隙间渗流扩散。砂卵石地层渗透系数高，可达 $10^{-2}\sim10^{-1}$ cm/s。隧道施工时，当场区地下水位高或邻近河湖等补给源时，水力连通性好，地下水赋存量丰富，补给能力强。因黏性土隔水夹层或底部基岩的存在，一般地下水承压性较高，土压平衡盾构施工时，易发生喷涌。

2.3 基于盾构工程特征的砂卵石地层分类

2.3.1 砂卵石地层的粒径特征分类

2.3.1.1 砂卵石地层粒径特征分类需求

在砂卵石地层盾构工程中，现有土的一般粒径分类无法针对性满足盾构设备选型配置与盾构掘进技术措施制定实施的工程需求，需要在现有一般粒径分类基础上，结合砂卵石地层具体的地质特征和盾构工程特征进行新的分类，形成"特征地层—盾构设备—掘进技术"相匹配、相适应的盾构技术体系。

土压平衡盾构螺旋输送机尺寸决定了原状地层可以直接排出的粒径大小，对于含漂石的砂卵石地层，并非漂石均需要破碎后再排出，但一旦存在粒径较大需要破碎才能排出的漂石时，对于盾构工法而言，无论此类漂石数量多少，面对的工程问题和性质、解决思路和方法都是一致的，就是碎石问题；漂石数量多少只是在碎石掘进基础上，施工难度增减的问题。6～7m 直径盾构机，其螺旋输送机直径 800～1000mm，可输排的最大粒径 300～400mm，这里所指粒径指颗粒的最大直径，即最长径尺寸。所以，螺旋输送机允许输排的最大粒径不是一个固定值，与螺旋输送机直径相关。

砂卵石能不能被螺旋输送机直接输排、需不需要破碎，成为砂卵石地层盾构工程问题的最大区分点，直接关系到盾构施工难度、风险、进度、造价等多方面，盾构机选型配置、刀盘刀具形式、盾构掘进模式也会截然不同。地层含不可输排粒径漂石时，如果盾构设备配置和掘进方法不当，会产生刀盘、螺旋输送机卡困，刀盘、刀具损坏，盾构掘进困难或停机等风险。由于漂石分布的随机性，地面精确定位预处理难度大，遭遇后再开仓处理风险大，只有通过提高盾构设备能力，采用合理掘进模式，依靠盾构设备技术和掘进技术将其破碎排出才是可行方案。结合盾构工程具体问题和需求，从砂卵石粒径特征角度进行地层分类，有助于明确地层特征和工程问题，对应确定设备方案和技术措施。

2.3.1.2 砂卵石地层粒径特征分类

1）砂卵石可输排粒径分类

砂卵石地层土压平衡盾构掘进，将能够允许直接进仓输排的颗粒粒径定义为D_p，即螺旋输送机允许最大可输排颗粒粒径。根据卵石颗粒粒径尺寸是否同时满足能通过刀盘开口入仓，并能通过螺旋输送机排出的条件，砂卵石地层被划分为：

（1）可输排粒径砂卵石地层（不需破碎）

即不需要盾构刀具破碎，在盾构楔犁刀具"楔犁—松动—剥落"作用下，卵石、部分漂石等巨粒能够直接进仓并顺利输排的砂卵石地层。对应于《土的工程分类标准》GB/T 50145—2007 粒组划分，包括：含有颗粒粒径 ≤200mm 的卵石、砾石、砂粒、粉粒、黏粒等粒组，以及 200mm ≤ 颗粒粒径 < D_p 的漂石粒组的砂卵石地层。

（2）含不可输排粒径漂石的砂卵石地层（需破碎）

即需要盾构刀具破碎后才能顺利进仓并输排的含大粒径漂石的砂卵石地层。对应于《土的工程分类标准》GB/T 50145—2007 的粒组划分，为含有颗粒粒径 ≥ D_p 的漂石粒组的砂卵石地层。

2）砂卵石可输排粒径的确定

螺旋输送机筒体内径、螺旋轴外径、螺距等设计参数不一样，则 D_p 不一样。

是否可输排、需破碎的条件与原状地层卵石、漂石最大粒径 D_{max}、刀盘主要开口区平均宽度最小值 $W_{a\,min}$、螺旋输送机允许最大可输排卵石颗粒粒径 D_p 有关。其中，卵漂石最大粒径 D_{max} 为地层中勘察已知或预估卵漂石颗粒的最大长轴直径，刀盘主要开口区平均宽度 $W_{a\,min}$ 为刀盘主要开口区单个完整开口单侧平均宽度的最小值，螺旋输送机允许最大可输排卵漂石颗粒粒径 D_p 取决于螺旋输送机筒体内径 D_{lx} 与螺旋轴外径 d_{lz} 之间的单侧环带宽度 R_{lt} 和净螺距 S' 中的最小者。

其中，R_{lt}、S' 可以通过下式计算：

$$R_{lt} = \frac{D_{lx} - d_{lz}}{2} \tag{2.3-1}$$

$$S' = S - t \tag{2.3-2}$$

式中：S——螺旋输送机螺距，mm；

t——螺旋输送机叶片厚度，mm。

（1）当螺距与螺旋筒体单侧空间之间比值：

① $\frac{S'}{R_{lt}} \geq 1$ 时，螺旋输送机允许最大可输排卵漂石颗粒粒径 $D_p = R_{lt}$；

② $\frac{S'}{R_{lt}} < 1$ 时，螺旋输送机允许最大可输排卵漂石颗粒粒径 $D_p = S - t$。

（2）通过上述研究，土压平衡盾构施工的砂卵石地层可输排粒径分类如下：

① 当原状地层卵漂石颗粒最大粒径 $D_{max} > D_p$ 时，地层为含不可输排（需破碎）粒径漂石的砂卵石地层；

②当原状地层卵漂石颗粒最大粒径$D_{max} \leqslant D_p$时，地层为可输排（不需破碎）粒径砂卵石地层。

（3）根据文献资料，螺旋输送机允许最大可输排卵漂石颗粒粒径与螺旋输送机筒体内径D_{lx}之间可以按如下经验关系式确定：

有轴式（轴式）：$D_p \leqslant 0.35 D_{lx}$；

无轴式（带式）：$D_p \leqslant 0.6 D_{lx}$。

3）可输排粒径分类说明

对于按照螺旋输送机允许最大可输排卵漂石颗粒粒径D_p来进行砂卵石特征分类，区别于已有岩土和勘察的粒组划分，是出于盾构施工方法和工程特征的需求。

（1）一般的轨道交通领域直径6～7m盾构机的螺旋输送机直径可以满足粒径200mm以下的卵石、砾石，无需破碎可直接入仓输排，实现楔犁+输排的砂卵石地层盾构开挖方式。粒径大于200mm的漂石，也不是都需要破碎后才能输排。对于小于螺旋输送机所限定的可输排的最大粒径尺寸D_p的漂石，均应可以像砂卵石一样的方式开挖和输排，所以可以和砂卵石归为可输排的一类砂卵石。对于螺旋输送机这一最大允许粒径尺寸D_p，还可以通过增加筒体直径、扩大螺距、缩小轴径或采用无轴的带式螺旋输送机等优化设计来增大允许限值。

（2）卵漂石颗粒在需要通过的刀盘开口尺寸和螺旋输送机尺寸两个条件中，按螺旋机尺寸来确定可输排卵漂石颗粒的粒径，是基于无论卵漂石在前方是否被刀盘刀具破碎，只要通过刀盘开口后，就应能保证通过螺旋输送机而不致螺旋体卡困，所以砂卵石地层刀盘开口率和开口尺寸的设计应该匹配螺旋输送机排渣能力。一般情况，刀盘主要开口区每单侧平均宽度最小值$W_{a\,min} < D_p$，刀盘开口区为不规则形状，且这样的开口要能占到80%以上的刀盘开口面积，以提高通过率。

在可输排（不需破碎）粒径砂卵石地层中，刀盘开口尺寸要尽可能大，实现快速进仓，不至于在刀盘前产生过多的跟随转动以致增加扭矩，产生过多刀具磨耗或冲击损伤，所以是"能排尽排"。在含不可输排（需破碎）粒径漂石的砂卵石地层中，通过优化螺旋输送机设计以提高输排通过率、减少破碎量的同时，刀盘开口尺寸设计相对于螺旋输送机允许输排粒径应考虑相应折减系数，为螺旋输送提供裕量，避免按上限设计，增加卡机风险；也可以采取增加刀盘开口拦截格栅等措施进行限定，该破碎就应该在前方破碎后再入仓，所以是"应破尽破"。

（3）土压平衡盾构施工的砂卵石地层可输排粒径分类如下（表2.3-1）：

①当$D_{max} > D_p$时，地层为含不可输排粒径漂石的砂卵石地层，需破碎；

②当$D_{max} \leqslant D_p$时，地层为可输排粒径砂卵石地层，不需破碎。

基于盾构工程特征的砂卵石地层粒径特征分类表　　　　表2.3-1

砂卵石粒径分类	土的粒组	粒径条件	盾构开挖原则
不可输排（需破碎）	黏粒、粉粒、砂粒、砾粒、卵石、漂石（含大粒径漂石）	$D_{max} > D_p$	应破尽破
可输排（不需破碎）	黏粒、粉粒、砂粒、砾粒、卵石、漂石（小粒径漂石，不含大粒径漂石）	$D_{max} \leqslant D_p$	能排尽排

注：1. 表中土的粒组依据《土的工程分类标准》GB/T 50145—2007。

2. D_{max}为砂卵石地层巨粒土的最大粒径；D_p为砂卵石地层螺旋输送机允许最大可输排卵漂石颗粒粒径。

2.3.2 砂卵石地层的胶结特征分类

根据砂卵石颗粒孔隙有无胶结物充填和发生胶结作用程度，分为无胶结、弱胶结和强胶结砂卵石，其中有胶结砂卵石可根据胶结物质的矿物成分，分为泥质、钙质、硅质、铁锰质胶结。无胶结砂卵石，颗粒结构松散，卵石粒间间隙被孔隙水或细颗粒的土砂填充，粒间无胶结作用，稳定性差。有胶结砂卵石，卵石粒间填充的矿物质经过沉积作用发生物理化学变化，与卵石颗粒胶结成具有一定强度的整体地层，宏观结构紧密，具有岩性特征，粒间结合力强，整体稳定性高。

2.3.2.1 胶结成因

胶结作用是指从孔隙溶液中沉淀出矿物质（胶结物），将松散的沉积物固结起来的作用，是沉积物转变为沉积岩的重要作用，也是沉积层中孔隙度和渗透率降低的主要原因之一。在胶结作用中，从粒间水溶液中沉淀出来的、对分立颗粒起固结作用的化学沉淀物称为胶结物。胶结物主要有氧化硅、碳酸盐两类，其他常见的还有氧化铁、石膏和硬石膏、重晶石、磷灰石、萤石、沸石、黄铁矿、白铁矿、自生黏土矿。

在砂卵石的形成过程中，由于粒间缺乏黏聚力，单纯的埋藏和压实作用只可使其排出水分并紧密化，甚至压碎，但很难使颗粒彼此粘结起来。只有从孔隙水溶液中沉淀的自生矿物充填于粒间，才能有效地使松散的砂卵石颗粒胶结成稳定性较好的地层。同时由于埋深的变化、地下水化学性质的影响，充填物又有可能被溶解，产生一定数量的次生孔隙。矿物反应、原始沉积环境、成岩环境、液体流动、有机质演化、沉积物的压实破坏等都对砂卵石的形成过程有重要影响。山区基岩经风化、剥蚀、淋滤、溶蚀等物理、化学作用，把含有钙质、铁质、锰质、硅质等具有胶结作用的矿物质和卵石一起被洪水搬运到山前冲洪积扇裙（冲洪积倾斜平原）上。含有泥质、钙质、铁质、锰质、硅质等矿物质成分的胶结物质与松散砂卵石在沉积过程中发生凝结、胶结作用，形成胶结砂卵石。

2.3.2.2 胶结类型

根据胶结物与胶结对象的分立颗粒相互间的位置不同，胶结物分布特点不同，据此被划分为以下胶结类型（图 2.3-1）。

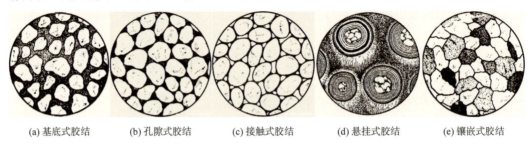

(a) 基底式胶结　　(b) 孔隙式胶结　　(c) 接触式胶结　　(d) 悬挂式胶结　　(e) 镶嵌式胶结

图 2.3-1　胶结类型

（1）基底式胶结：被胶结颗粒彼此相距较远，互不接触而"漂浮"在胶结物背景中。

（2）孔隙式胶结：沉积物为颗粒支撑，胶结物分布在粒间孔内。

（3）接触式胶结：沉积物为颗粒支撑，但胶结物只分布在颗粒之间的接触点附近，粒间孔内部仍是未被填充的孔隙。

（4）悬挂式胶结：当胶结物和它附着（或胶结）的颗粒具有一致的相对方位时，称为悬挂式胶结或重力式胶结。实际上，胶结物大都附着在颗粒的下部。

（5）镶嵌式胶结：这种胶结类型只出现在沉积石英岩中，石英碎屑之间因压溶而多呈面接触、凸凹接触或缝合线接触。残留的少量粒间孔隙虽然也有胶结物，但是胶结物与被胶结石英的成分一致，晶格也是连续的，看起来颗粒均镶嵌在一起而没有胶结物显示，也称为无胶结物式胶结。

2.3.2.3 胶结特征分类

砂卵石地层胶结特征主要体现在胶结物种类、胶结物含量、胶结类型和胶结程度等方面。胶结作用时间、胶结物含量、胶结类型不同，胶结体强度和胶结程度也会不同。基底式胶结强度高，孔隙性差；孔隙式胶结强度低，孔隙性好；接触式胶结强度较差，但孔隙性和渗透性很好。一般硅质和铁质胶结强度高，钙质胶结强度较高，泥质胶结强度低。

根据砂卵石地层胶结程度和对盾构施工的影响，按地层胶结特征，将其划分为强胶结、弱胶结、无胶结砂卵石地层三类。

（1）强胶结砂卵石地层

强胶结砂卵石胶结作用明显，成岩程度高，地层整体性好，整体强度高，胶结物充填致密，与颗粒固结紧密，稳定性好，有自承能力。

（2）弱胶结砂卵石地层

弱胶结砂卵石胶结作用时间短，胶结程度低，胶结性弱，成岩程度低，宏观结构松散，胶结物含量低，颗粒边界与孔隙结构清晰，整体强度低，黏聚力小，无水状态或不扰动情况下一般可以自稳，遇水易软化。

（3）无胶结砂卵石地层

无胶结砂卵石土黏聚力极小，颗粒间大部分为点式接触，颗粒间孔隙发育，填充物一般为黏粒、粉粒等细粒土和砂粒等粗粒土，在剪切时主要克服颗粒间摩擦力，黏聚力可以忽略。

地层胶结特征不同，其工程特性和对盾构施工的影响就不同，需要采取的技术措施会存在区别，按此进行地层分类（表2.3-2）有助于对应采取盾构技术措施，围绕地层特征建立对应的技术体系。因为弱胶结砂卵石所表现出的工程特性和盾构工程影响与无胶结砂卵石相近，所以盾构技术对策基本相同，只是技术措施参数上的区别，盾构施工中可按照无胶结砂卵石对待。

基于盾构工程特征的砂卵石地层胶结特征分类表 表2.3-2

胶结特征分类	地层特性	盾构工程问题
强胶结砂卵石	整体强度高、稳定性好	开挖难，可低压或敞开式掘进，位移小
弱胶结砂卵石	整体强度低、稳定性一般	较易开挖，需压掘进，位移可控
无胶结砂卵石	无黏聚力、稳定性差	易开挖，需保压掘进，位移难控

2.3.3 砂卵石地层的地下水赋存特征分类

砂卵石地层有效孔隙率高，孔隙直径大，孔隙有效连通条件好，地层渗透系数高，透水性强，地下水渗流补给快。根据地下水赋存水量、水压和补给强度，砂卵石地层可分为无水、弱富水和强富水砂卵石地层。

1）强富水砂卵石地层

强富水砂卵石地层地下水位高，承压性高，涌水量大；地下水补给源充沛，赋存丰富，有效孔隙率高，水力连通条件好，补给快，可持续。地层中会存在大的孔隙、裂隙、空洞，形成地下水渗流通道。

强富水砂卵石地层土压平衡施工时，存在以下突出工程问题：

（1）强富水砂卵石地层开挖面的高水压与开挖土体的低止水性共同导致了土体运输的水土分离，高压力的地下水相对土体发生了集中渗流，水流量和流速增大，螺旋输送机内无法形成"土塞效应"，高含水量、高水压渣土到达螺旋输送机出口时压力水头没有减到零，在常压下的出口处便裹挟渣体喷涌而出。水渣分离，螺旋输送机后闸门处发生持续喷涌，造成螺旋机下方中尾盾作业区积水积渣量大，抽排清理耗工耗时，作业环境差，需要通过加注吸水增黏的改良剂或配置保压泵渣系统等进行辅助解决。

（2）平衡开挖面水土压力的土仓压力难以建立，水土流失严重，地层细颗粒被冲刷携带，松散地层开挖面易坍塌。

（3）常规泡沫、泥浆等改良剂在高水压、高水量环境下易失效，添加剂需要选用高吸水性高分子材料，以提高渣土的止水性和黏聚性为主。

（4）壁后注浆浆液被地下水稀释、冲刷，难以充填饱满，无法按期凝固，浆液失效，同步浆液需要添加速凝稳定材料或采用速凝的水泥-水玻璃双液浆，或在盾尾管片壁后施作止水环隔离带并辅助双液浆补注浆。

因此，强富水砂卵石地层土压平衡盾构工程的影响主要是渣土输排中的喷涌问题，开挖面及地层的稳定问题，渣土改良的止水增黏问题以及壁后注浆中的浆液失效问题，需要通过盾构设备、技术措施等共同解决。强富水砂卵石地层单纯从地下水的角度来考虑，采用土压平衡盾构优势不明显，在不含漂石、卵石粒径小、含量低的情况下，可以比选泥水平衡盾构或土压-泥水双模盾构。反之，如果卵石粒径大、含量高、甚至含漂石，则因管道滞排和碎石问题，应慎重选用泥水平衡模式，需要做进一步比选。

2）弱富水砂卵石地层

与强富水砂卵石地层相比较而言，弱富水砂卵石地层地下水位低，微承压性或为层间水，涌水量小，渗流补给慢，季节性变化明显。一般水位不高于隧道拱顶，会有不连续的粉黏土夹层、薄层或透镜体，这些细颗粒可以对卵石级配中的细颗粒含量形成补充，利于提高渣土的悬浮性和可输排性。

该类地层盾构施工时，可能出现少量轻微的喷涌，壁后浆液受地下水稀释冲刷的影响轻微，地层中所含的低承压性、无承压性地下水反而有利于开挖渣土的改良和输排，减少了渣土改良添加中的辅助用水的注入量。

3）无水砂卵石地层

无水砂卵石地层对施工扰动反应灵敏，盾构开挖掘进易破坏原状地层平衡状态，使开挖面卵石松动、坍落，甚至开挖面发生失稳破坏。由于砂卵石地层的塑流性差，土压平衡压力建立与传递的直接性和连续性受影响，不易保持动态平衡。卵石粒间摩擦阻力大，流动性低，刀盘扭矩、螺旋输送机转矩及推力增大。卵石颗粒强度高、磨蚀性强，刀盘刀具磨损快，长距离掘进受影响。

无水砂卵石地层具有内摩擦角大、流动性差、稳定性差、磨蚀性高的主要工程特征，盾构施工主要考虑通过改良渣土塑流性、降低摩阻力,维持开挖面稳定,保护刀具,实现平衡输排、降低掘进参数指标、提高掘进效率。

从砂卵石地层地下水对盾构施工的影响和解决措施的需求角度出发,围绕地下水赋存特征进行分类(表2.3-3),并据此建立相应的技术体系,利于特定地层工程问题的系统解决。因为弱富水砂卵石所表现出的工程特性和盾构工程影响与无水砂卵石相近,所以盾构技术对策基本相同,故盾构施工中可与无水砂卵石地层合并对待。

基于盾构工程特征的砂卵石地层地下水赋存特征分类表　　表2.3-3

地下水赋存特征分类	地层特性	盾构工程问题
强富水砂卵石	水压高、水量大、补给快	水渣分离、喷涌严重、开挖面失稳、改良困难、浆液失效
弱富水砂卵石	水压低、水量小、渗流慢	偶尔喷涌、浆液弱化影响轻微
无水砂卵石	摩阻力大、磨蚀性高	无地下水影响

2.3.4 基于盾构工程特征的砂卵石地层分类与技术对策

根据前述基于盾构工程特征的砂卵石地层分类方法,对应不同特征地层分类,在分析研究具体盾构工程问题和施工影响的基础上,针对性提出解决问题的技术对策,实现特征地层条件下盾构施工目标,建立"地层特征—地层分类—工程问题—技术对策—工程目标"的技术体系,见表2.3-4。

基于盾构工程特征的砂卵石地层分类与技术对策　　表2.3-4

砂卵石地层盾构工程特征分类		地层特征	盾构工程问题	盾构技术对策	工程目标
粒径特征分类	不可输排粒径砂卵石	含大粒径漂石	漂石破碎困难,刀盘卡困,刀具损毁,渣土输排困难	应破尽破。刀盘刀具设计与配置利于"楔击—劈裂—破碎"开挖,采用"低贯高转"掘进模式和"抗冲降损"刀具磨损控制技术	实现长距离碎石掘进
	可输排粒径砂卵石	以砾石、卵石为主,含部分小粒径漂石	保压掘进难,渣土改良难,刀具磨损快,受扰动易坍塌,掘进能耗高	能排尽排。刀盘刀具设计与配置利于"楔犁—松动—剥落"开挖,采用系统性渣土改良,实现压力平衡掘进和渣土平衡输排,采用"高贯低转"掘进模式和"防冲降磨"刀具磨损控制技术,提高掘进效率,延长换刀距离	实现长距离高效掘进
胶结特征分类	强胶结砂卵石	胶结程度高、整体强度高、稳定性好	开挖难	低压或敞开式掘进,刀盘刀具设计与配置利于强胶结解构破碎	实现强胶结构碎石掘进
	弱胶结砂卵石	胶结程度低、整体强度低、稳定性一般	位移难控	压力平衡掘进,控制地层位移;系统性渣土改良,提高渣土输排性能,促进压力平衡实现	实现地层位移精细化控制
	无胶结砂卵石	无胶结物填充、无黏聚力、稳定性差			
地下水特征分类	强富水砂卵石	水压高、水量大、补给快	水渣分离、喷涌严重、改良困难、开挖面失稳、浆液失效	结合卵石粒径和含量进行盾构选型;采用高吸水性、高分子改良材料,提高渣土的止水性和黏聚性,减少喷涌,壁后浆液采用速凝稳定材料,盾尾管片施作止水隔离带并辅助双液浆补注浆,提高浆液充填率	减少喷涌,降低地下水对盾构施工影响
	弱富水砂卵石	水压低、水量小、渗流慢	渣土改良难,刀具磨损快,掘进能耗高	提高设备装备能力配置,进行针对性的刀盘刀具设计与配置,合理选择掘进模式,采用系统性渣土改良。实现压力平衡掘进和渣土平衡输排	实现长距离高效掘进
	无水砂卵石	摩阻力大、磨蚀性高			

2.4 本章小结

本章从砂卵石地层土压平衡盾构施工的实际问题和需求出发,紧密围绕地层特征与盾构问题,从粒径、胶结性、地下水赋存三大特征角度对砂卵石地层进行盾构工程特征分类,系统建立了砂卵石地层条件下基于盾构工程特征的"地层—问题—方法"技术体系。

第 3 章
砂卵石地层土压平衡盾构技术体系

砂卵石地层为第四纪沉积物，是岩石在水动力作用下长期搬运沉积的产物，成因类型以洪积、冲积、冰川沉积、滨海沉积和三角洲沉积为主，水动力作用条件不同，砂卵石形成和分布特征各异。目前国内已建和在建盾构工程涉及砂卵石地层的，主要集中在北京、成都、兰州、洛阳、乌鲁木齐等城市，以及沈阳、南宁、南昌市的部分地区。砂卵石地层在北京市主要分布于西部和西南城区永定河流域及永定河故道流经区域，在成都市主要分布于岷江冲洪积扇沉积区域，在兰州市主要分布于黄河河漫滩及黄河故道流经区域。砂卵石在长期水力搬运沉积、地形条件和重力分选作用下，下部相对而言比浅层更密实，粒径更大，大粒径卵漂石含量更高，地下水赋存量和水压力更高。由于砂卵石沉积层埋深差异和区域分布特点的不同，随着盾构法在更多城市交通和市政工程中普及，以及新建盾构隧道埋深的进一步增大，未来砂卵石地层盾构工程将不断增加，将成为需要普遍面对和迫切需要解决的问题。

砂卵石地层主要有以下特征：

（1）以砾石等粗粒土体，卵石、漂石等巨粒土体为骨架，形成点对点接触的咬合结构，孔隙多以砂粒填充为主。

（2）卵石颗粒强度高，形状多为浑圆状、扁平状，磨圆度较好，分选性较差，级配不连续。

（3）砂卵石地层结构松散、内摩擦力较高、无黏聚力、少胶结、密实度高、压缩性低、承载力高，具有条件稳定性，但受扰动沉降敏感、易坍塌，属于力学不稳定地层。

（4）砂卵石地层孔隙比和孔隙率较细粒地层小，但有效孔隙率和孔隙直径大，孔隙有效连通条件好，渗透系数高，透水性强。

针对盾构施工而言，砂卵石地层盾构工程特征在于：

（1）地层掘进难度高，可掘性差；细粒含量少，流动性差，渣土可输排性差。

（2）浅层薄层松散，稳定性差；深层厚层密实，自稳能力强，有成拱效应。

（3）砂卵石多以石英、长石等硬质矿物为主，单体强度和磨蚀性高，刀具磨损快。

（4）砂卵石地层有效孔隙率和有效孔隙直径大，孔隙有效连通条件好，地下水赋存和渗流扩散条件好。富水砂卵石地层，水量大、水压高、补给快、易喷涌。

（5）地层变位敏感，受施工扰动后，地层易变形坍塌。

1974 年，在闭胸挤压式和泥水式盾构基础上，日本首次成功研制和应用了土压平衡式盾构机。土压平衡盾构机初期应用的目标地层主要是冲洪积层的淤泥质软土、黏性土层和砂层等具有良好塑性的土层，随后逐渐被拓展应用至砂卵石和复合地层。针对细粒土地层，土压平衡盾构施工的相关理论、技术和设备研究已很成熟，但对砂卵石粗粒、巨粒土地层而言条件更复杂，施工更困难，在开挖机理、设备需求、磨损机制、掘进技术、位移特征等方面，均具有区别于细颗粒地层的明显特征，迫切需要形成自身独立的技术体系。

砂卵石地层被公认为是盾构施工困难地层之一。土压平衡盾构技术在轨道交通、水利、市政、铁路、公路工程等领域砂卵石地层隧道工程中已普遍应用，但在渣土改良、压力平衡掘进、刀具磨损预测与控制、大粒径漂石破碎、地层位移控制等方面仍是制约其应用和发展的关键问题。通过系统研究和工程实践，攻克砂卵石地层上述难题，建立完整的砂卵石地层土压平衡盾构技术体系，实现砂卵石地层盾构长距离高效施工与环境安全控制，形成砂卵石地层土压平衡盾构施工领域典型代表模式。普遍推广应用该模式可总体降低施工难度和风险，使砂卵石地层不再成为盾构法特殊地层，是近年来业界共同目标。

3.1 盾构开挖理论

不同地层盾构刀具的开挖机理不同。细颗粒的软黏土地层是齿刀、刮刀等刀具的切削和刮铲作用；岩层和复合地层是滚刀的滚压破岩作用。对于粗粒、巨粒土的无胶结砂卵石地层，主要是楔犁刀具的"楔犁—松动—剥落"（简称"楔犁松动"）机理，对于富含大粒径漂石地层是楔击刀具的"楔击—劈裂—破碎"（简称"楔击破碎"）机理。

刀盘开口尺寸和螺旋输送机螺旋体空间尺寸共同决定了其自身可通过颗粒粒径的大小，即螺旋输送机允许最大可输排颗粒粒径D_p。粒径小于D_p的砾石、卵石和部分小粒径漂石颗粒，可以不经刀具破碎直接进入土仓和螺旋输送机进行输排；粒径大于等于D_p的大粒径漂石，需经刀具破碎后方能进仓输排。因此，根据是否需要刀具破碎才能进仓输排，可以从可输排粒径特征角度将砂卵石地层分为：和可输排（不需破碎）粒径砂卵石地层和含不可输排（需破碎）粒径漂石的砂卵石地层。

对于可输排（不需破碎）粒径砂卵石地层，适用"楔犁—松动—剥落"的开挖机理，即在刀盘转动力矩作用下，楔犁刀刀体前部楔入砂卵石地层，在环向与轴向压应力作用下，原状砂卵石颗粒咬合结构被破坏，卵石本身并不破碎，但颗粒骨架作用消失，内摩擦力降低，密实颗粒体被松动成为散体颗粒，从开挖面剥落，经刀盘开口进入土仓，完成楔犁—松动—剥落的开挖过程。

在可输排（不需破碎）的砂卵石地层，刀盘开口尺寸要尽可能大，实现卵石和漂石快速进仓，不至于在刀盘前产生过多的跟随转动，以致增加扭矩，产生过多刀具磨耗或冲击损伤。因此，该地层条件下的总体开挖原则是"能排尽排"。

对于含不可输排（需破碎）粒径漂石的砂卵石地层，适用"楔击—劈裂—破碎"的开挖机理，即在刀盘高转速旋转情况下，楔击刀持续高速反复冲击漂石楔入点，在循环载荷作用下，从表面楔入点向漂石内部依次形成破坏区、塑性变形区和弹性变形区，并在刀尖直接作用的楔入点部位形成压实核。在持续冲击作用下，刀盘刀具的动能以冲击形式不断传递给漂石，除向相邻颗粒传递及衰减外，部分被漂石吸收、储存、积聚，转化为内能。在相同轨迹上多把楔击刀多次循环冲击作用下，能量积聚到超过漂石表面开裂的表面能阈值时，会沿压实核周围产生微裂纹，裂纹逐渐扩展、交汇，使漂石产生累积损伤并不断扩大，最终沿裂纹形成劈裂破碎。

在含不可输排（需破碎）粒径漂石的砂卵石地层，大粒径漂石应该在刀盘前方被破碎后再进入土仓，防止在刀盘前形成"孤石"或"障碍物"，增加刀盘卡困或刀具损毁风险；或者防止能进入土仓，但不能从螺旋输送机排出，增加螺旋体卡困风险。因此，该地层条件下的总体开挖原则是"应破尽破"。

3.2 刀盘刀具设计与配置技术

3.2.1 刀盘刀具设计与配置原则

盾构刀盘形式与刀具配置方法应以地层特征为依据，要有针对性、适应性。

砂卵石地层盾构刀具的磨损形态可分为磨耗和冲击损伤两种。磨耗属于刀具开挖地层产生的自身正常损耗，而冲击损伤是由于刀具与卵石发生接触式碰撞冲击产生的合金缺损、崩落，刀体变形等非正常磨损。冲击损伤会加剧刀具正常磨耗速度，使刀具整体磨损加快，更易失效，所以在砂卵石地层中要避免冲击损伤的发生，在含大粒径漂石的砂卵石地层要减少冲击损伤的形成。

砂卵石地层应本着输排优先的原则，减少刀具与卵石冲击带来的能量损耗和刀具损伤，尽量使盾构掘进处于低负载、低能耗、低磨损的高效工况中，尤其是减少不必要的刀具与卵石冲击造成的负面影响；而对超出输排限制粒径而无法输排的漂石，必须在刀盘前发挥设备和刀具的冲击能力予以破碎，以利输排。所以，砂卵石地层宜遵循"能排尽排，应破尽破"的原则。

无论是砂卵石地层的辐条式刀盘，还是含大粒径漂石砂卵石地层的辐板式刀盘，都应尽量提高螺旋输送机尺寸设计，增大可输排粒径尺寸，提高卵石、漂石通过率；同时，增大刀盘开口尺寸和有效开口率来共同实现"能排尽排"。

无论是楔犁刀还是楔击刀，都应提高耐磨耐冲击性能，降低刀具与卵石作用过程对刀具的损伤。通过掘进模式选择和渣土改良等措施，使楔犁刀按照"楔犁—松动—剥落"的工作机理完成开挖，避免楔犁刀因对卵石产生不必要的冲击作用而带来刀具自身的损伤，即"刀不碎石，石不损刀"；同样通过掘进模式选择置和渣土改良等措施，使楔击刀能够按照"楔击—劈裂—破碎"的工作机理破碎漂石，在破碎过程中减少刀具的损伤，即"刀能碎石，石不损刀"。

3.2.2 可输排（不需破碎）粒径砂卵石地层刀盘刀具设计与配置技术

可输排（不需破碎）粒径砂卵石地层需增大刀盘开口率，宜选用辐条式刀盘＋楔犁刀具，刀具采用三维大梯次配置，以实现长距离掘进。

砂卵石具有高强度、高摩阻力、高磨蚀性、高密实度、低流动性的特征，为了达到砂卵石地层土压平衡盾构掘进降矩、降阻、降磨、降能、保压、控沉的目的，实现低耗能、低扰动、低磨损、长距离的高效掘进，需要提高卵石松动、剥落、入仓、排出效率，避免发生刀具破碎卵石，卵石在刀盘前做伴随性运动、摩擦、阻滞而不能进仓的现象；需要采用大开口率刀盘，减少卵石进仓阻隔，加快其进仓速度，减少其在刀盘前滞留时间和负面作用。

在软塑、流塑的软黏土地层，为维持开挖面稳定和控制沉降，需要部分借助刀盘结构对开挖面形成的机械支护作用，刀盘形式常设计为面板式或辐板式。砂卵石地层具有较高的密实度和一定的稳定性，宜选用辐条式刀盘减小刀盘的直接支撑作用，增大刀盘开口提高卵石通过效率，来降低砂卵石地层的掘进难度。砂卵石地层维持开挖面稳定主要依靠建立开挖面与土仓渣土之间的压力平衡来实现，如此才能做到真正意义上的土压平衡掘进。

刀盘外周宜采用直角设计，以增加对拱部地层的支撑作用，减少坍塌。刀盘背面宜在外周和中心附近合理设置主动搅拌棒，减少土仓底部大粒径卵石的沉仓堆积，加强中心部位渣土流动性和均匀性。辐条式刀盘主梁宜采用圆管结构，以降低砂卵石入仓的摩阻力。刀盘应加强正面、背面、外周面耐磨设计，提高砂卵石地层刀盘整体耐磨性，防止长距离掘进时刀盘磨损。

根据砂卵石地层盾构"楔犁—松动—剥落"刀具开挖机理，设计刀体超高、大体积合金耐磨、高强耐冲击的楔犁刀具，以其作为砂卵石地层主体开挖刀具。楔犁刀特点是：宽面、加厚、超高条形刀体，刀体尺寸超出现有先行刀或撕裂刀。已有应用案例中最大楔犁刀尺寸为：总高350mm，工作高度（高出刀盘表面）220mm，厚100mm，宽286mm。刀体前端刃部镶嵌最高108mm的大体积整体合金块，刀体环向两侧面也采用大块整体合金块保护，径向两侧面点状镶嵌圆柱合金，刀刃前端和环向正反两侧面均做倒角刃口。总体而言，楔犁刀在尺寸规格、强度、硬度、楔犁作用上，应满足楔犁过程中的超前楔入、耐磨、耐冲击、开槽松动范围大的需求。另外，沿辐条径向配置120mm低刮刀，作用为渣体收集、导流、归拢入仓，不参与地层开挖，受同轨迹楔犁刀保护。

将楔犁刀沿刀盘轴向、径向、环向三个维度进行大梯次空间交错布置。刀盘边缘保径楔犁刀三梯次、正面楔犁刀两梯次高低交错配置，增大不同高度楔犁刀刀体高差。刀盘每轨迹上同类型刀具布置数量沿轨迹半径由小到大依次按2把、3把、6把布置，以降低单刀楔入深度，总体实现刀具梯次化接力开挖，有效降低刀盘扭矩和刀具磨损，延长单次连续掘进距离，提高掘进效率。

3.2.3　含不可输排（需破碎）粒径漂石的砂卵石地层刀盘刀具设计与配置技术

含不可输排（需破碎）粒径漂石的砂卵石地层宜选用辐板式刀盘，增加开口格栅，配置楔击刀具，分层多点平衡配置，实现大粒径漂石的破碎。

楔击刀为销轴式固定，在刀箱内安装，可背装更换，因此需要增大刀盘布刀面积以增加刀具布置数量。漂石破碎时，需要在推力作用下，通过刀盘面板和刀具对漂石产生约束，防止其跟随刀盘运动；同时，又需要尽量增大刀盘有效开口率，使地层中可输排粒径的卵石、砾石颗粒和破碎后的漂石渣体能顺畅入仓；因此，富含大粒径漂石地层宜选用辐板式刀盘。刀盘单个开口的大小要依据螺旋输送机可输排粒径的大小来确定，还要在开口处增加限制超限粒径漂石进仓的拦截格栅。通过尽量增大螺旋输送机直径、提高颗粒可输排粒径和通过率，来减少刀盘前不可输排漂石的破碎量，降低设备功耗。

根据大粒径漂石的"楔击—劈裂—破碎"刀具开挖机理，设计高强、重型楔击刀具，作为碎石刀具。楔击刀的特点是：重型超高棱柱形刀体设计，利于超前楔击，棱柱各棱角均做倒角，增大冲击作用面；安装高强合金，提高刀具抗冲耐磨性能，前端刃部镶嵌大块整体合金，环向两侧镶嵌大合金保护块，径向两侧面镶嵌柱状合金进行耐磨保护；销轴式消能设计，可消减楔击刀与漂石刚性冲击能量，底部与刀箱销接安装，刀具在楔击漂石时，绕销轴沿环向可产生小角度的振幅，以缓冲、冲击能量对刀体固定端的直接损伤，抗冲击损伤性能高，避免了刀具断裂。已有应用案例中最大尺寸楔击刀为：总高361mm，工作高度197mm（超出刀盘面板高度），宽146mm，厚76mm。总体而言，楔击刀在尺寸规格、强度、硬度、楔击作用上，能满足楔击过程中的单点楔入、高速循环冲击的需求。同时将楔击刀沿刀盘辐条径向和面板周边做多点配置，每轨迹按轨迹半径由小到大按1把、2把、3把布置，增加了刀盘周边楔击刀同轨迹梳理和冲击作用次数，总体降低了工作扭矩，提高了碎石效率。

含大粒径漂石的砂卵石地层的难点是不可输排的大粒径漂石的楔击破碎，主体仍然是开挖面整体砂卵石地层的楔犁掘进。楔击刀在楔击破碎大粒径漂石的同时，兼具着对开挖面砂卵石整体地层的楔犁开挖作用。为辅助实现对开挖面整体砂卵石地层的楔犁开挖，提高整体开挖效率，在全刀盘多点配置楔击刀基础上，合理穿插配置一层楔犁刀，焊接固定，与楔击刀高差30～45mm。第二层楔犁刀的作用是：辅助砂卵石地层楔犁开挖，对第一层次楔击刀提供防冲击保护，与楔击刀形成分层配置以降低刀具磨损和刀盘扭矩，保护刀盘免受磨损，以及渣体导流等作用。在辐臂两侧沿开口布置第三层刮刀，实现渣体的刮铲导流、归拢入仓。已有应用案例中，配合197mm高度楔击刀，设计有155mm高度楔犁刀、89mm刮刀。刀盘整体形成"楔击刀—楔犁刀—刮刀"三层高度配置，刀具功能定位清晰，分层多点配置梯次分明，总体布局合理，形成楔击破碎漂石、楔犁松动地层的综合开挖能力。

3.3 渣土改良技术

渣土改良是实现砂卵石地层压力平衡掘进，维持开挖面稳定，优化掘进参数，保持良好掘进状态的关键技术。

3.3.1 砂卵石地层渣土改良作用

（1）形成塑流态渣体，降低渣体内摩阻力，增强渣体悬浮、携带能力，满足平衡输排，实现砂卵石地层盾构压力平衡掘进。

（注：本书将改良后的渣土称为渣体，以示区别，下同。）

（2）形成黏聚状渣体，增强改良剂浆体对卵石颗粒的包裹、隔离、润滑能力，降低卵石颗粒磨蚀性，缓冲刀具磨损，延长换刀距离。

（3）形成止水性渣体，提高改良剂浆体孔隙填充、颗粒粘结、水分吸收和置换能力，防止螺旋输送机喷涌，拓宽土压平衡盾构适用地层范围。

（4）改良地层条件、提高地层可掘性，实现大粒径漂石楔击破碎、密集砂卵石楔犁剥落的高效开挖。

（5）改善掘进参数，降低掘进难度，保持低功率、低磨损、高效率的良性掘进状态。

3.3.2 砂卵石地层改良渣体性能设计

借鉴自然界中泥石流和工程界中新拌混凝土的特性，进行满足于盾构压力平衡掘进和渣土平衡输排需求的砂卵石地层改良渣体性能设计，包括改良渣体的性能特征、性能指标、试验方法和指标特征值，得到渣土改良目标和改良渣体的性能设计指标。

1）改良渣体的性能特征

改良渣体的性能特征主要有塑流性、黏聚性、止水性，三者之间相互影响，相互联系。

（1）渣体塑流性即塑性流动性，是指渣体兼具可塑性和流动性。

①塑流性好的砂卵石渣体可以浆化到软稠状态，塑性变形条件好，可压缩性高。砂卵石地层土压平衡盾构易于满仓建压，实现压力平衡掘进及平衡压力的动态调整；易于螺旋输送机对渣土的输排控制，建立压力梯度，实现改良渣体的平衡输排。

②渣体均匀性好。无水砂卵石地层可以防止砂卵石渣体堆积沉仓，富水砂卵石地层可以防止砂卵石渣体离析和产生喷涌。

③渗透性好。改良剂向开挖面地层渗透扩散能力强，使得刀盘前地层预改良和预处理状态更好。

④流动性好。渣体摩阻力低，整体运动特性好，能缓冲砂卵石颗粒对刀具的磨蚀和冲击作用。

（2）渣体黏聚性即渣体整体性、均匀性，包括抗离析性、抗泌水性。

①抗离析性：指砂卵石渣土不出现分层和离析，保持整体均匀性。抗离析性差时，砂卵石渣体浆石分离。

②抗泌水性：指砂卵石渣土良好的保水能力，不出现严重泌水现象。若渣体抗泌水性差，渣体容易析水。

③砂卵石属散体结构，无黏聚力，不易聚合和导流，影响输排和保压。砂卵石渣体易分层、离析、沉仓、喷涌，需要增强黏聚性。

④渣体黏聚性强，浆化黏度高，整体性和均匀性好。改良剂与砂卵石颗粒充分吸附、结合，不易分散、离析，提高工作性。

（3）渣体止水性即渣体抗渗性、不透水性，体现渣体封闭止水的性能。

改良剂颗粒或分子填充孔隙、置换粒间自由水，占据、堵塞、阻断孔隙通道，与颗粒体产生吸附或粘结共同抵抗渗水压力，降低渗水流速，达到封闭开挖面渗水通道、降低渣土含水率和渗透系数的目的，防止渣土离析、喷涌。盾构在富水砂卵石地层中掘进时，渣土应具有一定的抗渗性，以达到开挖面和土仓、螺旋输送机止水和避免喷涌的目的。

2）改良渣体的性能指标、检测方法和指标特征值

基于前述改良渣体的性能特征要求，确立对应特征下的性能指标、试验方法、试验仪器和指标特征值，建立一套系统、完整的砂卵石地层改良渣体性能评价体系，实现砂卵石改良渣体的性能设计，十分重要。

（1）砂卵石渣体塑流性以改良渣体的坍落度、扩展度作为性能指标，通过坍落度和坍落扩展度试验检测获得。坍落度特征值为100~150mm，扩展度特征值为400~600mm。

（2）砂卵石渣体黏聚性以改良渣体的泌水率、离析率作为性能指标，通过泌水试验和抗离析性能试验检测获得。泌水率特征值为不超过10%，离析率特征值为不超过15%。

（3）砂卵石渣体渗透性以改良渣体的渗透系数作为性能指标，通过渗透性试验检测获得。渗透系数特征值为 $10^{-5} \sim 10^{-3}$ cm/s。

3.3.3 砂卵石地层渣土改良技术

1）改良剂及作用

砂卵石地层改良剂一般包括泡沫、膨润土、高吸水性高分子材料三类。泡沫属于界面活性类材料，膨润土属于矿物类材料，高分子材料又分为天然高分子材料和合成高分子

材料。

砂卵石地层各类改良剂作用如下：

（1）泡沫：改善渣体塑流性，通过润滑、弹性、分散、减磨作用，可以降低砂卵石渣体内摩擦角，改善压缩性，减少黏附，降低磨蚀性；提高渣体止水性，通过阻断作用，可以阻隔砂卵石孔隙通道。

（2）膨润土泥浆：改善渣体塑流性，通过黏附聚合、包裹隔离、润滑减磨作用，降低砂卵石渣体内摩擦力和颗粒的摩阻力，提高润滑能力；增加渣体黏聚性，通过悬浮裹挟、吸附黏聚作用，提高浆体相对密度和悬浮能力，减少粗细颗粒分离和卵石沉仓；提高渣体止水性，通过渗透胶结、置换阻隔作用，形成滤饼或泥膜，阻塞孔隙通道。

（3）高吸水性高分子材料：无水砂卵石地层，加注较低浓度高分子材料的水溶液，改善渣体塑流性，通过粘结、包裹、聚合、润滑、减磨、保水、分散等作用，可降低内摩擦力，增加黏聚力，降低磨蚀性，提高保水性，防粘结。富水砂卵石地层，加注较高浓度高分子材料的水溶液，改善渣体黏聚性，通过高吸水性、悬浮聚合作用，可防止水渣分离，增强对砂卵石颗粒的悬浮和聚合能力。改善渣土止水性，通过吸水絮凝、增稠黏合作用，提高渣体抗渗性。

2）改良方法

具有不同工程特征的砂卵石地层，渣土性能和工程问题不同，所采用的改良剂材料和加注方式也不同。

（1）含泥胶结砂卵石地层，胶结程度低，胶结性差，地层含黏性颗粒，渣土易粘结和结泥饼。通过刀盘加注泡沫为主，土仓加水为辅，主要改善渣体塑流性，防粘结。

（2）无胶结砂卵石地层，对于无水砂卵石、卵石密集、级配不良、渣土不易输排、保压困难。通过刀盘组合以加注高黏度膨润土泥浆+泡沫，或者低黏度膨润土泥浆+CMC+泡沫，或者低浓度PAM溶液+泡沫为主，土仓加注同样的膨润土泥浆或高分子溶液为辅，来改善渣体塑流性，增加黏聚性，利于渣土输排、保压掘进和降低刀具磨损。

（3）无胶结砂卵石地层，对于富水砂卵石，水压高，水量大，渣体易离析，排渣易喷涌。通过刀盘组合以加注高浓度PAM溶液+泡沫，或者高黏度膨润土泥浆+PAM溶液+泡沫为主，土仓加注同样的高分子溶液为辅，提高渣体止水性，防喷涌。

（4）含大粒径漂石的砂卵石地层，应提高加注泥浆的浓度，形成高阻尼泥浆，辅助刀具对漂石的破碎。

针对不同盾构工程特征的砂卵石地层，需按照渣土改良目标和改良渣体性能设计指标提出各自对应的差别化改良方法，系统地建立土压平衡盾构砂卵石地层中"特征地层—改良目标—性能指标—试验方法—改良技术"的渣土改良技术体系。

3.3.4 渣土改良剂注入设计技术

岩土介质的可注性是影响渣土改良剂扩散的主要因素之一。地层的可注性就是指渣土改良剂渗入到地层结构孔隙的可能性及渗透能力的大小，这取决于很多因素：土体颗粒的级配、渣土改良剂的粒度和流变特性、土体的相对密度和渗径结构等。其中，土体颗粒的级配和渣土改良剂的粒度成为影响可注性的主要因素。

松散砂卵石地层级配较差、密实度低、可注性好，渣土改良剂在土体中的扩散方式为渗透扩散。密集砂卵石地层级配良好、密实度高、可注性一般，渣土改良剂在土体中的扩散方式为渗滤扩散。砂卵石地层常用渣土改良剂为膨润土溶液，在稳定剪切流动下，流体黏度随剪切速率增加而增加的流体属于胀塑性流体，是幂律流体的一种，通过建立幂律流体渗流与渗滤模型，形成改良剂注入的理论计算方法，得到改良剂扩散范围与注入压力、注入时间的相互关系，以及对应不同掘进参数条件的最小注入压力等注入参数的设计方法。模型计算结果表明，压力差与注入时间决定改良剂扩散范围；掘进参数决定所需注入压力；地层可注性越差，对设备的注入能力要求越高。

通过建立注入量与加注孔位布置的控制方程，提出改良剂加注系统设计方法。由扩散模型确定了加注总量及注入压力后，还需对加注孔位布置进行设计。首先由改良剂注入量确定单个加注孔的改良范围，为使全部加注孔改良范围叠加后覆盖整个刀盘，可由单孔加注设计控制方程计算得到满足改良范围要求的最小加注量，由掘进所需改良剂加注总量Q、刀盘半径R、单孔改良宽度d_i、单孔转动半径r_i共同确定。依据盾构尺寸、中心回转轴可布置的管路情况、设备能力、掘进所需改良剂注入量等情况，确定加注孔数量。每孔加注量恒定时，外圈加注孔密，内圈加注孔疏；加注孔轨迹间距恒定时，外圈加注量大，内圈加注量小。

3.4 盾构压力平衡掘进技术

3.4.1 压力平衡掘进理论

砂卵石地层土压平衡盾构施工需要采用压力平衡掘进模式，即保压掘进模式。通过建立和保持土仓压力，平衡开挖面水土压力，维持开挖面稳定。压力平衡掘进的过程，是土压建立、传递、平衡和保持的过程，是从盾构推力到仓壁作用力、渣土压力、开挖面支护力的传递和作用过程。

1）土压建立与传递机理：开挖面砂卵石被刀具楔犁、松动、剥落入仓，盾构推进系统将液压推力通过仓壁传递给渣土，跟随推进，渣土被不断挤密，对开挖面建立起实体支撑，将推力传递给开挖面，并通过螺旋输送机对进排渣量进行控制，实现渣土压力与地层水土压力的平衡。

2）土压平衡盾构开挖面的稳定状态，包括以下三方面：

（1）土仓充满渣土，渣土覆盖开挖面，渣土为开挖面提供有限压缩的实体支撑；

（2）土仓建立并保持与开挖面地层水土压力相平衡的土压力；

（3）开挖面不失稳，地层不沉陷、不隆起。

3）压力平衡掘进理论：在土压平衡盾构掘进中，以满仓渣土为条件，通过保持螺旋输送机排渣量与开挖面进渣量相平衡的方法，实现仓内土压与开挖面地层水土压力的平衡，以达到维持开挖面稳定的目的。渣土输排平衡与压力掘进平衡是一个动态变化的平衡，需要根据地质、埋深、变形控制要求等主客观因素进行动态控制。实现压力平衡掘进、渣土改良是关键。渣土既是输排对象，又是压力建立与传递的介质。通过渣土改良，可以使渣土性能特征和指标能够满足渣土输排和压力建立与保持的需要。

4）平衡压力是一个处于开挖面所需支护力下限与上限之间的范围值，盾构土压在此范围内开挖面处于平衡稳定状态。盾构土压低于平衡压力最低限值时属于欠压掘进，地层会突破主动平衡极限状态，出现地层沉陷风险；盾构土压高于平衡压力最高限值时属于超压掘进，地层突破被动平衡极限状态，出现地层隆起风险。

3.4.2 砂卵石地层盾构开挖面极限支护压力计算方法

砂卵石地层土压力计算时，首先基于太沙基松动土压力理论，建立坍塌、隆起两种极限状态下垂直压力计算模型。根据松弛载荷，考虑成拱效应，计算盾构掘进过程中开挖面土体主动、被动破坏时的竖直压力。其次，建立盾构开挖面"楔形体-梯形条分法"极限支护压力计算模型。将开挖面滑移体视作楔形体，并按照滑移面进行条分，取土条微单元进行受力分析，建立力学平衡方程，求解得到开挖面上、下限支护力公式。隧道上方棱柱体竖直压力分别基于松动土压力主动破坏和土拱效应被动破坏下计算得到的竖直压力取值，作为竖直压力的下限、上限值。

基于砂卵石地层盾构工程特征和盾构开挖面压力分布特征，应用盾构开挖面支护压力计算方法，分析得到3倍洞径的砂卵石地层盾构隧道的深浅埋划分标准，为分析地层特征、简化砂卵石地层开挖面支护压力计算、设计盾构掘进参数和判断盾构施工对周围环境的影响提供了指导依据。

3.4.3 压力平衡掘进技术

砂卵石地层压力平衡掘进需要通过开挖面平衡压力设定与动态调整、渣土平衡输排动态控制、渣土改良三方面来实现。

（1）开挖面压力平衡，是指盾构渣土向开挖面提供的支护力与开挖面土体初始侧压力P_0的平衡。

理论上，当盾构开挖面支护力等于土体初始侧压力时，地层状态不发生变化；当开挖面支护力小于初始侧压力时，地层产生面向开挖面的位移，支护力小到临界沉陷破坏的主动极限平衡状态时，达到支护力下限值；反之，开挖面支护力大于初始侧压力时，地层产生背离开挖面位移，支护力大到临界隆起破坏的被动极限平衡状态时，达到支护力上限值。盾构平衡压力的设定范围在大于主动极限平衡支护力小于土体初始侧压力之间，实际采用主动极限平衡支护力外加一定的储备压力，即$(1+\alpha)P_{主动极限} \leqslant P_{平衡支护} \leqslant P_0$。在掘进过程中，要根据地质条件、隧道埋深、地下水压、变形控制标准等因素的变化，及时调整平衡压力目标管理值的设定，实现动态平衡。

（2）渣土平衡输排，是指螺旋输送机在渣土输排运移过程中，能够维持后方排渣量与前方刀盘开挖进渣量的平衡。

通过渣土平衡输排能够实现压力平衡掘进，也就是通过量的平衡实现力的平衡。螺旋排渣量Q_p与螺旋转速n相关，刀盘开挖量Q_j与盾构掘进速度v相关。当进排渣量相等时，可以看出螺旋转速n与掘进速度v呈线性关系。因此，实现压力平衡掘进的过程是控制渣土平衡输排的过程，是螺旋转速与掘进速度相匹配实现动态控制和动态平衡的过程。

（3）将渣土改良到目标状态是砂卵石地层盾构压力平衡掘进的关键，改良渣体是实现压力平衡建立与压力传递的条件。渣土是压力建立、传递、平衡、保持的介质，是建立有效实体支撑和压力平衡掘进的物质条件。

砂卵石渣土需要改良才能具备良好的可输排性。土压平衡盾构初始研制是针对软土、黏土地层，以及粒径小于75μm的细粒土含量不低于30%的级配良好的砂砾地层（60mm以内），此时渣土无需改良。当土压平衡盾构拓展应用至砂卵石地层和复合岩层时，需要改良渣土才能实现平衡输排和保压掘进。砂卵石渣土改良的需求：将原状砂卵石改良成状态特征一致、可平衡输排、可有效传递压力、可实现保压掘进的目标渣体，具有良好塑流性、黏聚性和止水性。

基于砂卵石地层土压平衡盾构开挖面稳定机理及压力平衡掘进理论，在平衡压力设定、渣土均衡改良、渣土平衡输排动态控制基础上，形成有效的砂卵石地层盾构压力平衡掘进技术。

3.5 盾构长距离高效掘进与刀具磨损控制技术

可输排（不需破碎）粒径砂卵石地层颗粒以卵石、圆砾为主，该地层盾构掘进最关键的是在压力平衡掘进模式下，实现长距离不换刀高效掘进，使砂卵石地层盾构掘进不再困难，像黏性土、粉土、砂土地层一样成为盾构施工的一般地层、常规工况。面对全断面砂卵石地层条件，要通过盾构设备和掘进技术的系统创新，共同实现长距离高效掘进。

3.5.1 掘进理念是核心

针对砂卵石地层特点，提出楔犁刀"楔犁—松动—剥落"刀具开挖机理，成为指导刀盘刀具设计与配置、盾构掘进模式选择的理论基础和方向指南。

在楔犁刀开挖机理的基础上，结合砂卵石盾构掘进总体技术和综合因素，提出砂卵石地层土压平衡盾构"楔犁—输排"掘进理念。

"楔犁—输排"掘进理念的内涵是：砂卵石地层，在保压掘进条件下，选用辐条式、大开口率、圆管梁、直角刀盘；依靠空间梯次化布置的超高楔犁刀具高效开挖地层和高通过率螺旋输送机平衡输排渣土；通过高贯入度、低转速模式掘进；辅助以仓前加注为主、多点多剂复合加注的渣土改良，形成塑流性、黏聚性、止水性渣体；达到仓前仓后土压与渣量的动态平衡控制和"防冲降磨"的刀具磨损控制目标，实现砂卵石地层土压平衡盾构高效掘进。

3.5.2 盾构设备是基础

辐条式、大开口率刀盘，超高耐磨高强楔犁刀，刀具梯次化空间配置，高通过率大直径螺旋输送机等盾构设备设计，为全断面砂卵石地层盾构高效开挖和渣土平衡输排奠定了基础，创造了设备条件。

3.5.3 磨损控制是目标

影响砂卵石地层盾构长距离不换刀连续高效掘进的主要因素就是刀具磨损。少磨损，就能不换刀或少换刀，就能减少中途主动或被动停机，减少换刀次数和换刀井数量，也就节约了工期、成本，降低了换刀风险和对环境的破坏和对社会的影响。少磨损，刀具就能按照刀盘刀具初装设计的最优组合方式进行开挖，实现梯次化群刀楔犁效应，长期保持掘进状态良好、掘进参数稳定，避免了个别刀具磨损引起同轨迹、相邻轨迹刀具因工况改变而产生相继磨损的连锁反应，导致扭矩、推力上升，推进速度下降，掘进参数恶化，开挖效率降低。因此，少磨损是关系刀盘刀具、盾构参数、掘进效率、施工投入、风险控制、环境保护等多方面均实现最优解的关键，是盾构掘进的主要控制目标之一。砂卵石地层楔犁刀磨损机理：刀具磨损由磨耗和损伤两方面共同构成。磨耗是刀具楔犁地层过程中，刀具与卵石反复发生接触摩擦带来的正常工作磨耗；损伤是刀具与卵石偶然发生冲击破坏带来的异常冲击损伤。刀具受冲击损伤后，会加快刀具工作磨耗，所以掘进过程要尽可能避免刀具冲击损伤，降低工作磨耗，达到控制刀具磨损的目标。

冲击损伤的形成与卵石粒径、强度，刀具强度和耐冲击性，刀盘转速等有关。工作磨耗的产生与卵石的磨蚀性、刀具的耐磨性、渣土改良效果、每环刀盘转数等有关。冲击损伤和工作磨耗的主要控制因素分别是刀盘转速和刀盘转数。降低刀盘转速，可以有效避免冲击破坏；减少刀盘转数，可以降低工作磨耗；这就是砂卵石地层刀具"防冲降磨"磨损控制理论。

建立刀具磨损理论模型及综合磨损经验模型，可以计算得到砂卵石地层的磨损系数，进行刀具磨损预测。将不同梯次楔犁刀依次出现合金磨损失效的极限状态作为刀具磨损设计阈值，分别对应预警换刀位置、经济换刀位置、极限换刀位置。经过模型计算预测，可以得到相应的理论换刀距离，实现刀具磨损预测，为选择换刀时机和位置提供理论依据，刀具磨损理论预测模型的可靠性可以通过实际工程来验证。

3.5.4 掘进模式是关键

基于刀具"防冲降磨"磨损控制理论，在保持一定掘进速度以获得较高掘进效率的基础上，降低刀盘转速，提高刀具贯入度，可以降低刀具异常冲击损伤的概率，减少相同掘进进尺下刀盘转数，缩短刀具运动轨迹，降低刀具正常工作磨耗。这种低转速、高贯入度掘进称为"高贯低转"掘进模式。与之相比较，在相同掘进速度下，实际工程中存在着"低贯高转"模式，在掘进相同距离时，刀盘转数多，刀具运动轨迹长，磨耗大；刀盘转速高，冲击损伤概率高。这种模式不利于砂卵石地层盾构长距离掘进。

3.5.5 高效掘进是效果

基于前述刀具开挖机理、盾构掘进理论、刀盘刀具设计与配置技术、刀具磨损机理和磨损控制理论，提出"盾构高效掘进理念"：在渣土改良和保压掘进基础上，在保持可持续高掘进速度的前提下，通过刀盘刀具设计与配置技术、盾构掘进模式、刀具磨损控制技术和地层位移分级控制技术，综合实现刀盘低扭矩、刀具少冲击、刀具慢磨损、长距离掘进不换刀、地层位移分级可控的"高推速、低扭矩，弱冲击、缓磨损，少换刀、长距离，低能耗、高效率，小扰动、微变形"高效掘进。

经过北京轨道交通大兴机场线一期工程盾构隧道工程原位测试验证：全断面无水砂卵石地层，在大开口辐条式刀盘、超高楔犁刀梯次布置、"高贯低转"掘进模式的基础上，盾构可保持 40～60mm/min 可持续的高推速，刀盘平均扭矩可降低至额定扭矩的 42%～55%，刀具磨损系数可降低至 0.03～0.045mm/km，地层位移控制良好，实现了单次长距离不换刀连续掘进 1.7km 的高效掘进效果。

3.6 含不可输排粒径漂石的砂卵石地层盾构碎石掘进技术

对于含不可输排（需破碎）粒径漂石的砂卵石地层，漂石破碎是掘进的核心问题。只要经勘察探明隧道范围已知存在需破碎的不可输排粒径漂石，不论数量多与少，均需面对如何破碎的技术问题。不可输排粒径漂石粒径越大、含量越高，漂石破碎和渣土输排的难度会更大，刀具损毁、刀盘卡困和盾构被迫停机的风险会更高。

1）"楔击—劈裂—破碎"开挖机理。

基于能量转化原理，针对不可输排粒径漂石，提出楔击刀具"楔击—劈裂—破碎"开挖机理：楔击刀跟随刀盘转动，反复楔击不可输排的大粒径漂石，多频次冲击荷载循环作用下，楔击能量以应力波形式在漂石内部传递，当其突破漂石开裂面表面能阈值时，漂石产生裂纹，并不断扩展，直至贯通破碎。"楔击—劈裂—破碎"的过程是冲击荷载多点反复加载、漂石损伤不断累积、裂隙不断发展的过程，是刀具动能-漂石内能-开裂面表面能不断转化的过程。

针对大粒径漂石的刀具楔击碎石的实现，需要以下条件：

（1）能量阈值条件：刀盘刀具楔击的动能大于漂石开裂面的表面能。

（2）楔击刀构造条件：刀具形状、尺寸、强度、安装方式均利于完成楔击动作。

（3）环境约束条件：漂石周围空间被地层粗细颗粒和高阻尼改良泥浆包裹、充填和约束，利于楔击受力。

2）刀盘工作条件：刀盘能够产生楔击作用所需的转速和扭矩输出条件。最关键和直接的条件是能量转化过程中，楔击刀反复冲击、循环加载，能量不断被传递、转化和积聚，最终累积至超过漂石开裂面表面能而产生裂纹，直至裂纹扩展、交汇、贯通，形成劈裂状破碎。"楔击—输排"掘进理念。

3）基于楔击碎石机理，综合掘进其他要素条件，提出"楔击—输排"掘进理念：含大粒径漂石的砂卵石地层，在保压掘进条件下，选用辐板式复合刀盘，依靠特定轨迹多点布置的楔击刀具楔击碎石，分层布置的楔击刀与楔犁刀共同楔犁砂卵石整体地层，高通过率螺旋输送机平衡输排砂卵石和漂石碎渣；通过低贯入度、高转速模式掘进，辅助以高阻尼的渣土改良剂，在提供漂石楔击阻尼环境的同时，形成塑流性、黏聚性、止水性渣体，满足输排条件；达到仓前仓后土压与渣量的动态平衡控制和刀具"抗冲降损"磨损控制目标，实现含不可输排粒径漂石的砂卵石地层盾构碎石掘进。

4）刀具磨损机理、"抗冲降损"磨损控制方法及"低贯高转"碎石掘进模式。

砂卵石地层刀具磨损由磨耗和冲击损伤构成。在含不可输排粒径漂石的砂卵石地层，因为刀盘刀具要以冲击方式做功来实现碎石，加之漂石粒径大、强度高，需要多次楔击破碎，所以冲击损伤是碎石掘进时楔击刀具的主要磨损形态。

基于"冲击损伤 + 磨耗"的刀具磨损机理，在碎石掘进的同时又要控制刀具磨损，就需要一方面提高刀盘刀具的楔击碎石能力，另一方面增强楔击刀具的抗冲击损伤能力，即通过"抗冲降损"实现刀具磨损控制，进而实现盾构碎石掘进。要达到"抗冲降损"的目的，实现"楔击—劈裂—破碎"开挖，一是通过盾构装备能力的针对性提升，二是通过盾构掘进模式的合理选用。

在含不可输排粒径漂石的砂卵石地层，要实现盾构掘碎石进，就需要针对性配置专用刀盘刀具实现楔击碎石，并配合大直径、高通过率、耐磨螺旋输送机进行渣土输排。首先需要配置高功率、高承载的盾构主驱动系统，以便提高盾构在困难地层掘进的装备能力，保证高功率、大扭矩输出；其次是配置辐板式、重型、弧形复合刀盘，可以限制不可输排粒径漂石通过，提高刀盘抗冲击、抗变形、耐磨能力；再次是配置专用楔击刀具，楔击刀具采用高强合金、超高刀身、重型棱柱刀体、销轴式消能设计，可以提高楔击刀抗冲击性能，增强了楔击刀楔击碎石与抗损伤能力，消减楔击刀与漂石刚性冲击能量，可以避免刀具断裂；最后是采用楔击刀、固定式楔犁刀、滚动式楔犁刀等复合开挖刀具多层多辐平衡配置，形成楔击破碎漂石、楔犁松动地层的综合开挖能力，实现保径开挖、保护刀盘、降低扭矩、减少能耗、延长刀具使用寿命的作用。

在刀盘高转速工作、高能量输入条件下，采用低贯入度、高转速的"低贯高转"掘进模式。高转速模式下，可以增加刀具楔击频次、增强刀具楔击能量。刀盘转动圈数多，刀具楔击频次高；刀盘转动速度快，刀具楔击能量高。低贯入度模式下，可以提高刀具单次楔击破碎效果，降低刀具冲击损伤概率。

总体而言，盾构刀盘主驱动的高功率储备、高扭矩输出和刀盘高转速旋转、高能量输入是实现盾构楔击碎石掘进的基础，高强、耐磨、抗冲击的盾构刀盘刀具和刀具平衡配置是实现盾构楔击碎石的关键，"低贯高转"掘进模式是实现盾构楔击碎石的保障。通过"抗冲降损"刀具磨损控制＋"低贯高转"碎石掘进模式，综合实现含不可输排粒径漂石的砂卵石地层盾构碎石掘进，达到了"刀能碎石，石不损刀"的碎石掘进与磨损控制目标，应用于北京地铁9号线玉渊潭隧道工程，解决了富含超大粒径漂石地层盾构掘进的世界难题（图3.6-1、图3.6-2）。

图3.6-1　北京地铁9号线军事博物馆—白堆子区间砂卵石　　图3.6-2　北京地铁9号线军事博物馆—白堆子区间漂石

3.7　地层位移时空发展规律与精准测控技术

实际工程对盾构施工引起的地层位移测试主要集中于地表沉降监测，虽然方法简单，但无法真实揭示地层深层位移特征，无法体现掘进过程动态发展规律。目前，砂卵石地层盾构施工引起的地层位移规律的深入测试和研究较为少见，缺乏高精度的分层位移测试技术、准确的分层位移变化规律和位移微变形控制方法的研究。

砂卵石地层盾构施工引起地层位移，在时间上是阶段性的，在空间上是多维度的。沿隧道覆土上方竖向、隧道掘进水平纵向、并行邻接隧道水平横向上的空间维度地层位移量，以及位移跟随时间发展变化规律，可以通过原位测试进行深入研究。根据砂卵石地层位移特征规律，得到位移在时间与空间上的主要、次要控制阶段和部位，分级采取控制措施，能够实现地层位移的精细化控制，对工程周边需要重点保护的风险环境做到"微沉降""微变形"。

3.7.1 地层位移测试技术

运用由静力水准仪、单点位移计和孔口端锚固组成的"高精、高频、低扰"的地层位移测试系统，可对不同深度地层位移进行实时测试，精度可达 0.1mm，频率 1 次/3min，测试过程自动化采集和传输数据。通过建立地层位移空间坐标转换方法，将同一点不同深度的地层位移测点按一定间距转换为前后多点布置，对测试数据进行坐标转化处理，通过分层多孔单点测试达到分层同孔多点测试的目的，解决了目前砂卵石地层难以做到的同孔多点分层位移测试难题。

3.7.2 砂卵石地层位移时空发展规律

在大兴机场线一期砂卵石地层盾构隧道工程中，通过应用研发的地层位移测试系统进行现场原位测试，对测试数据进行分析处理，得到砂卵石地层盾构施工引起的地层位移时空发展规律如下：

（1）空间发展规律：通过地层竖向、纵向、横向测试，揭示竖向位移为主控因素，远大于纵向和横向位移，横、纵向位移工程意义上可以忽略。

根据地层竖向位移原位测试数据分析，得到盾构施工对地层位移的影响分布特征，在横断面上表现为"横三区"：位移占比 80%以上的主要影响区，15%以内的显著衰减区和 5%以内的稳定区，分区位置从隧道中线向两侧依次为 $0.5D$（D 为隧道外径）、$0.7(H+1/6D)$（H 为隧道埋深）、D 主要影响区在竖向上表现为"竖两层"：位移占比 80%以上的显著扰动层和占比 20%以内的整体下沉层，分层位置为隧顶上方 $0.8D$ 处。

（2）时间发展规律：通过多断面分层位移测试，揭示出地层位移在与盾构掘进相对位置关系上的纵向"五阶段"发展规律：在盾构超前影响阶段，位移占比约 5%；刀盘到达前阶段约 10%；盾体通过阶段约 45%；盾尾脱出阶段约 20%；长期沉降阶段约 20%。

3.7.3 位移精细化分级控制技术

针对砂卵石地层盾构施工引起位移的分区、分层、分阶段特征和发展规律，建立分级控制标准，采取分级控制技术。对位于主要影响区、显著扰动层的高等级环境风险，在阶段性位移占比最大的盾构通过阶段，按照最高级别标准控制，除采取盾尾同步注浆外，还采取盾体同步注泥技术填充盾体外间隙，形成盾体壁后与管片壁后"全间隙"和掘进时间同步与掘进空间同步"双同步"的"时空同步-全域填充"技术和实施效果，达到高等级风险源毫米级"微变形"控制。

盾构间隙分为开挖间隙和盾尾间隙两部分，根据盾构通过阶段位移占比，发现盾体通过阶段是盾构近接施工变形控制的敏感阶段，盾尾脱出阶段是盾构施工变形控制主要阶段。通过向盾体外开挖间隙注入高塑流性、高黏聚性、高压缩模量、低剪切强度的快凝、早强材料，起到充填、支撑、减阻、隔离、止水等综合作用，最主要的是通过盾体间隙的同步充填，实现盾构通过阶段地层位移控制，弥补以往盾构同步注浆在"盾体-地层"间隙方面的缺失。

3.8 土压平衡盾构系统配置技术

砂卵石地层盾构开挖后渣体塑流性差，掘进参数主要特征表现为高扭矩、高推力、高能耗、低推速；掘进状态主要特征为开挖难、改良难、保压难、输排难、磨损快、效率低、易超排、有水地层易喷涌。以上盾构掘进表征和问题，应首先从施工装备的角度去考虑解决，进行科学合理、针对性强的盾构选型设计和配置，选用的盾构设备要技术先进、功能强大、配置完备、总体适应性强，能够满足不同特征砂卵石地层开挖机理要求。盾构法是机械化施工工法，越是困难地层，越应提高设备性能设计和配置，主要依靠设备能力和技术辅助措施去解决地质难题，完成复杂地质条件和工况的盾构施工。能通过设备解决的问题，尽量不通过人工去解决，这是隧道机械化施工技术进步的方向，也是盾构安全高效施工的发展目标。

与泥水平衡盾构相比，在砂卵石地层掘进方面土压平衡盾构具有以下优势和劣势：

（1）优势：在无水漂石地层漂石破碎和输排方面，土压平衡盾构容易实现，少卡阻、无滞排问题。

（2）劣势：渣土良好状态较难实现和保持、扭矩高；土仓压力建立和保持难，土压调节和开挖面稳定不易精准控制和实现；在有水砂卵石地层，土压平衡盾构需要解决喷涌问题。

砂卵石地层土压平衡盾构主要性能应满足困难地层掘进需求：

（1）总体装备能力强，配置高是基本要求。主驱动功率储备要高，刀盘驱动系统宜选用变频电机驱动；刀盘扭矩储备要充足，额定扭矩系数不宜小于24，以防止刀盘堵转、卡困；单位面积推力不宜小于1200kN/m^2，以获取足够推力。

（2）辐条式刀盘+固定式楔犁刀为主体刀具，复合式刀盘+滚刀式楔犁刀为主体刀具均有成功案例和经验，围绕刀盘刀具已各自形成了相应的掘进模式。目前，北京砂卵石地层主要为前者，成都砂卵石地层主要为后者。辐条式刀盘开口率不宜小于50%，复合式刀盘开口率不宜小于35%。

（3）螺旋输送机直径、螺距设计要满足卵石和破碎后漂石输排的尺寸要求，防止螺旋体卡转。螺旋输送机功率、扭矩要满足高摩擦阻力的砂卵石排渣需求，无水砂卵石可采用带式螺旋提高渣体通过率，有水易喷涌地层应加强防喷涌功能设计，同时要考虑螺旋轴断轴风险。

（4）渣土改良系统宜具备泡沫、膨润土泥浆、高分子材料等多种改良剂加注条件，刀盘、土仓、螺旋输送机均设置加注孔，能实现多材料、多部位、多点组合加注。

（5）其他设备系统配置方面，盾体应为倒锥形，前、中、尾盾外径逐渐减小，以减少盾体阻力。盾体应预留壁后加泥减阻的加泥孔。盾构宜选用主动铰接，利于姿态调节。同步浆液从控制沉降、止水、防管片上浮等角度考虑，宜选用水泥-水玻璃双液浆；在地质条件较好时，也可根据工艺习惯选用单液浆。在同步注浆系统管路构造布置方面，外置系统盾尾间隙小、注浆量小、成本低，但外置构造增加了地层阻力；内置系统避免了外置阻力的增加，但增大了盾体和刀盘外径，刀盘驱动能力、同步注浆量等需要增加。

3.9 本章小结

基于砂卵石地层可掘性、稳定性、磨蚀性、渗透性等盾构工程特征，对砂卵石地层进行粒径特征、胶结特征、地下水赋存特征的盾构工程特征分类。针对渣土改良、平衡压力建立与保持、刀具磨损预测与控制、大粒径漂石破碎、地层位移控制等砂卵石地层盾构工程难题，提出可输排粒径砂卵石地层和含不可输排粒径漂石的砂卵石地层盾构开挖机理与盾构掘进理念，形成渣土改良、压力平衡掘进、砂卵石地层盾构长距离高效掘进与刀具磨损控制、含不可输排粒径漂石的砂卵石地层盾构碎石掘进、砂卵石地层位移时空发展规律与精准测控等关键技术，系统建立了"地层特征—地层分类—工程难题—掘进理论—盾构技术—效果验证"的砂卵石地层土压平衡盾构技术体系（图 3.9-1），实现了砂卵石地层土压平衡盾构安全高效掘进。本书从第 2 篇开始，将对关键技术进行逐一详述。

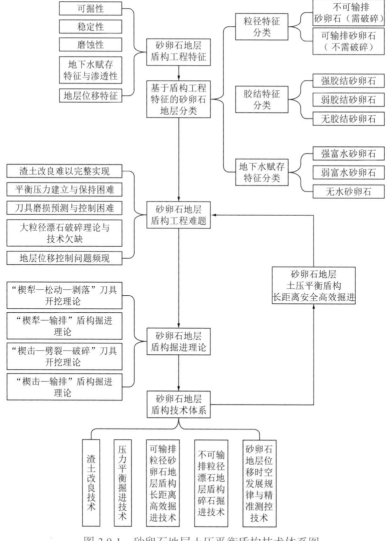

图 3.9-1 砂卵石地层土压平衡盾构技术体系图

第 2 篇

砂卵石地层盾构压力平衡掘进与渣土改良技术

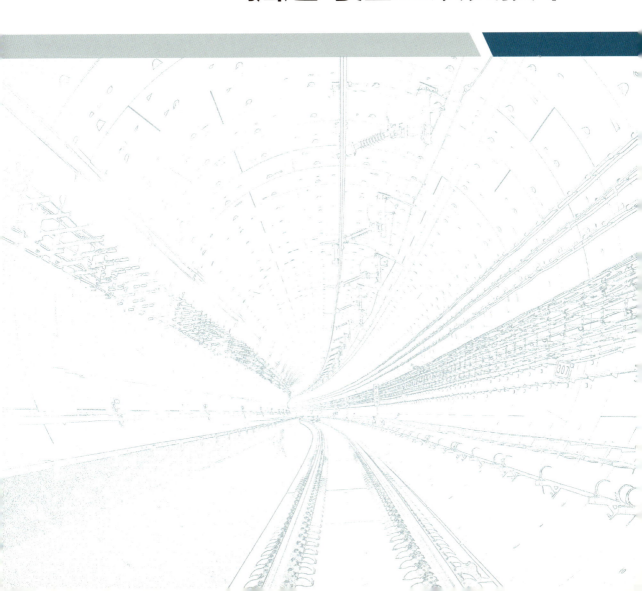

第 4 章
砂卵石地层土压平衡盾构压力平衡掘进技术

4.1 盾构开挖面稳定机理

土压平衡盾构掘进依靠前端刀盘旋转和刀具切削，实现地层岩土开挖并将切削剥落的渣土通过刀盘开口归集进入土仓，在后方千斤顶推进作用下，将推力通过土仓仓壁和刀盘转化为对开挖渣土的压力，通过渣土传递至开挖面，达到开挖面土压力平衡，实现开挖面支护和稳定的作用。因此，"盾构推力→土仓仓壁压力→渣土压力→盾构开挖面支护力→平衡地层水平侧压力"的压力传递过程就是土压平衡盾构压力平衡建立与保持的过程，也是实现盾构开挖面稳定的工作机理。

土压平衡盾构开挖面（图 4.1-1）的稳定状态是通过掘进过程中土压的设计与控制，实现开挖面地层水平侧压力与盾构开挖渣土压力的平衡，土仓渣土为满仓压密状态能够覆盖并有效支撑整个开挖面，使掘进阶段的开挖面和拱顶地层不失稳、不坍塌、不隆起。平衡压力的设定和维持是达到这一稳定状态的关键。

开挖面不发生位移的状态（包括正位移和负位移）是开挖面稳定的两个临界状态，也是土压平衡的两个临界状态。当发生向内（盾构掘进反方向或向下）或向外（盾构掘进方向或向上）的位移时，开挖面及前方、上方影响范围内的地层开始进入弹塑性变形阶段，地层逐步发生位移。随着地层向下位移的不断增大，地层开始沉降并不断发展，当土体达到极限平衡时，地层出现连续滑动面使土体下滑，形成失稳或坍塌，此时开挖面发生主动破坏。反之，随着地层向上位移的不断增大，地层开始隆起并不断发展，当土体达到极限平衡时，地层出现连续滑动面使土体挤出并形成地表隆起，此时开挖面发生被动破坏。

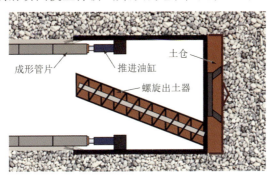

图 4.1-1 土压平衡盾构开挖面支护系统示意图

地层的状态可分为坍塌、沉降、零位移、隆起、开裂。开挖面前方或上方地层发生失稳破坏并坍塌，作为开挖面支护压力最小值的极限状态，此时的土压值应作为盾构掘进土压设定的下限值；开挖面前方或上方地层发生挤出破坏并隆起，作为开挖面支护压力最大值的极限状态，此时的土压值应作为盾构掘进土压设定的上限值。将地层不坍塌、地表不隆起两种临界状态作为盾构掘进土压控制的上下限，在两种极限状态对应的土压值范围内预设盾构掘进土压，并结合隧道埋深、工程地质等条件和周边环境保护、盾构掘进控制等方面要求的变化，随时动态调整和控制。

土压平衡盾构开挖过程中的盾构刀盘、开挖渣土及土仓形成开挖面支护系统（图4.1-1），实现开挖面地层的稳定。砂卵石地层相较于细颗粒的软土、黏性土地层，对地层平衡变化的反应更为敏感。砂卵石地层盾构开挖面支护压力不足时，容易导致开挖面地层失稳，失稳向上发展至地表就会出现较大沉降或塌陷；反之，会出现地表隆起或开裂。

4.2 盾构开挖面土压模型与土压力计算

4.2.1 盾构开挖面土压力分布特征

《岩土工程勘察规范》GB 50021—2001（2009年版）将砂卵石归为碎石土。碎石土的密实度按重型和超重型动力触探锤击数分类，$N_{63.5} \leqslant 5$、$N_{120} \leqslant 3$ 为松散，$N_{63.5} > 20$、$N_{120} > 11$ 为密实，$N_{120} > 14$ 为很密。砂卵石层一般为第四纪冲洪积层，黏聚力很小，假定砂卵石为非黏性散体颗粒，计算时通常认为黏聚力 $c = 0$，但内摩擦角 φ 较大，一般在 30°～50°，剪切强度高，地基承载力大。砂卵石地层中的砾石、卵石、漂石等粗粒、巨粒起到骨架作用，决定着砂卵石地层的整体稳定性，黏土、粉土、砂土等颗粒填充其间，影响着砂卵石地层的渗透性。

如果砂卵石地层为胶结地层，则需根据地层胶结程度和盾构掘进影响范围另行计算。事实上，砂卵石地层有一定的稳定性，盾构施工是否需要建立土压、建立多少土压，需要根据地层具体情况来定。

砂卵石地层盾构开挖面载荷组成（图4.2-1）：载荷主要为永久载荷，包括地层水、土压力、上部建（构）筑物附加载荷。土压平衡盾构施工时，需要通过开挖渣土建立平衡压力来抵抗前方开挖面地层水土压力，实现开挖面的稳定。

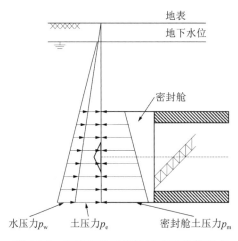

图 4.2-1 砂卵石地层盾构开挖面载荷组成

4.2.1.1 原始地层状态下土压力分布

地层处于原始应力状态时，取地层微元体进行分析（图4.2-2）：其竖直方向受上覆土体的重力作用,竖直方向应力σ_v与上覆土重度、厚度和地面附加载荷相关;水平方向受侧方土体的约束作用,水平方向应力σ_h与竖直方向应力σ_v及土体侧压力系数相关。

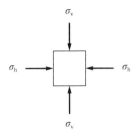

图 4.2-2 地层原始应力状态

4.2.1.2 盾构掘进状态下土压力分布

盾构掘进对地层产生扰动,地层原始应力状态会发生改变,这种改变存在以下两种情况:一是盾构开挖面支护压力小于地层原始水平应力,地层竖直方向产生压缩变形,水平方向产生拉伸变形;二是开挖面支护压力大于地层原始水平应力,地层竖直方向产生拉伸变形,水平方向产生压缩变形(图 4.2-3)。两种情况下地层均处于极限状态时,对应的水平应力即为开挖面的极限支护压力,地层极限状态可用摩尔—库仑理论表示(图 4.2-4)。

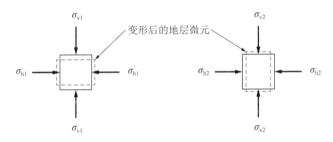

图 4.2-3 地层原始应力状态

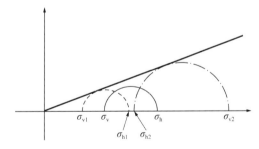

图 4.2-4 地层微元极限状态

4.2.1.3 深浅埋土压力

(1)深浅埋划分的必要性

由于砂卵石地层成因、水流冲刷、地下水渗流及其他作用的影响,不同地域层深层厚均有不同分布。浅层薄层的砂卵石层较为松散,内摩擦角相对较小(30°~37°),颗粒间滑动摩阻力小,整体稳定性差,盾构掘进扰动后易松动,发生沉降和坍塌。深层厚层的砂卵石层较为密实,内摩擦角相对较大(43°~50°),粗粒、巨粒孔隙填充较为充分,粗粒和巨粒骨架可以支撑自身重量,地层自稳能力强,盾构掘进阻力大,受盾构掘进扰动后,颗粒结构间有再分布和自调节的能力，能形成一定的压力拱，可以实现临时稳定，存在滞后沉降现象。

因此，在砂卵石地层盾构开挖面土压力计算时，可按照深埋、浅埋砂卵石层来区别对待。对于深埋且密实、稳定的砂卵石层，可以考虑地层的自承能力，采用经过实践修正过的理论计算方法，选取较低的土压力计算值作为盾构掘进土压设定值，据此优化盾构掘进参数，提高盾构掘进效率。对于浅埋且松散、不稳定的砂卵石层，可以采用相对保守的理论计算方法，取较高的土压力计算值作为盾构掘进土压设定值，确保地层微扰动或微沉降。

（2）深埋情况

盾构掘进时，原状地层的天然应力状态被破坏，地层应力释放引起应力重分布，盾构开挖面前方及上方一定范围内的地层因土体松动而产生位移，同时此范围内地层的物理力学性质也会随之发生变化，致使在薄弱位置产生局部土体破坏，如果支护不及时，则会产生地层沉降或坍塌。俄国的普氏拱理论认为，在松散介质岩体中开挖隧道，会在隧道上方形成一个抛物线状的平衡拱，也称为塌落拱、压力拱。太沙基认为，岩体是一种有粘结力的松散介质，当隧道开挖后，围岩下沉时会受到侧压力产生的摩阻力，并通过活门试验证明土体存在拱效应。根据"松弛载荷理论"，隧道开挖需要提供的支护力就是塌落拱范围内围岩的自重载荷。对于深埋密实砂卵石地层，在确定围岩载荷、计算盾构开挖面某一处水平土压力时，可以借鉴该理论，采用松弛土压力计算，取得较为接近实际的计算值。

目前对于深埋地层的松弛土压力计算方法有：以隧道上方形成平衡拱为基础的普氏公式，以松散介质平衡理论为基础的太沙基公式，以计算盾构开挖面前方松弛土压力的村山公式，以及在统计基础上形成的我国铁路隧道围岩压力计算方法。通过对各种理论方法在假定基础、边界条件、适用条件等方面特点的分析，结合砂卵石地层特征和目前盾构法隧道实际埋深情况，取太沙基松弛土压力计算方法较为适宜。

（3）浅埋情况

浅层松散砂卵石地层隧道开挖，上覆土层较薄，无法形成压力拱，容易引起上覆地层坍塌，需要将上覆土柱全部重力作为围岩压力考虑，采用全覆土的载荷计算，以获得较为保守的支护力计算值。计算开挖面某一处水平土压力时，采用静止土压力和朗肯土压力理论，结合工程地质和水文地质条件、覆土厚度、所处环境及变形控制要求等因素综合确定。

（4）深浅埋分界深度

日本《隧道标准规范（盾构篇）及解说》中指出，在砂性土中，当覆土厚度大于（1～2）D_0（D_0为管片外径）时，多采用松弛土压力。当垂直土压力采用松弛土压力时，其下限值在下水道、电力及通信隧道中一般为隧道外径的2倍覆土厚度的土压力值，铁道隧道则采取隧道外径1.0～1.5倍的覆土厚度的土压力值或200kN/m²。

《铁路隧道设计规范》TB 10003—2016中指出，当隧道覆土厚度$H < 2.5h_a$时，作为浅埋隧道设计（h_a为深埋隧道垂直载荷计算高度，$h_a = 0.45 \times 2^{s-1}\omega$）。该规范附录J"盾构隧道载荷计算方法"中指出，当覆土层厚度不大于2倍隧道外径时，应按计算截面以上全覆土压力考虑；当覆土厚度大于2倍隧道外径时，应根据地层性质、隧道埋深等按卸载拱理论或全覆土压力计算。

《公路隧道设计规范 第一册 土建工程》JTG 3370.1—2018中指出，浅埋和深埋隧道的分界可按载荷等效高度值，并结合地条件、施工方法等因素综合判定。浅埋隧道分界深度

$H_\mathrm{p} = (2\sim2.5)h_\mathrm{q}$,其中$h_\mathrm{q} = q/\gamma$($h_\mathrm{q}$为载荷等效高度;$q$为深埋隧道垂直均布压力,$q = \gamma h$,$h = 0.45\times2^{s-1}\omega$;$\gamma$为围岩重度);钻爆法或浅埋暗挖法施工条件下,Ⅳ~Ⅵ级围岩取$H_\mathrm{p} = 2.5h_\mathrm{q}$,Ⅰ~Ⅲ级围岩取$H_\mathrm{p} = 2h_\mathrm{q}$。

以上两规范中s、ω参数取值请参考相关规范确定。

北京地铁设计规范《城市轨道交通工程设计规范》DB 11/995—2013 规定,隧道覆土厚度不宜小于 1.5D(D为隧道外径),困难情况下不宜小于 1.0D。针对北京地质特点,盾构法单洞隧道结构,建议隧道深浅埋的限值(即临界覆土厚度)按 2D(D为隧道开挖跨度)考虑,当隧道覆土厚度≤2D时,隧道土压力按全土柱计算;超过此厚度时,宜考虑卸载拱作用的影响,可按太沙基公式或普氏公式计算。

《成都市地铁设计规范》DBJ51/T 074—2017 规定土质地层暗挖法(此处暗挖法包含盾构法)结构竖向围岩压力,当结构覆土厚度不大于 2D(D为隧道开挖跨度)时,按全土柱计算;当结构覆土厚度大于 2D时,按卸载拱内的全土柱计算。

综上所述,结合砂卵石地层深度、层厚等分布特点、物理力学参数和盾构设计施工经验,砂卵石地层深浅埋分界深度按$H_\mathrm{p} = 2D$(D为盾构隧道外径)确定较为适宜。对于隧道覆土$h < 2D$时,按浅埋地层,取全土柱计算土压力;当$h \geqslant 2D$时,按深埋地层,采用太沙基公式或普氏公式的松动土压力计算。

(5)土压力分布特征

砂卵石地层在地质工程分类中属于土类,区别于完整性、稳定性较好的岩质地层,按松散介质对待。砂卵石地层盾构施工,地层竖向载荷按均布载荷,开挖面的水平侧向水土压力随开挖深度呈梯形分布。

盾构掘进引起砂卵石地层开挖面应力释放而形成滑动面,产生松弛载荷,形成水平土压力。针对该松弛范围,日本村山等将其假定为开挖面前部的滑动面始于开挖面下端,拱顶高度为铅直的对数螺旋线,滑动面形状为弧形面,较适用于黏性土地层。匈牙利 M.Horn 提出楔形体模型(或仓筒模型),假定开挖面松弛范围由前方的楔形体及开挖面上方的棱柱体组成,适合砂土地层;该模型被不断修正,并引入了开挖破坏面扩张角的新参数,增加对地层分层和土拱效应的考虑。结合砂卵石地层高摩擦角、低黏聚力的散粒体地层特征,为计算盾构开挖面松弛范围和土压力构建的"楔形体 + 棱柱体"模型,与工程实践更为接近。

4.2.1.4 水压力

砂卵石地层总应力由有效应力和孔隙水压力构成,土的有效应力靠粗粒、巨粒之间点对点接触并传递。砂卵石地层有效孔隙率大,有效孔隙直径大,渗透系数高,在有水地层,孔隙间存在自由水,孔隙水压力可以采用静水压力,粗粒、巨粒在水位以下受到水的浮力作用。因此,盾构开挖面地层水平侧向压力计算时,采取水土分算的计算方法更符合有水砂卵石地层的力学特点。采用水土分算计算地层土压力时,水位以上土的重度采用湿重度(天然重度),水位以下土的重度采用浮重度。

4.2.1.5 互层土压力

砂卵石地层盾构工程除存在全断面砂卵石地层外,可能存在以下情况:开挖面上半断面或下半断面为砂卵石;全断面砂卵石夹砂层、土层或存在互层,尤其是拱顶和上覆层为砂层或卵石薄层的情况。对于非全断面砂卵石的互层土压力计算,应该以卵石层这一释放载荷最大的地层来决定控制压力。

4.2.2 盾构开挖面支护土体物理力学模型分析

为研究砂卵石地层总盾构开挖面的极限支护力，需要建立计算模型。模型认为当地层处于极限状态时，开挖面的支护力仅与开挖面前方一定范围内土体上方土柱及地表附加载荷存在相关性，为方便计算，假定隧道拱顶处水平面为分界面（图 4.2-5）。当开挖面前方土体及其上方土柱处于极限平衡状态时，开挖面前方楔形体、棱柱体范围土体在开挖面支护压力、分界面作用力及周围土体的作用下均处于极限平衡状态，通过对上方棱柱体及前方楔形体的力学分析，可以计算得到极限状态下开挖面的支护压力。

盾构开挖面极限支护压力分析可分两步进行：首先以上方棱柱体为分析对象，求得分界面处的垂直土压力；然后以开挖面前方楔形体为分析对象，结合分界面处的垂直土压力，求得开挖面水平极限支护压力。

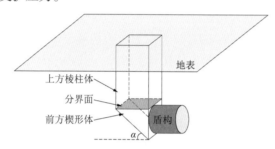

图 4.2-5　砂卵石地层开挖面支护压力"楔形体＋棱柱体"计算模型

在计算有水砂卵石地层开挖面的支护压力时，需要考虑地下水的影响，一般有水土分算、水土合算两种方式。对于渗透系数较大的砂卵石地层，一般采用水土分算，即分别计算地层土压力和地下水产生的水头压力，土体与地下水的侧压力之和即为盾构开挖面的支护压力。砂卵石地层土体侧压力计算较为复杂，因此重点阐述。

4.2.3 地层垂直土压力计算

对盾构掘进引起的开挖面支护压力最小值和最大值的两种极限状态的土压力进行计算时，先计算其地层垂直土压力。当开挖面极限支护压力为最小值时，该极限平衡状态称为主动极限平衡状态，此时的垂直土压力称为"松动土压力"；当开挖面极限支护压力为最大值时，该极限平衡状态称为被动极限平衡状态，此时的垂直土压力称为"被动破坏土压力"。

4.2.3.1 地层松动土压力计算理论

地层松动土压力的研究均基于土力学相关理论开展，其中应用广泛的地层松动土压力理论包括：全覆土理论、普氏拱理论、太沙基松动土压力理论等。

1）全覆土理论

全覆土理论认为，地层某一深处的垂直土压力等于上覆土重与地表载荷之和，按下式计算：

$$\sigma_v = p_0 + \sum \gamma_i h_i \tag{4.2-1}$$

式中：σ_v——垂直土压力（kPa）；

p_0——地表载荷（kPa）；

γ_i——第i层土的重度（kN/m³）；

h_i——第i层土的厚度（m）。

全覆土理论没有考虑松动载荷下土体之间的应力传递，故适用于软弱浅埋地层，其计算结果相较于实际值偏大；当土质较硬或埋深较大时，该理论适用性较差。

2）普氏拱理论

1907年，俄国科学家普洛托季雅克诺夫创立了普氏拱理论。该理论以松散理论为基础，认为隧道处于松散介质中时，开挖将导致其上方形成一形状为抛物线的平衡拱，深埋松散岩体洞顶所承受的围岩压力仅为压力拱内部岩体的自重。目前用于计算处于破碎、松散围岩下深埋隧道围岩压力的公式理论，基本是以普氏拱理论为基础形成的。

我国目前规范中所采用的计算公式，是在对我国数百座钻爆法隧道塌方资料统计分析的基础上进行总结确定的，其压力拱高度的计算公式如下：

$$h = 0.45 \times 2^{s-1} \times \omega \tag{4.2-2}$$

式中：s——围岩级别；

ω——宽度影响系数 [$\omega = 1 + i(B-5)$]；

B——隧道宽度；

i——隧道宽度的影响系数（以$B=5$m为准，$B<5$m时，取$i=0.2$；$B>5$m时，取$i=0.1$）。

规范给出的计算方法是经验公式，其适用范围为钻爆法施工的岩质隧道，对于普氏拱理论在土质隧道中的适用问题尚待研究。

3）太沙基松动土压力理论

太沙基采用活动门（trapdoor）试验对松动土压力进行了研究，形成了太沙基松动土压力理论。该理论认为活动门发生位移后，其上方土体由于重力作用而向下滑动，在活动门两侧形成了贯通至地面的两个剪切面。太沙基松动土压力理论假定的两个剪切面为垂直面，因此滑动体可假定为竖直土条，其宽度为$2B$。当分析圆形隧道断面时，土体宽度可通过下式进行计算：

$$B = \frac{R}{\tan(\pi/8 + \varphi/4)} \tag{4.2-3}$$

式中：R——隧道半径；

φ——地层内摩擦角。

土质为均质的情况下，太沙基松动土压力计算模型如图4.2-6所示。

取活动土体任意深度z处某一微小单元，建立垂直方向力的平衡方程。由图4.2-6可知，当$z=0$时，$\sigma_v = p_0$，代入式(4.2-3)积分，可得均质土太沙基松动土压力计算公式为：

$$2B\sigma_v + 2B\gamma\,dz = 2B(\sigma_v + d\sigma_v) + 2c\,dz + 2K\sigma_v\,dz\tan\varphi \tag{4.2-4}$$

$$\sigma_v = \frac{B(\gamma - c/B)}{K\tan\varphi}(1 - e^{-K\tan\varphi \cdot z/B}) + P_0 e^{-K\tan\varphi \cdot z/B} \tag{4.2-5}$$

式中：γ——地层重度；

φ——地层内摩擦角；

c——地层黏聚力；

K——滑移面上的侧压力系数；

P_0——地表载荷。

土质成层情况下，太沙基松动土压力计算模型如图 4.2-7 所示。

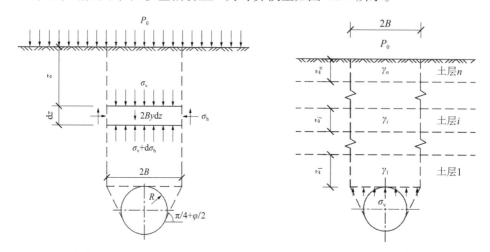

图 4.2-6　均质土层太沙基松动土压力计算模型　　图 4.2-7　成层土中太沙基松动土压力计算模型

可假定土层i与土层$i+1$之间的相互作用力为P_i，把上部土体作用力作为超载考虑，隧道顶部土层 1 处的松动土压力计算公式为：

$$\sigma_\mathrm{v} = \frac{B(\gamma_1 - c_1/B)}{K\tan\varphi_1}(1 - \mathrm{e}^{-K\tan\varphi_1 \cdot z_1/B}) + P_1\mathrm{e}^{-K\tan\varphi_1 \cdot z_1/B} \tag{4.2-6}$$

同理可得土层间的相互作用力计算公式(4.2-7)～式(4.2-9)：

$$P_1 = \frac{B(\gamma_2 - c_2/B)}{K\tan\varphi_2}(1 - \mathrm{e}^{-K\tan\varphi_2 \cdot z_2/B}) + P_2\mathrm{e}^{-K\tan\varphi_2 \cdot z_2/B} \tag{4.2-7}$$

$$P_{i-1} = \frac{B(\gamma_i - c_i/B)}{K\tan\varphi_i}(1 - \mathrm{e}^{-K\tan\varphi_i \cdot z_i/B}) + P_i\mathrm{e}^{-K\tan\varphi_i \cdot z_i/B} \tag{4.2-8}$$

$$P_{n-1} = \frac{B(\gamma_n - c_n/B)}{K\tan\varphi_n}(1 - \mathrm{e}^{-K\tan\varphi_n \cdot z_n/B}) + P_0\mathrm{e}^{-K\tan\varphi_n \cdot z_n/B} \tag{4.2-9}$$

联立各式并进行迭代，可得成层土太沙基松动土压力计算公式为：

$$\begin{aligned}\sigma_\mathrm{v} = {}& P_0\prod_{k=1}^{n}\mathrm{e}^{-K\tan\varphi_k \cdot z_k/B} + \frac{B(\gamma_1 - c_1/B)}{K\tan\varphi_1}(1 - \mathrm{e}^{-K\tan\varphi_1 \cdot z_1/B}) \\ & + \sum_{i=2}^{n}\left[\frac{B(\gamma_i - c_i/B)}{K\tan\varphi_i}(1 - \mathrm{e}^{-K\tan\varphi_i \cdot z_i/B})\prod_{j=1}^{i-1}\mathrm{e}^{-K\tan\varphi_j \cdot z_j/B}\right]\end{aligned} \tag{4.2-10}$$

太沙基松动土压力理论考虑了隧洞尺寸、埋深、土的黏聚力及内摩擦角对土体稳定性的影响，对可能产生拱效应的地层较为适用。

4）太沙基松动土压力理论关键参数

通过对太沙基松动土压力计算模型（图 4.2-6、图 4.2-7）及相关计算公式进行分析，影响松动土压力的关键因素包括：滑移体宽度$2B$、滑移面上侧压力系数K、土体内摩擦角φ、土体黏聚力c、土体重度γ、覆土厚度z、地表载荷P_0。

（1）滑移体宽度

滑移体宽度是太沙基松动土压力理论中的重要参数，太沙基假设滑移面为垂直面，两滑移面之间的宽度为$R/\tan(\pi/8+\varphi/4)$,但我国学者针对松动土压力研究提出了不同的看法,如表4.2-1所示。

松动土体滑移面研究 表4.2-1

来源	滑移面形式	宽度取值(隧道半径R)	取值方法
太沙基	垂直面	$2R/\tan(\pi/8+\varphi/4)$	假设取值
周小文,等[23] 秦建设,等[24]	垂直面	$2R$	离心模型试验
武军,等[25] 宫全美,等[26]	椭圆形	$2\sqrt{(1-\varepsilon^2)(2a_G-2R)2R}$ (ε椭球偏心率;a_G椭球短轴)	基于颗粒流椭球体理论推导
胡欣雨[27]	斜线(上大下小)	$2R$(下方) $2(R+z\tan\alpha)$(上方,α斜线与竖直线的夹角,z埋深)	假设
陈其志,等[28]	直线	初始(活动门宽度的1%~2%)为三角形,随着活动门位移增大逐渐发展	模型试验观察到的现象
汪大海,等[29]	直线与斜线的组合 (图4.2-8)	组合形式与隧道的覆(H)跨(D)比相关,当$H\leqslant D$时,滑移面范围符合Korner假设值;当$H>4D$时,滑移面范围符合太沙基假设值;当$D<H\leqslant 4D$时,滑移面范围在Korner假设值与太沙基假设值之间随覆土厚度增加而扩大	ABAQUS数值计算
朱孟龙,等[30]	塔形滑移面 (图4.2-9)	$B_z=B-2H\tan\alpha+2z\tan\alpha$。$z$为土条深度,$H$为隧道埋深,$\alpha$为塔形斜线与垂直线的角度	总结文献,假设取值

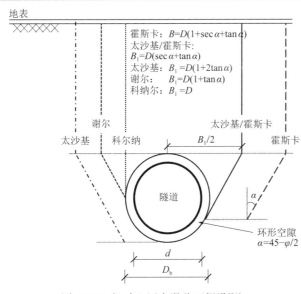

图4.2-8 松动土压力滑移面假设[31]

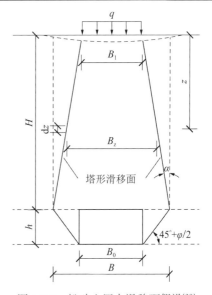

图4.2-9 松动土压力滑移面假设[30]

(2)滑移面上侧压力系数

滑移面上土体侧压力系数K同样是影响松动土压力的关键参数,太沙基在总结松动土压力理论时,假设该值取1。国内外学者基于土力学理论对K进行了深入研究,相关结论见表4.2-2。陈若曦[32]等总结了几种侧压力系数计算方法(图4.2-10),并基于主应力轴旋转理论对侧压力系数的取值进行了研究;黎春林[33]、汪大海等[29]考虑了土拱效应发挥程度,建立了侧向压力系数与土拱效应发挥程度之间的关系。

滑移面上侧压力系数取值研究　　　　　　　　表 4.2-2

来源	取值	取值方法
太沙基	1	认为是经验系数，假设取值
周小文，等[23] 秦建设，等[24]	$\frac{1}{1+2\tan^2\varphi} - \frac{2c\tan\varphi}{\sigma_Z(1+2\tan^2\varphi)}$	理论推导
陈若曦，等[32]	$\frac{\cos^2\theta + K_p\sin^2\theta}{\sin^2\theta + K_p\cos^2\theta}$（无黏性土） （$K_p = \tan^2\theta$；$\theta = 45° + \frac{\varphi}{2}$；$\varphi$有效内摩擦角）	基于主应力轴旋转的理论推导
武军，等[25]	$\frac{1-\sin^2\varphi}{1+\sin^2\varphi}$	理论分析，结果小于1
胡欣雨，等[27]	静止土压力系数	经验取值
黎春林[33]	侧压力系数在主动土压力系数（$\tan^2(\pi/2-\varphi/2)$）与被动土压力系数（$\frac{1}{\tan^2(\pi/2-\varphi/2)}$）之间	当土中存在土拱效应时，其侧压力系数不是一个定值，其大小与土体空间位置及土拱效应的发挥程度相关

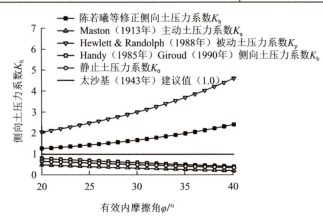

图 4.2-10　几种侧向土压力系数随有效内摩擦角变化的规律[32]

（3）土条上的竖向应力分布

太沙基松动土压力理论假设同一深度处的垂直土压力是均匀分布的，也有学者在后续研究中认为是梯形分布（中线处小，边缘处大），陈其志等[28]通过模型试验得出垂直土压力的分布为中线处大、边缘处小（表 4.2-3）。

土条上的竖向应力分布　　　　　　　　表 4.2-3

来源	分布方法	取值方法
太沙基、胡欣雨，等[27]、陈若曦，等[32]、黎春林[33]	水平均匀分布	假设取值
周小文，等[23] 武军，等[25]	梯形分布：中线处小，边缘处大	理论推导，滑移面处是中线处的m倍
汪大海，等[29]	中线处小，边缘处大	数值计算得出的理论
徐长节，等[34]	三种对松动土压力的影响不大	研究了三种主应力迹线形状：圆弧拱形、悬链线拱形和抛物线拱形
陈其志，等[28]	中线处大、边缘处小	模型试验所得结果

基于微分土条极限平衡方法的地层压力拱理论，假设同一水平微分土条上土体应力状

态处于同一摩尔应力圆。结合主应力轴旋转理论,在设定主应力迹线形状后,可以根据土力学理论求解土条上的垂直应力分布。徐长节等[34]对圆弧拱形、悬链线拱形、抛物线拱形等主应力迹线假定条件下的松动土压力进行了对比分析,并建议在工程中进行松动土压力计算时采用圆弧拱形。

4.2.3.2 松动土压力计算模型

目前关于太沙基松动土压力理论中关键参数的假设说法不一,在已有研究的基础上,建立全断面砂卵石地层盾构开挖面松动土压力计算模型,推导合理的松动土压力计算公式,是砂卵地层盾构施工亟需解决的问题。

1)计算模型假设

(1)滑移面形状

现有研究对滑移面形状及宽度的确定尚无定论,现有研究的前提或结论多认为滑移面为不同斜率直线的组合且直线斜率变化点为隧道拱顶深度,同时隧道拱顶上方至地表处为一条直线。根据对土体拱效应发展过程的研究,滑移面是由三角形扩展至塔形进而形成竖直形,甚至形成盆形。通过对砂卵石地层地表塌陷形态的研究可知,砂卵石地层塌陷形成的滑移面基本为垂直面(图 4.2-11),因此在进行土压力计算时假定滑移面为竖直面。

图 4.2-11 砂卵石地层塌陷

(2)滑移面上侧压力系数

基于主应力轴偏转、最大主应力轨迹线为圆弧拱形,结合滑移面形状及宽度范围,建立滑移面上侧压力系数的计算方法。太沙基松动土压力理论中,关于侧压力系数的定义本质上是土条上竖向应力与滑移面上土体法向应力之间的关系。对于土中侧压力系数的计算,一些学者用滑移面上侧向压力系数代替,也有学者提出用平均竖向应力与水平向应力的比值求其平均侧压系数的方法。下面将侧压力系数K定义为滑移面土体法向应力与平均竖向应力的比值。

2)砂卵石地层松动土压力模型

基于上述的模型假设,定义滑动体宽度为B,松动土压力计算模型如图 4.2-12 所示。

基于主应力旋转理论及圆弧拱形最大主应力轨迹线,对微分土条应力状态进行分析,文献[29]的研究证明微分土体上不同位置的主应力旋转角呈线性分布,因此微分土体上最大主应力绕水平方向的转角分布为:

$$\theta_x = \frac{x}{B_z}\theta_b \tag{4.2-11}$$

式中：θ_b——滑移面处的主应力旋转角度。

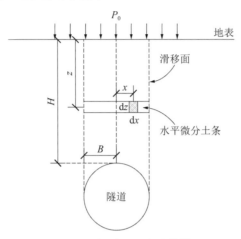

图 4.2-12　松动土压力计算模型

同时可知，滑移面上最大主应力与滑移面法线方向（水平方向）的夹角为$\pi/4 + \varphi/2$，则θ_b为$\pi/4 + \varphi/2$，可得：

$$\theta_x = \frac{x}{B}\left(\frac{\pi}{4} + \frac{\varphi}{2}\right) \tag{4.2-12}$$

根据假定（同一水平微分土条上土体应力状态处于同一摩尔应力圆）及摩尔应力圆的基本原则，水平微分土体上不同x处的应力，可表示为：

$$\sigma_h = \sigma_1(\cos^2\theta_x + K_a\sin^2\theta_x) \tag{4.2-13}$$

$$\sigma_v = \sigma_1(\sin^2\theta_x + K_a\cos^2\theta_x) \tag{4.2-14}$$

$$\tau_{xy} = (\sigma_h - \sigma_3)\tan\theta_x \tag{4.2-15}$$

式中：K_a——主动土压力系数，$K_a = \frac{\sigma_3}{\sigma_1} = \tan^2\left(\frac{\pi}{4} - \frac{\varphi}{2}\right)$。

水平微分土条上的水平微分段dx的竖向应力为：

$$\sigma_v \, dx = [\sigma_1(\sin^2\theta_x + K_a\cos^2\theta_x)] \, dx \tag{4.2-16}$$

对水平微分土条上竖向应力水平向积分后，除以宽度B得到微分土条上平均竖向应力为：

$$\bar{\sigma}_v = \frac{\int_0^B \sigma_v \, dx}{B} = \frac{1}{2}\sigma_1\left[1 + K_a - \frac{(1-K_a)}{\theta_b}\sin\theta_b\cos\theta_b\right] \tag{4.2-17}$$

联立式(4.2-13)与式(4.2-17)可得土体侧压力系数K为：

$$K = \frac{\sigma_h}{\bar{\sigma}_v} = \frac{2(\cos^2\theta_b + K_a\sin^2\theta_b)}{1 + K_a - \frac{(1-K_a)}{\theta_b}\sin\theta_b\cos\theta_b} \tag{4.2-18}$$

对微分土体的受力进行分析（图4.2-13），微分土体受力包括：土体自身重力、上覆土作用力、下方土体作用力、滑移面法向压应力、滑移面摩擦力。

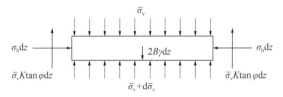

图 4.2-13　微分土条受力分析

根据微分土条竖直方向上受力平衡可得：

$$2B(\bar{\sigma}_v + d\bar{\sigma}_v) + 2\bar{\sigma}_v K \tan\varphi\, dz = 2B\gamma\, dz + 2B\bar{\sigma}_v \tag{4.2-19}$$

求解微分方程，可得 $\bar{\sigma}_v$ 的表达式：

$$\bar{\sigma}_v = Ce^{-\frac{K\tan\varphi z}{B}} + \frac{\gamma B}{K\tan\varphi} \tag{4.2-20}$$

考虑边界条件：$z = 0$，$\sigma_v = p_0$，可得：

$$\bar{\sigma}_v = \left(p_0 - \frac{\gamma B}{K\tan\varphi}\right)e^{-\frac{K\tan\varphi z}{B}} + \frac{\gamma B}{K\tan\varphi} \tag{4.2-21}$$

式中：p_0——地表载荷；

γ——土体重度；

B——滑移体宽度的一半；

K——滑移面处的侧压力系数；

φ——土体内摩擦角。

4.2.3.3　基于松动土压力的隧道深浅埋划分

砂卵石地层隧道深浅埋的划分对盾构施工具有重要意义，可以基于松动土压力计算模型对隧道深浅埋的划分方法进行分析。图 4.2-14 是基于松动土压力计算模型得出的不同洞径隧道上方松动土压力与上覆土厚度的关系曲线。由图 4.2-14 可知，随着上覆土厚度的增加，地层松动土压力先呈现增长的趋势，后逐渐趋于稳定。因此，可将松动土压力由增长趋势转变为稳定趋势的分界点定义为隧道深浅埋划分的界值点。当隧道浅埋时，松动土压力随埋深增加明显增长；当隧道深埋时，松动土压力变化基本平稳。对于"明显变化"的分界点，需结合实际盾构工程确定。

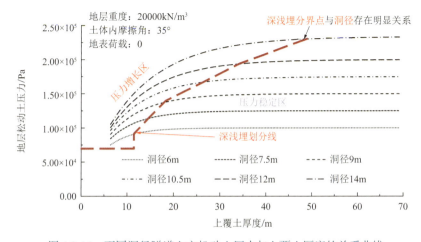

图 4.2-14　不同洞径隧道上方松动土压力与上覆土厚度的关系曲线

在实际工程中，盾构开土压力控制精度多为 10kPa，因此将 10kPa 作为衡量标准对于工程具有实际的意义。对"明显变化"做如下定义：若隧道上覆土厚度增加 20m，隧道上方松动土压力变化小于 10kPa，即单位上覆土厚度增加引起松动土压力的变化小于 0.5kPa，则认为其不随上覆土厚度明显变化。假设 $f(z)$ 为砂卵石地层隧道上方松动土压力关于隧道埋深 z 的函数（数值单位为 Pa），当隧道覆土厚度 z 每变化 1m 时，松动土压力的变化值表示为 $f'(z) \leqslant 500$，则划分砂卵石地层隧道深浅埋的判别条件可表示为 $f'(z) \leqslant 500$。基于此可对砂卵石地层盾构隧道深浅埋分界点与隧道直径、地层内摩擦角的关系进行分析，结果如图 4.2-15 所示。

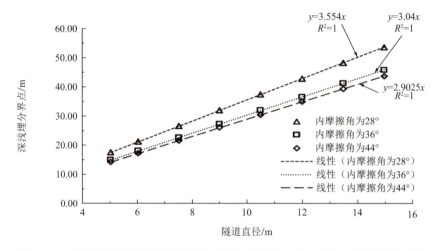

图 4.2-15　砂卵石地层盾构隧道深浅埋分界点与隧道直径、地层内摩擦角关系图

从图 4.2-15 可以看出，当砂卵石地层内摩擦角分别为 28°、36°、44°时，对应的深浅埋分界点依次为 3.55 倍、3.04 倍、2.90 倍的洞径，通过此函数关系，可不断枚举验证。鉴于浅埋砂卵石地层内摩擦角一般为 28°～36°，而 44°已进入深埋地层内摩擦角，故可将砂卵石地层深浅埋划分标准确定为 $H_{深浅埋} = 3.0D \sim 3.5D$（D 为隧道直径），当地层内摩擦角较小时，取高值，反之取低值。

在实际盾构工程中，砂卵石地层深浅埋划分标准的确定，对于简化盾构开挖面支护压力计算，判断地层稳定性和地层位移趋势，评估盾构施工对周围环境的影响均有直接意义。

4.2.3.4　基于土拱效应的土体被动破坏土压力计算模型

通过对土拱效应下松动土压力的研究，松动土压力的计算可以认为是棱柱体范围土体的主动破坏极限状态。盾构施工要避免开挖面上方土体发生主动破坏导致地表沉降超限，在施工参数上表现为开挖面支护压力应不小于主动破坏时的压力极限值。除此之外，盾构施工同样要避免开挖面上方土体发生被动破坏导致地表隆起。目前对于开挖面上方土体的被动破坏状态研究较少，遵循太沙基在建立松动土压力计算模型时的原则，考虑滑移体与周围土体的相互作用，对棱柱体范围土体向上运动至极限破坏状态时分界面上的压力进行分析。

参考松动土压力计算时滑移面的形式，对土体被动破坏模型做以下假定：滑移面形状为竖直形及滑移体宽度为隧道直径。土体被动破坏模型及水平土条受力分析如图 4.2-16 所示。

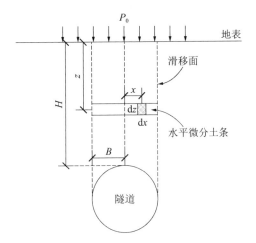

(a) 土体被动破坏计算模型

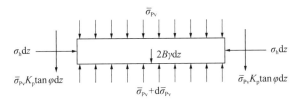

(b) 水平土条受力分析

图 4.2-16　土体被动破坏模型及水平土条受力分析

活动门向上移动时，滑移体内部土体垂直方向应力不断增大，竖直方向始终为主应力方向，直至土体发生被动破坏。土体发生破坏时滑移面的侧压力系数取 $K_p = K_a$，K_a 为土体主动土压力系数，按下式计算：

$$K_a = \tan^2\left(\frac{\pi}{4} - \frac{\varphi}{2}\right) \tag{4.2-22}$$

当滑动体处于极限平衡状态，对滑移体内部水平微分土条进行受力分析，土体竖直方向受力平衡，则有：

$$2B\bar{\sigma}_{Pv} + 2\bar{\sigma}_{Pv} K_a \tan\varphi \, dz + 2B\gamma \, dz = 2B(\bar{\sigma}_{Pv} + d\bar{\sigma}_{Pv}) \tag{4.2-23}$$

上式变形得：

$$\frac{d\bar{\sigma}_{Pv}}{dz} - \frac{K_a \tan\varphi}{B}\bar{\sigma}_{Pv} = \gamma \tag{4.2-24}$$

该一阶非齐次线性微分方程的解为：

$$\bar{\sigma}_{Pv} = Ce^{\frac{zK_a \tan\varphi}{B}} - \frac{B\gamma}{K_a \tan\varphi} \tag{4.2-25}$$

带入边界条件，当 $z = 0$ 时，$\sigma_{Pv} = P_0$，可求得式(4.2-25)中的 C；当 $z = H$ 时，可得活动门上的压力为：

$$\bar{\sigma}_{Pv} = \left(P_0 + \frac{B\gamma}{K_a \tan\varphi}\right) e^{\frac{HK_a \tan\varphi}{B}} - \frac{B\gamma}{K_a \tan\varphi} \tag{4.2-26}$$

式中：K_a——土体主动土压力系数，$K_a = \tan^2\left(\frac{\pi}{4} - \frac{\varphi}{2}\right)$。

4.2.4 开挖面极限支护力计算

前文阐述了盾构开挖面上方拱顶处的松动土压力、被动破坏土压力计算方法,在此基础上可对开挖面极限支护压力进行分析,以盾构开挖面前方土体为研究对象,分析不同极限状态下开挖面支护压力。

4.2.4.1 "楔形体–梯形条分法" 开挖面支护力计算模型

在计算盾构开挖面支护压力时,假定开挖面前方土体的滑动体为楔形体(图4.2-17),并采用条分法(微分土条划分如图4.2-18所示,土体被分为n条)来进行开挖面的稳定性分析,推导开挖面稳定的极限平衡状态方程,进而求出开挖面的极限支护压力。计算土体破坏时,与通常的水平条分、垂直条分方式不同,采用倾斜方式对土体进行分条。建立计算模型时做以下假定:

(1)盾构开挖面前方土体失稳的滑动面为斜面,斜面与水平面之间角度为α;
(2)楔形体两竖直侧面压力与水平或竖直压力中较大值呈线性关系,线性系数为k;
(3)各面上的均布力简化为作用在形心上的集中力。

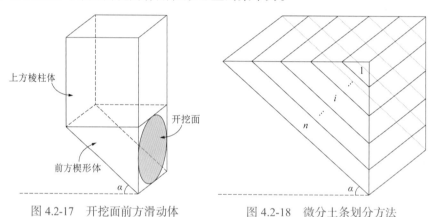

图4.2-17 开挖面前方滑动体   图4.2-18 微分土条划分方法

4.2.4.2 开挖面下限支护压力计算

(1)计算模型

计算开挖面下限支护压力时,宏观上水平面为最大主应力面,因此认为滑移面与水平面之间角度α为$\frac{\pi}{4}+\frac{\varphi}{2}$。取不同位置微分土体进行分析,如图4.2-19所示,分别对梯形微分土条i(常规土条)、三角形土条(梯形微分土条在直角三角形滑移体直角顶点处退化为三角形)的受力进行了分析。

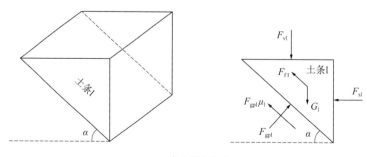

(a)土条1受力分析

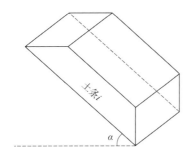
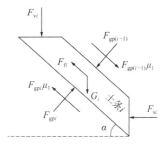

(b) 土条i受力分析

图 4.2-19　开挖面下限支护压力计算模型的土条受力分析

（2）压力计算

以建立的模型为基础，结合极限平衡状态时土条的受力分析，可以建立各个土条i的力平衡方程，进而可以求解开挖面下限支护力。

土条i的开挖面法线方向力平衡方程为：

$$F_{si} + 2F_{fi}\cos\alpha + F_{gpi}\mu_1\cos\alpha + F_{gp(i-1)}\sin\alpha = F_{gpi}\sin\alpha + F_{gp(i-1)}\mu_1\cos\alpha \quad (4.2\text{-}27)$$

土体i的竖直方向力平衡方程为：

$$F_{vi} + G_i + F_{gp(i-1)}\cos\alpha + F_{gp(i-1)}\mu_1\sin\alpha = 2F_{fi}\sin\alpha + F_{gpi}\mu_1\sin\alpha + F_{gpi}\cos\alpha \quad (4.2\text{-}28)$$

式中：F_{vi}——土条所受的上部载荷（N）；

G_i——土条的重力（N）；

F_{si}——土条受到的开挖面支护压力（N）；

F_{fi}——土条每个侧面所受的摩擦力（N）；

F_{gpi}——土条受下一土条的法向支撑力（N）；

$F_{gp(i-1)}$——土条受上一土条的法向压力（N）；

μ_1——土条之间的摩擦系数。

由式(4.2-28)可知：当$i=1$时$F_{gp0}=0$，上式可变化为对于土条1的力平衡公式。

联立式(4.2-27)、式(4.2-28)对开挖面下限支护力F_{si}进行求解可得：

$$F_{si} = \frac{(\mu_1\cos\alpha - \sin\alpha)(2F_{fi}\sin\alpha - F_{vi} - G_i)}{\cos\alpha + \mu_1\sin\alpha} - 2F_{fi}\cos\alpha \quad (4.2\text{-}29)$$

式中：F_{fi}——土条每个侧面所受的摩擦力，在下限支护力计算时与楔形体受上部土体松动土压力、土条侧面面积有关；

G_i——土条所受重力，因而是土条体积及密度的函数。

根据假定条件，松动压力σ_v在楔形体上表面均匀分布即F_{vi}仅与σ_v、梯形土条水平面宽度有关。综上所述F_{si}可用函数式(4.2-30)表示为：

$$F_{si} = f_{\text{下限}}(\sigma_v, \mu_1, k, i, \gamma, D, \alpha) \quad (4.2\text{-}30)$$

4.2.4.3　开挖面上限支护压力计算模型

计算开挖面上限支护力时，宏观上盾构开挖面为最大主应力面，因此认为滑移面与开挖面之间角度为$\frac{\pi}{4} + \frac{\varphi}{2}$，即与水平面之间角度$\alpha$为$\frac{\pi}{4} - \frac{\varphi}{2}$。取不同位置水平微分土体进行分析，如图4.2-20所示。

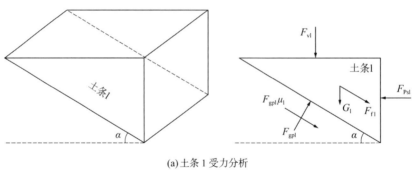

(a) 土条1受力分析

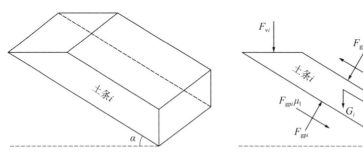

(b) 土条i受力分析

图 4.2-20　开挖面上限支护压力计算模型的土条受力分析

图 4.2-20 中分别对梯形微分土条i（常规土条）、三角形土条（梯形微分土条在直角三角形滑移体直角顶点处退化为三角形）的受力进行分析，分别建立开挖面法线方向力平衡方程、竖直方向力平衡方程。

土条i的开挖面法线方向力平衡方程为：

$$F_{\mathrm{P}si} + F_{\mathrm{gp}(i-1)}\sin\alpha + F_{\mathrm{gp}(i-1)}\mu_1\cos\alpha = F_{\mathrm{gp}i}\mu_1\cos\alpha + 2F_{\mathrm{f}i}\cos\alpha + F_{\mathrm{gp}i}\sin\alpha \quad (4.2\text{-}31)$$

土体i的竖直方向力平衡方程为：

$$F_{\mathrm{v}i} + G_i + 2F_{\mathrm{f}i}\sin\alpha + F_{\mathrm{gp}(i-1)}\cos\alpha + F_{\mathrm{gp}i}\mu_1\sin\alpha = F_{\mathrm{gp}i}\cos\alpha + F_{\mathrm{gp}(i-1)}\mu_1\sin\alpha \quad (4.2\text{-}32)$$

式中：$F_{\mathrm{v}i}$——土条所受的上部载荷（N）；

G_i——土条的重力（N）；

$F_{\mathrm{P}si}$——土条受到的开挖面支护压力（N）；

$F_{\mathrm{f}i}$——土条每个侧面所受的摩擦力（N）；

$F_{\mathrm{gp}i}$——土条受下一土条的法向支撑力（N）；

$F_{\mathrm{gp}(i-1)}$——土条受上一土条的法向压力（N）；

μ_1——土条之间的摩擦系数。

由式(4.2-32)可知：当$i = 1$时$F_{\mathrm{gp}0} = 0$，可变化为对于土条1的力平衡公式。

联立式(4.2-31)，式(4.2-32)进行求解，可以得到开挖面上限支护力$F_{\mathrm{P}si}$的函数解为：

$$F_{\mathrm{P}si} = \frac{(\mu_1\cos\alpha + \sin\alpha)(2F_{\mathrm{f}i}\sin\alpha + F_{\mathrm{v}i} + G_i)}{\cos\alpha - \mu_1\sin\alpha} + 2F_{\mathrm{f}i}\cos\alpha \quad (4.2\text{-}33)$$

式中：$F_{\mathrm{f}i}$——土条每个侧面所受的摩擦力，在下限支护力计算时与楔形体受上部土体被动破坏土压力、土条侧面面积有关；

G_i——土条所受重力,因而是土条体积及密度的函数。

根据假定条件,松动压力σ_v在楔形体上表面均匀分布即F_{vi}仅与σ_v、梯形土条水平面宽度有关。综上所述F_{Psi}可用下面函数式(4.2-34)表示:

$$F_{Psi} = f_{上限}(\sigma_{Pv}, \mu_1, k, i, \gamma, D, \alpha) \tag{4.2-34}$$

4.2.4.4 开挖面最优支护压力计算

前文对开挖面上限及下限支护压力进行了计算,以上计算是基于极限平衡法分析而得到的。计算所得的支护压力表示盾构开挖面支护压力必须控制在上限支护压力与下限支护压力之间,超出此范围时开挖面土体将发生破坏,带来工程风险。在避免发生工程风险的前提下,应进一步降低盾构施工对周边环境的影响。理想情况下,当开挖面支护压力等于地层原始侧压力时,盾构施工对地层扰动为最小。

一般认为,地层不同深度处原始垂直压力是由上方土柱重力及地表附加载荷产生的,这与采用全覆土理论计算松动土压力时相同,如:

$$\sigma_v = p_0 + \sum \gamma_i h_i \tag{4.2-35}$$

地层的原始侧压力与地层垂直压力及侧压力系数(K_0)有关,如:

$$\sigma_h = \sigma_v \cdot K_0 \tag{4.2-36}$$

开挖面最优支护压力即与地层原始侧压力相同,此支护压力下地层受扰动最小。

4.2.4.5 考虑地下水的开挖面支护压力计算

基于砂卵石地层高渗透性的特点,在计算开挖面支护压力时,采用水土分算的方法对土体的侧压力进行分析计算。考虑地下水影响时,开挖面支护压力需要平衡地层的土体侧压力与地下水压力,地下水压力计算式为:

$$P_w = \rho g \Delta H \tag{4.2-37}$$

式中:ΔH——地下水位与开挖面计算位置的高度差;

g——重力加速度;

ρ——水的密度。

开挖面支护压力为土体侧压力与地下水压力之和,由公式可知地下水压力仅与ΔH相关,而地下水位相对稳定,因此在分析开挖面支护压力时,仅考虑与土体侧压力有关的影响因素。

4.2.4.6 开挖面支护压力影响因素研究

式(4.2-30)、式(4.2-34)、式(4.2-36)对开挖面压力的影响因素进行了介绍,结合式(4.2-21)、式(4.2-25)分析不同因素对开挖面支护压力的影响。

(1)开挖面支护压力分布规律

计算时各参数取值:土条数量为30个,土体内摩擦角为20°,土体重度为20000kN/m³,上部松动土压力为0.20MPa(约为25m埋深),隧道直径为9m,侧面压力系数为0.3。上述条件下不同土条的开挖面支护压力计算结果如图4.2-21所示,土体侧压力自开挖面顶部至底部呈线性分布,线性分布的参数受土体内摩擦角、土体重度等因素影响。

(2)条分数对开挖面压力计算的影响

在采用条分法对开挖面支护压力进行计算时,首先需要确定条分数量。以下限支护力计算模型为基础,分析假定计算模型除条分数量外,其他参数不变,再分析不同条分数量对开挖面支护压力的影响。

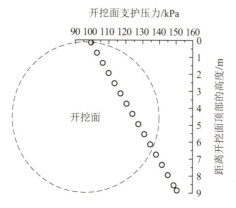

图 4.2-21 开挖面支护压力分布规律

分别取土条数量为 6 个、9 个、18 个、30 个、90 个，计算不同土条的开挖面支护压力，计算时土体内摩擦角取 20°，土体重度取 20000kN/m³，上部松动土压力取 0.20MPa（约为 25m 埋深），隧道直径为 9m，侧面压力系数为 0.3。对于土条数较多的条分法等间距取部分数据进行分析，结果如图 4.2-22 所示。

由图 4.2-22 可知：在使用条分法计算开挖面支护压力时，土条数量对计算结果无影响，不同条分数量计算所得的开挖面不同位置的支护压力可采用统一线性关系进行拟合；开挖面不同位置的支护压力与开挖面竖直方向的支护压力呈线性相关，可通过确定开挖面顶部与底部压力进而确定整个开挖面不同位置的支护压力。

综上所述，在后续分析中将土条数量取 100，并将最顶部土条与最底部土条的支护压力作为整个开挖面支护压力的特征值。

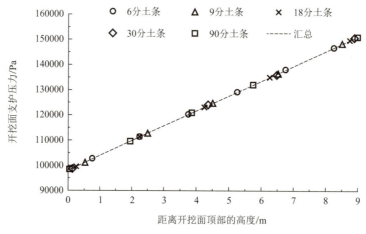

图 4.2-22 不同条分方法下开挖面支护压力计算

（3）土体内摩擦角对开挖面支护压力的影响

在对土体内摩擦角的影响程度进行分析时，假定其他参数不变，如表 4.2-4 所示。土体内摩擦角的取值范围为 20°~44°。

不同土体内摩擦角对开挖面下限和上限支护压力的影响如图 4.2-23、图 4.2-24 所示。

开挖面下限支护压力随土体内摩擦角的增大呈降低趋势，内摩擦角取值范围内开挖面顶部下限支护压力的计算结果为 24.80～100kPa。开挖面上限支护压力随土体内摩擦角的增大呈升高趋势，内摩擦角取值范围内开挖面顶部上限支护压力的计算结果为 1.75～4.69MPa。对比分析可知，开挖面上限支护压力约为下限支护压力的 50 倍。

参数取值　　　　　　　　　　　　　　表 4.2-4

参数	符号	单位	取值
上覆土厚度	H	m	25
隧道直径	D	m	9
地层重度	γ	kN/m³	20000
地表载荷	p_0	Pa	0
侧压力系数	k	—	0.3
条分数	n	—	100

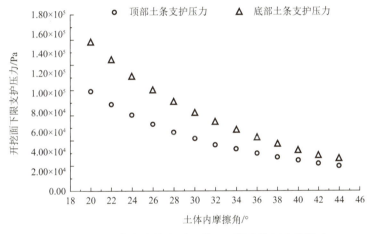

图 4.2-23　土体内摩擦角对开挖面下限支护压力的影响

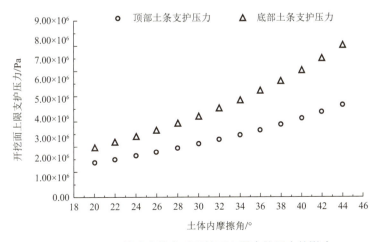

图 4.2-24　土体内摩擦角对开挖面上限支护压力的影响

（4）上覆土厚度对开挖面支护压力的影响

在对上覆土的影响程度进行分析时，假定其他参数为固定值，如表 4.2-5 所示。上覆土厚度的取值范围为 5~60m。

参数取值　　　　　　　表 4.2-5

参数	符号	单位	取值
土体内摩擦角	φ	°	35
隧道直径	D	m	9
地层重度	γ	kN/m³	20000
地表载荷	p_0	Pa	0
侧压力系数	k	—	0.3
条分数	n	—	100

在上述参数取值下，不同上覆土体厚度对开挖面下限和上限支护压力的影响如图 4.2-25、图 4.2-26 所示。

由图 4.2-25 可知，开挖面下限支护压力随着上覆土厚度增加呈升高趋势，当覆土厚度小于 25m 时升高趋势明显，当覆土厚度大于 25m 时开挖面支护压力基本保持稳定。开挖面顶部压力为 20~40kPa。

由图 4.2-26 可知，开挖面上限支护压力随着上覆土厚度增加呈升高趋势，且升高速率逐渐变大。开挖面顶部上限支护压力为 0.41~31.81MPa。实际上，上覆土体厚度越大，盾构推力作用下使其发生被动破坏所需的力越大。

图 4.2-27 对不同埋深条件下，上限和下限支护压力、地层原始侧压力进行了对比（数轴采用对数坐标系）。由图 4.2-27 可知：上限支护压力远大于地层原始侧压力；对于下限支护压力，当埋深为 1 倍洞径时，约为地层原始侧压力的 1/2，当埋深为 2 倍洞径时，约为地层原始侧压力的 1/3，当上覆土厚度为 8 倍洞径时，约为地层原始侧压力的 1/10。

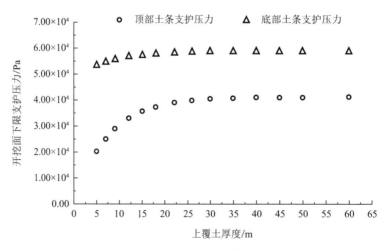

图 4.2-25　上覆土厚度对开挖面下限支护压力的影响

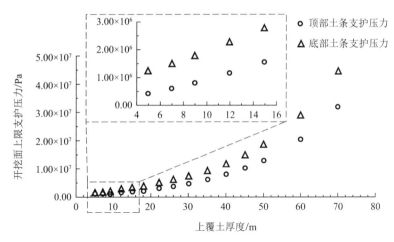

图 4.2-26　上覆土厚度对开挖面上限支护压力的影响

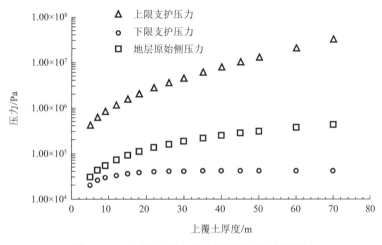

图 4.2-27　上覆土厚度对地层原始侧压力的影响

4.2.4.7　开挖面支护压力控制原则

采用极限平衡法分析开挖面极限支护压力时认为，土体为刚体，滑移体（棱柱土体及楔形土体）不因状态的改变而发生变形。当开挖面支护压力为地层原始侧压力时，可以认为土体未受扰动，故不发生变形。而当开挖面支护压力为下限支护压力时，滑移体处于极限平衡状态，此时滑移体由于受力状态发生改变，其内部不同位置存在一定的竖向位移，在地表处的位移为 0。当支护压力位于地层原始应力及下限支护力范围内时，竖向位移为 0 的等值面位于滑移体内部（该等值面之上的土体可认为不受盾构施工扰动），支护压力不同，该等值面也存在差异（图 4.2-28），即盾构施工对周围土体的影响范围也存在差异。

综合前述及盾构经验，开挖面支护压力控制应遵循以下原则：

（1）开挖面支护压力设定应在下限支护压力与原始侧压力范围内，对于支护压力控制下限，应在下限支护压力的基础上考虑一定的安全系数，即在计算结果的基础上增加 20kPa 的压力储备作为压力控制下限值。

（2）在浅覆土施工时，支护压力控制应接近原始侧压力，保证地表沉降和隆起均不超限。

（3）在盾构邻近既有结构施工时，支护压力应尽量接近原始侧压力并及时采取辅助措施（盾体外间隙填充、同步注浆、补充注浆等），将地层位移和既有结构变形控制在保护要求范围内。

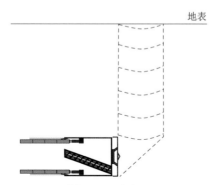

图 4.2-28　不同支护压力条件下地层变形范围

4.3　盾构压力平衡掘进技术

4.3.1　压力平衡掘进机理

平衡是盾构工程的核心理念。盾构掘进是一个压力平衡、进出渣量平衡、地层损失与支护充填空间平衡综合作用过程。土压平衡盾构掘进平衡，包括开挖面支护力与土体水平侧压力的平衡，土仓进渣量与螺旋输送机出渣量的平衡，刀盘开挖形成的地层损失与盾体支撑、管片支护和间隙充填之间形成的空间替代平衡。盾构工程平衡主要是开挖面支护压力平衡和进排渣量平衡。

土压平衡盾构的压力平衡掘进就是：在土压平衡盾构掘进中，以满仓渣土为条件，通过保持开挖面进渣量与螺旋输送机排渣量平衡的方法，实现仓内土压与开挖面地层水土压力的平衡，以达到维持开挖面稳定的目的。

土压平衡盾构要实现压力平衡掘进，维持开挖面稳定，需要满足以下条件：

（1）土仓充满渣土，为开挖面提供完全、有效支撑；

（2）土仓渣土压力与开挖面水土压力相平衡；

（3）土仓进渣量与螺旋输送机排渣量相平衡，以保持土压力平衡；

（4）围绕地层条件，压力平衡掘进与渣土平衡输排均保持动态平衡；

（5）通过渣土改良使渣土获得所需的性能是实现输排平衡和压力平衡的关键。

4.3.2　盾构掘进平衡压力的设定

为降低对周围环境的影响，盾构施工中开挖面的支护力必须保持在合理范围内，确定开挖面支护压力的控制范围对盾构施工有着重要意义。

（1）地层在未被扰动时，对其侧方土体存在水平向压力（土体原始侧压力P_0）。理论上，当盾构开挖面提供的支护力（$P_支$）与土体原始侧压力相同时，可视为开挖面前方土体受力状态不会发生改变。

（2）当$P_\text{支} < P_0$时，开挖面土体受力状态改变。当$P_\text{支}$减小到某一临界值时，开挖面土体处于极限平衡状态。将此时土体的状态定义为"主动极限平衡状态"，此时支护力可称之为盾构开挖面支护力下限$P_\text{支-下限}$，或称为盾构主动极限平衡支护力$P_\text{主动极限}$。当$P_\text{支}$小于$P_\text{支-下限}$时，则开挖面土体发生失稳破坏，出现地面塌陷。

（3）当$P_\text{支} > P_0$时，开挖面土体受力状态也会改变。当$P_\text{支}$增大到某一临界值时，开挖面土体处于极限平衡状态。将此时土体的状态定义为"被动极限平衡状态"，此时支护力可称之为盾构开挖面支护力上限$P_\text{支-上限}$，或称为盾构被动极限平衡支护力$P_\text{被动极限}$。当$P_\text{支}$大于$P_\text{支-上限}$时，开挖面土体同样发生破坏，出现地面隆起。

盾构开挖面压力平衡，是指盾构渣土向开挖面提供的支护力$P_\text{支}$与开挖面土体初始侧压力P_0的平衡。实际上很难精确计算得到土体原始侧压力P_0，盾构开挖面支护力也无法与实际P_0精确匹配。需要根据地层在主动和被动极限平衡状态破坏时的工况，计算开挖面极限支护压力的下限值$P_\text{支-下限}$和上限值$P_\text{支-上限}$，确定一个支护压力的取值范围。$P_\text{支-下限}$为计算确定的开挖面极限支护压力下限值，突破该限值，开挖面产生向内的位移，地层发生沉陷，出现土体的主动极限平衡破坏；$P_\text{支-上限}$为计算确定的开挖面极限支护压力上限值，突破该限值，开挖面产生向外的位移，地层发生隆起，出现土体被动极限平衡破坏。为了防止开挖面土体发生破坏，达到压力平衡掘进状态，盾构开挖面支护力$P_\text{支}$应满足$P_\text{支-上限} < P_\text{支} < P_\text{支-下限}$。盾构开挖面上限、下限支护力计算可见第4.2节。

从盾构掘进对地层的影响角度来讲，使地层向上发生隆起的变形是需要较大的推力才能实现的，而且是不经济的、没有必要的，是要避免的；但受盾构开挖引起的地层应力释放的影响，地层向下发生沉降的变形是必然的，是需要通过主动支护去控制的，目标是争取做到零沉降，防止出现超限沉降或塌陷，即"防隆控沉"。

因此，盾构掘进时平衡压力的设定范围是大于主动极限平衡支护力$P_\text{主动极限}$（即盾构开挖面下限支护力$P_\text{支-下限}$），小于等于土体初始侧压力P_0，实际采用主动极限平衡支护力外加一定的储备压力，即$(1+\alpha)P_\text{主动极限} \leqslant P_\text{平衡支护} \leqslant P_0$。

盾构压力平衡掘进是一个动态平衡过程。盾构开挖面支护压力在初始设定后，还应综合考虑盾构穿越范围及上覆地层条件、隧道埋深、地下水压、变形控制标准等因素的变化，跟随这些因素的变化及时相应调整平衡压力目标管理值的设定，实现支护压力的动态平衡，压力控制与调整原则和方法将在后续内容中详细叙述。

4.3.3 渣土平衡输排动态的控制

4.3.3.1 螺旋输送机渣土运移机理

1）螺旋推移原理

螺旋形现象在自然界普遍存在，比如小到DNA结构、螺壳、流水旋涡，大到飓风、银河系。阿基米德发现了阿基米德螺旋线（图4.3-1），也叫等速螺旋线，定义为：一个点匀速率离开一个固定点的同时，又同时以固定的角速度绕该固定点转动而产生的运动轨迹。阿基米德螺旋线在平面极坐标中的曲线方程为$r(\theta)=a+b(\theta)$，其中：b为螺旋系数，单位为mm/°，代表曲线每变化1°时，曲线直径的变化量；θ为转角，单位为°，代表曲线转过的度数总和；a为当$\theta = 0°$时的极径，单位为mm。

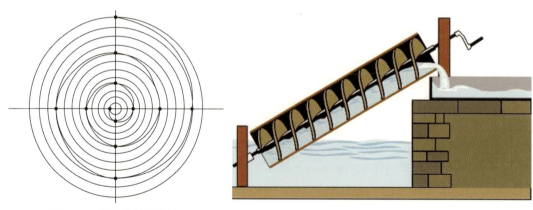

图 4.3-1　阿基米德螺旋线　　　　图 4.3-2　阿基米德取水器示意图

阿基米德螺旋线最早被应用的案例是阿基米德螺旋取水器（图 4.3-2），用于将水从低处提升到高处，发展为后来的螺旋泵和螺杆泵，逐步开启了螺旋原理的现实应用。螺旋传动、螺旋提升、螺旋压缩、螺旋推移等原理被广泛应用于工业和工程领域，如齿轮的螺旋传动、螺纹的紧固、轮船的螺旋桨、飞机的涡轮发动机、螺旋压缩机、物料运输用的螺旋输送机等。工程领域的长螺旋钻机、搅拌桩机、水平螺旋钻机等钻进设备，工农业领域的绞龙、螺旋输送机等物料运移和提升设备，都应用了螺旋推移原理，体现了螺旋的物质推移功能。

螺旋推移的实质就像不动的螺母与旋转的螺杆、静止的木头与旋转的螺栓的作用过程一样，在物料不发生转动的情况下，依靠螺旋转动，产生轴向相对位移，实现螺旋的轴向推移运动。螺旋推移的原理就是螺旋状结构形成螺旋状导程，每一点所在位置都是螺旋状向前的一个斜面，螺旋转动形成推力、离心力、摩擦力，与物料重力共同作用下，沿螺旋的轴向产生向前的位移。

2）螺旋输送机物质推移机理

螺旋输送机使用动力带动一根螺旋状的心轴旋转，利用螺旋状心轴旋转时螺线会向前或向后推动的原理，用来带动物料一起运动，实现物料的远距离机械输送。

螺旋输送机按安装形式可分为水平螺旋输送机、垂直螺旋输送机和倾斜螺旋输送机，其中将安装角度大于 20°的螺旋输送机称为大倾角螺旋输送机。对于水平、垂直、微倾斜螺旋输送机和大倾角螺旋输送机的工作原理和设计、应用，在工农业中研究较多，但对于像土压平衡盾构机中的大倾斜螺旋输送机的工作原理、渣土的力学运动特征和运移机理研究较少。

水平或微倾斜螺旋输送机（图 4.3-3）工作原理：在旋转的水平或微倾斜螺旋输送机中，物料受到螺旋叶片法向推力的作用，该推力的径向分力和叶片对物料的摩擦力是使物料产生绕轴转动趋势的力，其轴向分力是使物料产生轴向移动趋势的力。由于物料自身重力及其与螺旋输送机筒壁摩擦力的作用，使得物料不发生与螺旋体（包括螺旋轴和叶片）的同步旋转，不发生或少量发生相对转动；只是在螺旋状叶片的轴向分力推动作用下，沿着螺旋导程与螺旋叶片发生轴向相对运动，沿筒壁向前运移。旋转的水平螺旋轴可以实现物料的轴向推移，达到输送物料的目的。

第 4 章 砂卵石地层土压平衡盾构压力平衡掘进技术

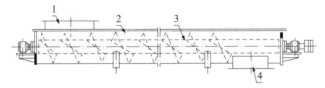

1—进料口；2—槽体；3—螺旋轴；4—卸料口

图 4.3-3　水平螺旋输送机[36]

垂直螺旋输送机（图 4.3-4）工作机理：在旋转的垂直螺旋输送机中，物料受到螺旋叶片的法向推力作用，该推力的径向分力和叶片对物料的摩擦力是使物料产生绕轴转动趋势的力，其轴向分力是使物料产生轴向移动趋势的力。物料在螺旋体高速旋转产生的离心力作用下，沿螺旋面向螺旋输送机机筒内壁运动并受到筒壁的约束，物料在内摩擦力作用下，在筒内绕螺旋轴形成若干个同心的密集环层，与筒壁之间形成较大的摩擦力，该摩擦力是阻止物料与螺旋体发生同步旋转或相对转动的力；在螺旋状叶片的轴向分力推动作用下，克服摩擦力和物料重力，物料沿着螺旋导程与螺旋叶片发生轴向相对运动，沿筒壁向上运移。旋转的竖向螺旋轴可以实现物料的轴向提升，达到输送物料的目的。

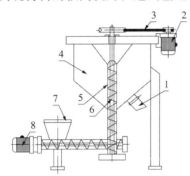

1—出料口；2—电机；3—三角带；4—混料筒；5—套筒；6—立式螺旋输送机；7—进料斗；8—电机

图 4.3-4　垂直螺旋输送机[37]

大倾角螺旋输送机（图 4.3-5）的工作机理，与垂直螺旋输送机基本相同。当螺旋体高速旋转时，螺旋叶片上的物料在离心力作用下，克服叶片的摩擦力，依靠本身的惯性，沿螺旋面向螺旋输送机机筒内壁运动，使作用于筒壁的压力增加，进而与筒壁之间产生较大的摩擦力；该摩擦力使得筒壁处的物料颗粒减速，不跟随螺旋轴旋转，而沿着螺旋轴轴向向上运动。

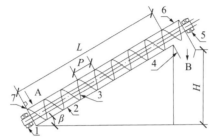

1—螺旋轴；2—机壳；3—螺旋叶片；4—卸料板；5—轴承；6—上盖板；7—端墙
A—进料口；B—出料口；L—输送机长度；H—倾斜安装高度；P—螺距；β—螺旋倾斜角度

图 4.3-5　大倾角螺旋输送机[37]

经以上三种不同形式螺旋输送机工作机理可以看出，螺旋输送机物质推移机理有以下特征：

（1）螺旋输送机中，将筒体作为静参考系，转动的螺旋叶片为动参考系，螺旋叶片相对于筒体的运动为牵连运动。物料受到叶片推力、物料与叶片表面和筒体内壁的摩擦力、筒壁对物料的支撑反力、物料的惯性离心力、物料自重力的合力，产生包括圆周运动、径向运动、轴向运动的复合运动。在螺旋转速、螺旋安装角度、螺旋升角、摩擦系数、螺距等因素综合影响下，物料最终形成以轴向合力为主要作用力的轴向运动，伴有绕轴的相对转动和沿径向的滑动［图4.3-6（a）］。

（2）实现螺旋轴向推移或提升的主要作用力是螺旋叶片对物料产生的推力的轴向分力，需要克服的作用力是物料的重力或重力的轴向分量、物料与筒壁的摩擦力。螺旋体旋转时，螺旋叶片对物料推力的径向分力和物料与螺旋叶片表面之间的摩擦力是使物料发生转动的主要作用力，需要克服物料与筒壁之间的摩擦力和物料群内的内摩阻力［图4.3-6(b)］。

（3）沿螺旋径向，不同位置的物料颗粒速度不同。靠近螺旋轴，轴向滑动速度小，圆周速度大，易产生绕轴转动，发生翻滚跳跃；靠近螺旋叶片外缘则相反，轴向滑动速度大，圆周速度小，易形成轴向滑动，不易产生绕轴转动。

（4）螺旋输送机转动时存在临界转速。对于水平螺旋输送机，转速超过一定限值后物料惯性离心力作用过大，出现垂直于螺旋轴方向的径向跳跃翻滚，搅拌作用加强，轴向推移减弱，影响螺旋推移效率，加速设备构件的磨损而且会增大螺旋功率的消耗，这个最大转速为水平螺旋输送机的临界转速。对于大倾角或垂直螺旋输送机，当转速较低时，物料与螺旋同步转动，不发生轴向相对滑动；当转速超过一定限值后，物料惯性离心力作用加大，物料开始出现与叶片的相对滑动和轴向推移，这个实现轴向推移的最小转速为大倾角或垂直螺旋的临界转速。

大倾角或垂直螺旋输送机要实现轴向推移或提升的条件是螺旋转速高于临界转速，螺旋升角$\alpha < \pi/2 - \rho$（ρ为物料与叶片表面的摩擦角）［图4.3-6（c）］。

（5）螺旋输送机物料输送效率受螺旋转速、螺旋叶片直径、螺旋轴直径、螺距、倾斜角度、填充系数等因素影响。

水平、垂直和倾斜螺旋输送机，其填充系数不同。螺旋输送机倾斜布置对输送效果有影响，存在倾斜输送系数。随着倾斜角度增大，填充系数和倾斜输送系数降低。

3）土压平衡盾构螺旋输送机渣土运移机理

螺旋输送机是土压平衡盾构机排渣系统的主要部件，安装角度一般为20°～30°，属于大倾角螺旋输送机，其运移对象为盾构刀盘刀具开挖进仓的渣土。螺旋输送机筒径、轴径、螺距、额定功率、额定扭矩和最大转速、倾角等参数，在盾构选型设计阶段根据盾构施工地层条件、盾构掘进速度和结构总装设计综合确定。

根据大倾角螺旋输送机在一定转速下产生物料轴向推移的原理，土压平衡盾构的螺旋输送机通过伸入土仓部分的螺旋体旋转，将土仓内的有压渣土提升运移至螺旋输送机尾端径向排渣口处，靠渣土重力卸落至皮带输送机上，实现渣土输排。盾构施工期间，主要通过调节螺旋输送机转速和闸门开度来控制排渣量，匹配前方刀盘刀具的开挖量，维持土仓压力平衡。

土压平衡盾构螺旋输送机的主要功能归结为：

（1）跟随刀盘刀具开挖进度将土仓内渣土提升并排出。

（2）在提升渣土过程中使渣土压力逐渐衰减，保持土仓压力稳定。

（3）通过调节螺旋输送机转速来调节排渣量，保持土仓压力与开挖面水土压力的动态平衡。

螺旋输送机前端位于土仓底部，该位置进渣压力近似等于土仓底部土压。渣土经过土仓壁前闸门进入螺旋输送机，渣土流向和断面发生改变，压力发生第一次衰减。渣土沿螺旋输送机行程提升过程中，因自身重力，与螺旋叶片、轴和筒壁的摩擦力，叶片的阻隔作用，在螺旋输送机驱动作用下压力产生第二次衰减，在螺旋输送机内形成压力梯度。理论上渣土经过螺旋输送机螺旋状运移行程后，至螺旋输送机后闸门处压力应衰减为零。螺旋输送机内渣土输排和渣土压力衰减的过程实际也是能量转换的过程，即螺旋输送机的机械能转化为提升后渣土的势能、动能和运移过程中因克服摩擦力做功而消耗的能量。

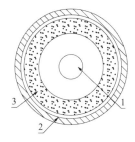

1—螺旋管轴；2—输送管；3—物料

(a) 大倾角和垂直输送机横断面上的物料分布

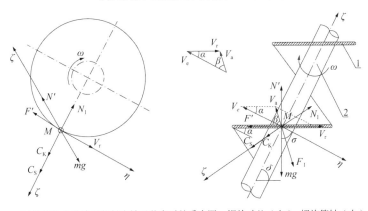

(b) 螺旋叶片外缘口物料在输送状态时的受力图：螺旋叶片（左）、螺旋管轴（右）

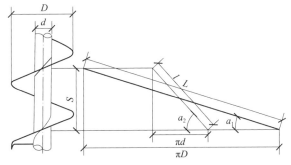

(c) 螺旋叶片外缘口和内缘口的提升角 a_1 和 a_2

图 4.3-6　螺旋输送机推移机理示意图[38]

4）螺旋输送机携渣输排条件

螺旋输送机与土仓通过仓壁的前闸门连通。螺旋输送机后闸门位于盾尾处约$\frac{2}{3}D$（D为盾构直径）高度，与土仓顶部存在高差。若原状地层为渗透性高的富水砂卵石地层，盾构开挖后地下水集聚于土仓，土仓与螺旋输送机之间就如同连通器，由于高差导致压力差，后闸门位置带水的渣土压力不为零就会形成喷涌。如原状地层为摩阻力高、流动性差的无水砂卵石时，开挖后在土仓形成了堆积，只有依靠螺旋输送机自身驱动功率克服砂卵石的内摩擦力，自身重力，卵石与螺旋叶片、轴和筒壁摩擦力，带动螺旋旋转才能将卵石提升排出，而且对螺旋输送机的机械能耗大、磨损大，输送效率低。

因此，适宜于螺旋输送机输排的渣土是介于流态与固态之间的塑性流动态。理想的渣土是既有塑性流动性，又有一定的黏聚性和止水性，使得螺旋输送机携渣输排期间不喷涌、不沉仓、不卡机、少磨损。对于砂卵石地层，只有经过渣土改良才能形成利于输排的塑流态渣体，为盾构渣土平衡输排提供条件。

4.3.3.2 盾构渣土平衡输排控制技术

1）盾构渣土平衡输排作用机理

盾构渣土输排平衡，主要是通过螺旋输送机输排渣量与盾构刀盘刀具开挖进仓渣量的平衡，来保证前方土仓压力与开挖面土压力的平衡，即通过量的平衡实现力的平衡。

实现砂卵石地层土压平衡盾构压力平衡掘进，最关键的是能保证"一前一后"两个部位和环节功能目标的实现。"前"指的是在盾构前方，依靠盾构刀盘刀具能顺利完成砂卵石地层的开挖（包括砂卵石地层的楔犁剥落开挖和大粒径漂石的楔击破碎），使渣土经刀盘开口入仓，建立开挖面支护压力，维持开挖面稳定，实际就是完成"进"的工作。"后"指的是在盾构后方，依靠螺旋输送功能顺利完成砂卵石渣土的排出，通过开挖和排出渣量平衡能够维持前方开挖面土压稳定，进而实现压力平衡，实际就是完成"出"的工作。

"一前一后""一进一出"，两者之间互为依存，相辅相成。前方能够完成开挖，渣土能够顺利进仓，但若后方排出不畅，形成滞排，必然会立即反馈到前方，导致土压升高、扭矩增大、推力增加、掘进速度下降、刀具磨损加剧，严重时发生地面隆起；若后方排渣通畅，不加控制，输排不均衡、波动大，容易使螺旋输送机排渣量大于刀盘开挖进仓渣量（俗称"超排"），也必然会影响到前方土仓压力和渣土仓位，引起欠压掘进，导致开挖面上覆土体松动塌落（俗称"超挖"），进而影响开挖面及其上覆地层的稳定，产生地层沉降和地面坍塌。只有控制好渣土进仓与排出的动作配合、渣量平衡、参数稳定，才能实现盾构开挖面土压平衡和稳定。所以，盾构开挖面地层的稳定靠压力平衡掘进（也称为"保压掘进"）来实现，压力平衡掘进靠渣土平衡输排来实现；反过来，实现盾构开挖面地层的稳定和压力平衡掘进，才能够保证渣土的平衡输排。

砂卵石地层掘进，会因砂卵石自身特征、隧道埋深、地下水赋存情况和其他地质条件等客观因素的变化，导致盾构土压、扭矩、推力、转速、推速等主要参数的波动和变化，也会影响螺旋输送机的工作参数和渣土输排状态的变化。所以，压力平衡掘进与渣土平衡输排这"一前一后"与"一进一出"两个环节，需要根据客观条件的变化进行动态调整，实现再适应和再平衡，即动态平衡。

2）盾构渣土平衡输排动态控制技术

（1）螺旋输送机排渣量动态控制

盾构渣土平衡输排是指土压平衡盾构进排渣量的平衡。在盾构掘进中，前方开挖面与土仓渣土之间土压力的平衡需要通过螺旋输送机排渣量与土仓进渣量之间量的平衡来实现，渣土量的平衡控制主要依靠螺旋输送机转速与掘进速度的相互匹配来实现。盾构渣土量的进出平衡，影响到开挖面支护压力的增减平衡；土仓渣土压力的增减平衡，需要通过渣土量的进出平衡来调节实现。

①盾构刀盘开挖的进渣量计算，如式(4.3-1)所示：

$$Q_j = \frac{\pi D^2}{4} \cdot v \cdot t \cdot \lambda \cdot 10^{-3} \tag{4.3-1}$$

式中：Q_j——盾构刀盘在时间t（min）的开挖渣土体积（m³）；

D——盾构刀盘开挖直径（mm）；

v——盾构掘进速度（mm/min）；

λ——地层松散系数（$\lambda = v_2/v_1$，v_2为渣土在开挖后松散状态下的体积，v_1为渣土在自然状态下的体积。）

②螺旋输送机排渣量计算，如式(4.3-2)所示：

$$Q_p = \frac{\pi(d_1^2 - d_2^2)}{4} \cdot S \cdot n \cdot t \cdot \psi \cdot \varepsilon \cdot 10^{-3} \tag{4.3-2}$$

式中：Q_p——盾构螺旋输送机在时间t（min）的排出渣土的体积（m³）；

d_1——螺旋轴的叶片外径（mm）；

d_2——螺旋杆的外径（mm）；

S——螺旋轴的螺距（mm）；

n——螺旋轴的转速（r/min）；

ψ——螺旋输送机渣土充填系数，全部充满时$\psi = 1.0$；

ε——螺旋输送机倾斜系数，水平0°时，为0.5，角度增大，系数减小，具体根据试验测取。

③要实现进排渣量平衡，需$Q_j = Q_p$，根据式(4.3-1)和式(4.3-2)，则有：

$$n = \frac{v \lambda D^2}{\psi \varepsilon S(d_1^2 - d_2^2)} \tag{4.3-3}$$

由式(4.3-3)可以看出，进排渣量平衡，与掘进速度、螺旋输送机转速、渣土松散系数的变化有关。在盾构开挖直径、螺旋输送机设计参数一定的情况下，螺旋输送机转速n与盾构掘进速度v存在线性关系。渣土松散系数在地层条件一定的情况下，与渣土改良添加剂的综合注入量相关。

盾构掘进速度大小决定着单位时间开挖渣量的多少，为了维持进排渣量平衡，螺旋机转速的大小就需要与之相匹配。盾构掘进速度受盾构推力控制，推力大小又主要根据前方土仓压力的设定大小而调整，因此就间接地建立起螺旋机转速与土压的关系。土仓渣土压力要达到土压力目标值并维持开挖面支护压力的动态平衡，就需要通过调节和控制螺旋转速来实现。

掘进过程中，在进入不同地层组段或实际地质条件变化时，土仓压力控制值应及时调整，以平衡变化的开挖面水土压力，相应地需要通过调节螺旋输送机转速来实现土仓压力的调整。土仓压力会发生波动时,也需要根据当前土压控制值及时调整螺旋输送机转速,也就是调整排渣量,稳定土压。掘进速度与螺旋输送机转速动态调节的具体方法,见表4.3-1。

总之,土压能维持稳定,有利于渣土平衡输排;渣土能维持平衡输排,有利于土压稳定,进而有利于维持开挖面稳定和地层位移控制。刀盘刀具开挖量要与螺旋输送机输排量之间建立动态平衡,要通过螺旋输送机转速的动态调节来控制排渣量,进而实现土压的动态平衡控制。盾构掘进速度与螺旋输送机转速之间建立匹配关系和关联动作,是实现掘进压力平衡、渣土输排平衡的关键。

盾构渣土平衡输排动态控制方法　　　　表 4.3-1

序号	压力平衡掘进与渣土平衡输排工程问题	防治对策	掘进速度与螺旋输送机转速动态调节方法	
			掘进速度 V/(mm/min)	螺旋输送机转速 n/(r/min)
1	土压增高	防隆起,需控压	降低	提高
2	土压降低	防沉降,需升压	提高	降低
3	输排壅塞	防卡阻,需疏通	降低	提高
4	输排通畅	防超排,需控排	提高	降低

(2)渣土输排的辅助措施

砂卵石地层,除了控制进出渣量平衡来保持压力平衡外,还会出现以下导致输排困难或输排中断的情况,需要采取针对性措施,保证连续均衡输排,辅助实现渣土的输排平衡和开挖面的压力平衡。

①含大粒径漂石的砂卵石地层,大粒径漂石被刀具破碎入仓,由于碎裂切面的存在,漂石残体呈不规则形状,进入螺旋输送机后,容易发生卡阻、排出困难甚至导致出渣中断。此种情况需要通过螺旋输送机正反转结合慢转试排,螺旋输送机处辅助注入改良剂增加润滑,打开螺旋输送机检查窗人工辅助破碎等方式处理。

②卵石含量高的密集砂卵石地层,卵石容易沉仓,排出困难。此种情况需要增加改良剂黏度和注入量,提高浆体悬浮能力,加强刀盘底部搅拌,配合螺旋输送机转速控制来完成渣土的抽取和提升。

③富水砂卵石地层,水量大,水压高,地层及渣土渗透性高,渣土容易出现粗细颗粒分离和渣水分离。高水压下,螺旋输送机内不易形成止水土塞,造成螺旋输送机闸门处带压水流、泥砂流、夹杂碎石和砾石的砂石流的喷涌,影响掘进效率和施工环境。此种情况除了在盾构选型设计阶段增加渣土输送系统相应功能外,施工中还需要通过高分子聚合物、高黏度泥浆等改良剂的选用和多路径添加,双闸门开度的灵活配合使用,快凝增稠同步注浆材料的注入,盾尾管片双液浆隔离止水等措施,来减小喷涌、提高渣土的塑流性和止水性,使其能通过螺旋输送机常压排出。

(3)螺旋输送机结构优化设计

针对砂卵石地层特征,结合螺旋输送机参数设计原则和对排渣效率的影响,在盾构选型阶段对螺旋输送机进行针对性优化设计。

①提高卵石通过粒径设计

适当增大螺旋机筒体内径、叶片直径和螺距,提高漂石颗粒的通过空间。螺旋输送机允许最大可输排卵石颗粒粒径D_p与螺旋输送机筒体内径D_{lx}之间的关系,详见第2.3节内容,一般可按如下经验关系式确定:

有轴式(轴式):$D_p \leqslant 0.35D_{lx}$;

无轴式(带式):$D_p \leqslant 0.6D_{lx}$。

对于无水砂卵石地层可以采用带式(无轴式)螺旋输送机,以增加卵石输排粒径。但对于有水或富水地层,因为难以形成止水闭塞而易形成喷涌,带式螺旋输送机不宜使用。

②提高输送效率设计

螺距大小影响螺旋升角和渣土的滑移面,进而影响渣土沿轴向和圆周向运动速度的分布。减小砂卵石颗粒的圆周向运动速度,减少翻滚跳跃,可以形成较大的轴向运动速度,提高轴向输送效率。减小螺距可以提高渣土轴向运移速度,但螺距要满足输排卵石的粒径要求。根据经验,一般倾斜螺旋输送机的螺距$S \leqslant 0.8D_{lx}$(D_{lx}为螺旋输送机内径)。

③防治喷涌设计

预防富水砂卵石地层喷涌发生,可以采取以下针对性设计:

a. 适当缩短螺距可以延长渣土运移行程和压力衰减路径,降低螺旋输送机闸门处喷涌压力。

b. 采用两段式螺旋(图4.3-7),螺旋体中间叶片前后不连续,断开0.5~1个螺距的叶片使其形成无叶片段,便于渣土在此位置因缺少螺旋叶片的推移而只能依靠下方渣土的推动才能沿轴向上运动,以形成土塞效应、阻塞喷涌通道。

c. 变螺距设计,即螺旋体中间段螺距小于两端进渣和排渣段,利于在中间段形成土塞。

d. 对于水量和水压较大的砂卵石地层,可以通过配置搭接式或对接式两级螺旋(双螺旋)来降低对渣土衰减梯度的需求(图4.3-8)。在螺旋末端转接处,渣土压力可以不降为零,其残余压力通过二级螺旋接续衰减。二级螺旋属于加长螺旋,可以与一级螺旋转速相同,也可以根据渣土喷涌情况变转速来调节排渣,还可以在螺旋输送机末端配置保压泵渣系统,将有压渣土泵送排出。

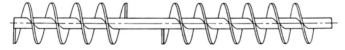

图4.3-7 两段式螺旋体

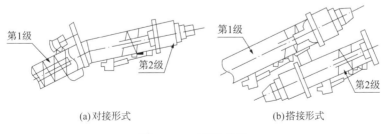

(a)对接形式　　　　(b)搭接形式

图4.3-8 双螺旋设置

④提高额定功率设计

渣土提升过程中,螺旋输送机需要做功来克服各种阻力而消耗能量,包括沿轴向提升到一定高度和圆周向发生运动所需的能量,克服渣土与螺旋输送机筒壁、轴、叶片、止推轴承之间的摩擦阻力所消耗的能量，克服渣土颗粒内摩擦阻力所需的能量三部分，这些能量都需要螺旋输送机的驱动功率来提供。砂卵石地层卵石颗粒内摩阻力与螺旋输送机各部位的摩阻力高、耗能高，螺旋输送机的驱动功率应采取较大的储备系数，较大的扭矩系数，满足砂卵石输排需求，提高输排的设备能力，同时要考虑好螺旋输送机轴承的承载能力。

（4）提高渣土可输排性

渣土自开挖面剥落后，向前提供开挖面平衡支护力，实现土压平衡掘进；同时向后经螺旋输送机输出，形成进仓渣量与出仓渣量的总体平衡。通过量的进出平衡，实现力的增减平衡。砂卵石渣体自身工程特性无法实现以上需求，需要添加改良剂进行渣土改良，调整或改变其性能指标，成为建立土压的良好介质，达到自身输排的良好状态，提高渣土的可输排性，成为压力平衡掘进和平衡输排所需的理想渣体。

4.3.4　压力平衡掘进中改良渣土的作用与机理

4.3.4.1　盾构压力平衡建立与传递条件

1) 渣土的介质作用

渣土是土压平衡盾构压力建立与传递的介质。在土压平衡盾构施工中，渣土是建立土压力，保持土压平衡，实现压力传递，对开挖面形成实体支撑的介质，是实现压力平衡掘进的物质条件。根据土压平衡盾构掘进原理，为维持开挖面稳定，土仓内、刀盘开口、刀盘盘面与开挖面之间均充满渣土，以传递盾构推进系统由仓壁传递的推力，建立起土仓压力并传递给开挖面，形成对开挖面地层的支护抗力，以支承和维持开挖面及地层稳定。

土压平衡盾构开挖面的稳定通过渣土支撑实现，渣土是提供支护力的介质。跟随刀盘刀具开挖，开挖面渣土不断入仓堆积，并充满土仓；盾构机推进油缸将推力传递给土仓壁，土仓壁将推力传递给仓内及仓前渣土，渣土不断被挤压，为开挖面提供支护反力，直至土压力达到平衡开挖面水土压力时，实现压力平衡。土仓渣土传递后方仓壁作用的推力并作用于开挖面，形成主动支护力，防止开挖面和地层位移与坍塌；同时，开挖面水土压力又通过渣土传递至仓壁和推进油缸，提供被动反力支撑，实质上渣土是盾构与地层开挖面之间作用力与反作用力实施的中间媒介，起着承力并传力的作用。

盾构施工时，除了硬岩地层以敞开模式掘进、开挖面不需要支护外，其他半敞开模式或压力平衡掘进模式下，需要对开挖面进行压力平衡支护。实现压力平衡的介质可以是固态、塑性、塑流性的渣土，或者是流态的泥浆和压缩气体（需要辅助建立泥膜），即通过土压、泥水压和气压来平衡。

气压支护是盾构机发明后最早使用的压力掘进模式，用来抵御地层中地下水的侵入，使得空气压力与地下水的静水压力保持平衡，但不能理想地平衡土压。

气压支护存在着以下问题：

（1）对于渗透系数$K > 10^{-4}$m/s的情况，因为空气将取代孔隙中的水而逸出，气压支护不可行。

（2）因为空气环境中气压的各向同性和均一性，开挖仓顶部、中部和底部的气压值是相等的，但地层中的水压是沿竖向有梯度分布的，所以要达到平衡，气压只能按开挖面底部最高水压来设置，这就造成其他部位尤其是顶部气压超压，地层颗粒会失去平衡和稳定形成通道发生气体逸散、泄漏甚至地面隆起。

（3）气压支护需要良好的气密性环境。为防止压缩空气逸出导致漏气，覆土必须满足工作气压所需的厚度。对于松散地层或浅覆土地层，因为气密性不足会发生漏气，气压支护不可行。

（4）因为气体环境中气压等值，所以当开挖面地层一旦受扰动而局部松动，该部位岩土颗粒尤其是卵石颗粒与相邻颗粒间的内摩阻力、咬合力等相互作用力弱化或消失，原有平衡状态被打破。当粒间作用力和空气压力的合力不足以抵抗岩土颗粒重力时，颗粒体就会脱离原位向气体环境侵入；当颗粒体全部被气体包裹时，在等压气体环境中，颗粒因自身重力缺少平衡而脱落。因此，在气压支护状态下，一旦发生地层失稳或坍塌，压缩空气无法形成有效的实体支撑和抵抗。

（5）气压要抵抗土压形成支护力，需要通过使用膨润土泥浆或其他高黏度泥浆在地层及其裸露的开挖面形成密闭的泥膜作用面来实现。

（6）空气加压需要专用设备，工作程序和安全防护要求高，环境苛刻，危险性大。根据国外有关文献，人员进入气压环境的压力上限为4bar，气压环境下工作的压力上限为3bar。国内盾构法相关文献给出的气压环境下人员安全工作压力上限是3.6bar。

因此，气压盾构和气压掘进模式被逐步替代。在无泥膜的情况下，正常掘进时通过气压来稳定开挖面的情况，只适用于理想的非常致密、稳定且气密性好、覆层厚度够的地层，对开挖面整体能起到临时性的气垫状稳定作用。气压模式不作为主流掘进方式，一般用于复合地层中掘进模式转换时的暂时稳定开挖面的过渡方法，多数情况下用于气压开仓作业，但气压开仓必须建立封闭的泥膜，气压通过不透气的泥膜做传力面。

泥浆作为盾构实现压力平衡的介质，被应用于泥水平衡盾构。在盾构发展历史上，泥水盾构是继气压盾构之后开发出的新盾构形式，历史上第一台泥水平衡盾构在日本被研制使用。充满泥水仓的泥浆可以在开挖面形成泥膜，借助泥膜，泥浆建立起泥水压力，能够很好地支撑开挖面来抵御地层的水土压力。泥浆不但是建立泥水压力平衡并对开挖面形成实体支护的介质，也是将开挖渣土携带输排的运输介质。

2）渣土的满仓状态

采用土压平衡盾构压力平衡掘进模式时，土仓及螺旋输送机内应充满渣土，即渣土为满仓状态，这是压力平衡掘进模式的基本条件。

土压平衡盾构发展到现在，已经充分结合了硬岩掘进机、泥水盾构、气压盾构的部分功能特点，可以实现敞开式、半敞开式和压力平衡式三种模式掘进，可以根据地层条件的不同，选择相应掘进模式。在目前国内不同地层中，即软土、黏土、粉土等细粒土地层，砂、砾石等粗粒土地层，卵石、漂石等巨粒土地层，以及全、强风化的岩层和残积土层，均需要采取压力平衡掘进，以控制沉降和防止坍塌；只有在坚硬、完整性好的微风化、中风化岩层或复合地层，根据开挖面稳定性程度，选择敞开模式或半敞开模式掘进。因此，在需要以压力平衡模式掘进的情况下，就需要根据计算确定的土压控制值，使土仓和螺旋输送机充满渣土，建立土压，对全部开挖面提供支护。

土压平衡盾构开挖面的稳定通过渣土支撑来实现，理论上的土压平衡模式就应该是满仓渣土，渣土覆盖全部开挖面，不存在无支护的临空面，尤其是拱部。在实际掘进中，一般也是按拱顶上土压值的持续监测和动态调整来控制土压力。

满仓状态是压力平衡的基本前提，但满仓不代表压力达到平衡。渣土堆积充满土仓后，虽然建立土压，但是未必达到预设的目标土压力值。这就需要继续掘进、切削地层，使渣土不断进入土仓，渣土逐步积聚，体积被压缩，密度逐步增加，在螺旋输送机排渣量控制和土仓有限容积限制下，盾构不断向前推进，推力逐步增加并稳定，仓壁将推力通过被近似挤密压实的渣土传递至前方开挖面，直至仓壁顶部压力传感器所测压力值达到预控的目标压力实现理论上的压力平衡。如果继续控制排土，使得排渣量小于进渣量，则仓内土体进一步被挤压，推力也会随之上升，导致土压增高并传递至开挖面。当超过平衡压力控制范围的上限时，就会产生地层隆起破坏，仓内渣土也因高压挤密而产生固结、黏着或结泥饼，掘进也会变得困难，这就是"超压推进"现象即高于预控土压力掘进。

施工中会遇到"欠压推进"现象，要将敞开式或半敞开式掘进与"欠压推进"区分开来。前者是基于地层自稳性良好，开挖面整体不需要或上部局部不需要土压支护，能保证安全掘进和环境变形控制要求，可以理解为不建压推进或低压推进。后者是地层自稳性不良，需要提供平衡压力对开挖面进行支护，但实际掘进的土压力未达到预控的平衡压力值，即低于平衡压力下限值推进。在压力平衡模式下掘进时，渣土不满仓就属于"欠压推进"，此时土仓上部或拱部缺少渣土，该部位开挖面的平衡压力实际为零处于无土压支护状态，只有刀盘面板或辐条在提供少量的、不完全的机械支撑力，一般不予考虑，也不能代替土压支护，容易造成该部位土体发生位移或失稳。同时渣土虽然满仓，但是也会存在未达到平衡压力的情况，也属于"欠压推进"。

3）渣土的改良需求

首台土压平衡盾构机在1974年应用于日本排水管道水运干线，是由制造商IHI（石川岛播磨）设计的，外径3.72m。最初的土压平衡盾构是日本为了解决泥水盾构在细粒土含量高的黏性土地层存在着泥水分离成本高、对环境影响大的问题而研制的，适用于软黏土地层和粒径小于75μm的细粒土含量不低于30%且级配良好的砂砾地层。后来发展为加泥式土压平衡盾构和复合式土压平衡盾构，将地层适应范围扩展至粗粒土的砂、砾地层和巨粒土的卵石、漂石地层以及复合岩层。

最初的土压平衡盾构，因为用于细粒土的软黏土地层，渣土中不需要添加改良材料，只通过刀盘和仓内搅拌装置的搅拌就可以使渣土达到塑性流动性，顺利排出。但对于细粒土含量少或者颗粒级配不良的砂砾、砂卵石地层，或富水地层，就需要向渣土中加入黏土、膨润土等外加剂进行处理，使其达到近似于软黏土地层中的塑流性。

渣土作为压力平衡建立与传递的介质，其自身状态就影响着压力传递效果进而影响压力平衡的保持。假设充满土仓的介质是刚性体或者液体，则对于压力的传递是完全的、直接的。实际上不同地层经刀具切削后的渣土呈不同状态特征，比如在相对密度、级配、孔隙率、内摩擦角、含水率、液塑限、渗透性、流动性、黏聚性、压缩性、密实度等方面特征值不具有统一性，但为了达到渣土平衡输排，进而实现压力平衡掘进，就需要针对不同特征的渣土进行改良处理，以得到基本性能特征一致、可均衡输排、可保压掘进、理想的目标渣体，具有良好塑流性、黏聚性、止水性。

对于建立和保持压力平衡而言，改良后渣体应具有的主要性能特征是塑性流动性、黏聚性和止水性，具体阐述见后续章节内容。渣土满足以上性能要求后，才能达到类似泥水盾构中作为压力平衡介质的泥浆一样：整体性状均匀，内摩擦力低，相对密度均一，压力梯度明显，流动性好，对开挖面支护及时，易于加压和传压，压力偏差小，压力波动小。

总之，改良后的渣体利于压力建立、调整和保持。

4）渣土的压力损失

理论上在满仓渣土的压力平衡状态下，土仓壁与开挖面相同高度位置的土压力值应相等，实现等压传递，但实际上土仓壁处压力传感器所测得的压力值与开挖面同高度实际压力存在偏差。在渣土从开挖面进仓，在仓内流向螺旋输送机前闸门并沿螺旋机排出至皮带输送机的整个行程和流向上，渣土压力逐步衰减，其主要原因有以下几个方面。

（1）围绕螺旋输送机输排路径形成的压降和流向的作用。盾构掘进期间，刀具切削剥落的开挖面土体要向仓内运动，仓内为相对低压、有压降、可压缩的环境空间，有向螺旋输送机口方向运动的动态趋势。螺旋输送机旋转形成对渣土的轴向提升推移，相当于一个螺旋泵将前部高压物质泵吸抽排到尾部，从后闸门排出到相对压为零的大气压环境中。

（2）渣土性状的影响。实际掘进中，从开挖面剥落的渣土虽然经刀盘前改良，但是在沿进仓水平向和向螺旋输送机前闸门竖向合成的运动路径上，渣土的颗粒组成、含量、密度及均匀性、流动性、压缩性和粒间相互作用等方面均存在差异，致使来自仓壁的压力传递和来自开挖面的物质积聚与压力形成存在偏差。这表明从开挖面到土仓渣土状态的均匀性影响压力传递，呈现出进土侧压力高于排土侧压力的趋势。当盾构处于保压停机的静态时，渣土已经充分搅拌，状态均匀且稳定，压力偏差可以忽略。

（3）刀盘结构阻隔的影响。

砂卵石地层盾构的刀盘形式有辐条式、面板式和辐板，开口率一般为30%～60%。因刀盘辐臂或面板结构的存在，无论在刀盘转动或静止状态下，对刀盘内外渣土流动融合形成了一定阻隔影响，刀盘内外渣土密度存在动态差值变化，无法等压传递，也存在压力波动，造成开挖面与仓壁土压力值的差异。刀盘开口率越大，阻隔作用越小，影响越弱，对于砂卵石地层60%以上开口率的辐条式刀盘，在实际计算和应用时将该偏差忽略不计。

因此，在土压平衡状态下，开挖面与土仓仓壁范围内，渣土的泥土压力存在压力降，形成一定压力差，根据压力渣体流动方向呈递减趋势，同高度仓壁处土压力低于开挖面土压力。按仓壁实测值控制土压以平衡初始土压力，则实际开挖面处压力偏高。这个压力差与渣土流态、渣土性状、刀盘开口率、开挖面至仓壁的空间长度、刀盘转速等因素有关，但在盾构结构设计参数一定，掘进参数稳定的情况下，渣体状态成为影响压力衰减的最主要因素。实际工程中的土压预设和控制，常将该压力差忽略不计，因此土压平衡状态实际是一个力学的近似平衡。

4.3.4.2 改良渣体保持压力平衡掘进的关键作用

渣土是建立压力平衡、支护开挖面和传递压力的介质，也是螺旋输送机输移的物质对象。压力平衡掘进与均衡输排这"一前一后"与"一进一出"两个环节能够顺利衔接，同步配合，顺畅稳定，渣土的性能状态至关重要。

原状砂卵石作为困难地层，其自身物理力学和工程特征无法达到，带来前述一系列盾构难题，影响保压与输排目标的实现。理想的渣土状态，是在流态特征、运动机理和运动特征等方面，近似高流态混凝土和黏性泥石流的黏塑性流体，可满足压力平衡掘进和均衡输排的工作性能。为了达到此理想状态，就必须对开挖面和剥落的砂卵石渣土进行性状改良，所以渣土改良是保压与输排的关键。

4.4 本章小结

1）提出了砂卵石地层土压平衡盾构压力平衡开挖理论

（1）提出了砂卵石地层盾构开挖面稳定机理，砂卵石地层土压平衡盾构施工需要采用压力平衡掘进模式以维持开挖面稳定。压力平衡掘进的过程，实际就是土压建立、传递、平衡和保持的过程，就是从盾构推力到仓壁作用力、渣土压力、开挖面支护力的传递和作用过程，最后达到与开挖面地层压力的平衡。

土压平衡盾构开挖面的稳定状态包括三方面：土仓充满渣土，渣土覆盖开挖面，渣土为开挖面提供有限压缩的实体支撑；土仓建立并保持与开挖面地层水土压力相平衡的土压力；开挖面不失稳、地层不沉陷、地表不隆起。

平衡压力是一个处于支护力下限与上限之间的范围值，盾构土压在此范围内，开挖面就处于平衡稳定状态。土压低于平衡压力最低限值或高于平衡压力最高限值，属于欠压或超压掘进，会出现沉陷或隆起风险。

（2）基于砂卵石地层特征和盾构开挖面稳定机理，提出土压平衡盾构砂卵石地层压力平衡掘进理论，建立和保持土仓压力以平衡开挖面水土压力，维持开挖面稳定。砂卵石地层盾构掘进，压力平衡是掘进的目标，改良渣体是实现压力平衡的介质，满仓渣土是实现压力平衡的条件，进排渣量平衡是实现压力平衡的方法，围绕地层变化实现动态平衡是掘进控制要求。

（3）建立了砂卵石地层被动破坏垂直应力计算模型，提出了砂卵石地层盾构开挖面极限支护压力"楔形体-梯形条分法"理论计算方法，为确定盾构开挖面平衡支护力提供了理论依据。

（4）基于砂卵石地层盾构工程特征和盾构开挖面压力分布特征，应用盾构开挖面支护压力计算方法，在计算基础上提出了砂卵石地层盾构隧道 $3D$（D 为隧道直径）深浅埋划分标准，对于简化盾构开挖面支护压力计算，判断地层稳定性和地层位移趋势，评估盾构施工对周围环境的影响均有直接意义。

2）形成了砂卵石地层土压平衡盾构压力平衡掘进技术

基于砂卵石地层特征、开挖面稳定机理和压力平衡掘进理论，形成了由开挖面平衡压力设定与调整、渣土平衡输排动态控制、目标性渣土改良辅助建压保压三方面组成的砂卵石地层土压平衡盾构压力平衡掘进技术，实现了保压掘进和地层位移控制。

第 5 章
砂卵石地层土压平衡盾构渣土改良技术

渣土改良是实现砂卵石地层土压平衡盾构压力平衡掘进的关键。目前国内外在砂卵石地层盾构渣土改良目标、性能特征、评价方法与改良技术等方面缺乏体系性研究，需要围绕砂卵石地层盾构工程分类，建立完整的改良渣体性能评价体系和系统的渣土改良技术体系，改善盾构掘进参数、掘进状态、掘进效率，建立盾构压力平衡，实现盾构长距离安全高效掘进。

5.1 盾构渣土改良作用

砂卵石地层土压平衡盾构掘进中渣土改良是关键，其作用主要表现为以下五个方面。

1）形成塑流性渣体，满足平衡输排，实现砂卵石地层盾构压力平衡掘进。

渣土是土压平衡盾构建立、传递、平衡、保持压力，向开挖面提供支护力，维持开挖面稳定，实现压力平衡掘进的介质，也是螺旋输送机输排的物质对象。通过盾构渣土平衡输排的动态控制，才能实现动态压力平衡掘进。在软土、黏土地层，或细粒土含量不低于30%且级配良好的地层，切削进仓的原状渣土不经改良或只加水搅拌，可以基本满足上述渣土平衡输排和压力平衡掘进的需求，但对于砂、砾石、卵石、漂石地层或复合地层的原状渣土，必须经过针对性渣土改良，方能达到压力平衡掘进所需的物理力学状态。

在盾构施工中，常存在轻视渣土改良，但又无法实现压力平衡掘进的现象，尤其是在砂卵石等困难地层中尤甚。一方面，地层条件复杂，需要采取压力平衡掘进模式以维持开挖面稳定，控制地层沉降；另一方面，又无法建立或保持平衡压力。一旦控制排渣量，渣土满仓，压力升高后，马上出现扭矩增高、推力增大、推进速度下降、排渣不畅等土压平衡盾构掘进参数不良现象，不得不加快排渣，降低土压，欠压或不满仓推进。如此循环作业，就陷入了不良掘进状态的恶性循环。造成该问题的原因在于：一方面是对渣土改良的作用机理认识不到位，不重视渣土改良工作，只认识到渣土改良的某一方面作用，或者认为只要刀具能切削进仓就达到目的，改良效果再好也是要马上排出弃置，不愿意在渣土改良中多投入成本，致使改良剂加注量不足，没有达到质变所需的量变积累，或者改良剂类型不适用，没有形成良好的渣土改良状态；另一方面，越是困难地层，渣土改良要求越高，改良越是困难，如果改良工作不细致，措施针对性不强，配比不满足要求，加注方法单一，最终难以达到理想的渣土改良效果。

2）形成黏聚状渣体，降低磨蚀性，缓冲刀具磨损，延长换刀距离。

砂卵石母岩多以花岗岩、石英岩、灰岩、砂岩等硬质岩为主，矿物成分多以石英、长石为主的硬质矿物组成，单体强度较高，磨蚀性强，颗粒体内摩擦角大，刀盘、刀具和螺旋输送机磨损快。刀具磨损过快，换刀距离短、次数多、成本高、风险大、工期长，总体掘进效率低，尤其对长距离砂卵石地层盾构掘进更是成败的关键。

要降低原状砂卵石地层带给刀具的过快磨损，就要对其进行渣土改良，重点是刀盘前方的加注改良。改良剂需要在砂卵石颗粒表面形成覆膜包裹，颗粒间形成隔离润滑，有效降低颗粒体内摩擦角，减缓对刀盘刀具的磨蚀作用，延长刀具掘进距离。高磨蚀性砂卵石地层的渣土改良，对降低刀盘刀具和螺旋输送机磨损至关重要。

砂卵石地层渣土改良达到预期效果后，降低了渣体内摩擦角，减小了摩阻力，增加了塑流性，从以下三方面可以降低刀具磨损。

（1）良好的塑流性砂卵石渣体，降低了刀盘扭矩，有利于以相对低转速、高贯入度推进模式获得预期的掘进速度，等于同样的掘进距离下降低了刀盘转数，减少了刀具运行轨迹长度，减少了刀具磨损行程，也是保护了刀具寿命，延长了换刀距离。

（2）良好的塑流性砂卵石渣体，有助于实现低转速掘进，此时刀盘转动冲量小，卵石颗粒与刀具的相互冲击作用弱，避免或减少对刀具的冲击损坏，相应地能够延缓刀具磨损。

（3）良好的塑流性砂卵石渣体中，砂卵石颗粒尤其是大粒径颗粒能够顺畅入仓，减少开挖的砂卵石在刀盘前的滞留时间和积聚量，减少跟随刀具共同摩擦和反复摩擦作用的时间和行程，降低刀具磨损。

因此，无论是从作用机理上减少刀与石的直接摩擦作用，还是从盾构掘进模式上来减少磨损行程和冲击损坏，或者是从减少卵石颗粒在刀具周围的积聚和作用时间上，都有助于通过渣土改良来降低刀具磨损，延长换刀距离，提高总体掘进效率。

3）形成止水性渣体，防止螺旋喷涌，拓宽土压平衡盾构的地层适用范围。

《机械化盾构隧道掘进》（Ernst & Sohn，2012）中，土压平衡盾构适用于细颗粒（小于0.06mm）含量不少于30%的土层。地下水压力不超过2bar，渗透性系数不超过10^{-5}m/s的地层，或者粒径小于0.03mm的细颗粒含量不少于10%的地层，盾构施工受地下水影响在可承受范围内，通过一般的渣土改良可以控制。反之，水压超过2bar，渗透系数超过10^{-5}m/s的地层，对于土压平衡盾构很难处理，会发生螺旋输送机闸门喷涌，需要加入高黏度黏土悬浮液或聚合物泡沫剂来减少喷涌。当改良剂添加量超过开挖量的40%~45%时，其稠度接近了流体，其渣土输排就需要采用压力管道来代替皮带输送。

《盾构法的调查·设计·施工》（中国建筑工业出版社，2011）中，给出通过施工实例总结出螺旋输送机单体的止水性能界限为地下水压力300kN/m^2（3kgf/cm^2）左右，如果达到200kN/m^2（2kgf/cm^2）就必须相当慎重采取对策。

朱伟等的《土压平衡盾构喷涌发生机理研究》[39]认为螺旋输送机自身的压缩效应和排土闸门可以抵抗10kPa（1m）的水压力和3cm^3/s的渗流量，水压力或渗流量中的任意一个量低于这个指标，可以认为不会发生喷涌，两个量同时超出这个指标视为喷涌发生。如果排土口水流量$Q > 4cm^3/s$且水压力$P_w > 20kPa$（即螺旋排土器出口处的压力水头$H > 2m$）时，可以考虑会发生严重的喷涌，除此之外均视作轻微喷涌。

根据地下水赋存情况，砂卵石地层可分为无水、弱富水和强富水砂卵石地层，划分的主要依据有以下两方面。

（1）水文地质条件方面：砂卵石层的地下水水压、赋存水量和补给量。

（2）渣土输排结果方面：螺旋输送机是否可以正常保持土仓压力，不出现喷涌或出现轻微、严重喷涌现象。

砂卵石地层是有效孔隙率和孔隙直径大，孔隙有效连通条件好，渗透性高，耐水压高、水量大的地层，易渣土离析，水渣分离。如此，会造成螺旋输送机后闸门处排渣时的泥水、砂石带压喷涌，影响螺旋输送机排渣控制，使排渣不连续；也影响土仓压力稳定，造成土压平衡难控制；喷涌造成盾体下部空间积聚大量泥渣需要清理，增加工作量，影响掘进效率和管片拼装质量，污染施工环境。一般采取高黏度膨润土浆液、高分子聚合物添加剂，通过刀盘、土仓壁、螺旋输送机注入，形成高黏性悬浮液，与渣土搅拌混合，降低渣土渗透性，吸收或置换孔隙水与渣土颗粒混合形成凝聚状渣体，便于降低渣土水压，在螺旋输送机中形成栓塞，使渣土有序均衡排出，而不是带压喷出，从而防止或减少喷涌现象。维持渣土平衡输排，稳定土压，保持压力平衡掘进。

通过渣土改良辅助措施，使土压平衡盾构的地层应用范围从最初只适合于无水或少水、渗透系数低、以细颗粒软土或黏土为主的细粒土地层，拓展到了富水、高渗透性的砂、砂砾、砂卵石等粗粒土、巨粒土地层。

4）改良地层条件，实现砂卵石地层楔犁与楔击高效开挖。

（1）砂卵石地层辅助刀具楔犁

砾石、卵石和小粒径漂石属于可输排砂卵石地层，卵石咬合结构紧凑，地层密实，卵石颗粒孔隙往往被砂砾填充，内摩擦角大，盾构掘进主要问题是地层开挖难度大，受扰动易松弛，实现输排平衡和压力平衡掘进困难。

采用楔犁刀具开挖，破坏卵石原状骨架结构，克服内摩阻力，使相互咬合镶嵌的整体砂卵石地层成为松散的散体颗粒渣土，从开挖面剥落，在刀具转动下被顺利导流进土仓，完成砂卵石地层盾构刀具楔犁松动剥落开挖。在此过程中需要添加渣土改良剂，以辅助降低开挖面原状砂卵石颗粒、松动剥落后的砂卵石渣土颗粒的内摩阻力，增加粒间润滑性，降低地层整体剪切强度和刀具环向切削的摩阻力，使开挖面地层易于被刀具楔犁，形成类似农业犁铧在耕地中的切割、开沟、翻土的连续动作。此过程不仅需要改良剂能够充满刀盘与开挖面之间所有空隙，而且需要在土仓压力作用下，向前方地层孔隙渗透、扩散、填充粒间孔隙，降低粒间应力，改良原状地层性状，利于后续刀具楔犁开挖。同时，改良剂具有高黏附性和凝聚性，能够提高砂卵石渣体的流动性、黏聚性和稠度，卵石颗粒被包裹、凝聚，整体呈塑性流动性，能够满足螺旋输送机输排要求，也能够满足建立和保持压力平衡所需的传力介质要求。因此，通过改良既利于实现砂卵石的楔犁开挖，又利于实现渣土平衡输排与压力平衡掘进，能够提高解决效率，保证环境安全。

（2）含大粒径漂石地层辅助刀具破碎

含大粒径漂石的砂卵石地层在土压平衡盾构掘进过程中面对的主要问题是，在楔击刀具对大粒径漂石地层进行楔击劈裂破碎过程中，开挖面大粒径漂石定位难，在刀盘推挤或扭转作用下发生位移，影响漂石破碎效率。

在重型楔击刀具的楔击劈裂破碎作用机理下，大粒径漂石的破碎需要高黏度泥浆提供阻尼作用。配置充分发酵的高黏度膨润土泥浆，掺有羧甲基纤维素（CMC）等吸水性增稠材料的泥浆，或掺有专用复合制浆剂、高分子聚合物的泥浆，通过刀盘加注孔加注到开挖面，使得开挖面镶嵌的大粒径漂石无论在原位还是松动或脱离原位，都被周围颗粒体和高黏度泥浆包裹和约束，提高了刀盘前渣体的总体黏性阻尼效果，为刀具楔击破碎提供了阻尼环境，使刀具能够有相对稳定的作用点对漂石进行反复楔击，提高楔击破碎效率。另外，还具有以下作用：使瞬间楔击作用后刀具自身的振动能量能快速衰减，降低刀具结构损伤；降低卵石、漂石颗粒的磨蚀性，减少了刀盘刀具磨损；增加开挖面地层黏聚性，维持了开挖面稳定；增加了渣体的塑流性，使破碎后的卵漂石渣体能够被高黏度泥浆裹挟而顺利输排，有助于控制土仓压力平衡。

5）改善掘进参数，降低掘进难度，保持盾构低能耗良性掘进状态。

砂卵石地层自身物理和力学特征的客观因素决定了其盾构工程特征，使其成为掘进困难地层。一般而言，如果盾构掘进状态总体良好，则掘进问题少、效率高，施工过程安全性高、隧道成型质量优、地层位移和周边环境变形可控。评价盾构掘进状态的指标，除去前述安全、质量、环境的结果评价，最直接、及时、科学的评价方法是各项基于实时测量、检测得到并反馈的盾构掘进参数。对砂卵石地层土压平衡盾构掘进而言，掘进速度高于盾构设备设计速度的50%，推力低于盾构设备额定推力的60%，刀盘扭矩低于盾构设备额定扭矩的70%，土压值能稳定保持在目标值，螺旋输送机排渣无喷涌或卡困，改良渣土塑流性好，刀具磨损慢，换刀次数少，掘进效率高且以上参数能长期稳定保持或动态保持，持续掘进距离长，可以认为是良好的掘进参数和掘进状态。

盾构掘进参数优劣与渣土改良的优劣直接相关。改良后砂卵石渣体的力学性态指标与土压、贯入度、扭矩、掘进速度、推力、排渣量等盾构参数之间存在着相互影响关系。良好的渣土改良状态下能够建立和保持良好盾构掘进状态，进而使盾构掘进进入良性循环。通过渣土改良，调节了砂卵石的渣土性状，优化了盾构刀盘扭矩、推力、速度、土压等掘进参数，防治了开挖难、输排难、喷涌、结泥饼、磨损等掘进问题，保持了相对较低的扭矩、较低的推力、较高的推速和平稳的掘进状态，维持了压力平衡和开挖面稳定，使地层位移和环境变形可控。改良效果好、掘进参数优、掘进状态佳，反过来也利于改良能持续做好。反之，由于改良效果不达标，就会出现掘进链条上的恶性循环。

5.2 盾构改良渣土性能设计

1）砂卵石地层盾构渣土改良技术现状

砂卵石地层盾构掘进存在诸多困难和问题，解决这些问题，需要进行针对性的盾构选型与配置，采取必要的辅助技术措施，实施细致的掘进操作与管理，还必须进行良好的渣土改良。对于砂卵石地层土压平衡盾构施工，良好的渣土改良效果是实现压力平衡掘进、优化掘进参数、实现地层高效开挖、大粒径漂石破碎、防止富水地层喷涌、降低刀具磨损、长距离不换刀掘进的根本。

现有渣土改良在常规软土、黏性土、粉土、砂土等地层研究深彻、应用成熟，但在砂卵石地层多集中于单个案例工程的针对性应用研究，缺少基于不同盾构工程特征分类的砂卵石地层全面、系统、统一的论述，具体表现在以下几个方面：

（1）现有砂卵石地层渣土改良技术研究多集中于添加剂材料、配比、添加量等方面，而对于砂卵石地层盾构渣土应该改良成什么样，具备哪些性能特征，采用哪些性能指标来表征和评价，采用什么试验方法和仪器来检测，采用什么样的指标特征值来判定改良渣体的性能特征是否满足盾构掘进需要，缺少一套系统、完整、实用的方法。

(2)在改良后渣体性能特征的评价指标和方法方面：①多集中于软土、黏性土、粉土、砂性土等常规地层，缺少针对砂卵石改良渣体的评价。②改良渣体性能特征的表述比较繁多、庞杂、混乱，缺乏针对性和统一性。③改良渣体性能特征的评价指标多集中于某一方面或某一项指标，不系统，不全面。④改良渣体性能指标的试验方法、检测仪器、特征值的研究实质性内容少，标准不统一，不确定性多。施工现场基本停留于目测观察的阶段。

(3)在技术标准方面：国内盾构相关标准规范中有对于砂卵石地层应进行渣土改良的条文，但缺乏具体的方法和指标。

现有技术没有系统、完整、有效地回答和解决砂卵石地层土压平衡盾构渣土要改良成什么样，采用什么样的方法来评价渣土改良效果的优劣，是否能满足施工需求的问题。

因此，针对砂卵石地层渣土改良，需要建立包括改良渣体性能特征、性能指标、试验方法和指标特征值在内的一套性能评价技术体系，以确定砂卵石地层改良渣体的理想状态和改良目标，明确砂卵石地层要改良到什么状态，围绕什么指标去改良，用什么试验方法去检测，符合改良目标的指标特征值范围是多少。性能指标的确定要针对砂卵石渣体的特征，也要考虑可操作性的试验方法；试验方法的确定要考虑操作简单、准确实用；特征值的确定要基于现有研究和试验数据。

2）砂卵石地层盾构渣土改良性能评价需求

砂卵石渣土是土压平衡盾构建立、传递和保持土压力的介质和条件。盾构渣土改良效果优劣如何，是否能满足施工需求，对改良后砂卵石渣体的性能状态进行评价成为必要途径。将不同工程特征的开挖面原状砂卵石改良成盾构掘进所需的目标渣体，具备理想、统一的渣体性能，就需要针对性建立砂卵石地层土压平衡盾构改良渣体性能的评价方法和评价体系，明确砂卵石地层盾构渣土要改良成什么目标状态，应具备什么性能特征，用什么指标衡量、用什么试验检测、用什么方法评价，就需要对改良后的目标渣体进行性能设计，建立起完整的砂卵石地层改良渣体状态特征、性能指标、控制标准技术评价体系来予以回答。

改良渣体性能特征和性能指标的选取科学、准确，评价方法简便、实用，适用于盾构施工现场即时取样检测评价，能够为盾构渣土改良材料选择、材料配比与加注参数设计、改良效果评价等提供定性定量的依据，改变现有技术仅依靠目测、感官经验和少量单一指标评判的不足，提高评价方法的科学性、准确性，能够推动砂卵石困难地层盾构技术的进步。

砂卵石被犁落后，在改良剂混合作用下，自刀盘前、开口、土仓、螺旋机最后至皮带，整个过程的混合机理、运移轨迹、流向和方式，均需要研究。也需要基于以上运移过程，建立渣体流动模型（砂卵石开挖、入仓、排出的流动线路模型），研究其运动机理（砂卵石渣体起动和流动），评判改良前后砂卵石渣体的状态特征、影响因素、表征参数，建立可输排渣体性能的衡量指标或评价标准。

通过建立砂卵石地层渣土运移模型，分析渣体运动特征，摸清渣土运移机理，确立砂卵石可输排渣体的状态特征、性能指标和控制标准，最终可以形成基于砂卵石渣土运移特征研究的"流动模型→运动特征→运移机理→状态特征→性能指标→评价标准"性能评价技术体系。

5.2.1 渣土改良路径与渣体运动特征

5.2.1.1 渣土改良路径

砂卵石渣土从盾构刀盘前、入仓和仓内到螺旋输送机的运移输排过程中，渣土改良剂被加注并与渣土混合，这一混合过程是机械拌合、重力混合、流动混合等方式共同作用的持续动态混合过程，也是改良剂与砂卵石渣土之间集压注、渗流、扩散、吸附、搅拌、混合为一体的复杂物理化学作用过程。

（1）刀盘前改良（开挖面砂卵石—改良剂—刀具），是开挖面原状砂卵石地层、被刀具楔犁发生松动剥落的砂卵石渣土与刀盘面板加注孔喷射的渣土改良剂之间的混合过程，刀具在其中起到机械搅拌的作用。

改良剂溶液通过加注孔喷射压力向刀盘前渣土作压力渗流扩散，沿开挖面向远端作压力渗透，在开挖面近端发生渗滤形成泥膜；改良剂溶液还于楔犁刀具犁开地层瞬间在刀体背后形成负压区，通过压力渗流进入地层空隙。在这个动态扩散混合的过程中，刀具进行渣土与改良剂的整体搅拌和混合，并加速改良剂溶液的扩散和拌合。

（2）进仓开口处改良（进入刀盘开口渣体—改良剂—刀盘辐臂与格栅），是正在通过刀盘开口进仓的砂卵石渣体已经过刀盘前的初步改良，再通过刀盘辐臂和格栅的搅拌，改良剂溶液在渣体间隙继续发生渗流扩散，改良剂和渣体在进仓流动过程中进一步被混合。

（3）土仓内改良（仓内渣体—改良剂—搅拌棒），是改良剂溶液经土仓仓壁改良剂加注孔喷射压力在入仓后的砂卵石渣体内渗流扩散，并经刀盘后和仓壁上的主动、被动搅拌棒搅拌混合；土仓底部渣体在螺旋输送机螺旋杆前端搅动抽排作用下，被再次混合并使仓内渣土产生竖向流动，仓内渣体混合物在自身重力作用下产生悬浮—沉淀作用；在此过程中，不断发生上述混合或分离作用。

（4）螺旋机内改良（螺旋机内渣体—改良剂—螺旋体），进入螺旋输送机的砂卵石渣体，已经经过两次改良剂添加改良和充分搅拌，基本达到预想的改良效果，此时经螺旋体的转动，在沿螺旋轴做轴向运移输排的同时，在螺旋体内被最后一次搅拌。当强富水地层砂卵石渣体含水量大、压力高、容易发生喷涌时，或者砂卵石颗粒粒径大、含量高、在螺旋机内易发生卡阻时，止水性改良剂溶液可以通过螺旋输送机加注孔喷射压力进行渗透扩散，在螺旋体搅拌下渗流混合，达到所需的目的。

5.2.1.2 改良渣体运动特征与运移方向

由前述内容可以看出，改良剂溶液加注、改进剂与渣土混合、改良渣体整体运动的过程是一个复杂的作用和运动过程。在加注压力和土压力共同作用下，改良剂溶液是在刀盘前向开挖面及前方地层的压力渗流过程；刀盘初步改良的渣体是在入仓和仓内依靠机械导流、重力沉淀、渣浆悬浮、压力流动等方式的多向运移过程；进入螺旋输送机的改良渣体是沿螺旋轴作轴向推移和螺旋提升，并不断卸压的定向运移过程。总体而言，渣土输排的过程是渣土沿盾构掘进反方向的综合运动过程。而在这一过程中，改良剂是面向渣体，依靠加注压力，做与其方向相反的加注运动。

根据相关文献研究可知[40]，在"开挖面→刀盘→土仓→螺旋输送机"的渣土运移过程中，改良剂与砂卵石渣土相互作用，不断混合，形成整体、统一、均匀的塑流态改良渣体，成为盾构掘进所需的理想目标渣体。经改良后的渣体，卵石颗粒与大相对密度、高黏度、低稠度的改良剂浆体混合，发生包裹、吸附，卵石颗粒被改良剂浆体裹挟，以悬浮状态运动并被连续输移排出仓外，完成渣土输排（图 5.2-1）。

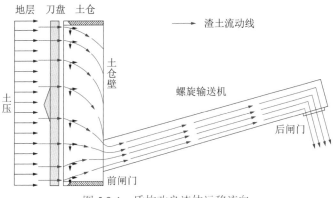

图 5.2-1　盾构改良渣体运移流向

5.2.2　改良渣体状态特征

在土压平衡盾构中，砂卵石地层呈现出"三难"：开挖切削难、建压保压难、平衡输排难。从刀具开挖切削、土仓建压保压、螺旋输送机平衡输排的需求出发，都需要克服不同盾构工程特征的原状砂卵石摩阻力大、流动性低、无黏聚力、渗透性高的不利因素，通过针对性加注改良剂并与其均匀混合，改善其物理力学性能，达到盾构掘进所需的性能特征，形成整体、统一、均匀的塑流态改良渣体，即改良目标渣体或改良理想渣体。

可以理想地认为：不同盾构工程分类的砂卵石地层，加入对应改良剂后，均会得到符合压力平衡掘进和渣土平衡输排需求的统一混合物。改良剂是对离散的原砂卵石颗粒组成的补充和性能的改善，最终均达到泥（改良泥浆或类泥浆）与石（砂卵石）混合而成的均一塑流体，可以将其称为"类泥石流"或"类混凝土"，这种改良可以被称为"流体化"或"泥浆化"。

已有很多文献对泥石流、混凝土的运动特征、物理力学特征进行了深入研究，但较少有从流体力学、岩土流变学的相关概念和理论出发，从物理力学角度对砂卵石改良渣体的物质状态进行关注。改良后砂卵石渣体需要的性能状态是：兼具泥石流的流动性（主要对应砂卵石在楔犁松动剥落或楔击劈裂破碎后进仓混合阶段的运动状态）和新拌混凝土的泵送性（主要对应砂卵石混合渣体在螺旋输送机螺旋推移输排阶段的运移输送状态），即均一的塑流态（塑性流动态），泥与石的混合态。

原状砂卵石以粗粒的砾石和巨粒的卵石、漂石为主（按《土的工程分类标准》GB/T 50145—2007 对土的粒组划分），构成改良渣体的固相，以充填粒间的土、砂等颗粒和加入的泡沫、膨润土泥浆和聚合物等改良剂溶液构成改良渣体的液相，泡沫中气体构成气相，所以改良后渣体为固液两相体或固液气三相体。理想的改良渣体可以看作是非均质的塑性流体，可以借鉴宾汉流体模型对其剪切流动特性进行研究。

5.2.2.1　泥石流的相关特征

在水利和地质领域对泥石流的研究中，广义的泥石流根据固体物质颗粒组成和重度划分为泥流、水石流和泥石流，而泥石流根据细颗粒含量分为稀性泥石流和黏性泥石流。泥石流中的固体颗粒有推移质、悬移质和悬浮质。在稀性泥石流中，固体颗粒以悬移质和推移质为主；在黏性泥石流中，以悬浮质和推移质为主。悬浮质和水组成的泥浆称为液相，悬移质和推移质组成的泥浆称为固相。

黏性泥石流中，悬浮质和推移质的分界粒径D_0为悬浮颗粒的上限粒径，对物体的浮力来自悬浮液中粒径充分小于物体尺寸的悬浮颗粒。细颗粒悬浮液产生屈服应力，使相当一部分颗粒成为悬浮质而不沉，并使悬浮液重度增加，推移质颗粒的浮力增加，离散剪切阻力减小，使泥石流能携带的推移质颗粒增大、增多，增加了流体黏性和黏性阻力。泥石流中由小于分界粒径D_0的细颗粒和水组成的液相浆液可视为输送介质，大于分界粒径D_0组成的固相可视为被输送物质，不断增加细颗粒含量可以改变浆体的流体性质，降低下沉速度，提高浆体输送能力；而只增加泥石流的浓度，不能改变浆体性质。对于低重度的稀性非均质泥石流，液相运动流速大于固相。对于高重度的非均质黏性泥石流，其固相流速将大于液相颗粒。

细颗粒浆体在泥石流中具有以下三方面作用：

（1）细颗粒浆体以泥膜形式包围泥石流中的粗大颗粒，足以减小高重度泥石流中粗大颗粒的摩擦阻力。

（2）细颗粒浆体在泥石流中具有一定的体积浓度，可以降低有效重力，从而减小颗粒间的离散剪切力。

（3）细颗粒浆体体积浓度随泥石流重度增加而提高，浆体屈服应力也随之提高，重度大的黏性泥石流中可使部分粗大颗粒由推移运动转化为中性悬移运动。

总之，细颗粒浆体的作用是促使泥石流有较好的流动性和较小的运动阻力。

5.2.2.2 新拌混凝土的相关特征

新拌混凝土在浇筑时的性能统称为工作性，也叫和易性，普通混凝土的工作性包括流动性、黏聚性和保水性等。随着高性能混凝土、预拌混凝土及泵送混凝土的广泛应用，现代混凝土的和易性一般还包括可泵性、充填性和稳定性等技术指标。

（1）流动性是指新拌混凝土在自重或机械振捣的作用下，能产生流动并均匀密实地填满模板的性能。流动性反映出拌合物的稀稠程度，若混凝土拌合物太干稠，则流动性差，难以振捣密实；若拌合物过稀，则流动性好，但容易出现分层离析现象。流动性的主要影响因素是混凝土用水量。

（2）黏聚性是指新拌混凝土的组成材料之间有一定的黏聚力，在施工过程中不致发生分层和离析现象的性能。黏聚性反映混凝土拌合物的均匀性，若混凝土拌合物黏聚性不好，则混凝土中集料与水泥浆容易分离，造成混凝土不均匀、振捣后会出现蜂窝和空洞等现象。黏聚性的主要影响因素是胶砂比。

（3）保水性是指在新拌混凝土具有一定的保水能力，在施工过程中不致产生严重泌水现象的性能。保水性反映混凝土拌合物的稳定性，保水性差的混凝土内部易形成透水通道，影响混凝土的密实性，并降低混凝土的强度和耐久性。保水性的主要影响因素是水泥品种、用量和细度。

（4）可泵性指泵送混凝土必须能充满泵管并易于流动的性能。混凝土有足够的黏聚性，在泵送过程中不离析、不泌水，混凝土与管壁之间以及混凝土内部的摩阻力要小。

5.2.2.3 现有渣土相关特征的研究

日本《隧道标准规范（盾构篇）及解说》[5]提到了在砂质土和砂砾地层中，由于土的摩擦阻力大，透水性也大，一般需要注入添加剂将其与切削土砂一起搅拌，促使其成为塑性流动状态和提高不透水性，在保持开挖面稳定性的同时又使排土比较容易进行。同时还提到作为添加剂，所需要的性质是具有流动性、易和开挖土混合、不发生材料分离等。

《日本隧道盾构新技术》[6]和《盾构法的调查•设计•施工》[7]中，均明确开挖土砂应具有良好的流动性和止水性，细颗粒（75μm以下的淤泥和黏土成分）含量要不低于30%，此时只要搅拌就能获得良好的塑性流动性。细颗粒不足时，要注入膨润土、黏土等材料，调整颗粒级配，以补充细颗粒的不足。在细粒含量少的砂或砂砾地层中，必须通过注入加泥材料、发泡材料之类的添加材料来提高其流动性，改善止水性。

德国《机械化盾构隧道掘进》[8]中，作为支撑介质的开挖料应具备良好的塑性变形，能浆化到软稠状态，内摩擦低，渗透性低的特性。

德国技术指南 Recommendations for Face Support Pressure Calculations for Shield Tunnelling in Soft Ground [41]中，改良渣土的特性应包括流动性、稠度、内摩擦力或剪切强度、稳定性、磨蚀性和止水性，表征渣土特性的参数有较低的渗透性、良好的工作性、螺旋输送机内的压力梯度、良好的压缩性、黏度和磨蚀性。

魏康林《土压平衡式盾构施工中"理想状态土体"的探讨》[42]一文中，土仓和螺旋输送机中的渣土应该具有良好的塑性流动性，低渗透性，较小的内摩擦角。土体的力学性质应该满足：土体不易固结排水（不易"结饼"），渣土处于流塑状态（易于压力传递，易于搅拌，不易"闭塞"），土体具有不透水性（不发生"喷涌"）。盾构机土仓内渣土的状态评价应该包括抗剪强度、压缩性、渗透性和流动性4个方面。

王树英等《盾构隧道渣土改良理论与技术研究综述》[43]一文中，提出渣土改良的7项评价指标：塑流性、渗透性、磨损性、黏附性、抗剪强度、压缩性和掘进参数。

5.2.2.4 砂卵石地层改良渣体的性能特征

上述国内外在泥石流、新拌混凝土、盾构渣土特征方面已有的相关研究，可以为研究确立砂卵石地层土压平衡盾构渣土的性能特征提供借鉴。由于砂卵石地层的复杂性和土压平衡盾构机的适应性，决定了需要结合砂卵石地层自身的盾构工程特征确立满足于盾构压力平衡掘进和渣土平衡输排需求的、砂卵石地层所特有的典型性能特征和性能指标。通过研究发现，此性能特征主要表现为良好的塑流性、黏聚性和止水性。

1）塑流性

塑流性，即塑性流动性。塑性流动指液体只有在应力超过极限剪应力τ_0时才开始流动，塑性流动的特性曲线不通过原点。塑性流体为非牛顿流体，在作用力达到极限剪切应力前，表现为黏弹性或黏塑性，超过极限应力后，才表现为黏性流动。对塑流性可以理解为，在应力作用下，有一定屈服值的物体兼具塑性与流动性。

在盾构渣土状态中，可以将塑流性理解为既具有塑性变形，又具有流动性的固液二相体混合状态。有可塑性，是产生塑性流动、非可逆变形、均匀密实地填满空间的性能；有流动性，是分散系统克服内阻力而产生变形的性能，是在本身自重或外力作用下易于流动的能力。

砂卵石渣体在良好的塑流性状态下，对土压平衡盾构施工有以下4方面作用：

（1）塑流性好的砂卵石渣体，可以浆化到软稠的状态，塑性变形条件好，可压缩性高，易于流动。一方面，渣土容易充满土仓和螺旋输送机，易于建立土压，使盾构推力能够通过渣体介质传递给开挖面，向开挖面提供支护力来平衡水土压力，实现压力平衡掘进；另一方面，有利于螺旋输送机排土控制，渣土在螺旋输送机中不断提升的同时，利于土压的梯度衰减，建立压力梯度，实现平衡输排进而促进压力平衡的保持。塑流性好的渣体，压力传递的介质条件更充分，压力保持越平稳，也越容易实现压力的动态调整。

（2）塑流性好的砂卵石渣体，均匀性和流动性好，无水砂卵石地层使渣土入仓和出仓过程流畅，可以防止刀盘、螺旋输送机的堵塞和仓内堆积，提高输排效率；富水砂卵石地层，可以减少水渣分离和喷涌发生，使渣土连续稳定排出。

（3）塑流性好的砂卵石地层，在压力作用下，改良剂溶液向开挖面前方地层能够更好地渗透扩散，对刀具待开挖的前方地层、正在楔犁的开挖面地层和已经犁落的刀盘前渣土进行预处理和改良，填充颗粒孔隙，置换或吸收孔隙水，覆膜包裹颗粒，减小颗粒体的内摩擦角，减弱砂卵石地层中卵石颗粒的点对点传力，调整粒间咬合力、孔隙水压力、黏聚力等作用力，使密实砂卵石易于楔犁松动，剥落的渣体易于均匀搅拌和平衡输排，整体降低刀盘工作扭矩和推力，提高掘进效率，优化掘进参数和掘进状态。

（4）塑流性好的砂卵石地层，卵石颗粒在改良剂的包裹、隔离、润滑、悬浮作用下，降低了渣体的摩擦阻力，改良和优化了渣土的运动特性，对刀盘刀具的磨蚀和冲击作用降低，利于降低磨损，延长刀具一次性连续掘进距离。

2）黏聚性

黏聚性是指拌合物组成成分之间有一定粘结力，黏聚在一起，不出现分层、离析、泌水现象，保持整体结合的均匀性和抵抗浆石从拌合物中分离的能力，也称为稳定性，包括抗离析性和抗泌水性。

抗离析性是拌合物在静置或运移过程中不会出现分层和离析，保持整体均匀性的能力。抗离析性差时，拌合物出现浆石从拌合物中分离出来的现象。

抗泌水性是指拌合物具有良好的保水能力，静置或运移过程中不出现严重泌水的性能。若抗泌水性差，拌合物出现析水现象。

对于软土、黏土或含有黏性颗粒的地层，渣土黏聚性较高。在土压力高、刀盘开口小、搅拌不充分、仓内有沉积压实、土仓温度高等情况下，渣土容易粘附、固结、硬化，形成强度较高的泥饼，属于要趋避的性状。

对于砂卵石地层渣土，黏聚性却是应具备的重要性能之一。原状砂卵石地层属散体结构，无黏聚力，被刀具"犁落"（砂卵石被楔犁刀"楔犁—松动—剥落"动作的简称）后，呈松散颗粒，不易聚合和导流，影响输排和保压，需要添加粘附性高的改良剂与之拌合，增加整体聚合力。在富水砂卵石地层，松散卵石颗粒在重力和惯性力的作用下，容易沉仓，出现渣土的分层离析，不利于卵石输出，也会发生高压水或含砂砾泥浆的喷涌。

渣土黏聚性强，浆化黏度高，整体性和均匀性好。改良剂与砂卵石颗粒充分吸附、结合，不易分散、离析，有助于提高渣体和易性、抗分散和抗离析的能力，使砂卵石改良渣体在刀盘开口、仓内和螺旋输送机内平稳流动和运移，利于渣土输排控制和土仓压力保持，利于减少富水砂卵石地层的大颗粒沉仓和喷涌现象。

3）止水性

渣土的止水性是指渣土的抗渗性或不透水性，是渣体封堵或阻断自身地下水渗流的孔隙通道，阻止地下水渗流通过的能力，与渗透性、透水性相对。

含水砂卵石地层，需要通过添加改良剂来降低地层和渣土的渗透性，提高其止水性。改良剂材料以填充、置换的方式，占据、堵塞、阻断地层颗粒和渣土颗粒自身的孔隙通道，与颗粒体产生吸附或粘结，共同抵抗渗水压力，降低渗水流速，达到封闭开挖面渗水通道、降低渣土含水率、减少渣土离析的目的,最主要的是防止喷涌。相应地,止水性得到改善的砂卵石渣体,其塑流性和黏聚性也必然得到改善,渣土的总体性能得到提高。

与细颗粒地层不同,满足压力平衡掘进与渣土平衡输排需求的砂卵石地层改良渣体的性能特征包括塑流性、黏聚性和止水性。三项特征之间,不是完全独立存在,而是相互关联。改良剂的作用不只是单纯地改善了渣土某一项特征,多数情况下能够提高其整体性能。

5.2.3 改良渣体性能设计与评价方法

为了使砂卵石渣体达到改良目标所需的塑流性、黏聚性和止水性性能特征,就需要研究确定对应的性能指标、试验检测方法及其指标控制值,进行改良渣体的性能设计,形成一套砂卵石改良渣体性能特征的评价方法,能够有针对性地评价改良渣体是否符合渣土改良目标设计要求和施工所需技术状态。通过技术方法和量化指标判定改良是否合格,改变现有施工现场以人工目测和经验为主的主观评判状态,提高评价的科学性、先进性和准确性,有效指导施工现场盾构渣土改良的技术实施和改良效果的实现。

从改良剂和改良后渣体的总体作用而言,要建立一套符合砂卵石地层土压平衡盾构压力平衡掘进与渣土平衡输排需求的"特征地层—改良目标—控制指标—检测手段—改良方法"渣土改良技术体系。

5.2.3.1 水泥拌合物性能指标的相关研究

1) 砂浆拌合物工作性指标与试验方法

新拌砂浆拌合物的工作性主要体现为和易性,包括流动性和保水性。

(1) 流动性指新拌砂浆在自重或外力作用下是否容易流动的性能。砂浆流动性以砂浆稠度表示,根据现行《建筑砂浆基本性能试验方法标准》JGJ/T 70—2009 规定的锥入度法砂浆稠度试验,通过砂浆稠度测定仪圆锥体沉入砂浆中深度(单位:mm)表征砂浆的稠度(沉入度)(图 5.2-2)。在《干混砂浆物理性能试验方法》GB/T 29756—2013 中,采用流动度法(跳桌法)稠度试验测定新拌合砂浆在规定振动状态下的扩展范围来表征砂浆稠度(图 5.2-3)。

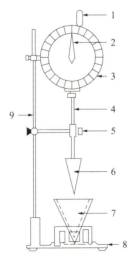

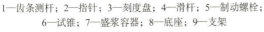

1—齿条测杆;2—指针;3—刻度盘;4—滑杆;5—制动螺栓;
6—试锥;7—盛浆容器;8—底座;9—支架

图 5.2-2 砂浆稠度仪　　　　图 5.2-3 砂浆流动度测定跳桌法

（2）保水性指新拌砂浆保存水分的能力，指砂浆中各组成材料是否容易分离的性能。砂浆保水性以《建筑砂浆基本性能试验方法标准》JGJ/T 70—2009 规定的保水性试验中测得的保水率 W 来表征，是指圆环试模中试验滤纸吸水后剩余水分占砂浆试样的质量比（图 5.2-4），也可以通过该标准规定的砂浆分层度试验测定砂浆分层度来表征（图 5.2-5）。

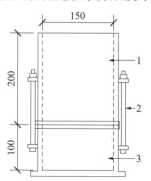

1—无底圆筒；2—连接螺栓；3—有底圆筒

图 5.2-4　砂浆保水性试模　　图 5.2-5　砂浆分层度测定仪

（3）新拌砂浆拌合物工作性指标与试验方法见表 5.2-1。

砂浆拌合物工作性指标与试验方法　　表 5.2-1

新拌砂浆工作性	性能指标	试验方法
流动性	稠度	稠度试验（锥入度法）
	扩展度	稠度试验（扩展度法）
保水性	保水率	保水性试验
	分层度（稠度差值）	分层度试验

2）混凝土拌合物工作性指标与试验方法

（1）新拌混凝土拌合物的工作性主要表现为和易性，包括流动性、黏聚性、保水性。根据《普通混凝土拌合物性能试验方法标准》GB/T 50080—2016，普通混凝土拌合物工作性指标与试验方法见表 5.2-2。

普通混凝土拌合物工作性指标与试验方法　　表 5.2-2

工作性	性能指标	试验方法	适用条件
流动性	坍落度 S/mm	坍落度试验	粒径≤40mm 坍落度≥10mm
	扩展度 SF/mm	扩展度试验	粒径≤40mm 坍落度≥160mm
	稠度	维勃稠度/s	维勃稠度试验	维勃稠度 5～30s 坍落度≥50mm
		排空时间/s	倒置坍落筒排空试验	
		坍落扩展度与 J 环扩展度差值/mm	间隙通过性试验	粒径≤20mm
		流出时间/s	V 形漏斗试验	粒径≤20mm
		T_{500} 扩展时间/s	扩展时间试验	

续表

工作性	性能指标	试验方法	适用条件
黏聚性	观察法	坍落度试验	
	离析率 SR/%	抗离析性能试验	
保水性	观察法	坍落度试验	
	泌水率B/%	泌水率试验	
	压力泌水率B_V/%	压力泌水率试验	

根据《混凝土质量控制标准》GB 50164—2011 规定，混凝土拌合物按坍落度、维勃稠度和扩展度分级见表 5.2-3～表 5.2-5。

混凝土拌合物的坍落度等级划分　　表 5.2-3

等级	坍落度/mm
S1	10～40
S2	50～90
S3	100～150
S4	160～210
S5	≥220

混凝土拌合物的维勃稠度等级划分　　表 5.2-4

等级	维勃稠度/mm
V0	≥31
V1	30～21
V2	20～11
V3	10～6
V4	5～3

混凝土拌合物的扩展度等级划分　　表 5.2-5

等级	扩展度/mm	等级	扩展度/mm
F1	≤340	F4	490～550
F2	350～410	F5	560～620
F3	420～480	F6	≥630

（2）自密实混凝土是具有高流动度、不离析、均匀性和稳定性，浇筑时依靠自重流动，无需振捣而达到密实的混凝土，其工作性能主要为流动性、抗离析性和充填性。不同国家标准中自密实混凝土性能指标和测试方法见表 5.2-6、表 5.2-7。

不同标准自密实混凝土性能指标　　表 5.2-6

英国标准	日本标准	欧洲标准		中国标准		
		欧洲指南	欧洲规程	中国标准化协会标准	中国土木工程学会指南	中国台湾标准
坍落扩展度	U形槽填充高度	流动性/填充性	填充性	填充性	填充性	U形槽填充高度
黏聚性	流动性	黏聚性	间隙通过性	流动性	间隙通过性	流动性
间隙通过性	抗离析性	间隙通过性	抗离析性	抗离析性	抗离析性	抗离析性
抗离析性		抗离析性				

不同标准的自密实混凝土性能测试方法　　　　　　　表 5.2-7

标准		测试方法
英国标准		坍落扩展度、T_{50}、V 形漏斗、L 形仪、J 环、筛析法
日本标准		坍落扩展度、U 形仪、V 形漏斗、T_{500}
欧洲标准	欧洲规程	坍落扩展度、T_{50}、V 形漏斗、J 环、Orimet 漏斗、L 形仪、U 形仪、填充箱、GMT 法
	欧洲指南	坍落扩展度、方筒箱、T_{500}、V 形漏斗、O 形漏斗、Orimet 漏斗、L 形仪、U 形仪、J 环、筛析法、针入度、静态沉降柱等
美国标准		坍落扩展度、T_{500}、J 环、静态沉降柱
中国标准	中国标准化协会标准	坍落扩展度、U 形仪、V 形漏斗、T_{50}
	中国土木工程学会指南	坍落扩展度、T_{500}、L 形仪、U 形仪、拌合物跳桌试验
	中国台湾标准	坍落扩展度、U 形仪、V 形漏斗、T_{50}

根据《自密实混凝土应用技术规程》JGJ/T 283—2012，自密实混凝土拌合物工作性指标与试验方法见表 5.2-8。

自密实混凝土拌合物工作性指标与试验方法　　　　　　　表 5.2-8

工作性	性能指标	试验方法	性能等级	技术要求
填充性	坍落扩展度 SF/mm	坍落扩展度试验	SF1	550～655
			SF2	660～755
			SF3	760～850
	T_{500} 扩展时间 VS/s	坍落扩展度时间试验	VS1	≥2
			VS2	<2
间隙通过性	坍落扩展度与 J 环扩展度差值 PA/mm	J 环扩展度（间隙通过性）试验	PA1	25 < PA1 ≤ 50
			PA2	0 ≤ PA2 ≤ 25
抗离析性	离析率 SR/%	抗离析性能试验（离析率筛析试验）	SR1	≤20
			SR2	≤15
	粗骨料振动离析率 f_m/%	粗骨料振动离析率跳桌试验	f_m	≤10

根据《自密实混凝土应用技术规程》T/CECS 203—2021，自密实混凝土拌合物工作性指标与试验方法见表 5.2-9。

自密实混凝土拌合物工作性指标与试验方法　　　　　　　表 5.2-9

工作性	性能指标	试验方法	性能等级与技术要求		
			一级	二级	三级
流动性	坍落扩展度/mm	坍落扩展度试验	700 ± 50	650 ± 50	600 ± 50
抗离析性	T_{500} 扩展时间 VS/s	坍落扩展度时间试验	5～20	3～20	3～20
	V 形漏斗通过时间/s	V 形漏斗试验			
填充性	U 形箱试验填充高度/mm	U 形箱试验	320 以上（隔栅型障碍 1 型）	320 以上（隔栅型障碍 2 型）	320 以上（无障碍）

普通混凝土和自密实混凝土拌合物工作性能试验用仪器见图 5.2-6～图 5.2-15。

第5章 砂卵石地层土压平衡盾构渣土改良技术

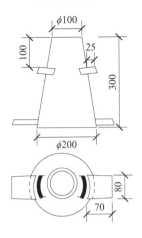

图 5.2-6 坍落度筒

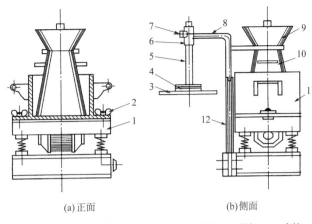

(a) 正面　　　(b) 侧面

1—振动台；2—元宝螺栓；3—圆盘；4—荷重块；5—滑杆；6—套筒；
7—螺栓；8—旋转架；9—漏斗；10—坍落度筒；11—容量筒；12—支柱

图 5.2-7 维勃稠度仪

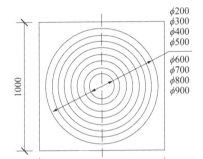

图 5.2-8 扩展度底板

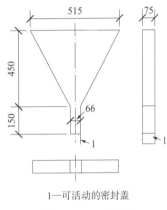

1—可活动的密封盖

图 5.2-9 V形漏斗

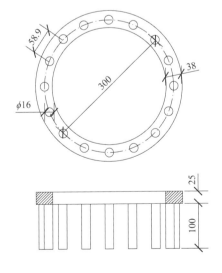

图 5.2-10 J环

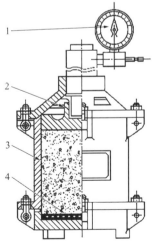

1—压力表；2—工作活塞；3—缸体；4—筛网

图 5.2-11 压力泌水仪

097

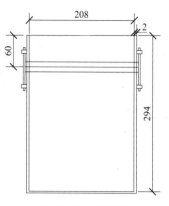
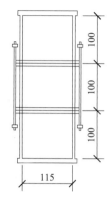

图 5.2-12　盛料器　　　　　图 5.2-13　检测筒

（抗离析性能/离析率筛析试验）　　（粗骨料振动离析率/稳定性跳桌试验）

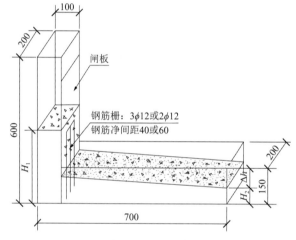

图 5.2-14　L 形仪

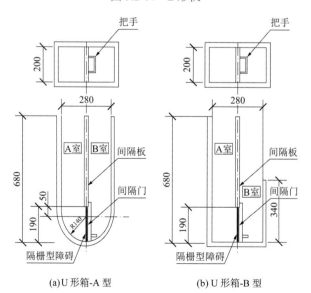

(a) U 形箱-A 型　　　　　(b) U 形箱-B 型

图 5.2-15　U 形仪

于方等在《钢壳沉管自密实混凝土工作性能评价方法的对比试验研究》[44]一文中表明,经试验研究,认为采用坍落扩展度、扩展时间T_{500}、L形仪测试通过率H_2/H_1和视觉稳定性试验(VSI)的综合评价指标可对自密实混凝土的工作性能进行较好的表征。与V形漏斗时间、Orimet流空时间和L形仪流动时间相比,采用坍落扩展度和T_{500}可对自密实混凝土的填充性进行较好的评价。与全量通过性、K形箱填充度和U形仪高度差相比,采用L形仪H_2/H_1或J环试验可对自密实混凝土的间隙通过性进行较好的评价。对现场自密实混凝土的稳定性可先采用VSI法初步评价,需要定量评价时,可采用离析率筛析试验(GTM筛析法)。对侧墙等竖向构件混凝土的抗离析性评价,除了采用GTM筛析法之外,必要时还需增加压力泌水试验。

覃维祖等在《高流动性混凝土工作度评价方法研究》[45]一文中给出了高流动性混凝土拌合物工作度的检测方法(表5.2-10),并采用Orimet试验仪进行了高流态混凝土流出速度、坍落度流动值和坍落度值的试验测定。

高流动性混凝土拌合物工作度的检测方法　　　　表 5.2-10

性能	试验方法	说明
流动性	坍落度流动试验	测定自重下扩散直径,其值主要与拌合物的屈服值τ_y有关
	坍落度流动速度试验	测定自重扩散速度,其值主要与拌合物的黏性系数有关
	Orimet试验	测定Orimet试验仪内混凝土拌合物自重下流出速度,其值主要与拌合物的黏性系数有关
	L流动速度试验	测定L形模子内混凝土拌合物自重下扩散速度,其值主要与拌合物的黏性系数有关
	L流动试验	测定L形模子内混凝土拌合物自重下扩散速度,其值主要与拌合物的屈服值有关
	罗托流下试验	测定罗托模子内混凝土拌合物自重下流出时间,其值主要与拌合物的黏性系数有关
	盒式模型试验	盒内设隔板,一侧注入混凝土拌合物,测定提升隔板时混凝土拌合物扩散的高度,其值主要与拌合物的屈服值有关
	扩散试验	跳桌提升到某一高度落下,测定冲击下混凝土拌合物变形程度,其值主要与拌合物的屈服值与黏性系数有关
	混凝土流动试验	以12.5mm的振幅上下跳动15次,测定变形程度,其值主要与拌合物的屈服值与黏性系数有关
	小球上浮试验	测定埋入混凝土拌合物中的小球在振动作用下浮到表面所需的时间,其值与拌合物的屈服值和黏性系数有关
	铲子沉入法	测定2.6kg的平铲从10cm高度自由降落沉入混凝土拌合物中的深度,其值主要与拌合物的屈服值和黏性系数有关
	两点试验法	测定设有两个叶片的转轴在混凝土拌合物中转动时的转速与转矩,可以计算出屈服值与黏性系数
	旋翼流变试验	测定螺旋式设置8个叶片的转轴在混凝土拌合物中转动时转速与转矩,可以计算出屈服值与黏性系数
	倾斜管试验	改变二次倾斜角,测定管中混凝土拌合物的流量,计算出屈服值与黏性系数
	回转黏度计	测定转筒在混凝土拌合物中转动时某一点的角速度与转矩;可计算出屈服值与黏性系数
	波动法试验	根据弹性波在拌合物中的衰减率,推算出拌合物的动弹性模量与动黏性系数

续表

性能	试验方法	说明
抗分离性	金属筛网试验、配筋盒试验	测定粗集料与砂浆的分离量,把分离极限定量化
	振动沉降试验	测定混凝土拌合物在振动作用下粗集料的沉降量
	笠井筛分试验	测定1.2~20mm套筛在跳桌的振动作用下累计筛余量
	压力泌水试验	测定35kgf/cm^{2}压力下混凝土拌合物的脱水量以评价其可聚性
	分层导电率测定试验	混凝土拌合物注入柱状分离模内,测定振动前后上中下三个部位的导电率评价其抗分离性
间隙通过性	配筋罗托流下试验、配筋盒试验、配筋L流动试验	测定混凝土拌合物在出口处配筋的模子内垂直向下或横流时流出量、流出时间
	振动配筋模子试验	测定混凝土拌合物在振动作用下流出配筋模子的时间
填充性	设置障碍模型试验	模拟实际施工设备障碍模型,测定在振动或自重作用下的填充时间、填充程度

罗时勇在《混凝土工作性控制技术及评估方法研究》[46]一文中对混凝土主要工作性测试方法进行了比较(表5.2-11)。

混凝土主要工作性测试方法比较　　　　表5.2-11

检测方法	主要检测指标	取值范围	主要检测性能	主要优点	主要缺点
坍落度试验	坍落度/mm	10~260	流动性	应用范围广、现场使用	不能反映塑性黏度、对SSC缺乏分辨能力
密实因数试验	密度		和易性	用于低和易性混凝土	易堵塞
重塑性试验	振动次数		稠度	可用于干硬性混凝土,结果直观	不适合现场使用、不适用于贫混凝土
维比试验	时间		流动性	可用于干硬性混凝土,结果直观	不适合现场使用、试验终点无法准确确定
球体贯入	贯入深度		稠度	较为精确、可现场使用	骨料粒径影响较大、上层混凝土状况对结果影响较大
Orimet	时间/s	0~5	黏稠度、流动性、填充能力	反映黏聚性、可现场使用	受骨料粒径约束、容易堵塞
坍落扩散度	扩展度/mm T_{500}/s	650~800 2~5	流动性、填充能力	使用范围广	
L形仪	高度比值	0.8~1.0	间隙通过能力	可反映抗离析能力	摩擦力对测试结果影响未知、缺乏统一标准
U形箱	高度差/mm	0~30	间隙通过能力	适用于自密实混凝土与水工混凝土	摩擦力对测试结果影响未知
V形漏斗	流出时间/s	6~12	黏稠度、流动能力、填充能力	快速测定、反映塑性黏度	不能反映屈服应力
J环	内外高差/mm	0~10	间隙通过能力、流动性、黏聚性	流动设备简单、试验快捷、可与多种测试方法结合使用	多受骨料最大粒径和钢筋间距影响
J形流动仪	流动时间		变形量及流动速度	减小阻力误差、操作相对方便	无法表征抗离析性及填充性
倒坍落度筒	留空时间/s 中边差/mm	8~15 <20	间隙通过能力、抗离析能力、流动性	简便实用、重复性好	仅使用于SSC

续表

检测方法	主要检测指标	取值范围	主要检测性能	主要优点	主要缺点
稳定性跳桌	骨料比值		离析率	动态测试	对人员操作要求高
GTM稳定性测试	骨料比值	0~15	离析率	比较精确	耗时长、重复性差、无法现场使用
分层度仪	骨料比值		离析率	比较精确	人为误差大

吴计旭在《新拌混凝土泌水规律及控制研究》[47]一文中揭示了混凝土泌水是离析的一种特殊形式。混凝土泌水的形成过程是混凝土浇筑与捣实后初凝前，在骨料重力挤压作用下，流动性较好的水泥浆和水上浮至混凝土表面，产生泌水，同时出现浮浆层。分析了混凝土各组成成分对泌水的影响，表面粗集料级配不良、粒径大，水泥细颗粒少、沉降慢、含矿渣颗粒可致泌水增加。粉煤灰、减水剂对泌水的形成有正反两方面作用。石粉细颗粒可减少泌水。水灰比大，水泥凝结硬化时间长，缓凝组分掺量多，游离水泌出，增加泌水。若砂率过小，砂浆量不足，不能在粗骨料周围形成足够的砂浆层起润滑和填充作用，也会降低拌合物的流动性，使混凝土拌合物的黏聚性、保水性变差，使混凝土拌合物显得粗涩，粗骨料离析，水泥浆流失。拌合物颗粒的总比表面积随胶凝材料用量的增加而增加，润湿水分量增加，可泌水量减少。同时，细颗粒增加进而增加泌水通道的长度，对减少混凝土泌水有利，增加活性胶凝材料用量，使混合料黏聚性增加，保水性好，可减少泌水。同时通过不同配比试验研究，试样极限泌水率在10%~19%。

3）小结

综上所述，砂浆、混凝土等拌合物性能可以总结如下：

（1）拌合物工作性

①砂浆拌合物工作性主要表现为流动性、保水性。

②混凝土拌合物工作性主要表现为流动性、黏聚性、保水性。泵送混凝土还需有可泵性。

③自密实混凝土拌合物工作性主要表现为流动性、抗离析性和充填性。

拌合物工作性之间既相互区别又相互联系，存在相互交叉和影响，综合表征了拌合物的性状特征，没有绝对的特征界限。一般就混凝土而言，流动性反映混凝土的稀稠程度，黏聚性反映混凝土均匀性和抗离析能力，保水性反映混凝土的稳定性。自密实混凝土的抗离析性实际也是黏聚性的一种形式，充填性表现了自密实混凝土在自重作用和高流动度条件下，自我充填成形的能力，也是综合性能的一种表达。

（2）拌合物工作性、性能指标、试验方法和特征值

①普通混凝土拌合物流动性的性能指标为稠度，通常用坍落度试验测定的坍落度和维勃稠度试验测定的维勃稠度表征。普通混凝土坍落度检测一般适用范围为10~220mm，维勃稠度检测适用范围为5~30s。坍落度值大于220mm时，根据需要一般测坍落扩展值。

因为操作简单方便，现浇混凝土结构施工时，现场常采用混凝土坍落度试验测定。根据浇筑结构的部位不同，要求的坍落度控制值不同，水平梁、板结构构件一般到场坍落度要求为140~160mm，竖向墙、柱结构构件一般为160~180mm，顶升施工的暗挖拱墙结构一般为180mm，或采用自密实混凝土。

自密实混凝土流动性一般采用坍落扩展度和T_{500}扩展时间试验测定。因自密实混凝土坍落度较大，一般为240～270mm，所以采用坍落扩展度来评定其流动性。采用坍落度试验方法，测量自密实混凝土扩展度值，《自密实混凝土应用技术规程》T/CECS 203—2021给出扩展度一般宜控制在500～700mm。T_{500}扩展时间试验方法简单易行，是流动性、抗离析性和填充性的一个综合指标，适宜流动时间为5～15s，对于钢筋较密、粉体量较多、水胶比较小的拌合物也不宜超过20s。还可采用V形漏斗时间、L形仪流动时间和Orimet流空时间进行流动速率的评价。

②通常在采用混凝土坍落度试验检测混凝土流动性的同时，根据经验观测混凝土的黏聚性和保水性，综合评定混凝土的和易性。观测混凝土黏聚性时，用捣棒在已坍落的混凝土拌合物侧面轻轻敲打，若拌合物整体逐渐下沉，表示黏聚性良好；若拌合物局部突然倒塌或整体倒塌，表示黏聚性差。观测混凝土保水性时，目测拌合物下部水泥浆从下面析出的多少，若只有少量或无水泥浆析出，表示保水性良好；若有较多的水泥浆从下面析出，就表示保水性不良。

混凝土的黏聚性用抗离析性来表示，普通混凝土通过抗离析性能试验测定离析率SR，也称为离析率筛析试验，一般小于15%；自密实混凝土还可以通过粗骨料振动离析率跳桌试验测定粗骨料振动离析率f_m，或V形漏斗试验测定自密实混凝土的通过时间。

③混凝土保水性用泌水率B或压力泌水率B_V表征，通过泌水率、压力泌水率试验测定，一般泌水率在10%～15%。

5.2.3.2 改良渣体性能指标的相关研究

曾慎聪等编译的德国《机械化盾构隧道掘进》[8]一书中，明确渣土要作为支撑开挖面的介质，应具备良好的塑性变形、能浆化到软稠的状态、内摩擦低、渗透性低。根据地层类型和土体参数：颗粒大小、含水率（ω）、液限（$ω_1$）、塑性指数（I_P）和稠度指数（I_c）进行地层处理。德国指南 Recommendations for Face Support Pressure Calculations for Shield Tunnelling in Soft Ground [41]中，结合试验和实际经验，给出了适宜于土压平衡盾构施工范围的渣土特征和控制值（表5.2-12），以及土压平衡盾构拓展应用范围添加剂或改良土体的试验项目（表5.2-13），对渣土的坍落度和渗透系数的推荐值是100～200mm和10^{-5}～10^{-4}m/s。

土压平衡盾构应用范围内渣土作为支撑介质的所需的特征　　　　表5.2-12

特征	介质特征控制值	目标	引用
渗透系数	$k < 10^{-5}$m/s	减少开挖仓地下水流入	Abe et al. (1978)
满足工作性的良好稠度	$0.4 < I_c < 0.75$	保持流动性	Maidl (1995)
螺旋输送机内压力梯度的保持	$0.6 < I_c < 0.7$	实现开挖仓与皮带之间的压力差	Maidl (1995)
良好的可压缩性	受地层条件和盾构尺寸影响	实现均匀支撑	Maidl (1995)
黏附性	$I_c < 0.5$或$I_P < 20$%	降低黏性	Maidl (1995), Hollmann (2012)
磨损影响	$I_c < 0.8$	降低磨损	Maidl (1995)

注：I_c表示土体的稠度指数，I_P表示土体的液限。

土压平衡盾构拓展应用范围改良土体或改良剂试验项目　　表 5.2-13

试验类型	试验材料	试验目的	引用
排水试验	泡沫	检测泡沫稳定性	Vinai (2006), Budach (2012)
密度	泡沫	检测泡沫实际膨胀率	Budach (2012)
混合试验	改良渣土	减少摩擦力 扭矩测量	Quebaud et al. (1998)
坍落度试验	改良渣土	良好的工作性	Thewes et al.(2010), Vinai (2006)
渗透性试验	改良渣土	控制开挖仓进水	Bezuijen et al.(1999), Maidl (1995)
螺旋输送机试验	改良渣土	确定沿螺旋输送机可实现的压降	Bezujen & Schaminée (2001), Merritt & Mair(2006), Peila et al.(2007)
稳定性	改良渣土	工作性变化	Vinai (2006)

《日本隧道盾构新技术》[6]一书认为对于土压平衡盾构施工的泥砂性状的确认常沿用混凝土坍落度试验，并基于实测给出 50～120mm 的管理值。

《盾构法的调查・设计・施工》[7]一书中，对切削砂土的塑性流动化管理，其中一种方法就是对土砂的排土特性采取坍落度试验来掌握土仓内土砂的流动化状态，认为坍落度的管理值与切削土质、添加剂的特性、有无采用泵送方式排渣有关，就砂质地基而言多数按 100～150mm 进行管理。

魏康林在《土压平衡式盾构施工中"理想状态土体"的探讨》[42]一文中，认为满足正常盾构掘进土体的渗透系数一般不大于 10^{-5}m/s，将其作为上限。

邹超在《土压平衡盾构法隧道施工渣土改良指标初探》[48]一文中，提出土压平衡盾构改良渣土指标和试验方法（表 5.2-14）。

改良渣土指标与试验方法　　表 5.2-14

改良渣土指标	试验方法	试验值
流动性	坍落度试验	90～120mm
保水性	保水试验	保水率 75%～80%
黏聚性	直剪试验	—
渗透性	渗透性试验	—

王树英等在《盾构隧道渣土改良理论与技术研究综述》[43]一文中，系统研究了渣土改良评价指标及确定方法（表 5.2-15）。

渣土改良评价指标及确定方法　　表 5.2-15

评价指标	试验方法	试验仪器	表征值	适用条件
塑流性	坍落度试验	坍落度筒	坍落度 S	粒径≤40mm
	黏稠指数评价		黏稠指数 $I_c=\frac{\omega_L-\omega}{\omega_L-\omega_P}$	粒径<0.5mm

续表

评价指标	试验方法	试验仪器	表征值	适用条件
塑流性	流动度试验	水泥胶砂流动度测定仪	振动25次上表面直径/振动40次上下表面直径变化率	黏性渣土
	稠度试验	水泥砂浆稠度仪	沉入度	细粒渣土
	搅拌试验	小型搅拌机+功率表	能量消耗减小量G_p	—
渗透性	渗透性试验	渗透仪	渗透系数	—
磨损性	磨蚀性试验	磨蚀性测定装置	磨损率$\alpha_0 = \frac{\Delta m}{m}$	—
黏附性	液塑限试验	液塑限联合测定仪	液限ω_L、塑限ω_P、含水率	粒径<0.5mm
	滑动试验	金属活动板	滑动角θ	—
	搅拌黏附试验	搅拌器	黏附率$\lambda = \frac{G_{MT}}{G_{TOT}}$	—
	拉拔试验	拉拔试验仪	拉力F	黏土
	旋转剪切试验	旋转剪切仪	土-金属界面黏附强度$\alpha_c = \frac{6T}{\pi D^3}$	黏土
抗剪强度	直剪试验	直剪仪	抗剪强度	—
	十字剪切试验	十字剪切仪	不排水抗剪强度$s = \frac{6T}{7\pi D_v^3}$	—
	大型锥入度试验	锥入度试验仪	不排水抗剪强度$s = \frac{K_a W}{d^2}$	—
	三轴试验	三轴试验机	抗剪强度	—
压缩性		罗氏固结仪	压缩系数	
掘进参数	—	—	—	—

5.2.3.3 砂卵石地层改良渣体性能指标、试验方法与特征值

砂卵石地层渣土改良目标是，经过改良使得渣土成为具有良好的塑流性、黏聚性和止水性的改良渣体，即改良渣体的理想状态。通过对混凝土性能指标和现有渣土性能指标的对比研究可以看出，混凝土性能指标的评价体系比较系统全面，但试验方法较多，标准不一，尤其是对自密实混凝土拌合物不同性能需用的试验方法，不同规范约定有不一致之处。对于改良渣体性能指标，国内外研究多集中适宜土压平衡盾构最初应用的软土、黏性土、粉土等细粒土层和砂土、砂砾等粗粒土层，对于卵石、漂石等巨粒土层拓展应用地层的渣土性能指标和评价方法研究较少，不系统、不全面，已有的经验无法直接应用，工程实践中现场基本停留在目测观察的阶段。国内盾构相关标准规范中，有对于砂卵石地层应进行渣土改良的条文，但缺乏具体的方法和指标的规定。

针对砂卵石地层渣土改良，需要建立包括改良渣体性能特征、性能指标、试验方法和指标特征值在内的一套评价体系，以确定砂卵石地层改良渣体的理想状态和改良目标，明确砂卵石地层要改良到什么状态，围绕什么指标去改良，用什么试验方法去检测，符合改良目标的指标特征值范围是多少。性能指标的确定要针对砂卵石渣体的特征，也要考虑具

有可操作性的试验方法；试验方法的确定要考虑操作简单、准确实用；特征值的确定要基于现有研究和试验数据。

1）塑流性

已有文献中对软黏土、砂土的盾构渣土塑流性或工作性普遍采用坍落度值来表征，给出了不同的特征值范围，见表5.2-16。文献[41]提出用稠度指数I_c表征黏土地层渣土的稠度，并认为为保持良好的稠度，渣土的稠度指数为$0.4 < I_c < 0.75$，但稠度指数是用来判断黏土地层软硬状态的指标，对于缺少细颗粒黏土的砂卵石地层不适用。

改良渣土坍落度值范围　　　　　　　　　　　　　　　　　表5.2-16

文献或作者	坍落度建议值/mm	地层
《日本隧道盾构新技术》	50～120	软黏土、砂层
《盾构法的调查·设计·施工》	100～150	砂层
Recommendations for Face Support Pressure Calculations for Shield Tunnelling in Soft Ground	100～200	软黏土
邹超[48]	90～120	
王树英等[43]	100～250	
王洪新等[49]	125～175	粉砂层
张淑朝等[50]	170	兰州砂卵石

张淑朝等[50]针对兰州地铁1号线某盾构区间粒径大于60mm卵石含量占12%的地层，采用不同掺量比例的膨润土泥浆、泡沫单独加注试验和泡沫+膨润土复合加注试验，并剔除40mm以上粒径颗粒进行坍落度试验，得到在1∶8膨润土泥浆单独加注、1∶10单独泡沫单独加注、1∶10膨润土+1∶13泡沫复合加注下，均可得到和易性和保水性均较好的坍落度值170mm。

引用文献[43]中给出了不同学者建议的理想改良渣土坍落度值，具体见表5.2-17。

理想改良坍落度范围　　　　　　　　　　　　　　　　　表5.2-17

作者	坍落度/mm	作者	坍落度/mm
Ye 等	170～200	Peña	100～150
Quebaud 等	120	张凤祥	100～150
乔国刚	100～160	Vinai 等	150～200
Jancsecz 等	200～250	Peila 等	150～200
Martinelli 等	150～200	Budach 等	100～200
Zhao 等	205～210	邱龑	195～210

（1）坍落度（S）

对于无水砂卵石地层，改良后渣体的塑流性可以采用坍落度来表征，试验方法见《普通混凝土拌合物性能试验方法标准》GB/T 50080—2016。因为坍落度试验需要粒径不大于

40mm，所以用于砂卵石改良渣体的检测时，需要做技术处理。

坍落度主要用于测定拌合物稠度，对于砂卵石渣体，其流动性主要来自混合物中微细颗粒组成的浆体。对于粒径超过40mm的砂卵石，可以做统一规定，试验前先剔除处理，再按正常坍落度试验进行，所取得的坍落度值虽不能完全代表原改良渣体，但其基本流动性得到了近似测定，试验项目操作简单易行，现场容易实施。通过砂卵石地层渣土多样本测试，建立起按此方法测定的数据库，总结出特征值作为将来试验的比对参考，样本足够时，就能逐步建立该测试方法下的经验控制值。对大于40mm粒径的卵石做剔除处理，能够近似得到改良渣体的坍落度代表值。因为渣体的坍落度性能主要体现在细粒的黏粒、粗粒的砂粒和砾粒组成的渣体部分，巨粒的卵石对坍落度值的影响较小，且卵石自身不适用于用坍落度值来衡量。

另外，借鉴国内外坍落度筒尺寸标准不一时，可按换算关系进行标准值转换的做法，可以将坍落度筒尺寸按适当比例进行改造，使其满足于60mm以下粗骨料的检测，然后转换成标准值。这样从土的粒径分类来说，等于可以满足砾石以下粒径渣体坍落度测试。对于大于60mm的卵石和漂石，粒径过大时也失去测定的意义，可以继续按剔除处理。

（2）坍落扩展度（SF）

对于富水砂卵石地层，因为渣体含水率高，坍落度值过大，不易测取，可以采用坍落扩展度来表征，进行扩展度试验。砂卵石改良渣体坍落度特征值，无水地层建议为100～150mm，富水地层为150～200mm；对于富水砂卵石地层，应加测坍落扩展度，建议值为400～600mm。坍落扩展度试验见《普通混凝土拌合物性能试验方法标准》GB/T 50080—2016。

2）黏聚性

已有文献对渣土黏聚性的测试并不多见，且多为测定黏性土层改良前渣土的黏附性（表5.2-18），目的是降低黏性土地层渣土的黏度和对刀盘土仓的黏附性，防止结泥饼，而不是改良后渣体的整体黏聚性，与以表征渣体均匀性、稳定性的砂卵石地层改良渣体黏聚性为目的研究与应用截然不同。

改良渣土黏聚性性能指标与试验方法　　　　表5.2-18

文献或作者	性能指标	试验方法	试验仪器	特征值	地层
Recommendations for Face Support Pressure Calculations for Shield Tunnelling in Soft Ground[41]	黏附性	—	—	$I_c < 0.5$或$I_P < 20\%$	软黏土
邹 超[48]	黏聚性	直剪试验	—	—	—
王树英，等[43]	黏附性	液塑限试验	液塑限联合测定仪	液限ω_L、塑限ω_P、含水率	粒径 < 0.5mm
		滑动试验	金属活动板	滑动角θ	—
		搅拌黏附试验	搅拌器	黏附率$\lambda = \frac{G_{MT}}{G_{TOT}}$	—
		拉拔试验	拉拔试验仪	拉力F	黏土
		旋转剪切试验	旋转剪切仪	土-金属界面黏附强度$\alpha_c = \frac{6T}{\pi D^3}$	黏土

对砂卵石渣体而言，实质是含有黏土或膨润土、砂、砾石（或碎石）、卵石（或块石）

和其他改良剂溶液的拌合物,主要是固液二相体或固液气三相体,改良到工程所需的理想状态时,就应该像新拌混凝土一样,不发生分层、离析、泌水现象,所以砂卵石渣体的黏聚性应该主要通过不离析(浆石分离)、不泌水(渣中析水)来表征。

(1)离析率SR

渣体的抗离析性能,可以用抗离析性能试验(也称为离析率筛析试验)检测离析率SR。试验方法是:将上下两节盛料器中装满渣体静置15min,将上节砂卵石渣体倒入5mm孔径的方孔筛,静置120s使浆体流入下方托盘,然后计算浆体质量与倒入方孔筛渣体质量比,即为渣体离析率。具体方法见《普通混凝土拌合物性能试验方法标准》GB/T 50080—2016。离析率计算见式(5.2-1)。

$$\mathrm{SR} = \frac{m_\mathrm{m}}{m_\mathrm{c}} \times 100\% \tag{5.2-1}$$

式中:SR——离析率(%);

m_m——通过标准筛的砂卵石渣体中浆体的质量(g);

m_c——倒入标准筛的砂卵石渣体质量(g)。

(2)泌水量B_a,泌水率B

渣体的抗泌水性可以通过泌水试验检测单位面积泌水量B_a和泌水率B。试验方法是:将砂卵石渣体装入5L容量筒并加盖,60min内每10min吸取表面泌水一次,60min以后每30min吸取一次,直至表面无泌水。通过累计泌水量与砂卵石渣体试样外露的表面面积,得到单位面积渣体的泌水量B_a,如式(5.2-2)所示:

$$B_\mathrm{a} = \frac{V}{A} \tag{5.2-2}$$

式中:B_a——单位面积渣体的泌水量(mL/mm²);

V——累计的泌水量(mL);

A——渣体试样外露的表面面积(mm²)。

按式(5.2-3)、式(5.2-4)计算渣体的泌水率B(取三个试样的平均值):

$$B = \frac{V_\mathrm{W}}{m_2 - m_1} \times 100\% \tag{5.2-3}$$

$$m = m_2 - m_1 \tag{5.2-4}$$

式中:B——泌水率(%);

V_W——泌水总量(mL);

m_2——容量筒渣体试样质量(g);

m_1——容量筒渣体试样烘干后质量(g)。

抗离析性能试验方法具体参考《普通混凝土拌合物性能试验方法标准》GB/T 50080,但因标准中泌水率B的计算采取试样累计泌水量与试样拌合用水量的比值,即拌合物单位用水量(质量)的泌水(体积),对于砂卵石渣体不存在拌合用水,也无法采用标准所用的方法计算渣体中含水量,只能采用渣体试样总重减去烘干后渣体重量的方法得到渣体试样中的总含水量。

泌水性的测定不采用压力泌水率试验的原因是:该方法用于检测泵送混凝土在泵送压力环境下的泌水,泵送工作压力环境较土压平衡盾构的土压压力环境或开挖面水压环境要求高太多，所以不建议使用。

3）止水性

富水砂卵石地层盾构渣土应具有抗渗性，封闭渗水通道，通过减少开挖面、土仓、螺旋输送机内渣土中的自由水，降低地下水渗流量，避免螺旋输送机发生喷涌。已有文献基本是通过渣土渗透系数来表征地层的止水性，该系数由渗透性试验取得（表5.2-19）。文献[43]给出了合理改良渗透系数范围（表5.2-20），比较一致的结论是渗透系数$k < 10^{-7} \sim 10^{-5}$m/s时，地层或渣土可以达到不透水条件。要满足这个渗透系数条件，需要一定量的细颗粒充填卵石孔隙，堵塞孔隙的渗水通道，降低孔隙的连通率和游离水的通过率。正如前文所述，当细颗粒（75μm以下的淤泥和黏土成分）含量不低于30%时，地层可以具备止水性。

改良渣土止水性能指标与试验方法   表5.2-19

文献或作者	性能指标	试验方法	试验仪器	特征值	地层
Recommendations for Face Support Pressure Calculations for Shield Tunnelling in Soft Ground[41]	渗透系数	—	—	$k < 10^{-5}$m/s	软黏土
	螺旋输送机内压力梯度的保持	—	—	$0.6 < k < 0.7$m/s $I_c < 0.7$	—
魏康林[42]	渗透系数	渗透性试验	渗透仪	$k < 10^{-5}$m/s	砂土
邹超[48]	渗透系数	渗透性试验	渗透仪	—	—
王树英[43]	渗透系数	渗透性试验	渗透仪	见表5.2-19	非/低黏性

合理改良渗透系数范围   表5.2-20

作者	渗透系数/（m/s）
朱伟，等	$< (1.5 \sim 2.3) \times 10^{-7}$
马连丛	$< (9.551 \sim 4.672) \times 10^{-7}$
Quebaud 等	$< 10^{-6}$
Budach 等	$< 10^{-5}$
贺少辉，等	$< (4.456 \sim 5.601) \times 10^{-7}$
申兴柱，等	$< 10^{-7}$

渗透是指水在孔隙中运动的现象。当土中渗透水为层流状时，则渗透速度v与水力坡降i呈正比，当水力坡降$i = 1$时，此渗透速度称为土的渗透系数k。用达西定理表示如式5.2-5所示：

$$v = kI \tag{5.2-5}$$

式中：v——渗透速度（cm/s）；

k——渗透系数（cm/s）；

I——水力坡降。

岩土工程中的渗透性一般指原状地层，可以通过一系列现场和室内测试方法计算得出相应地层的渗透系数k值。对于盾构施工而言，原状地层的渗透系数也可以通过工程地质勘察报告提供的勘察数据取值,也可以通过室内试验测取。对于改良后渣土的渗透系数,一种方法是直接按照改良材料的添加配比和添加量取原状地层拌合后做室内试验;另一种方法是直接从螺旋输送机排出的渣土中取样再到室内做渗透试验。作为盾构工程,前者很难取到当前掘进段原状土样,邻近站、井基坑取得的试样也不具代表性;只能通过后者,在螺旋输送机闸门、皮带、渣土箱、集土坑等位置按要求获取,通常以距离螺旋输送机最近的闸门处取样并加盖密封较好,可以减少渣样失水。

(1)渗透系数室内试验方法

土的渗透系数室内试验通常分为常水头试验法和变水头试验法。一般常水头试验适用于 $k=10^{-3}\sim10^{-2}$ cm/s 的粗粒土,常选用 70 型渗透仪;变水头试验适用于 $k=10^{-6}\sim10^{-3}$ cm/s 的细粒土,常选用 55 型渗透仪。渗透试验仪器见图 5.2-16、图 5.2-17,具体试验方法见《土工试验方法标准》GB/T 50123—2019 的规定。

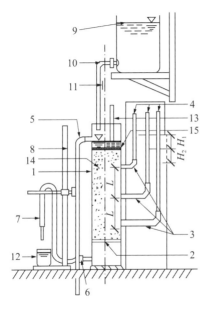
1—封底金属圆筒;2—金属孔板;3—测压孔;4—玻璃测压管;
5—溢水孔;6—渗水孔;7—调节管;8—滑动支架;9—供水瓶;
10—供水管;11—止水夹;12—容量为 500mL 的量筒;
13—温度计;14—试样;15—砾石层

图 5.2-16 常水头渗透装置

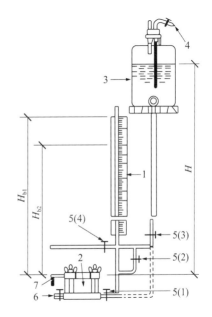
1—变水头管;2—渗透容器;3—供水瓶;
4—接水源管;5—进水管夹;
6—排气管;7—出水管

图 5.2-17 变水头渗透装置

《土工试验方法标准》GB/T 50123—2019 规定的常水头渗透试验渗透系数按式(5.2-6)、式(5.2-7)计算:

$$k_T = \frac{2QL}{At(H_1 + H_2)} \tag{5.2-6}$$

$$k_{20} = k_T \frac{\eta_T}{\eta_{20}} \tag{5.2-7}$$

式中:k_T——水温 T°C 时试样的渗透系数(cm/s);
    Q——时间 t 秒内的渗透水里(cm³);
    L——渗径(cm),等于两侧压孔中心间的试样高度;

A——试样的断面积（cm²）；

t——时间（s）；

H_1、H_2——水位差（cm）；

k_{20}——标准温度（20℃）时试样的渗透系数（cm/s）；

η_T——T℃时水的动力黏滞系数（1×10^{-6}kPa·s）；

η_{20}——20T℃时水的动力黏滞系数（1×10^{-6}kPa·s）。

《土工试验方法标准》GB/T 50123—2019 规定的变水头渗透试验渗透系数按式(5.2-8)计算：

$$k_T = 2.3 \frac{aL}{At} \log \frac{H_{b1}}{H_{b2}} \tag{5.2-8}$$

式中：a——变水头管截面积（cm²）；

L——渗径（cm），等于试样高度；

H_{b1}——开始时水头（cm）；

H_{b2}——终止时水头（cm）。

结合砂卵石地层和渣土特征，原状砂卵石地层适宜于采用常水头试验方法，添加细颗粒或其他改良剂后的砂卵石改良渣土适宜采用变水头试验。但鉴于一般试验是针对细颗粒地层，所以砂卵石地层试验时需要对渗透仪的容器进行改造。

按照标准规定，圆筒内径应大于试样最大粒径的 10 倍。原因一方面是试样粒径相对于圆筒内径较大时，圆筒内壁与部分试样因间隙大，可能出现试样边缘部分渗透水增大；另一方面，试样有效截面积会减小，有效水流长度缩短，造成试验有较大的误差。但对于砂卵石地层，如筒径为最大粒径的 10 倍，就会使圆筒内径增至 1m 甚至 2m，直径过大给仪器制作和试验操作带来困难，应该结合试样具体级配，通过剔除个别不影响渣样整体级配组成、颗粒构成比例、孔隙率等的最大颗粒，然后按照累计百分含量为 60%，即按限制粒径d_{60}粒径的 10 倍来确定圆筒内径。

张淑朝等在《兰州富水砂卵石层土压平衡盾构渣土改良研究》[50]一文中提出粒径大于 60mm 的卵石含量占比约 12%，而d_{60}粒径为 40mm，故对渗透试验用的容器筒做了改造，自制了内径为 35cm、高 85cm 的渗透试验筒进行渗透试验，取得了预期效果，可以作为借鉴，如表 5.2-21 和图 5.2-18 所示。

兰州 1 号线某区间地层粒径分布　　　　表 5.2-21

粒径/mm	含量/%	
	②$_{10}$	③$_{11}$
> 60	11.94	5.61
60～40	28.24	35.64
40～20	23.32	23.28
20～2	12.40	14.82
2～0.5	7.77	6.35
0.5～0.25	6.07	5.36
0.25～0.075	5.99	5.06
< 0.075	4.27	3.88

图 5.2-18 改造渗透试验筒

（2）渗透系数特征值

根据《铁路工程地质手册》[51]，岩土透水性的强弱可根据岩土的渗透系数k值（原表单位 m/d，同时换算成 cm/s）按表 5.2-22 划分，可以看出 10^{-5}cm/s 是进入微透水的分界，10^{-3}cm/s 是进入弱透水的分界。对于本身渗透性很高的富水砂卵石地层盾构工程而言，改良渣体能够达到弱透水已经是比较好的止水效果，达到微透水就可以达到预期的理想效果。

透水性按渗透系数k的分类（《铁路工程地质手册》[51]） 表 5.2-22

类别	强透水	透水	弱透水	微透水	不透水
k值/（m/d）	>10	10～1	1～0.01	0.01～0.001	<0.001
k值/（cm/s）	>10^{-2}	10^{-2}～10^{-3}	10^{-3}～10^{-5}	10^{-5}～10^{-6}	<10^{-6}

岩土的渗透系数经验值，参见表 5.2-23（《岩土工程手册》[52]）、表 5.2-24（《铁路工程地质手册》[51]）和表 5.2-25（《工程地质手册》[53]）。

渗透系数k的数量级范围（《岩土工程手册》[52]） 表 5.2-23

土类	砾石	砾砂	粗砂	中砂	细砂	粉砂	粉土	粉质黏土	黏土
k值范围/（cm/s）	>10^{-1}	10^{-1}	10^{-2}	10^{-2}	10^{-3}	10^{-3}～10^{-4}	10^{-4}～10^{-5}	10^{-5}～10^{-7}	<10^{-7}

岩土的渗透系数经验值表（《铁路工程地质手册》[51]） 表 5.2-24

岩土名称	渗透系数k		岩土名称	渗透系数k	
	m/d	cm/s		m/d	cm/s
黏土	<0.005	<6.0×10^{-6}	粗砂	20～50	2.0×10^{-2}～6.0×10^{-2}
粉质黏土	0.005～0.1	6.0×10^{-6}～1.0×10^{-4}	均质粗砂	60～75	7.0×10^{-2}～8.0×10^{-2}
粉土	0.1～0.5	1.0×10^{-4}～6.0×10^{-4}	圆砾	50～100	6.0×10^{-2}～1.0×10^{-1}
黄土	0.25～0.5	3.0×10^{-4}～6.0×10^{-4}	软石	100～500	1.0×10^{-1}～6.0×10^{-1}
粉砂	0.5～1.0	6.0×10^{-4}～1.0×10^{-3}	无填充物卵石	500～1000	6.0×10^{-1}～1.0×10^{0}
细砂	1.0～5.0	1.0×10^{-3}～6.0×10^{-3}	稍有裂隙岩石	20～60	2.0×10^{-2}～7.0×10^{-2}
中砂	5.0～20.0	6.0×10^{-3}～2.0×10^{-2}	裂隙多的岩石	>60	>7.0×10^{-2}
均质中砂	35～50	4.0×10^{-2}～6.0×10^{-2}			

几种土的渗透系数经验值（《工程地质手册》[53]）　　　　表 5.2-25

土类	渗透系数 k/（cm/s）	土类	渗透系数 k/（cm/s）
黏土	$<1.2\times10^{-6}$	细砂	$1.2\times10^{-3}\sim6.0\times10^{-3}$
粉质黏土	$1.2\times10^{-6}\sim6.0\times10^{-5}$	中砂	$6.0\times10^{-3}\sim2.4\times10^{-2}$
黏质粉土	$6.0\times10^{-5}\sim6.0\times10^{-4}$	粗砂	$2.4\times10^{-2}\sim6.0\times10^{-2}$
黄土	$3.0\times10^{-4}\sim6.0\times10^{-4}$	砾砂	$6.0\times10^{-2}\sim1.8\times10^{-1}$
粉砂	$6.0\times10^{-4}\sim1.2\times10^{-3}$		

由岩土的渗透系数经验值可以看出，10^{-3}cm/s 是细砂与粉砂的分界，10^{-5}cm/s 是粉土与粉质黏土的分界，这也解释了工程地质上将粉质黏土、黏土作为隔水层，粉细砂、粉砂、粉土作为弱透水层的原因。

因此，可将渗透系数 $10^{-5}\sim10^{-3}$cm/s 作为砂卵石改良渣体止水性能指标的特征值，即改良渣体止水性的理想状态。

5.2.3.4　小结

基于砂卵石地层盾构工程特征，提出了砂卵石地层改良渣体塑流性、黏聚性、渗透性三个性能特征，以及坍落度、坍落扩展度、泌水率、离析率、渗透系数等改良渣体性能评价所需的性能指标和试验方法，确定了各性能指标的特征值范围，形成了有特征、有指标、有方法、有标准的砂卵石地层盾构改良渣体性能设计与系统评价方法，建立了砂卵石地层改良渣体性能评价体系（表 5.2-26），明确了砂卵石地层改良渣体的理想状态和渣土改良控制目标、评判方法和标准，完善了砂卵石地层渣土改良技术体系，实现了砂卵石地层盾构渣土改良效果可测、可评，改变了目前砂卵石渣土改良效果无法评价的现状。

砂卵石地层土压平衡盾构改良渣体性能及评价体系　　　　表 5.2-26

性能特征	性能指标	试验方法	试验仪器	性能指标特征值
塑流性	坍落度 S	坍落度试验	坍落度筒	$100\sim150$mm（无水砂卵石） $150\sim200$mm（富水砂卵石）
	扩展度 SF	坍落扩展度	坍落度筒	$400\sim600$mm
黏聚性	离析率 SR	抗离析性能试验	盛料器 + 试验筛	$\leqslant15\%$
	泌水率 B	泌水试验	容量筒 + 吸水器	$\leqslant10\%$
止水性	渗透系数 k	渗透性试验	渗透仪	$10^{-5}\sim10^{-3}$cm/s

5.2.4　开挖面地层改良渗流模型与改良加注设计

5.2.4.1　渣土改良剂扩散模型

1）地层的可注性与改良剂溶液扩散方式

地层的可注性是影响渣土改良剂溶液扩散的主要因素之一。地层可注性就是指渣土改良剂溶液在压力作用下进入土体孔隙结构的可能性和扩散能力。地层可注性取决于土体颗粒级配、相对密度和渗径结构，改良剂溶液颗粒粒度和流变特性等因素。其中，土体颗粒粒径和渣土改良剂粒度成为影响可注性的主要因素。

有效孔隙率高、有效孔隙直径大、渗流通道条件好的地层可注性好，改良剂溶液容易进入地层孔隙并发生渗透扩散。渗透扩散是渣土改良剂溶液扩散的重要方式。渣土改良剂溶液在压力的作用下,被注入土体颗粒孔隙中,填充孔隙,置换土体中的空气和孔隙水,改善土体性状,改良地层性能指标,如图 5.2-19(a)所示。

反之,地层可注性差,改良剂溶液中的细颗粒会被土体颗粒骨架阻隔,产生滤过作用,溶液颗粒发生不均匀扩散,颗粒被逐渐滤出,称之为渗滤效应。发生渗滤扩散时,改良剂溶液浓度逐渐降低,颗粒滤出,地层孔隙堵塞,注入难度增加,在开挖面形成微细颗粒滤出的泥膜,如图 5.2-19(b)所示。

当地层孔隙较小、渗透性较差,为细颗粒土层时,渣土改良剂中固体颗粒不能注入,如图 5.2-19(c)所示。此时如果土体有一定的透水性,则渣土改良剂中的水将会发生压滤,固体颗粒会在土体表面形成滤饼。

砂卵石地层土压平衡盾构工程中,以常用的膨润土等矿物颗粒的悬浊型渣土改良剂溶液为例,当改良剂溶液中固体颗粒直径 $D_{溶粒}$ > 地层颗粒粒间有效孔隙直径 $D_{孔隙}$ 时,改良剂无法注入。反之,$D_{溶粒} < D_{孔隙}$ 时,改良剂溶液在地层内扩散,$D_{溶粒}$ 与 $D_{孔隙}$ 两者比值越小,渗透半径越大,扩散范围越广,渗透扩散效果越好。$D_{溶粒}$ 与 $D_{孔隙}$ 两者比值较小时,溶液颗粒容易发生阻隔形成渗滤效应,在表层逐渐积聚,阻止后续颗粒进入地层。当 $D_{溶粒}$ 与 $D_{孔隙}$ 两者比值更小时,由于孔隙直径 $D_{孔隙}$ 不够大,或者分布不均,改良剂溶液渗透速度变慢,扩散范围受限,甚至无法有效注入,达不到预期加注效果。现有文献对地层内浆液的可注性判定研究,如表 5.2-27 所示。

土体颗粒粒径与浆液可注性判定标准   表 5.2-27

文献	参数判定	判定标准
E. B. Burwell	$N = D_{15}/d_{85}$ $M = D_{15}/d_{95}$	$N > 25$,浆液可注入;$M > 11$,可注入;$N < 11$,不能充分注入;$M < 5$,不能注入
J. K. Mitchell	$N = D_{15}/d_{85}$ $M = D_{15}/d_{95}$	$N > 24$,可以注入;$M > 11$,可以注入;$N < 11$,不能注入;$M < 6$,不能注入
J. S. Kim 等	$GC = \dfrac{4(a\theta)^2 - 4(a\theta)^3 e^{(b^2-2m)/2} + (a\theta)^4 e^{(b^2-m)}}{9.11 e^{2(b^2-m)}}$	$GC < 0.001$,易注入;$0.001 \leqslant GC < 0.01$,较充分注入;$0.01 \leqslant GC < 0.1$,不能充分注入;$0.1 \leqslant GC$,难注入
S. Akbulut 等	$N = \dfrac{D_{10}}{d_{90}} + k_1 \dfrac{w/c}{FC} + k_1 \dfrac{P}{D_r}$	$N > 28$,浆液能注入;$N < 28$,不能注入
邝键政,等	$N = D_{15}/d_{85}$ $M = D_{15}/d_{95}$	当 $N \geqslant 15$,$M \geqslant 8$ 时,浆液能注入

根据砂卵石地层分布特征,可分为松散砂卵石与密集砂卵石地层,两者在颗粒级配、密实度、可注性等参数不同,改良剂溶液在两种地层中的扩散效果不同。

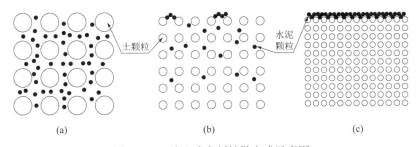

图 5.2-19 渣土改良剂扩散方式示意图

2）渣土改良剂扩散物理模型

（1）基本假设

①砂卵石地层，刀盘前方加注的渣土改良剂以一定压力向刀盘前方平行扩散。

②砂卵石地层，刀盘加注孔注入渣土改良剂可简化为改良剂在刀盘覆盖面积内均匀向刀盘前注入，刀盘位置的注入压力可看作注入口的初始压力 p_0。

③刀盘加注孔注入渣土改良剂后，经刀具搅拌均匀分布在待切削的原状砂卵石地层表面，该位置的孔隙水压力可记作 p_1，且 $0 < p_1 < p_0$，p_1 可按式(5.2-9)计算：

$$p_1 = \eta p_0 \tag{5.2-9}$$

式中，η 为改良常数，取值范围为 $0 < \eta \leqslant 1$，与刀具布置、改良剂特性、地层颗粒级配等相关。当改良效果好时，η 趋近于 1，表示原状土结构被破坏，改良剂与切削过的非原状砂卵石渣土充分混合，注入压力完全传递至原状地层表面。

④砂卵石地层常用渣土改良剂为膨润土浆液，在稳定剪切作用下，流体黏度随剪切速率增加而增加时的流体属于胀塑性流体，是幂律流体的一种。

（2）渣土改良剂扩散物理模型

建立渣土改良剂扩散物理模型，如图 5.2-20 所示。模型中渣土改良剂由刀盘上的注入口向刀盘前方注入，初始注入压力为 p_0，渗透通过切削扰动的松散开挖面地层后，到达原状地层表面，此时注入压力衰减为 p_1。随后，在残余压力作用下，改良剂通过渗透或渗滤作用继续向前方扩散，扩散过程中注入压力继续衰减，直至衰减至与待开挖的原状地层孔隙水压力 p_w 相等，此时改良剂扩散范围为 l。在改良剂扩散过程中，其注入压力处于动态的衰减过程，直至与前方待开挖地层孔隙水压力相等，改良剂停止扩散。由此，地层孔隙水压力 p_w 大小、扩散路径长度和扩散范围大小反过来也决定了刀盘加注孔处所需初始注入压力的大小。

渣土改良剂的作用除了改善土体可疏排性，还有降低刀具磨损。考虑到盾构不断向前推进，为了实现上述作用，应保证刀具切削的地层均在改良剂扩散范围内，即浆液在一定时间内的扩散速度应大于盾构掘进速度，凡是刀具切削作用的开挖面地层均视为已被改良。

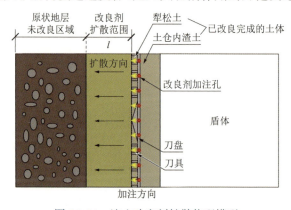

图 5.2-20　渣土改良剂扩散物理模型

渣土改良剂的注入扩散范围与注入压力、时间相关，当注入时间一定的情况下，注入压力越大，改良剂扩散范围越大。

盾构刀盘转动一圈的时间（t）内向前掘进的距离（s）称为刀盘的贯入度 λ，它等于盾

构掘进速度 v（mm/min）与刀盘转速 ω（r/min）的比值，即 $\lambda = v/\omega$，单位为 mm/rad。以贯入度概念定义的掘进时间 t 和距离 s 作为参照，当在相同的时间 t 范围内，改良剂向刀盘前地层扩散范围的水平距离大于盾构掘进贯入度的距离 s 时，可以认为刀具切削地层的作用过程均在改良剂扩散范围内，此时计算得到的注入压力 p_0 即为改良剂加注所需的最小设计压力。

5.2.4.2 松散砂卵石地层改良剂扩散模型

松散砂卵石地层级配差、密实度低、可注性好，渣土改良剂在土体中的扩散方式为渗透扩散。浆液在砂层中的渗透公式最早由 Maag 于 1938 年推导，假定注入源为点源，浆液为牛顿流体，在地层中呈球状扩散。随后又有众多学者对宾汉流体、幂律流体的浆液扩散公式进行推导。砂卵石地层常用渣土改良剂为膨润土溶液，可采用幂律流体的扩散公式。

1）幂律型渣土改良剂流变方程

幂律型渣土改良剂的流变方程为：

$$\tau = c\gamma^n \tag{5.2-10}$$

式中：τ——剪切应力；

c——稠度系数；

γ——剪切速率；$\gamma = -\mathrm{d}v/\mathrm{d}r$。

2）幂律型渣土改良剂渗流公式

假设砂卵石地层为充满半径为 r_0 的毛细管的多孔介质，如图 5.2-21 所示。首先考察改良剂在毛细管中的层流流动，设毛细管半径为 r_0，在管内取一以管轴为对称轴的流体柱，其长度为 $\mathrm{d}l$，半径 $r < r_0$，如图 5.2-22 所示。

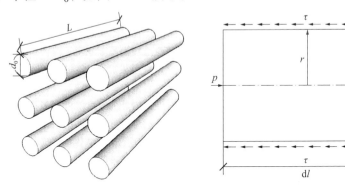

图 5.2-21 砂卵石地层的多孔介质模型　　图 5.2-22 毛细管内单元体受力分析

在不考虑重力的情况下，该流体柱元素上受力的平衡关系如式(5.2-11)所示：

$$\pi r^2 \mathrm{d}p = -2\pi r \tau \mathrm{d}l \tag{5.2-11}$$

流体微元段 $\mathrm{d}l$ 两端压力分别为 $p + \mathrm{d}p$ 和 p，段上压差为 $\mathrm{d}p$，流体柱元素表面上所受剪切应力为 τ，其方向向左与流速方向相反。由式(5.2-12)可得剪应力 τ：

$$\tau = -(r/2)(\mathrm{d}p/\mathrm{d}l) \tag{5.2-12}$$

即柱元素表面上的切应力 τ 与柱元素半径 r 和压力梯度 $\mathrm{d}p/\mathrm{d}l$ 的乘积呈正比，但符号相反。将式(5.2-12)带入渣土改良剂的流变方程可得：

$$\gamma = -\frac{\mathrm{d}v}{\mathrm{d}r} = \left(\frac{\tau}{c}\right)^{1/n} = \left(-\frac{1}{2c}\frac{\mathrm{d}p}{\mathrm{d}l}\right)^{1/n} r^{1/n} \tag{5.2-13}$$

对式(5.2-13)利用分离变量法求解，并考虑边界条件$r = r_0$时，$v = 0$，可得：

$$v = \left[\left(-\frac{1}{2c}\frac{dp}{dl}\right)^{1/n}\frac{n}{1+n}\right]\left(r_0^{\frac{1+n}{n}} - r^{\frac{1+n}{n}}\right) \tag{5.2-14}$$

于是，通过半径为r_0的单个毛细管的单位时间流量计算公式为：

$$Q = \int_0^{r_0} 2\pi r v \, dr \tag{5.2-15}$$

可以得到通过半径为r_0单个毛细管中层流流动的流量Q为：

$$Q = \pi\left(-\frac{1}{2c}\frac{dp}{dl}\right)^{1/n}\left(\frac{n}{1+3n}\right)r_0^{\frac{1+3n}{n}} \tag{5.2-16}$$

管道截面上平均流速为：

$$\bar{v} = \frac{Q}{\pi r_0^2}\left(-\frac{1}{2c}\frac{dp}{dl}\right)^{1/n}\left(\frac{n}{1+3n}\right)r_0^{\frac{1+3n}{n}} \tag{5.2-17}$$

可计算得到渗流速度v：

$$v = \left(\frac{K_e}{\mu_e}\right)^{1/n}\left(-\frac{dp}{dl}\right)^{1/n} \tag{5.2-18}$$

引入μ_e为有效黏度，K_e为有效渗透率，其计算公式分别为：

$$\mu_e = c\left(\frac{1+3n}{\varphi_0 r_0 n}\right)^{n-1} \tag{5.2-19}$$

$$K_e = \frac{\varphi_0 r_0^2}{2}\left(\frac{n}{1+3n}\right) \tag{5.2-20}$$

其中，c和n这两个参数可以用毛细管黏度计或旋转黏度计测量，并通过计算得到。而r_0的值则可由公式$k_0 = \varphi r_0^2/8\mu$求得，其中k_0为砂卵石地层的渗透系数，μ为水的黏度。

根据现有研究成果，对扩散模型提出如下计算假定：

（1）注入地层为均质和各向同性的；

（2）渣土改良剂为幂律型；

（3）采用充填式注入，渣土改良剂从注入口处注入地层；

（4）渣土改良剂在地层中垂直于开挖面呈单向平行扩散，渣土改良剂扩散的理论模型如图5.2-20所示。其中，p_0为注入压力；p_w为地下水的压力；l为渣土改良剂注入时间为t时的扩散距离，可以由式(5.2-21)计算得到：

$$l = vt \tag{5.2-21}$$

代入渗流方程，积分可得式(5.2-22)、式(5.2-23)：

$$l = \sqrt[n+1]{\frac{(n+1)t^n K_e \Delta p}{\mu_e}} \tag{5.2-22}$$

$$\Delta p = \frac{l^{n+1}\mu_e}{(n+1)t^n K_e} \tag{5.2-23}$$

由于$Q = Al\phi_0$，可得单位时间内所需注入改良剂的量Q，如式(5.2-24)所示：

$$Q = A\phi \cdot \sqrt[n+1]{\frac{(n+1)t^n K_e \Delta p}{\mu_e}} \tag{5.2-24}$$

以上得到的公式是在流体为层流的基础上推导出来的，对于紊流不适用。

根据现有研究成果，幂律流体的层流和紊流由稳定性参数Z来确定。Z值是从层流稳定性的理论出发，认为从层流态过渡到紊流时，紊流的漩涡并不是在整个管子断面上同时发生的，而是首先发生于液流中紊动性最大的一层。当Z小于808时为层流，大于808时为紊流。Z值可以通过式(5.2-25)计算得到，式中ρ为流体密度，d为圆管直径。

$$Z = \frac{n}{2^n}\left(\frac{1}{n+2}\right)^{\frac{n+2}{n+1}}\left(\frac{3n+1}{n}\right)^{2-n}\frac{d^n \bar{v}^{2-n}\rho}{c} \qquad (5.2-25)$$

3）算例与分析

根据以上结果，假定某砂卵石地层渗透系数$k_0 = 0.1 \text{cm/s}$，μ取20℃水的黏度，其值为1.01×10^{-3}（$\text{N}\cdot\text{s/m}^2$）；注入孔附近地下水压力$p_w = 0$，土体初始孔隙率$\varphi_0 = 0.3$，盾构刀盘面积$A = 63.62\text{m}^2$，取改良时间$t = 60\text{s}$。

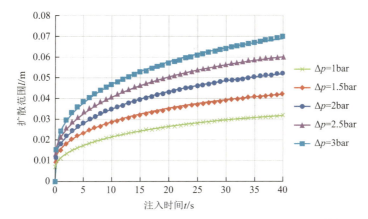

图 5.2-23　不同注入时间对应的渣土改良剂的扩散范围计算结果

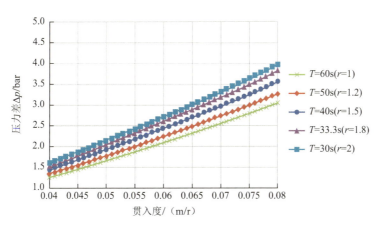

图 5.2-24　不同贯入度条件下的最小注入压力计算结果

根据于有强的试验结果，用于渣土改良的膨润土泥浆的流性指数n取0.4，稠度系数可取$4.5\text{Pa}\cdot\text{s}^n$。可以根据前述计算公式，计算得到当注入压力与地下水压力的压力差为1bar、1.5bar、2bar、2.5bar和3bar时，不同注入时间对应的渣土改良剂的扩散范围，计算结果如图5.2-23所示。

也可以根据不同的工况及掘进参数，确定最小的注入压力。计算得到当刀盘转速分别为 1r/min、1.2r/min、1.5r/min、1.8r/min 和 2r/min 时，不同贯入度条件下的最小注入压力，计算结果如图 5.2-24 所示。

5.2.4.3 密集砂卵石地层改良材料扩散模型

砂卵石地层盾构工程一般地层密实、级配好，孔隙率小，渣土改良剂注入时，存在渗滤效应。对渗滤效应的研究最早始于制造业的流体-颗粒分离技术，该技术是指从流体-颗粒悬浊液中去除、分离、浓缩和回收颗粒的一系列过程。渗滤效应广泛存在于多孔介质悬浊液渗流过程中，渣土改良剂在砂卵石地层中扩散时由于各种力的综合作用，部分固体颗粒会被砂土颗粒骨架"阻挡"，使得固体颗粒滞留在地层孔隙之间，引起砂卵石内部出现固体颗粒淤积堵塞的情况，如图 5.2-25 所示。这一现象导致渣土改良剂在密实砂卵石地层的扩散能力降低。

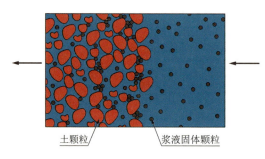

图 5.2-25　砂卵石层内部固体颗粒淤积堵塞情况

1）基本假设

基于质量守恒建立考虑渗滤效应的改良剂溶液扩散模型，对渣土改良剂注入地层后单向平行扩散条件下发生渗滤效应给改良剂溶液扩散带来的影响进行研究，并对模型作以下假定：

（1）渣土改良剂不可压缩、均质及各向同性；

（2）假定土体均匀、土体骨架为刚体，在渗透注入过程中，其孔隙几何尺度不因浆液渗透力而发生变形；

（3）渣土改良剂中固体颗粒运动速度 v_c 与浆液中的水流速度 v_w 相等，即 $v_c = v_w = v$；

（4）不考虑浆液水动力弥散作用对渗滤作用的影响；

（5）认为浆液中固体颗粒密度 ρ_c 与土颗粒密度 ρ_s 相等，浆液固体颗粒在土体孔隙中沉积后即视为土颗粒。

（6）渣土改良剂为幂律流体，其流变方程与式(5.2-10)一致。

2）幂律型渣土改良剂渗率公式

为研究渣土改良剂在密集砂卵石地层中的扩散规律，采用 Kozeny-Carman 模型，即将密集砂卵石地层内的渗流通道简化为在单位体积上有 N 个直径为 r_0 的均匀管组，因此砂卵石地层的初始孔隙率 ϕ_0 可用下式表示：

$$\phi_0 = Nl\pi r_0^2 \quad (5.2\text{-}26)$$

式中：r_0——管道半径，其值远大于膨润土等改良剂颗粒粒径。

渣土改良剂注入过程中，某一时刻的地层孔隙率 ϕ 为：

$$\phi = Nl\pi (r_0 - \Delta r)^2 \quad (5.2\text{-}27)$$

式中：Δr——管道半径的变化量。

由式(5.2-26)和式(5.2-27)联立，可得式(5.2-28)：

$$\phi = \phi_0 \left(1 - \frac{\Delta r}{r_0}\right)^2 \tag{5.2-28}$$

依据现有研究结论，可得式(5.2-29)、式(5.2-30)：

$$\left(1 - \frac{\Delta r}{r_0}\right)^2 = 1 - \frac{\sigma}{\phi_0} \tag{5.2-29}$$

$$\sigma = \lambda \omega t \tag{5.2-30}$$

式中：σ——滞留率，为单位体积重滞留固体颗粒的体积；

λ——渗滤系数；

ω——固体颗粒质量分数，即浆液固体质量与浆液质量之比；

t——时间。

因此，地层孔隙率的表达式为：

$$\phi = \phi_0 - \lambda \omega t \tag{5.2-31}$$

分析式(5.2-31)可知，在渗滤系数一定的条件下，砂卵石地层的孔隙率随时间的增长不断减少。由于渣土改良剂的固体颗粒不断堵塞渗流通道，地层的渗透系数会相应降低。依据现有研究成果，通常用双曲线模型来描述渗透系数的变化规律，如式(5.2-32)所示：

$$k_0' = \frac{k_0}{1 + \beta(\phi - \phi_0)} \tag{5.2-32}$$

式中：k_0——砂卵石地层初始渗透系数；

β——渗透系数变化常数，反映渗透系数随孔隙率的变化情况。

将式(5.2-32)代入地层渗透系数表达式，可得：

$$k = \frac{k_0}{1 + \beta \lambda \omega t} \tag{5.2-33}$$

此时毛细管半径r_0'可按下式计算：

$$k_0' = (\phi_0 - \lambda \omega t) r_0'^2 / 8\mu \tag{5.2-34}$$

进而得到有效黏度μ_e'的计算式(5.2-35)与有效渗透率K_e'的计算式(5.2-36)：

$$\mu_e' = c \left(\frac{1 + 3n}{\phi_0 r_0' n}\right)^{n-1} \tag{5.2-35}$$

$$K_e' = \frac{\phi_0 r_0'^2}{2} \left(\frac{n}{1 + 3n}\right) \tag{5.2-36}$$

依据幂律流体渗流方程及运动方程式(5.2-37)、式(5.2-38)：

$$v = \left(\frac{K_e}{\mu_e}\right)^{1/n} \left(-\frac{dp}{dl}\right)^{1/n} \tag{5.2-37}$$

$$l = vt \tag{5.2-38}$$

联立方程组，积分可得式(5.2-39)、式(5.2-40)：

$$l' = \sqrt[n+1]{\frac{(n+1)t^n K_e' \Delta p}{\mu_e'}} \tag{5.2-39}$$

$$\Delta p = \frac{l'^{n+1}\mu'_e}{(n+1)t^n K'_e} \tag{5.2-40}$$

由于 $Q = Al\phi_0$，可得单位时间内所需注入量 Q 为：

$$Q = A\phi \cdot \sqrt[n+1]{\frac{(n+1)t^n K'_e \Delta p}{\mu'_e}} \tag{5.2-41}$$

3）算例及分析

根据以上结果，假定某砂卵石地层渗透系数 $k_0 = 0.1\mathrm{cm/s}$；注入孔附近地下水压力 $p_w = 0$，土体初始孔隙率 $\phi_0 = 0.2$，盾构刀盘面积 $A = 63.62\mathrm{m}^2$；渗滤系数 λ 取 $0.0003\mathrm{s}^{-1}$；渗透系数减小系数 β 取 34；固体颗粒质量百分数 ω 取 0.25。

根据于有强的试验结果，用于渣土改良的膨润土泥浆的流性指数 n 取 0.4，稠度系数可取 $4.5\mathrm{Pa} \cdot \mathrm{s}^n$。

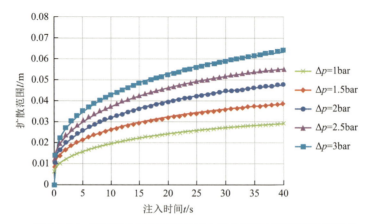

图 5.2-26 不同注入时间对应的渣土改良剂的扩散范围计算结果

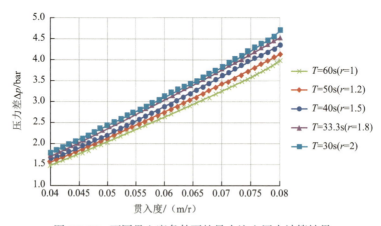

图 5.2-27 不同贯入度条件下的最小注入压力计算结果

可以根据前述计算公式，计算得到当注入压力与地下水压力的压力差为 1bar、1.5bar、2bar、2.5bar 和 3bar 时，不同注入时间对应的渣土改良剂的扩散范围，计算结果如图 5.2-26 所示。也可以根据不同的工况及掘进参数，确定最小的注入压力。计算得到当刀盘转速分别为 1r/min、1.2r/min、1.5r/min、1.8r/min 和 2r/min 时，不同贯入度条件下的最小注入压力，计算结果如图 5.2-27 所示。

5.2.4.4 刀盘注入口布置设计

1) 改良剂注入量Q计算

渣土改良效果与改良剂刀盘注入系统设计密切相关。刀盘注入系统设计包括刀盘注入口布置设计与刀盘注入量设计两方面，这两方面相互影响，需要研究得到合理的理论关系。

本研究假定刀盘单个注入口渣土改良范围与渣土改良剂注入量呈正线性相关。

假定单位时间内满足盾构掘进要求的渣土改良剂总注入量为Q，可布置的注入口数量为N，布置在刀盘半径为r_i的单一注入口A_i的注入量为q_i，则总注入量Q的计算如式(5.2-42)所示：

$$Q = \sum_{i=1}^{N} q_i (i = 1, 2, \cdots, N) \tag{5.2-42}$$

2) 改良面积s_i与注入量q_i关系

盾构开挖断面面积为S，注入口A_i注入的渣土改良剂的改良宽度为d_i，改良面积s_i与其注入量q_i呈正线性相关，其关系见式(5.2-43)。

$$s_i = \frac{S}{Q} q_i \tag{5.2-43}$$

注入口改良范围如图 5.2-28 所示。

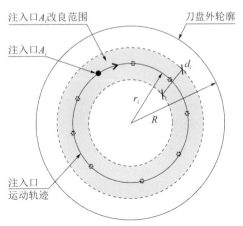

图 5.2-28 注入口改良范围示意图

基于上述假设，对注入口布置半径与注入量的相互关系进行研究。根据图 5.2-28，注入口改良宽度为d_i时，注入口A_i的改良面积s_i可由下式计算：

$$s_i = \pi \left[\left(r_i + \frac{d_i}{2} \right)^2 - \left(r_i - \frac{d_i}{2} \right)^2 \right] = 2\pi r_i d_i \tag{5.2-44}$$

将式(5.2-44)带入改良面积s_i与其注入量q_i的关系式中，可得：

$$\frac{2 r_i d_i}{R^2} = \frac{q_i}{Q} (i = 1, 2, \cdots, N) \tag{5.2-45}$$

式(5.2-45)为每个注入口最优设计时其轨迹半径r_i、改良宽度d_i与渣土改良剂注入量q_i的相互关系，即为注入口设计的控制方程。

渣土改良剂注入总量一定，改良范围为整个刀盘范围，还需满足式(5.2-42)、式(5.2-46)

和式(5.2-47)的条件，即：

$$R = \sum_{i=1}^{N} d_i (i = 1, 2, \cdots, N) \tag{5.2-46}$$

$$r_{i+1} = r_i + \frac{d_i + d_{i+1}}{2}, \quad r_1 = \frac{d_1}{2} \tag{5.2-47}$$

3）注入口轨迹半径r_i与单注入口注入量q_i计算

注入口注入量q_i恒定条件下注入口的布置方式，以及注入口轨迹间距d_i恒定条件下注入口注入量的设定。

（1）每个注入口注入量q_i恒定，计算布置N个注入口时，每个注入口的轨迹半径r_i

当每个注入口注入量q_i恒定时，$Q = Nq_i$，可带入上述公式并化简得：

$$r_1 = \frac{d_1}{2} = \frac{R}{2\sqrt{N}} \tag{5.2-48}$$

第i个注入口作用范围的内圈半径为：

$$r_{i\min} = R\sqrt{\frac{i-1}{N}} \tag{5.2-49}$$

第i个注入口作用范围的外圈半径为：

$$r_{i\max} = R\sqrt{\frac{i}{N}} \tag{5.2-50}$$

因此第i个注入口的轨迹半径为其作用范围内圈半径与外圈半径的平均，即：

$$r_i = \frac{r_{i\max} - r_{i\min}}{2} = \frac{R}{2}\left(\sqrt{\frac{i}{N}} - \sqrt{\frac{i-1}{N}}\right) \tag{5.2-51}$$

（2）注入口轨迹间距d_i恒定，计算布置N个注入口时，每个注入口所需注入量q_i

注入口所需注入量与改良范围呈正线性相关，可先计算得到每个注入口的改良范围，进而根据两者的关系换算得到所需注入量。

当注入口轨迹间距d_i恒定时，$R = Nd_i$，可带入式(5.2-42)、式(5.2-46)和式(5.2-47)，并化简得：

$$s_1 = 4\pi r_1^2 = \frac{\pi R^2}{N^2} \tag{5.2-52}$$

根据几何关系可知，第$1 \sim i-1$个注入口的改良范围面积为：

$$s_1 + s_2 + \cdots + s_{i-1} = \frac{\pi[(i-1)R]^2}{N^2} \tag{5.2-53}$$

第$1 \sim i$个注入口的改良范围面积为：

$$s_1 + s_2 + \cdots + s_i = \frac{\pi(iR)^2}{N^2} \tag{5.2-54}$$

则第i个注入口的改良范围面积s_i为：

$$s_i = \frac{\pi(iR)^2}{N^2} - \frac{\pi[(i-1)R]^2}{N^2} = \frac{\pi R^2}{N^2}(2i-1) \tag{5.2-55}$$

将式(5.2-55)带入改良面积s_i与其注入量q_i的关系式中，化简后可得：

$$q_i = \frac{Q}{S}s_i = \frac{Q}{\pi R^2} \cdot \frac{\pi R^2}{N^2}(2i-1) = \frac{2i-1}{N}Q \tag{5.2-56}$$

5.3 土压平衡盾构渣土改良技术

5.3.1 砂卵石地层渣土改良材料

土压平衡盾构渣土改良材料通常有界面活性类材料、矿物类材料和高分子材料三大类，根据地层条件不同而合理选用。地层条件简单且均一时，改良材料多单独使用，地层条件复杂时则多组合使用。

（1）界面活性类材料

界面活性类改良材料主要是起泡剂溶液和空气混合生成的泡沫剂。泡沫剂按一定比例与水混合得到泡沫剂溶液，通过泡沫泵和管路输送至盾构刀盘、土仓、螺旋输送机泡沫加注孔位置，经泡沫发生装置与压缩空气混合，加压膨胀，从喷射孔喷出无数直径为 30～400μm 的气泡，与盾构开挖渣土混合进行改良。泡沫是典型的气-液二相体系，其中 90% 以上是空气，不足 10% 为泡沫剂溶液；而泡沫剂溶液中 90%～99% 为水，其余为泡沫剂。目前盾构施工中使用的泡沫剂绝大部分是由阴离子表面活性剂和非离子表面活性剂复配构成主发泡剂，再配以稳泡剂，有的产品还需添加与表面活性剂对应复配能产生协同效应的助剂、增溶剂等。

（2）矿物类材料

矿物类改良材料主要为黏土、膨润土等细颗粒材料制备的泥浆，常采用膨润土制剂。膨润土一般分为钠基和钙基膨润土，在工程中多使用钠基膨润土。从微观结构来看，膨润土颗粒是粒径小于 2μm 的无机质，是以蒙脱石（$Al_2O_3 \cdot 4SiO_2 \cdot H_2O$）为主要成分的非金属黏土类矿物，蒙脱石含量占到 30%～80%。蒙脱石的吸附功能使膨润土具有很强的膨胀能力。膨润土作为渣土改良剂可补充土体的微细粒组成成分，使土体的内摩擦角变小，增加开挖土体的流动性和不透水性。

（3）高分子类材料

高分子类材料主要为各种类型的高吸水性高分子材料。工农业使用的高吸水性材料包括无机物和高分子材料，高分子材料又分为天然高分子材料和合成高分子材料。其中，无机物有硅胶、氧化钙、磷酸等；天然高分子材料有多糖、纤维素类等；合成高分子材料有高吸水性树脂（SAP），包括淀粉系、纤维素系、合成树脂系。

在盾构渣土改良用高分子材料里，天然高分子材料主要有黄原胶、瓜尔胶等多糖类；合成高分子材料主要有羧甲基纤维素（CMC）等纤维素类，聚丙烯酸钠等聚丙烯酸盐类和聚丙烯酰胺（PAM）等合成树脂，也叫高分子聚合物。最常用的羧甲基纤维素（CMC）和聚丙烯酰胺（PAM），均为高吸水性的水溶性材料。

聚丙烯酰胺（PAM）是一种线型高分子聚合物，用作絮凝剂、增稠剂、减阻剂，具有絮凝性，使悬浮物质通过电中和、桥架吸附作用，起絮凝作用；黏合性，通过机械的、物理的、化学的作用，起黏合作用；降阻性，有效地降低流体的摩擦阻力；增稠性，在中性和酸性条件下均有增稠作用。

羧甲基纤维素（CMC）属阴离子型纤维素醚类，其水溶液为中性或碱性透明黏稠液体，作为增稠剂、悬浮剂、分散剂等，具有增稠、成膜、粘结、水分保持、胶体保护、乳化及悬浮等作用。

5.3.2 砂卵石地层盾构渣土改良剂作用

围绕砂卵石地层渣土改良目标，对应改良渣体塑流性、黏聚性、止水性状态特征，分析砂卵石地层常用的泡沫剂、膨润土泥浆、高分子聚合物的改良作用机理，以便针对性选取改良材料和方法。

1) 泡沫剂的作用

（1）改善塑流性

①泡沫剂中的起泡剂与空气形成泡沫，对砂卵石颗粒有润滑作用，能降低渣土颗粒的内摩擦角，提高塑流性，利于渣土输排、压力控制和优化扭矩推力等掘进参数。

②泡沫具有弹性，可以提高渣土的可压缩性，利于土仓压力的建立、稳定和调整。

③泡沫具有隔离和分散作用，能降低渣土微细颗粒间的粘结力，减少絮凝，降低黏附，防止在含黏性成分较多的含泥砂卵石中形成泥饼。

④泡沫具有润滑作用，能降低渣土摩擦阻力，降低砂卵石中刀盘刀具和螺旋输送机的磨损。

（2）改善止水性

泡沫剂中的起泡剂与空气形成泡沫，能挤走粒间自由水，形成阻隔，降低砂卵石渣土的渗透性。

2) 膨润土泥浆作用

（1）改善塑流性

①膨润土泥浆细颗粒充填颗粒间隙，对颗粒产生吸附作用，增加粒间黏聚力，降低内摩擦力，能够提高砂卵石渣体稠度，改善渣土塑流性，使其塑性提高，流动性增加，使砂卵石渣体在开挖面、刀盘、土仓、螺旋输送机的运移过程具有良好的运动流态，易输排、易建压，有助于实现渣土平衡输排控制和压力平衡掘进。

②塑流性改善后，能够降低砂卵石粗粒、巨粒颗粒的摩阻力，有助于优化刀盘扭矩、推力等掘进参数，改善盾构掘进状态。

③泥浆包围在颗粒周围形成泥膜，降低颗粒摩阻力，提高润滑能力，能够降低砂卵石地层刀盘、刀具和螺旋输送机的磨损，减少换刀次数，延长掘进距离，实现高效掘进。

（2）改善黏聚性

①膨润土泥浆细颗粒含量高，填充砂卵石粒间孔隙能够增加渣土中黏性细颗粒含量，优化砂卵石渣土级配，提高泥浆的相对密度和悬浮能力，有助于实现对卵石颗粒的吸附、包裹、悬浮、裹挟运移，提高渣土可输排性。

②膨润土自身黏度高、黏附性强，能够增加砂卵石不同粒径之间的整体黏聚性，使其在含水率较高地层条件下渣土不易出现分层离析和泌水现象，减少粗细颗粒分离，降低形成大颗粒卵石沉仓现象，利于携渣输排。

（3）改善止水性

膨润土水化后能形成不透水的可塑性浆体，泥浆充填粒间孔隙，通过开挖面向前方地层渗透扩散，与地层颗粒形成胶结或固结，在地层形成滤饼或在开挖面表面形成泥膜，提高开挖面地层的不透水性，阻止地下水渗入；可以挤占或置换粒间孔隙水并阻塞孔隙通道，降低砂卵石渣体的渗透系数，提高渣土抗渗性，形成致密的不透水层，有助于螺旋输送机压力梯度的建立和控制，减少螺旋输送机喷涌的发生。

3）高吸水性高分子材料作用

（1）改善塑流性

高分子材料具有增稠和粘结性能，低浓度水溶液可以用于无水砂卵石地层，胶凝状溶液完全包裹了卵石颗粒，降低了砂卵石颗粒内摩擦阻力，提高了渣土流动性和可输排性；增加了砂卵石颗粒间黏聚力，增加了渣土塑性，容易实现保压掘进；与砂卵石颗粒吸附包裹，降低了磨蚀性，可以降低刀盘刀具磨损。另外，因其高保水能力，可以降低渣土失水现象；可以用于易胶结地层的渣土改良，作为分散剂使用。

（2）改善黏聚性

在富水砂卵石地层，因具有高吸水性，较高浓度水溶液具有较大的稠度和黏性可以防止水渣分离，减少渣土的离析和泌水现象，使渣体具有良好的整体性、均匀性和稳定性，同时增强了砂卵石的悬浮和聚合能力，使卵石颗粒容易运移输排。

（3）改善止水性

在富水砂卵石地层，因具有高吸水性，瞬时吸水呈胶体状，较高浓度水溶液通过其吸水、絮凝、增稠、黏合的共同作用能提高渣体的抗渗性，防止地下水渗流进入土仓，能有效解决富水砂卵石地层高含水渣体的喷涌问题。

总之，以上改良剂在砂卵石地层中经常不是单一使用，而是两种材料复合添加，尤其在富水地层中，共同改善渣体性状，满足盾构掘进需求。

5.3.3 砂卵石地层渣土改良技术

结合盾构施工特点，从盾构工程角度出发，砂卵石地层有着不同的盾构工程特征类别。根据卵石粒径，可分为可输排（不需破碎）的砂卵石、不可输排（需破碎）的大粒径漂石地层；根据充填成分，可分为含砂卵石和含泥卵石；根据胶结程度，可分为无胶结、弱胶结和强胶结砂卵石等；根据地下水情况，可分为无水砂卵石、弱富水砂卵石和强富水砂卵石。以上砂卵石地层的分类特征，均对盾构选型与配置、掘进参数、技术措施产生影响，需要针对性解决。

不同工程特征的砂卵石地层有着不同的物理力学特征和需要解决的工程问题，应针对不同的地层特征，从改良添加剂的选用、配比、加注部位和方式等方面，对土压平衡盾构渣土改良进行差别化的设计和管理，才能达到因地制宜，解决问题。改良材料不能用混，更不能用反；配比应能与地层和掘进参数匹配，不能一成不变；加注部位和点位的选择更要有针对性，不能固定不变；复杂地层可以进行材料、部位、点位上的复合加注。针对性、差别化的渣土改良，有助于将砂卵石改良至所需的理想状态。

Recommendations for Face Support Pressure Calculations for Shield Tunnelling in Soft Ground[41]提到了适宜于土压平衡盾构机的渣土改良应用地层范围（图5.3-1），根据地层颗粒粒径尺寸分布给出了对应的改良方法。细粒黏性土和粗粒砂层区域①中添加水以增加渣土的稠度，添加泡沫以降低渣土黏性；在砂砾石的区域②中，添加泡沫来改善渣土塑流性；在富水砂砾石（水压小于2bar）地层区域③中添加泡沫和聚合物，需要提高渣土黏聚性和止水性；在无水砂砾石地层区域④中，使用泡沫、聚合物和细颗粒的泥浆来进行改

良,改善塑流性、黏聚性。但图 5.3-1 只针对粒径 60mm 以下地层,没有涉及卵石和漂石地层。

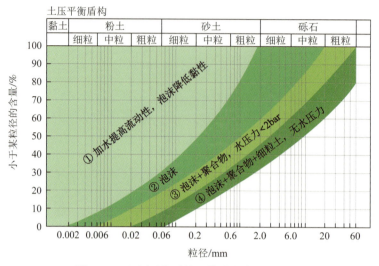

图 5.3-1　土压平衡盾构土体改良应用地层范围

针对不同地层特征、不同掘进问题,需要采取对应的改良添加材料,选择合理的加注部位与孔位,并对配比、压力、流量、掺量等改良技术参数进行针对性设计,以及通过现场、室内试验进行对比和调整,建立基于分类地层、工程问题、改良材料、添加方式、材料配比和掺量等条件、因素和参数的砂卵石地层渣土改良技术。

5.3.3.1　砂卵石地层组合加注技术

土压平衡盾构机可以加注改良剂的部位有刀盘面板、土仓壁、螺旋输送机筒体三个部位。目前常用渣土改良加注材料有水、泡沫溶液、膨润土泥浆和高分子材料溶液。砂卵石地层渣土改良一般需要采取从添加部位和添加材料上进行多部位、多材料同时加注的组合式加注。组合加注时,不同材料分别拌制,通过各自系统、管路和加注孔实现独立加注,加入地层和渣土后,通过刀盘刀具和螺旋输送机转动搅拌,共同发挥作用。

(1)根据刀盘直径、每环开挖量和改良剂加注量需求,从刀盘面板上分布的加注孔进行有压喷射加注,主要目的是改良刀盘及开挖面前方一定范围内已经切削剥落的渣土和待开挖的地层。该部分改良作用最大,效果最明显,从加注量、搅拌程度、混合时间等各方面,其在前述三个加注部位中都是最突出的,该部位改良搅拌主要靠刀具和刀盘结构自身。第 5.2.4 节所属的渗流模型与加注量计算等内容也主要是针对该部位的。

(2)一般土仓壁在中上部位布置有改良剂加注孔,用来对进仓后渣土辅助改良,以弥补刀盘前加注量的不足。在无水砂卵石地层中,有时也通过仓壁辅助加水,以提高渣土含水率,增加流动性。土仓是渣土改良混合汇聚的最主要空间,改良搅拌主要靠刀盘背面的主动搅拌棒和仓壁上的被动搅拌棒之间相对运动的实现。

(3)螺旋输送机筒体布置有向螺旋体的径向加注孔,是渣土改良剂添加的末端环节,因为距离排渣口最近、渣土运移行程最短,所以一般用于特殊地层的应急改良加注,改良搅拌主要靠旋转的螺旋体。

在渣土改良剂加注部位上,砂卵石地层通常以刀盘前加注为主,土仓加注为辅。在大粒径漂石地层排渣难度较大，或者富水地层螺旋输送机喷涌严重时，需要螺旋输送机加注。在加注材料上，一般有泡沫/膨润土泥浆＋水、泡沫＋膨润土泥浆、泡沫＋高分子聚合物溶液、膨润土泥浆＋高分子聚合物溶液、泡沫＋高分子聚合物溶液等多种材料组合方式。在两种以上材料组合加注时，同时也要做好加注部位的组合设计。刀盘作为主要加注区，一般加注泡沫、膨润土泥浆、高分子聚合物溶液中的一种或两种；仓壁一般作为辅助加注，加注水、膨润土泥浆；螺旋输送机一般作为应急加注，主要加注高浓度膨润土泥浆或高分子聚合物溶液。

5.3.3.2 砂卵石地层改良方法

1）含泥胶结砂卵石改良

强胶结砂卵石地层因为岩土沉积和变质作用，已成为砾岩地层，达到岩体性状，一般会单独按照岩层对待。对于泥质胶结的弱胶结砂卵石，卵石被黏性土和砂填充并胶结，地层整体抗剪强度低，易于刀具开挖。因为地层中含黏性颗粒，故一般只通过刀盘加注泡沫，辅助仓壁加水来进行改良，就可以实现渣土的塑流性。

改良剂：泡沫＋水。

改良加注方式：以刀盘加注泡沫为主，土仓加水为辅。

改良加注技术参数：泡沫溶液浓度为3%～5%，膨胀率（FER）为10～20（根据具体泡沫材料性能指标和地层改良需求现场调配），注入率为30%～50%（根据地层特征调整）。

2）无胶结砂卵石地层

（1）无水、不需破碎砂卵石改良

无水、不需破碎砂卵石地层细颗粒含量低，卵石颗粒咬合作用强，内摩擦角大，无黏聚力，流动性差，携渣输排和保压困难；卵石摩阻力高，刀具磨损快；卵石密实，刀盘扭矩高、推力大、掘进慢。需要进行以改善渣土塑流性，提高黏聚性，优化掘进参数，降低刀具磨损，实现保压掘进为目的的改良。

①改良方法一：高黏度膨润土泥浆＋泡沫改良

改良加注方式：以刀盘组合加注高黏度膨润土泥浆＋泡沫为主，土仓加注高黏度膨润土泥浆为辅。

改良加注技术参数：膨润土采用钠基膨润土，加水拌制初始漏斗黏度35～45s的膨润土泥浆（水黏度15s），加注量为每环开挖量的10%～20%（体积比），以补充地层细颗粒含量，优化渣土颗粒级配，增加黏聚性，提高泥浆悬浮聚合能力，实现输排和保压。

泡沫溶液浓度为3%～5%，膨胀率（FER）为10～20（根据具体泡沫材料性能指标和地层改良需求现场调配），注入率为30%～50%（根据地层特征调整）。泡沫辅助改善渣土塑流性，提高渣土可压缩性，降低摩阻力；泡沫与膨润土细颗粒结合，填充孔隙，能够增加改良渣体的致密性和悬浮能力，利于排渣。

②改良方法二：低浓度PAM溶液＋泡沫改良

改良加注方式：以刀盘组合加注低浓度PAM溶液＋泡沫为主，土仓加注低浓度PAM溶液为辅。

高分子聚合物一般用于富水地层提高渣土止水性，防止喷涌。经过现场试验，低浓度的PAM溶液用于无水砂卵石渣土改良中，也可以达到改善塑流性、增加黏聚性的效果，在砂卵石工程中代替膨润土泥浆使用，可有效降低成本。一般仍需刀盘复合加注泡沫进行辅助改良。

改良加注技术参数：PAM 溶液配制浓度为 0.1‰～0.5‰，渣土注入率为 10%～30%。泡沫参数同前述方法一，具体根据现场试验调整。

③改良方法三：低黏度膨润土泥浆 + CMC 溶液改良 + 泡沫改良

改良加注方式：以刀盘组合加注低黏度膨润土泥浆 + CMC 溶液的混合浆液和泡沫为主，土仓加注低黏度膨润土泥浆 + CMC 溶液的混合浆液为辅。

改良加注技术参数：膨润土加水拌制初始漏斗黏度 25～35s 的膨润土泥浆，加注量为每环开挖量的 15%～20%（体积比），同时按泥浆质量的 3‰～5‰掺量加入溶解后的 CMC 溶液，提高膨润土泥浆黏度至 60s 以上。泡沫参数同前述方法一，具体根据现场试验调整。

（2）无水、需破碎砂卵石地层

改良剂：高黏度膨润土泥浆 + 泡沫。

改良加注方式：以刀盘组合加注高黏度膨润土泥浆 + 泡沫为主，土仓加注高黏度膨润土泥浆为辅。

改良加注技术参数：膨润土采用钠基膨润土，加水拌制初始漏斗黏度 60～80s 的膨润土泥浆（水黏度 15s），加注量为每环开挖量的 10%～20%（体积比）。泡沫参数同前述方法一，具体根据现场试验调整。

3）有水、不需破碎砂卵石地层

改良剂：PAM 溶液 + 泡沫改良。

改良加注方式：以刀盘组合加注 PAM 溶液 + 泡沫为主，土仓加注 PAM 溶液为辅，必要时螺旋输送机辅助加注 PAM 溶液，防止喷涌。

改良加注技术参数：PAM 溶液浓度 1‰～5‰，渣土注入率 10%～30%。泡沫参数同前述方法一，具体根据现场试验调整。

4）有水、需破碎砂卵石地层

改良剂：高黏度膨润土泥浆 + PAM 溶液 + 泡沫改良。

改良加注方式：以刀盘组合加注高黏度膨润土泥浆 + PAM 溶液 + 泡沫为主，土仓加注高黏度膨润土泥浆或 PAM 溶液为辅，必要时螺旋输送机辅助加注 PAM 溶液，防止喷涌。

改良加注技术参数：膨润土采用钠基膨润土，加水拌制初始漏斗黏度 40～60s 的膨润土泥浆（水黏度 15s），加注量为每环开挖量的 10%～20%（体积比）。根据地层水压和水量情况，可适当添加 CMC 增稠，提高泥浆黏度和止水性。PAM 溶液浓度为 5‰～10‰，刀盘前与膨润土泥浆分开独立加注，加注量为 5%～10%。刀盘前注入的混合浆液黏度为 100～120s，形成高阻尼泥浆，为大粒径漂石破碎提供高阻尼环境。泡沫参数同前述方法一，具体根据现场试验调整。PAM 高分子材料的浓度和掺量需要结合现场试验取较高值。

针对不同地层特征、不同掘进问题，针对性选取改良添加材料和加注部位与孔位，针对性设计材料配比、掺量、注入率、压力、流量等加注参数，建立涵盖砂卵石地层盾构工程分类、地层特征、工程问题、改良目的、改良材料、改良加注方式和技术参数的改良方法体系，如表 5.3-1 所示。

砂卵石地层渣土改良技术成果表　　　　　表 5.3-1

分类地层			地层特征	工程问题	主要改良目的	改良剂选择	改良加注方式
有胶结砂卵石			地层含黏性颗粒	渣土粘结,防结泥饼	改善塑流性,防粘结	泡沫+水	刀盘泡沫为主+土仓加水为辅
无胶结砂卵石	无水砂卵石	不需破碎	卵石密集,级配不良	不易输排,保压困难	改善塑流性,增加黏聚性,利于输排、保压和降磨	高黏度膨润土泥浆+泡沫	刀盘组合加注为主+土仓加注为辅
						低浓度PAM溶液+泡沫	
						低黏度膨润土泥浆+CMC+泡沫	
		需破碎	富含大粒径漂石	漂石卡阻,开挖难,输排难	悬浮输排,高阻尼泥浆辅助漂石破碎	高黏度膨润土泥浆+泡沫	
	有水砂卵石	不需破碎	水压高,水量大	渣体离析,排渣喷涌	提高止水性,防喷涌	高浓度PAM溶液+泡沫	刀盘组合加注为主+土仓、螺旋输送机加注为辅
						高黏度膨润土泥浆+PAM溶液+泡沫	
		需破碎	水压高,水量大,富含大粒径漂石	渣体离析,排渣喷涌,漂石卡阻	提高止水性,防喷涌、高阻尼泥浆辅助漂石破碎	高黏度膨润土泥浆+PAM溶液+泡沫	

5.4 本章小结

本章围绕砂卵石地层盾构改良渣体性能特征的评价方法,以及基于砂卵石地层盾构工程分类的渣土改良技术做了系统阐述。

（1）揭示了砂卵石地层盾构渣土改良作用机理

从满足渣土平衡输排、实现压力平衡掘进,降低刀具磨损、延长换刀距离,防止螺旋机喷涌、拓宽地层范围,实现卵石楔犁剥落、漂石楔击破碎,优化掘进参数、降低设备能耗五个方面,揭示了砂卵石地层盾构渣土改良作用机理,证明了渣土改良在砂卵石地层土压平衡盾构掘进中的必要性。

（2）提出了砂卵石地层盾构改良渣体性能设计与系统评价方法

基于砂卵石地层盾构工程特征,提出了砂卵石地层目标渣体的塑流性、黏聚性、止水性三个性能特征,以及改良渣体性能评价所需的性能指标、试验方法和指标特征值,对砂卵石地层渣土改良后的目标渣体做出了完整的性能设计,构建了有特征、有指标、有方法、有标准值的改良渣体性能特征系统评价方法,实现了砂卵石地层盾构渣土改良效果可测可评,改变了目前砂卵石渣土改良效果无法评价的现状。

（3）构建了基于砂卵石地层盾构工程分类的渣土改良技术

基于不同盾构工程分类的砂卵石地层特征、工程问题、渣土性能,系统构建了砂卵石地层渣土改良技术体系,满足了将性能各异的原状砂卵石渣土改良为具有统一性能指标、可输排的目标渣体的需要,改变了现有砂卵石渣土改良技术的单一性、随意性。

（4）研发了砂卵石地层盾构渣土改良剂加注系统

建立了砂卵石地层幂律型盾构渣土改良剂渗流扩散和渗滤扩散模型,提出了改良剂注入的理论计算方法及加注参数设计方法,形成了砂卵石地层盾构改良剂加注系统设计技术。

总体而言，围绕砂卵石地层渣土改良，建立改良渣体性能特征的评价体系以及渣土改良技术体系具有重要意义。原状砂卵石地层根据可输排粒径、胶结性、地下水赋存和渗透性等特征，划分为不同的盾构工程分类，表现出不同的盾构工程特征和工程问题。砂卵石地层土压平衡盾构要实现压力平衡掘进和平衡输排，做到长距离安全高效掘进，解决地层盾构难题，就要求开挖渣土具有良好统一的塑流性、黏聚性、止水性等性能特征，并且其坍落度、扩展度、离析率、泌水率、渗透系数等性能指标满足一定的量化标准。原状砂卵石地层无法满足此要求，就必须进行渣土改良，而将其改良成什么状态、具备什么指标、达到什么标准才算达到改良目标，就需要围绕改良后渣体目标性能或理想状态，建立一套涵盖改良目标、性能指标、试验方法、控制标准的改良渣体性能设计与性能评价方法。确立目标渣体状态、改良指标和控制标准后，如何改良才能实现所要求的状态、指标和标准，就需要围绕不同盾构工程特征分类的砂卵石地层，建立一套针对不同地层特征、工程问题和改良目标，涵盖改良剂、加注方法、加注参数的改良技术，以期得到改良渣体性能设计所要求的目标渣体。以上所述也就回答了砂卵石地层为什么要渣土改良，改良成什么样，怎么改良的工程问题。砂卵石地层渣土改良实际就是针对不同盾构工程特征的砂卵石渣土，围绕目标渣体性能指标设计需求，加入相应的改良剂，采用不同的加注方式和加注参数进行渣土改良，并通过相应方法对改良渣体性能特征进行检测评价，最终得到满足评价标准和盾构掘进要求的、性能统一的改良渣体。

第 3 篇

可输排粒径砂卵石地层盾构开挖理论与长距离高效掘进技术

第6章
砂卵石地层盾构"楔犁—松动—剥落"开挖机理

不同地层盾构工程,一般采用不同的刀具形式及开挖机理以实现刀具设计与配置的针对性,以及开挖方式与机理的适用性。在软土、黏性土地层盾构施工,一般以刮刀切削为主,在岩层、复合岩层,一般以滚刀滚压破碎为主。研究和确定适用于砂卵石地层的盾构刀具和开挖机理,是目前盾构行业需重点解决的问题之一。

6.1 常用盾构切削刀具工作机理概述

6.1.1 刮刀切削机理

刮刀也称为切刀,主要应用于黏性土、粉土和砂土地层的切削,使土体发生剪切破坏。刮刀还具有对渣土的剥离、归拢、导流和搅拌作用。在盾构液压油缸推进和刀盘旋转作用下,刮刀对开挖面土体的作用力主要分为前端刃部对土体沿盾构推进纵向上的挤压力和沿刀盘旋转环向上的切削力。在以上两种力的共同作用下,土体因应力增大而产生变形,当土体内部应力超过自身强度时,被切削土体与开挖面分离,顺着刮刀前刃面向后方运动,发生剪切破坏,如图 6.1-1 所示。

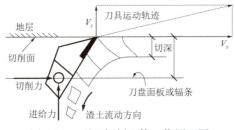

图 6.1-1 刮刀切削土体工作原理图

刮刀的开挖方式主要有切削式和剥离式两种,在黏性土、粉土、砂性土地层中以切削式为主,在砂卵石地层中主要为剥离式。刮刀切削区土体的变形可分为三个区域,如图 6.1-2 所示。

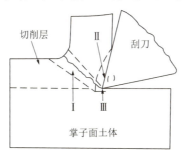

图 6.1-2 刮刀切削机理示意图

变形区Ⅰ——靠近刮刀前刃面的切削面土体受挤压和切削后,顺着剪切面的滑移变形。

变形区Ⅱ——被刮刀切削后土体流动时与刮刀前刃面形成挤压摩擦变形区。

变形区Ⅲ——靠近刮刀端部和后刃面的开挖面土体产生的挤压和摩擦变形区。

土体在刮刀作用下的破坏形态,受地层性质、刀具形状、切削深度等因素影响,通常分为:①流动型切削;②裂断型切削;③剪断型切削;④剥离型切削,如图6.1-3所示。

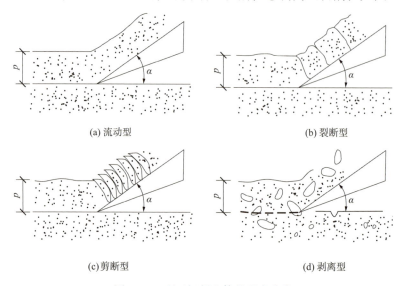

图 6.1-3 刮刀切削土体的形态分类

基于刮刀切削机理,日本学者通过理论推导得出了切削力计算模型,如图6.1-4所示。刮刀工作时,被切削下来的土体沿刀具前刃面流动,假设土体被刮刀作用发生剪切破坏时,剪切破裂面与切割面成夹角,由塑性力学和土力学原理,取切断土体为隔离体受力分析,可计算得到作用在隔离体上的力,包括刀具与土体接触面上的法向力、摩擦力,剪切破裂面上的法向力、摩擦力及粘结力。

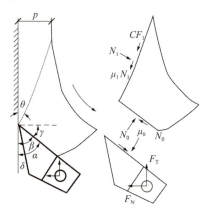

图 6.1-4 刮刀切削土体受力示意图

6.1.2 滚刀破岩机理

岩石地层盾构掘进采用滚刀进行破岩,其破岩形式属于滚压破碎岩石。滚刀滚压破岩是一种破碎量大、速度快的机械破岩方法,在盾构推力作用下跟随刀盘旋转,滚刀在滚动的同时轴压力（推力）和滚动压力（扭矩）对岩面产生冲击压碎和剪切碾碎达到破碎岩石的目的。

当滚刀滚压破碎岩石时，刀刃产生 3 个方向的作用力：第一个是指向开挖面的法向推压力（轴压力）F_N，由刀盘推力提供；第二个是指向滚刀切线方向的滚动切割力（滚动压力）F_R，由刀盘扭矩提供；第三个是指向刀盘径向的滚刀刀刃边缘的侧向挤压力F_L，由滚刀对岩石的推压力和刀盘转动的离心力共同作用产生。3 个方向的作用力见图 6.1-5。切向转动切割力主要由盾构推力、刀具切深及滚刀直径所决定。滚刀直径一定时，刀具切削深度越大，所需要的转动切割力就越大；在切削深度保持不变时，转动切割力和滚刀直径呈反比。

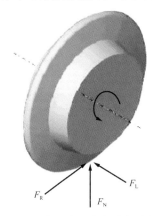

图 6.1-5　滚刀滚压破岩受力示意图

当盾构向前推进时，滚刀在推力的作用下将刀刃压入岩面，跟随刀盘旋转的同时自身也发生滚动，在盾构的推力和刀盘扭矩作用下，在岩石表面切割出一系列同心圆轨迹的凹槽。滚刀切削过程中，岩石内部发生挤压、剪切、拉裂等多种不同形式的破坏。

滚刀滚压破碎过程如图 6.1-6 所示，在滚刀刀刃推压力作用下，滚刀刀刃下方岩石形成压碎区和放射状裂纹，进一步加压，当滚刀刀间距S满足一定条件时，相邻滚刀间岩石内裂纹延伸并相互交汇贯通，剥落形成岩石碎片。这一过程中，接触面岩石破碎形成小块破碎体，受刀刃的挤压影响，小块破碎体在其作用下转为粉碎体，经过压紧密实，粉碎体形成密实核，而后密实核作为传导体，将滚刀压力传递给周围岩石，使岩石产生放射状的径向裂纹和侧向裂纹，裂纹出现并不断发展；当向周围延伸的侧向裂纹延伸至自由面，或者与扩展至相邻滚刀产生的裂纹发生连接、交汇、贯通，从而产生岩石碎片而剥落成渣。滚压破碎是岩石产生裂纹并扩展、交汇、贯通、破碎的过程。

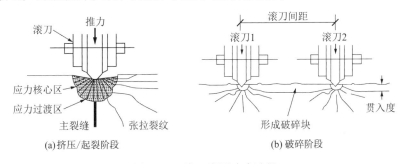

图 6.1-6　滚刀滚压破碎过程

岩石破碎体按尺寸大小分为 0.03～2.5mm 的粉碎体，2.5～20mm 的碎断体，20mm 以上的断裂体三类，如图 6.1-7 所示。

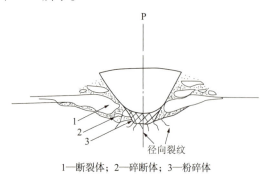

1—断裂体；2—碎断体；3—粉碎体

图 6.1-7 滚刀破岩断面

6.2 楔犁刀"楔犁—松动—剥落"机理

对属于散粒体颗粒的砂卵石地层，黏聚力低，内摩擦角大，卵石颗粒形成承载骨架，粒间孔隙充满细颗粒形成充填支撑。这种卵石颗粒点对点接触形成的咬合、镶嵌结构，具有一定自稳性。砂卵石地层盾构开挖就需要通过刀具克服粒间作用力，破坏这种咬合结构，使卵石成为从开挖面上可滑落滚动的散体渣土颗粒，在刀具和渣土改良作用下流动进入开挖仓。基于砂卵石地层特征，采用楔犁刀具进行"楔犁—松动—剥落"开挖，使砂卵石渣土颗粒通过螺旋输送机顺利输排，形成盾构"楔犁—输排"掘进。

"楔犁—松动—剥落"开挖机理是：在刀盘转动力矩作用下，楔犁刀刃端楔入砂卵石并沿环向对开挖面地层进行楔犁开挖，楔犁刀环向与轴向压应力作用破坏原状砂卵石颗粒咬合结构（卵石本身未被破碎），颗粒骨架作用消失，内摩擦力降低，密实颗粒被松动为散体颗粒，在自身重力和刮刀辅助作用下从开挖面剥落，经刀盘开口进入土仓，完成"楔犁—松动—剥落"开挖。

在盾构推力作用下，楔犁刀端刃面通过压应力垂直楔入开挖面地层，并在刀盘旋转扭矩作用下环向运动，像耕犁犁地一样连续楔犁切割开挖面地层。在楔犁刀前刃面正向剪切作用和刀盘径向内外两侧刃面侧向挤压作用下，开挖面砂卵石原有咬合结构的静态平衡被打破，开挖面发生松动，砂卵石颗粒被刀具直接剥落或在重力作用下散落，同时在楔犁刀作用轨迹上形成瞬时"犁沟"状松动区。相邻轨迹楔犁刀作用形成的松动区相互交叠扰动，形成整个开挖面一定深度内开挖面地层的松动和砂卵石的剥落。一部分松动散落的砂卵石在自身重力和后续砂卵石渣土挤压推动作用下，离开开挖面原位，直接进入刀盘开口和开挖仓；另一部分未直接进入刀盘开口的砂卵石，在楔犁刀循环楔犁和刮刀辅助剥落作用下，被导流、归拢、收集进仓。"楔犁—松动—剥落"是砂卵石开挖面地层在楔犁刀作用下，由稳定的整体结构被破坏到形成分散个体颗粒的运动过程，揭示了楔犁刀开挖砂卵石的作用机理，如图 6.2-1～图 6.2-4 所示。

楔犁刀各方向的刀刃棱角都做了倒角锐化处理，既减小了刃面作用面积、增加了刃面应力、利于楔入和切割地层，又起到渣土导流作用，增加了松动散落砂卵石的相对流动。

楔犁刀自身宽厚刀体既耐冲击，降低了砂卵石对刀具的冲击损伤，又增加了"犁沟"的宽度和楔犁松动区的影响范围，提高了开挖效率。砂卵石地层楔犁开挖效率与刀间距、刀盘扭矩、贯入度、推力等参数有关，对刀具耐磨设计和刀盘驱动功率储备有较高要求。

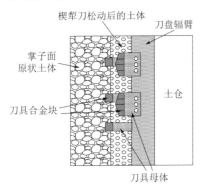 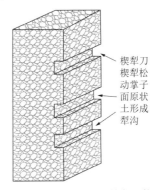

图 6.2-1　楔犁刀楔犁开挖原状砂卵石图　　图 6.2-2　楔犁刀开挖形成"犁沟"状松动区图

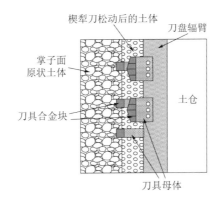

图 6.2-3　刮刀辅助剥落开挖面松动的砂卵石

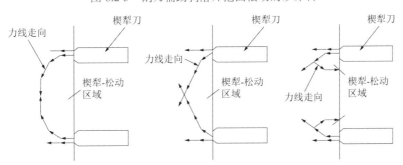

图 6.2-4　楔犁刀楔犁砂卵石力线走向示意图

楔犁刀楔犁地层形成的"犁沟"之所以被称为是瞬时的，是因为楔犁刀轨迹过后形成近似真空空间，被"犁沟"上下、前后的砂卵石颗粒以及刀盘前注入的改良剂迅速充填、混合，然后沿着运移方向流动。

在压力平衡掘进状态下，超高的楔击刀刃端楔入开挖面，从开挖面与刀盘面板之间的刀体间隙到刀盘开口和土仓，均充满松动剥落的砂卵石渣土。在盾构"开挖—输排"循环的连续掘进时，围绕"开挖面—刀盘开口—土仓—螺旋输送机"的渣土运移方向，这些部位的渣土均处于运动状态，直至被皮带机排出。被楔犁刀松动的开挖面砂卵石，在竖向自重力、水平向土压力、环向刀具刮铲作用力、颗粒间摩阻力共同作用下，最终沿渣土进仓流向不断运动。

通过同轨迹多把楔犁刀的循环楔犁作用和相邻轨迹楔犁刀的群刀楔犁作用，开挖面原状地层整体不断被剪切、挤压，单刀楔犁形成的槽状"犁沟"相互叠加扰动，地层原始应力和粒间接触力不断释放，松散程度增加，达到楔犁开挖的目的。刀盘开口两侧的刮刀利于其刮铲作用，对楔犁后松动的砂卵石进行辅助切削，将其从开挖面进一步剥离，在导流、归拢作用下，使砂卵石渣土进入刀盘开口和开挖仓。如图 6.2-5 所示，不同高度的楔犁刀呈多层梯次化布置，不同的刀具切深在开挖面地层掘进方向形成前后高低协调配置，既能发挥超高楔犁刀超前松动效应，又能提高群刀整体开挖效率，还能形成长距离掘进能力的储备和接力。楔犁刀与刀高更低的刮刀一起形成了刀盘总体的梯次化空间布置体系，楔犁刀为砂卵石地层主体开挖刀具；刮刀为辅助刀具，不参与开挖面原状地层的切削受力。

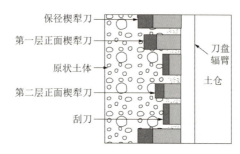

图 6.2-5 砂卵石地层楔犁刀-刮刀梯次化配置工作示意图

在砂卵石地层，实际工程中存在以滚刀为主体开挖刀具的配置方式。由于砂卵石地层开挖面不平整，尤其是卵石粒径较大或含有漂石时，会造成滚刀的滚压作用不连续且易受到卵漂石较大的冲击作用，发生刀圈的冲击损伤。滚刀在粒径不同、嵌固不稳定的漂卵石界面上连续滚动，很难发挥滚压破碎作用，因开挖面不平整甚至存在滚刀刀圈局部停转，无法出现全轨迹转动的现象。因此，滚刀对砂卵石地层的开挖，基本上是滚刀对卵砾石粒间结构的水平向挤压和环向剪切破坏，使其相互间发生错动和位移，形成切深范围开挖面地层的松动。相对于焊接固定式楔犁刀而言，滚刀在砂卵石地层实际上是滚动式楔犁松动的作用，可以称其为"滚动式楔犁刀"，相对而言，固定式楔犁刀可称为"滑动式楔犁刀"。

针对大粒径漂石，滚刀则既难以挤压破坏和剪切破坏，又无法实施连续滚压破碎。一种情况例外，即滚刀刀圈直径加大，刀刃钝化并加厚，刀具耐冲击性能提高，刀盘刀具转速增大，漂石周围地层颗粒约束作用较强，则漂石有可能被滚刀以冲击为主的作用破碎。此时，滚刀已经不是原始意义上的滚刀滚压破岩机理了，而是在刀盘推力与扭矩作用下，依靠刀盘刀具高转速下的能量来冲击碎石，已经加大直径、钝化刀圈、提高耐冲击改造的滚刀，才能承受冲击过程对自身带来的冲击损伤，"碎石"而不"损刀"。所以，滚刀"破岩"与"碎石"在机理上是有区别的。

6.3 楔犁刀"楔犁—松动—剥落"物理力学模型

6.3.1 楔犁刀楔犁砂卵石地层力学模型

楔犁刀对砂卵石地层的楔犁作用主要表现为降低原状砂卵石地层的密实度，从而降低砂卵石颗粒的咬合力及内摩擦角。楔犁刀作为砂卵石地层掘进专用刀具，具有超高、耐磨、耐冲击的特征，刀具初装图如图 6.3-1 所示。对楔犁刀楔犁砂卵石地层作用过程的受力状态进行分析，有利于完善刀盘刀具设计理论和总体配置技术。

图 6.3-1　楔犁刀初装图

6.3.1.1　楔犁刀运动分析及坐标系建立

刀盘前方原状砂卵石及渣土均受土压作用，力可以连续传递，地层可以等效为连续体进行计算分析。

为研究楔犁刀的受力状态，首先应对其运动轨迹进行分析。在盾构掘进过程中楔犁刀的运动由沿着盾构掘进方向的直线运动、垂直于隧道轴线方向的转动两部分组成。为方便分析将楔犁刀简化为一个点，并建立圆柱坐标系，坐标系中 Z 方向为盾构掘进方向，W 方向为刀盘半径方向，Θ 方向为转动方向，其三维螺线运动轨迹如图 6.3-2 所示，其运动方程如式(6.3-1)所示。

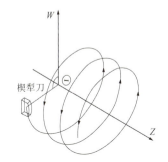

图 6.3-2　楔犁刀螺线形运动轨迹

$$\left.\begin{array}{l}Z = v \cdot t \\ W = R_i \\ \Theta = \omega \cdot t\end{array}\right\} \tag{6.3-1}$$

式中：v——盾构掘进速度；

W——刀盘转速；

t——时间；

R_i——楔犁刀轨迹半径；

ω——角速度。

为了便于进行受力分析，以单把楔犁刀为对象，建立局部直角坐标系，如图 6.3-3 所示，其中 X 方向为刀具切削方向，即刀盘的环向方向；Y 方向为刀具的顶进方向，即盾构掘进方向。下述楔犁刀的受力分析均采用该局部坐标系。

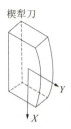

图 6.3-3 楔犁刀局部直角坐标系

6.3.1.2 楔犁极限载荷及楔犁指数

楔犁刀在楔犁松动砂卵石地层时，受刀刃挤压地层的反力F_1、刀身楔犁原状地层的反力F_2、刀身切削松动土体的反力F_3、刀侧侧向土压力F_4共同作用。其中F_1可分解为作用在刀刃的法向力F_{11}及切向摩阻力F_{12}，楔犁刀正反两侧均受F_4作用，故仅需考虑抵抗F_4产生侧摩阻力F_{41}，楔犁刀楔犁松动地层时的受力情况如图 6.3-4 所示。

在研究其对地层的楔犁松动作用时，应分别研究楔犁刀刀刃的挤压作用与楔犁刀刀身的楔犁作用。

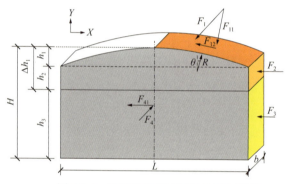

图 6.3-4 楔犁刀楔犁地层时的受力情况

（1）楔犁刀刀刃挤压极限载荷

楔犁刀刀刃划过区域的砂卵石土的破坏机理与地基土整体剪切破坏相近，其力学行为表现为：楔犁刀在载荷作用下沿规定方向楔犁砂卵石地层时，刀刃迎土面形成一个刚性核，刚性核挤压两侧土体使得被开挖土体的应力超过土体强度，密实原状地层中卵石颗粒间的咬合作用被破坏，成为松散结构，沿滑移面向刀身两侧运动，如图 6.3-5 所示。由于开挖面与重力方向平行，计算极限载荷时不考虑土体自重，计算时可借鉴太沙基无重地基承载力计算公式进行计算。

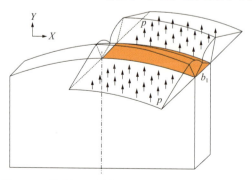

图 6.3-5 楔犁刀刃端楔犁松动地层示意图

借鉴太沙基公式来计算楔犁松动砂卵石地层时的极限载荷p_{u1}，公式中的静力平衡条件见下式：

$$p_{u1}b_1 = 2E_p + cb_1\tan\varphi \quad (6.3-2)$$

式中：$cb_1\tan\varphi$——刚性核与松动区域界面黏聚力在刀运动方向上的分量；

E_p——刚性核两个侧面上的被动土压力。

被动土压力E_p可以看作由滑动面上黏聚力c产生的抗力E_{p1}及土压力p_0产生的抗力E_{p2}构成。因此E_p可按式(6.3-3)计算。

$$E_p = E_{p1} + E_{p2} \quad (6.3-3)$$

根据太沙基解，可得极限载荷，见式(6.3-4)：

$$p_{u1} = pN_1 + cN_2 \quad (6.3-4)$$

式中，N_1与N_2可依据prandtl解取值，两参数仅取决于砂卵石土的内摩擦角φ，计算公式为式(6.3-5)、式(6.3-6)。

$$N_1 = e^{\pi\tan\varphi}\tan^2\left(\frac{\pi}{4} + \frac{\varphi}{2}\right) \quad (6.3-5)$$

$$N_2 = \cot\varphi(N_1 - 1) \quad (6.3-6)$$

土压力p由盾构埋深H_0、刀具在刀盘上的位置所决定，可按式(6.3-7)计算

$$p = p_0 + \gamma R_i\cos(\alpha + \pi) \quad (6.3-7)$$

式中：p_0——盾构中心处静止土压力；

R_i——刀具轨迹半径；

α——刀具旋转角度；

γ——地层重度，如图6.3-6所示。

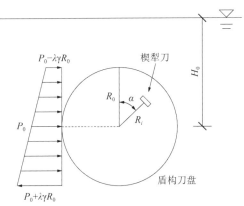

图6.3-6 楔犁刀位置土压力计算模型

（2）楔犁刀刀身楔犁极限载荷

众多学者研究了刀具及被切削土体的相互作用机理，基于楔犁刀的作用机理，刀身楔犁极限载荷可采用Mckyes-Ali模型进行计算，楔犁刀作用时地层的失效区分为中心失效区与侧面两个半月形失效区，其潜在破坏面如图6.3-7所示。

刀身在楔犁地层过程中的受力状态以楔犁刀刀身楔犁密实原状地层部分为例，计算模型如图6.3-8所示。式(6.3-8)计算了刀身楔犁原状地层部分所受合力F_2，其中F_{21}为刀身对中心失效区土体的作用力，F_{22}为刀身对两侧半月形失效区土体的作用力。

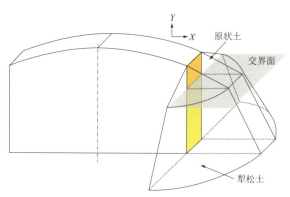

图 6.3-7 楔犁刀刀身楔犁松动地层示意图

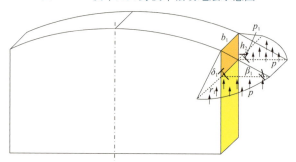

图 6.3-8 楔犁刀刀身楔犁地层计算模型

$$F_2 = F_{21} + 2F_{22} = (\gamma h_2^2 N_{\gamma1} + ch_2 N_{c1} + ph_2 N_{p1})b_1 \tag{6.3-8}$$

其中，$N_{\gamma1} = \dfrac{\frac{r_1}{2h_2}\left(1+\frac{2r_1 h_2}{3h_2 b_1}\sin\rho_1\right)}{\cot(\delta_1+\psi)+\cot(\beta_1+\varphi)}$，$N_{c1} = \dfrac{[1+\cot\beta_1\cot(\beta_1+\varphi)]\left(1+\frac{r\,h_2}{h_2 b_1}\sin\rho_1\right)}{\cot(\delta_1+\psi)+\cot(\beta_1+\varphi)}$，$N_{p1} = \dfrac{\frac{r_1}{h_2}\left(1+\frac{r_1 h_2}{h_2 b_1}\sin\rho_1\right)}{\cot(\delta_1+\psi)+\cot(\beta_1+\varphi)}$。

式中：γ——土体重度；

h_2——刀身切入原状地层深度；

c——砂卵石土咬合力；

p——刀具所在位置的土压力；

b_1——刀具有效切削宽度；

δ_1——刀具切削角度，楔犁刀刀身切削角度 $\delta_1 = 90°$；

β_1——失效面破坏角，依据朗肯被动土压理论 $\beta_1 = 45° - \dfrac{\varphi}{2}$；

φ——砂卵石土内摩擦角；

ψ——刀具与地层间的摩擦角；

ρ_1——半月形失效区角度，根据几何关系，$\rho_1 = 90°$；

r_1——半月形失效区半径，$r_1 = h_2 \cot\beta_1$。

为了便于分析，可以简化假设切削原状地层（或松散渣土）的刀身不同位置的切削力均匀分布。

因此刀身楔犁极限载荷可由式(6.3-9)计算：

$$p_{u2} = \gamma h_2^2 N_{\gamma1} + ch_2 N_{c1} + ph_2 N_{p1} \tag{6.3-9}$$

（3）楔犁指数及松散渣土极限载荷计算

楔犁刀松动土层并不是一次楔犁完成，而是反复作用，随着楔犁刀划过土层次数的增加,原状地层中卵石间的咬合作用被逐渐破坏,最终结构被彻底松动而成为一种强度不变的摩擦流体,强度为砂卵石土的残余强度。可通过直剪试验获取残余强度破坏包线,得到其残余黏聚力c_r,残余内摩擦角φ_r,进而求得其松散地层的残余承载力p_r。

可用楔犁指数k表征卵石间咬合作用被逐渐破坏的程度。楔犁指数、松散渣土极限承载力、原状地层极限承载力、原状地层残余承载力的关系如式(6.3-10)所示。楔犁指数k的取值范围为0~1,楔犁次数越多,楔犁载荷越低,楔犁指数越小,松动效果越好。楔犁指数k可按式(6.3-10)计算。

$$k = \frac{p_u^{(n)} - p_r}{p_u - p_r} \tag{6.3-10}$$

楔犁刀松动土层效果取决于土层力学特性、渣土改良效果及土压力,与楔犁次数正相关,因此定义楔犁指数的计算方法,如式(6.3-11)所示。

$$k = e^{-\eta \frac{h_3}{\Delta h_1}} \tag{6.3-11}$$

式中:η——楔犁常数(当地层中黏土矿物含量高、渣土改良效果差、土压力高时,松动效果差,楔犁常数越小);

Δh_1——楔犁刀切深;

h_3——松散渣土的厚度。

依据式(6.3-12)及式(6.3-13)可在已知原状地层极限承载力、残余承载力、楔犁指数的情况下计算松散渣土的极限承载力。

n次楔犁后刀刃的极限载荷:

$$p_{u1}^{(n)} = p_{u1} - k(p_{u1} - p_{r1}) \tag{6.3-12}$$

n次楔犁后刀身的极限载荷:

$$p_{u2}^{(n)} = p_{u2} - k(p_{u2} - p_{r2}) \tag{6.3-13}$$

6.3.1.3 楔犁刀楔犁砂卵石地层力学分析

将楔犁刀楔犁砂卵石地层时所受的各部分力沿X(环向)、Y(轴向)方向分解,具体步骤如下:

(1)楔犁刀刀刃挤压原状地层载荷p_{11}、p_{12}产生的土抗力在X方向上的分量F_{x1};

(2)楔犁刀刀刃挤压原状地层载荷p_{11}、p_{12}产生的土抗力在Y方向上的分量F_{y1};

(3)楔犁刀刀身楔犁原状地层载荷p_2产生的土抗力F_{x2};

(4)楔犁刀刀身切削松散渣土载荷p_3产生的土抗力F_{x3};

(5)楔犁刀的侧面摩擦阻力F_{x4}。

根据楔犁刀所在的空间位置不同,部分楔犁刀未直接参与楔犁原状地层,而是切削松散渣土,这时刀刃将受到以下两部分力:

(1)楔犁刀刀刃挤压松散渣土载荷$p_{11}^{(n)}$、$p_{12}^{(n)}$产生的土抗力在X方向上的分量$F_{x1}^{(n)}$;

(2)楔犁刀刀刃挤压松散渣土载荷$p_{11}^{(n)}$、$p_{12}^{(n)}$产生的土抗力在Y方向上的分量$F_{y1}^{(n)}$。

以单层楔犁刀楔犁松动原状地层为例计算其刀具受力,计算模型如图6.3-9、图6.3-10所示。

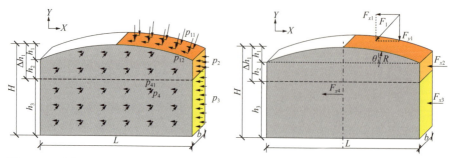

图 6.3-9 砂卵石地层楔犁刀受力计算模型   图 6.3-10 楔犁刀沿 X、Y 方向的受力分解

单层楔犁刀楔犁松动原状地层的环向阻力 F_x 由四部分组成,分别为楔犁刀刀刃挤压原状地层载荷 p_{11}、p_{12} 产生的土抗力在 X 方向上的分量 F_{x1},楔犁刀刀身楔犁原状地层载荷 p_2 产生的土抗力 F_{x2},楔犁刀刀身切削松散渣土载荷 p_3 产生的土抗力 F_{x3},以及楔犁刀的侧面摩擦阻力 F_{x4};楔犁刀松动原状地层轴向阻力 F_y 主要为刀刃挤压原状地层载荷 p_{11}、p_{12} 产生的土抗力在 Y 方向上的分量 F_{y1},由静力平衡条件可得:

$$\begin{cases} F_x = F_{x1} + F_{x2} + F_{x3} + F_{x4} \\ F_y = F_{y1} \end{cases} \tag{6.3-14}$$

各部分力计算方法如下所述,式中 μ 为刀土摩擦系数,$\mu = \tan\psi$,$p_{11} = p_{u1}\cos\psi$。

(1) F_{x1} 刀刃挤压原状地层环向阻力,见式(6.3-15)。

$$\begin{aligned} F_{x1} &= p_{11}b_1 \left(\int_0^{\arcsin\frac{L}{2R}} \mu R\cos\theta \, d\theta + \int_0^{\arcsin\frac{L}{2R}} R\sin\theta \, d\theta \right) \\ &= \frac{p_{11}b_1 L}{2}\left[\mu + \frac{1}{\frac{2R}{L}+\sqrt{\left(\frac{2R}{L}\right)^2 - 1}} \right] \\ &= \frac{p_{u1}b_1 L}{2}\left[\sin\psi + \frac{\cos\psi}{\frac{2R}{L}+\sqrt{\left(\frac{2R}{L}\right)^2 - 1}} \right] \end{aligned} \tag{6.3-15}$$

(2) F_{y1} 刀刃挤压原状地层轴向阻力,见式(6.3-16)。

$$\begin{aligned} F_{y1} &= p_{11}b_1 \left(\int_0^{\arcsin\frac{L}{2R}} R\cos\theta \, d\theta - \int_0^{\arcsin\frac{L}{2R}} \mu R\sin\theta \, d\theta \right) \\ &= \frac{p_{11}b_1 L}{2}\left[1 - \frac{\mu}{\frac{2R}{L}+\sqrt{\left(\frac{2R}{L}\right)^2 - 1}} \right] \\ &= \frac{p_{u1}b_1 L}{2}\left[\cos\psi - \frac{\sin\psi}{\frac{2R}{L}+\sqrt{\left(\frac{2R}{L}\right)^2 - 1}} \right] \end{aligned} \tag{6.3-16}$$

（3）F_{x2} 刀身楔犁原状地层环向阻力，见式(6.3-17)。

$$F_{x2} = p_2 h_2 b_1 = p_{u2} h_2 b_1 \tag{6.3-17}$$

（4）F_{x3} 刀身切削松散渣土环向阻力，见式(6.3-18)。

$$\begin{aligned}
F_{x3} &= p_3 h_3 b_1 = \int_0^{h_3} p_{u2}^{(n)} h b_1 \mathrm{d}h \\
&= \int_0^{h_3} \left[\mathrm{e}^{-\frac{\alpha h}{\Delta h_1}}(p_{u2} - p_r) - p_r \right] h b_1 \mathrm{d}h \\
&= (p_{u2} - p_r) b_1 \cdot \left[\frac{\Delta h_1^2}{\alpha^2} - \frac{\Delta h_1^2}{\alpha^2}\left(1 - \frac{\alpha h_3}{\Delta h_1}\right) \mathrm{e}^{-\frac{\alpha h_3}{\Delta h_1}} \right] - \frac{1}{2} p_r b_1 h_3^2
\end{aligned} \tag{6.3-18}$$

（5）F_{x4} 刀侧环向摩擦阻力，见式(6.3-19)。

$$F_{x4} = \mu p_4 LH = \lambda p L (h_1 + h_2 + h_3) \tan \psi \tag{6.3-19}$$

（6）$F_{x1}^{(n)}$ 刀刃挤压松散渣土环向阻力，见式(6.3-20)。

$$\begin{aligned}
F_{x1}^{(n)} &= p_{11}^{(n)} b_1 \left(\int_0^{\arcsin \frac{L}{2R}} \mu R \cos \theta \, \mathrm{d}\theta + \int_0^{\arcsin \frac{L}{2R}} R \sin \theta \, \mathrm{d}\theta \right) \\
&= \frac{p_{11}^{(n)} b_1 L}{2} \left[\mu + \frac{1}{\frac{2R}{L} + \sqrt{\left(\frac{2R}{L}\right)^2 - 1}} \right] \\
&= \frac{p_{u1}^{(n)} b_1 L}{2} \left[\sin \psi + \frac{\cos \psi}{\frac{2R}{L} + \sqrt{\left(\frac{2R}{L}\right)^2 - 1}} \right]
\end{aligned} \tag{6.3-20}$$

（7）$F_{y1}^{(n)}$ 刀刃挤压松散渣土轴向阻力，见式(6.3-21)。

$$\begin{aligned}
F_{y1}^{(n)} &= p_{11}^{(n)} b_1 \left(\int_0^{\arcsin \frac{L}{2R}} R \cos \theta \, \mathrm{d}\theta + \int_0^{\arcsin \frac{L}{2R}} \mu R \sin \theta \, \mathrm{d}\theta \right) \\
&= \frac{p_{11}^{(n)} L b_1}{2} \left[1 - \frac{\mu}{\frac{2R}{L} + \sqrt{\left(\frac{2R}{L}\right)^2 - 1}} \right] \\
&= \frac{p_{u1}^{(n)} b_1 L}{2} \left[\cos \psi - \frac{\sin \psi}{\frac{2R}{L} + \sqrt{\left(\frac{2R}{L}\right)^2 - 1}} \right]
\end{aligned} \tag{6.3-21}$$

6.3.1.4 楔犁刀楔犁地层受力计算

以北京轨道交通大兴机场线磁各庄站—1 号区间风井盾构工程为例，采用本力学模型对楔犁刀楔犁松动砂卵石地层的受力情况进行计算分析。

该工程中砂卵石地层物理力学参数如表 6.3-1 所示。

砂卵石地层物理力学参数　　　　表 6.3-1

计算参数	数值
重度 $\gamma/(\text{kN/m}^3)$	26.5
原状地层黏聚力 c/kPa	7.19
原状地层内摩擦角 $\varphi/°$	35
残余黏聚力 c_r/kPa	0
残余内摩擦角 $\varphi_r/°$	14.5
侧压力系数 λ	0.5
土与刀具摩擦角 $\psi/°$	10
楔犁常数 η	0.3

楔犁刀设计图，如图 6.3-11 所示；刀具结构尺寸与掘进参数，如表 6.3-2 所示。

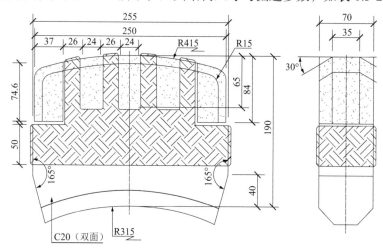

图 6.3-11　楔犁刀设计图

楔犁刀尺寸及掘进参数　　　　表 6.3-2

计算参数	数值
原状地层切深 $\Delta h_1/\text{m}$	0.03
松散渣土切深 h_3/m	0.07
宽度 L/m	0.25
有效刀身厚度 b_1/m	0.07
楔犁刀刀刃弧面半径 R/m	0.415
盾构中心土压力 p_0/kPa	120

采用前述计算方法，将表 6.3-1 和表 6.3-2 中数据带入式(6.3-20)、式(6.3-21)中计算得到，当所计算的楔犁刀与盾构中心高度一致时，刀刃挤压原状地层阻力 $F_{x1} = 6.16\text{kN}$，刀身

楔犁原状地层阻力$F_{x2} = 1.19$kN，刀身切削松散渣土阻力$F_{x3} = 0.06$kN，刀侧摩擦阻力$F_{x4} = 0.26$kN，所需环向切削力共计$F_x = 7.15$kN；刀刃挤压原状地层轴向顶进力$F_{y1} = 18.14$kN，即为刀具楔犁地层所需贯入推力。

依据式(6.3-7)可求出盾构刀盘上任意一点的土压力，进而求得刀盘任意位置处楔犁刀楔犁地层所需轴向顶进力及环向切削力。该算例中，通过计算可得到刀具所处位置土压力范围为 60~180kPa，刀具环向切削力范围为 4.11~11.24kN，轴向顶进力范围为 9.76~26.51kN。

6.3.2 切削力影响因素分析

6.3.2.1 楔犁刀切削岩土体模型的建立

在北京轨道交通大兴机场线磁各庄站—1号区间风井盾构工程中，砂卵石密集且级配良好，假定卵石地层为均匀的各向同性材料。综合考虑计算的精度及运算速度，经过多次模拟计算，最终决定将岩土的模型尺寸设定为1000mm×1000mm×500mm，划分网格总数目为 200000 个。为了模拟岩土失效破坏和切削的形成与流动，采用线弹性模型和 Drucker-Prager 塑性模型共同模拟岩土材料，并采用具有删除功能的剪切失效准则来避免土体单元网格扭曲和畸变问题。岩土材料具体的模型参数如表 6.3-3 所示。

岩土材料模型参数　　　　　　　　　　　表 6.3-3

岩土材料模型参数	数值
密度/（kg/m³）	2070
弹性模量/MPa	20
泊松比	0.3
内摩擦角/°	32
膨胀角/°	10
流应力比	1

建立的岩土模型如图 6.3-12 所示。楔犁刀在建模时的尺寸参考其实际设计尺寸，刀具宽度为 70mm，长度为 255mm，刀刃为圆弧形。假设刀具在切削过程中的切削速度稳定且不考虑磨损，采用离散刚体模型进行计算，计算过程中把刚性构件的接触面设置为主面，建立的楔犁刀模型如图 6.3-13 所示。

图 6.3-12　岩土模型

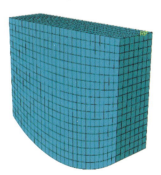
图 6.3-13　楔犁刀模型

6.3.2.2 楔犁刀工作过程模拟

考虑到盾构掘进过程中刀具的运动轨迹及地层受力条件，在模拟过程中，将岩土模型中与刀具接触形成的各切削面设置为自由面，并约束岩土模型其他表面的位移及旋转。单把楔犁刀切削模型装配时，通过改变刀具和岩土体模型 z 轴方向的相对位置来模拟刀具在不同切削深度的工况，在模拟开始时约束刀具 x 轴及 z 轴方向的位移及旋转，只给刀具一个 y 向的初始速度并延续到工作过程结束。约束设置情况如图 6.3-14 所示。

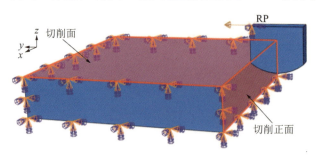

图 6.3-14　约束设置图

在多把楔犁刀楔犁地层过程的模拟中，给予双刀相同的初始速度，其余的约束设置情况与单把楔犁刀工作过程相同。楔犁刀切削过程模拟如图 6.3-15 及图 6.3-16 所示，其中与岩土颜色不同的区域为岩土体的塑性变形区域。

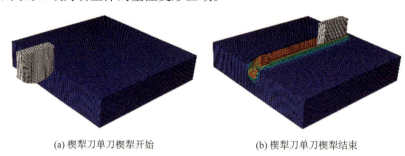

(a) 楔犁刀单刀楔犁开始　　　　　　(b) 楔犁刀单刀楔犁结束

图 6.3-15　楔犁刀单刀楔犁过程模拟

(a) 楔犁刀双刀楔犁开始　　　　　　(b) 楔犁刀单刀楔犁结束

图 6.3-16　楔犁刀双刀楔犁过程模拟

6.3.2.3 切削速度的影响分析

北京轨道交通大兴机场线盾构掘进时，刀具的楔犁地层的深度基本控制在 50mm 左右，因此假定此深度为 50mm 不变，分析 5 种切削速度条件下（0.1m/s、0.25m/s、0.5m/s、0.75m/s、1m/s）刀具的工作过程及受力特征。

（1）切削速度对楔犁刀受力特征的影响

由图 6.3-17 及图 6.3-18 可知，当刀具切削深度确定时，随着切削速度的增加，楔犁刀的切向力及法向力先增加再减少之后趋于稳定；当刀具切削速度为 0.25m/s 时，楔犁刀的切向力和法向力最大，其他速度条件下切向力和法向力相对稳定，在较小的范围内波动。

进一步分析某一切削速度条件下刀具的切削力可知，楔犁刀开始楔犁地层时，由于刀具具有一定的加载速度对岩土体造成了较大的冲击，此时切向力和法向力骤然增大，在楔犁刀完全进入地层后，刀具的切削力及法向力均在一定范围内上下波动，保持相对稳定。在研究不同工况条件下刀具受力时，刀具切向力及法向压力的取值均选取刀具稳定切削阶段的平均值。图 6.3-19 和图 6.3-20 是楔犁刀切削速度为 1.0m/s 时，刀具的切向和法向力变化情况。刀具切削力关系图表明，刀具切向力波动幅度大于法向力，也反映了盾构刀盘扭矩与推力的相应变化情况。

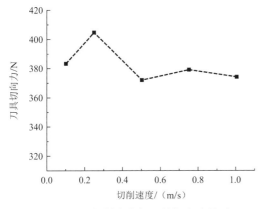

图 6.3-17　切削速度与刀具切向力关系

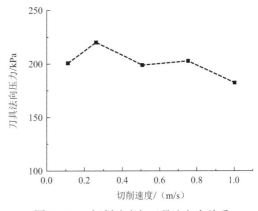

图 6.3-18　切削速度与刀具法向力关系

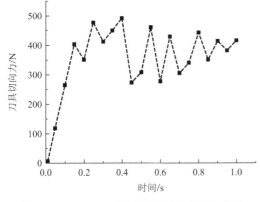

图 6.3-19　$v=1\text{m/s}$ 时刀具切向力变化曲线

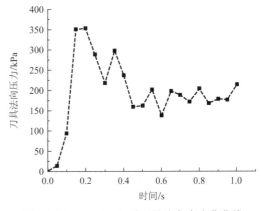

图 6.3-20　$v=1\text{m/s}$ 时刀具法向力变化曲线

（2）切削速度对土体楔犁变形区域的影响

为了便于观察土体的楔犁变形区域，本次研究主要通过土体最大楔犁深度与最大楔犁宽度的变化来表示岩土体楔犁区域的变化，如图 6.3-21 所示。图 6.3-22 给出了不同切削速度下刀具最大楔犁区域变化曲线，由图可知，随着刀具切削速度的增大，土体的最大楔犁深度及最大楔犁宽度均基本保持不变，结果表明刀具的切削速度变化对土体的楔犁变形区域影响较小，可忽略不计。

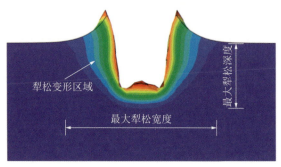

图 6.3-21　土体楔犁变形区域

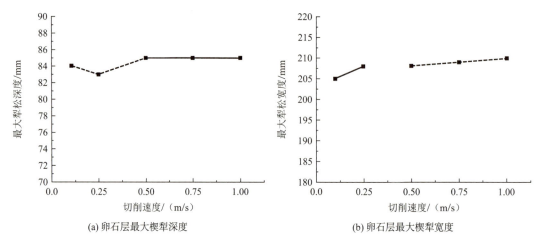

(a) 卵石层最大楔犁深度　　　　　　　(b) 卵石层最大楔犁宽度

图 6.3-22　不同切削速度下刀具最大楔犁区域变化曲线

6.3.2.4　切削深度的影响分析

假定刀具切削速度为 1m/s 不变，模拟分析切削深度分别为 45mm、50mm、55mm、60mm 及 65mm 条件下刀具的切削受力特征及地层的楔犁变形区域。

（1）不同切削深度下楔犁刀受力情况

由图 6.3-23 及图 6.3-24 可知，在相同切削速度的条件下，随着切削深度的增加，刀具切削地层时的切向力及法向压力均呈线性增大的趋势，其中切向力增大的速度快于法向力，表明实际刀盘扭矩的增速大于推力增速。

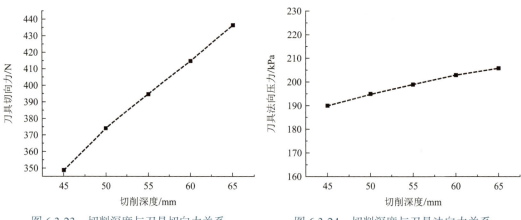

图 6.3-23　切削深度与刀具切向力关系　　　图 6.3-24　切削深度与刀具法向力关系

（2）不同切削深度下土体的楔犁变形区域

进一步分析土体的最大楔犁深度与最大楔犁宽度变化特征可知，随着刀具切削深度的增大，地层的最大楔犁深度及最大楔犁宽度也逐渐增大，如图 6.3-25 所示，且地层最大楔犁宽度值始终大于土体的最大楔犁深度值，说明随着刀具切削深度的不断增大，刀具楔犁砂卵石地层后形成的松动效果越来越好，开挖面砂卵石越容易被剥落入仓，总体开挖效率越高。

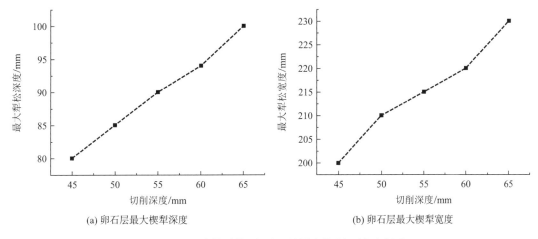

(a) 卵石层最大楔犁深度　　　　　(b) 卵石层最大楔犁宽度

图 6.3-25　不同切削深度下刀具最大楔犁区域示意图

（3）不同切削深度下各参数增量百分比变化规律

为了研究刀具切削力及砂卵石地层最大楔犁区域随刀具切削深度变化的增长速度，提出增量百分比 ξ 的概念，增量百分比 ξ 可用下式表示：

$$\xi = \frac{P_i - P_{i-5}}{P_{i-5}} \tag{6.3-22}$$

式中，i 取值为 50、55、60、65，在研究刀具的切削力时，P_i、P_{i-5} 代表了切深为 i、$i-5$ 时刀具的切向力及法向力；在研究地层的最大楔犁区域时，P_i、P_{i-5} 代表了切深为 i、$i-5$ 地层的最大楔犁宽度和最大楔犁深度。

由图 6.3-26 可知，随着刀具切削深度的增大，刀具的法向力及切向力的增量百分比先逐渐减小，至切削深度为 55mm 之后保持相对稳定。当切深为 50mm 时，刀具的增量百分比达到最大，这说明当刀具的切削深度为 50mm 时刀具切削力的增长速度最快。同时刀具切向力的增量百分比始终大于法向力的增量百分比，说明了刀具切深的增大对刀具切向力的影响显著，这也体现了对刀盘扭矩增加的影响。

图 6.3-27 给出了削深度与最大楔犁区域增量百分比关系，砂卵石层最大楔犁深度及最大楔犁宽度的增量百分比均呈现先减小后增大的趋势，最大楔犁区域在 50mm 及 65mm 时增速最快。结合刀具切削力增量百分比的变化情况，说明在大兴机场线盾构工程条件下，将刀具切削深度设为 50mm，能够在保证较高切削力增速的同时，也能保证较好的地层楔犁松动效果，此时刀具切削效率较高。当刀具切深为 65mm 时，虽然最大楔犁深度及最大楔犁宽度的增速较快，但是此时刀具的切向力、法向力和刀盘扭矩过大，不利于刀具切削。

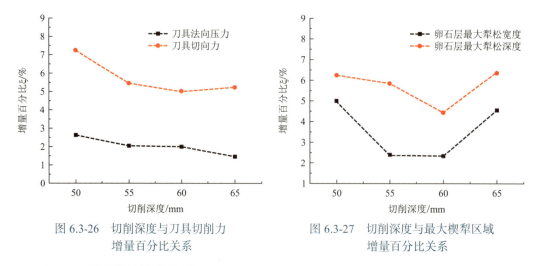

图 6.3-26　切削深度与刀具切削力
增量百分比关系

图 6.3-27　切削深度与最大楔犁区域
增量百分比关系

6.3.2.5　刀间距的影响分析

北京轨道交通大兴机场线盾构刀具的实际磨损情况表明，外周楔犁刀的磨损最严重。假定刀具的切削速度为 1m/s、切削深度为 50mm，模拟分析不同刀间距（140mm、150mm、160mm、170mm、180mm、190mm）对楔犁刀切削效果的影响。

（1）不同刀间距下楔犁刀受力情况

在图 6.3-28、图 6.3-29 中，随着楔犁刀刀间距的增大，刀具的切向力及法向力均逐渐减小；当刀间距达到 170mm 后趋于稳定，这是由于当刀间距较小时楔犁刀会受到中间土体的挤压，导致切削力及法向力增大。随着刀间距的逐渐增大，刀具所受土体的挤压作用变弱，切向力及法向力逐渐减小，并在双刀的楔犁区域完全分离后趋于稳定。同时，刀具受力的增减会直接引起刀盘扭矩和盾构推力的增减。

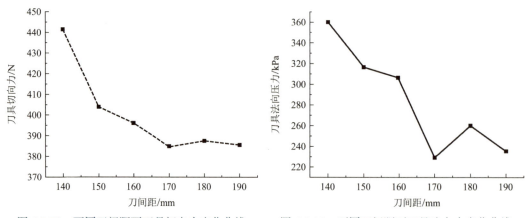

图 6.3-28　不同刀间距下刀具切向力变化曲线

图 6.3-29　不同刀间距下刀具法向力变化曲线

（2）不同刀间距下土体的楔犁变形区域

双刀切削时土体的楔犁变形区域如图 6.3-30 所示，随着刀间距的逐渐增大，双刀的共同楔犁区域逐渐减小最终完全分离。

图 6.3-31 中，当刀间距大于 160mm 时，双刀的楔犁区域开始分离，此时双刀中间土体的楔犁效果变差，楔犁刀切削力也逐渐减小。当刀间距为 140mm 时，虽然双刀中间土体

的楔犁效果较好,但是刀具所受切向力及法向力过大,不利于刀具切削及渣土松动剥落,选取刀间距在150~160mm时刀具的切削效果最佳。

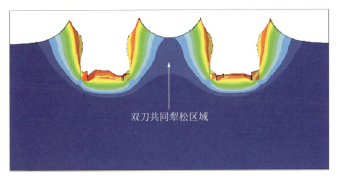

图 6.3-30　双刀共同楔犁区域

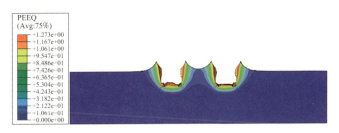

(a) 刀间距 140mm

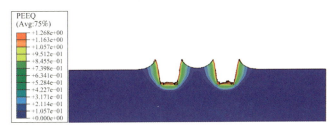

(b) 刀间距 150mm

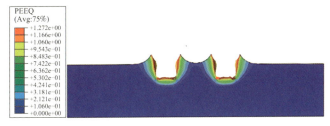

(c) 刀间距 160mm

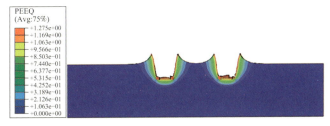

(d) 刀间距 170mm

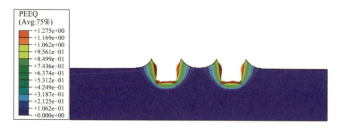

(e) 刀间距 180mm

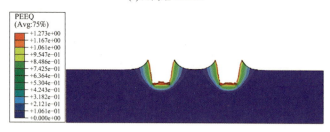

(f) 刀间距 190mm

图 6.3-31　不同刀间距下土体楔犁区域

由图 6.3-31 可以看出，实际工程中设计楔犁刀间距时，间距过大，刀具受力条件虽好，刀盘扭矩较小，但楔犁开挖效果变差；反之，间距过小，刀具受力过大，刀盘扭矩明显增加，楔犁开挖工效比低，设备能耗过高。只有将刀间距设置在一定的合理范围，才能达到最优效果。

6.4　"楔犁刀楔犁 + 刮刀辅助剥落"组合作用力学分析

砂卵石地层盾构刀盘正面通常配备楔犁刀与刮刀两种刀具，其中楔犁刀负责对开挖面砂卵石进行楔犁和松动，刮刀辅助将已被松动的砂卵石从开挖面剥落。前节详细分析了楔犁刀楔犁砂卵石地层的情况，本节主要分析实现"楔犁刀楔犁 + 刮刀辅助剥落"组合作用机理及刀具整体受力情况。

6.4.1　刮刀辅助剥落力学模型

对于刮刀切削软土计算模型，行业已有深入的研究，并得到了系统性成果。通过采用暨智勇研究得到的模型（图 6.4-1）及公式，计算刮刀切削土体时的前刃面受力 P，见式(6.4-1)。

$$P = P_1 + 2P_2 = (\gamma \Delta h^2 N_\gamma + c\Delta h N_c + c_a \Delta h N_{ca} + p\Delta h N_p)b \quad (6.4\text{-}1)$$

$$N_\gamma = \frac{\frac{1}{2}\left[\begin{array}{c}\cot\delta\\+\cot\beta\end{array}\right]\left\{1+\frac{2\Delta h}{3b}\left(\begin{array}{c}\cot\delta\\+\cot\beta\end{array}\right)\sqrt{1-\left(\frac{\cot\delta}{\cot\delta+\cot\beta}\right)^2}\right\}}{\cos(\delta+\psi)+\sin(\delta+\psi)\cot(\beta+\varphi)}$$

$$N_c = \frac{\left[1+\cot\beta\cot\left(\begin{array}{c}\beta\\+\varphi\end{array}\right)\right]\left\{1+\frac{\Delta h}{b}\left(\begin{array}{c}\cot\delta\\+\cot\beta\end{array}\right)\sqrt{1-\left(\frac{\cot\delta}{\cot\delta+\cot\beta}\right)^2}\right\}}{\cos(\delta+\psi)+\sin(\delta+\psi)\cot(\beta+\varphi)}$$

$$N_{ca} = \frac{1 - \cot\delta\cot(\beta+\varphi)}{\cos(\delta+\psi) + \sin(\delta+\psi)\cot(\beta+\varphi)}$$

$$N_p = \frac{\begin{bmatrix}\cot\delta\\+\cot\beta\end{bmatrix}\left\{1 + \frac{\Delta h}{b}\begin{pmatrix}\cot\delta\\+\cot\beta\end{pmatrix}\sqrt{1 - \left(\frac{\cot\delta}{\cot\delta+\cot\beta}\right)^2}\right\}}{\cos(\delta+\psi) + \sin(\delta+\psi)\cot(\beta+\varphi)}$$

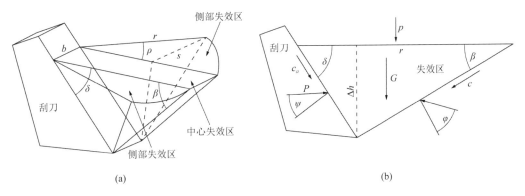

图 6.4-1　刮刀切削软土力学模型

由于开挖面与重力方向平行，在刮刀辅助剥落砂卵石渣土的受力计算时，不考虑渣土自重，故令 $\gamma = 0$。砂卵石为无黏性土，与刮刀之间无粘结力，故 $ca = 0$；当砂卵石土被完全楔犁松动后，土体的抗剪强度为其残余强度，黏聚力为 0，故 $c = 0$。因此，在砂卵石地层计算刮刀辅助剥落松动后渣土所受的作用力时，可按下式计算：

$$P = P_1 + 2P_2 = (c\Delta h N_c + c_a \Delta h N_{ca} + p\Delta h N_p)b \tag{6.4-2}$$

因此，刮刀所受水平力 F_x^a 与垂直力 F_y^a 可由式(6.4-3)计算。

$$\begin{cases} F_x^a = P(\sin\delta + \tan\psi\cos\delta) \\ F_y^a = P(\cos\delta - \tan\psi\sin\delta) \end{cases} \tag{6.4-3}$$

6.4.2　单梯次"楔犁刀楔犁 + 刮刀辅助剥落"组合作用力学模型

根据砂卵石地层"楔犁刀楔犁 + 刮刀辅助剥落"开挖机理，可建立如图 6.4-2 所示的单梯次"楔犁刀楔犁 + 刮刀辅助剥落"组合作用受力计算模型。

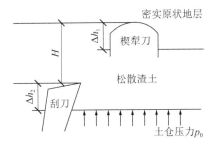

图 6.4-2　单梯次"楔犁刀楔犁 + 刮刀辅助剥落"组合作用受力计算模型

单梯次"楔犁刀楔犁 + 刮刀辅助剥落"组合作用受力计算模型的环向切削力 F_x 与轴向顶进力 F_y 计算公式为：

$$\begin{cases} F_x = \sum F_x^A + \sum F_x^a \\ F_y = \sum F_y^A + \sum F_y^a \end{cases} \tag{6.4-4}$$

式中：F_x^A——单把楔犁刀楔犁松动原状地层所需环向切削力；

F_x^a——单把刮刀剥落松散渣土所需环向切削力；

F_y^A——单把楔犁刀楔犁松动原状地层所需轴向顶进力；

F_y^a——单把刮刀剥落松散渣土所需轴向顶进力。

6.4.3 两梯次"楔犁刀楔犁+刮刀辅助剥落"组合作用力学模型

通过"楔犁刀楔犁+刮刀辅助剥落"开挖机理说明：盾构单次不换刀连续掘进的距离主要取决于作为主体开挖刀具的楔犁刀的工作寿命，而楔犁刀的工作寿命主要取决于刀具前端合金块的工作寿命，在楔犁刀已选取最优合金材料的基础上，合金块的有效工作长度成为刀具工作寿命的决定性因素。为了延长盾构单次不换刀连续掘进距离，克服整体合金块长度受限的难题，可采用楔犁刀两梯次高低搭配布置的方法，梯次之间形成合理高差。在第一梯次楔犁刀磨损到阈值条件，临近失效前，第二梯次楔犁刀可接续楔犁开挖，实现长距离掘进。

两梯次楔犁刀与刮刀组合作用模型的环向切削力F_x与轴向顶进力F_y可由式(6.4-5)计算：

$$\begin{cases} F_x = \sum F_x^A + \sum F_x^B + \sum F_x^a \\ F_y = \sum F_y^A + \sum F_y^B + \sum F_y^a \end{cases} \tag{6.4-5}$$

式中：F_x^A——第一层楔犁刀A楔犁松动地层所需环向切削力；

F_x^B——第二层楔犁刀B切削松散渣土所需环向切削力；

F_x^a——单把刮刀剥落松散渣土所需环向切削力；

F_y^A——第一层楔犁刀A楔犁松动地层所需轴向顶进力；

F_y^B——第二层楔犁刀B切削松散渣土所需轴向顶进力；

F_y^a——单把刮刀剥落松散渣土所需轴向顶进力。

随着盾构连续掘进，起主要楔犁作用的第一层楔犁刀磨损逐渐累积，为了更准确地计算整盘刀的切削扭矩及所需贯入推力，可根据第一层楔犁刀磨损情况的不同，将刀具受力划分为两个阶段。

（1）阶段一：掘进初始阶段

此阶段，第一层楔犁刀A尚未发生严重磨损，其切深Δh_1小于两层楔犁刀的高差H_1，此时第一层楔犁刀A楔犁松动原状地层，第二层楔犁刀B切削已松动剥落的松散渣土，计算模型如图6.4-3所示。

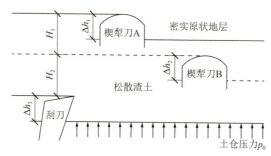

图6.4-3 两梯次楔犁刀楔犁地层第一阶段力学模型

此阶段工况下，在两梯次楔犁刀与刮刀组合作用模型的环向切削力F_x计算公式中，楔犁刀A与楔犁刀B的环向切削力F_x^A与F_x^B计算方法见式(6.4-6)。

$$\begin{cases} F_x^A = F_{x1} + F_{x2} + F_{x3} + F_{x4} \\ F_x^B = F_{x1}^{(n)} + F_{x2}^{(n)} + F_{x3}^{(n)} + F_{x4} \end{cases} \quad (6.4\text{-}6)$$

轴向顶进力F_y计算公式中，楔犁刀A与楔犁刀B的轴向顶进力F_y^A与F_y^B计算方法见式(6.4-7)。

$$\begin{cases} F_y^A = F_{y1} \\ F_y^B = F_{y1}^{(n)} \end{cases} \quad (6.4\text{-}7)$$

式中：n——楔犁次数，由于该阶段仅有楔犁刀A楔犁原状地层，因此楔犁次数n可按式(6.4-8)计算。

$$n = \frac{H_1}{\Delta h_1} \quad (6.4\text{-}8)$$

根据该阶段楔犁刀A与楔犁刀B的相对位置$H_1 > \Delta h$，可知该阶段$n > 1$。

（2）阶段二：长距离掘进阶段

此阶段，第一层楔犁刀A磨损加剧，两梯次楔犁刀高差H_1逐渐缩小，第一层楔犁刀切深Δh_1逐渐超过高差H_1，第二梯次楔犁刀B逐步参与楔犁开挖，此时两梯次楔犁刀处于共同楔犁开挖面地层状态，其受力计算模型如图6.4-4所示。

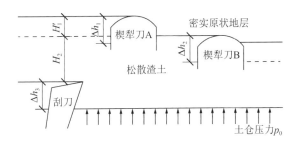

图6.4-4 两梯次楔犁刀楔犁地层第二阶段力学模型

此阶段工况下，在两梯次楔犁刀、刮刀组合作用模型的环向切削力F_x计算公式中，楔犁刀A与楔犁刀B的环向切削力可按式(6.4-9)计算。

$$\begin{cases} F_x^A = F_{x1} + F_{x2} + F_{x3} + F_{x4} \\ F_x^B = F_{x1} + F_{x2} + F_{x3} + F_{x4} \end{cases} \quad (6.4\text{-}9)$$

轴向顶进力F_y可按式(6.4-10)中分量计算：

$$\begin{cases} F_y^A = F_{y1} \\ F_y^B = F_{y1} \end{cases} \quad (6.4\text{-}10)$$

由于该阶段楔犁刀A、B共同楔犁原状地层，因此楔犁次数n可按式(6.4-11)计算。

$$n = \frac{2H_1}{\Delta h} \quad (6.4\text{-}11)$$

根据该阶段楔犁刀A、B的相对位置，得出该阶段n的取值范围为$1 \leqslant n < 2$。

6.4.4 刀盘切削扭矩与贯入推力计算

在前述力学模型与计算方法基础上，对刀盘切削扭矩及所需贯入推力进行计算，可为盾构设备参数设计提供依据。以北京轨道交通大兴机场线盾构工程为例，其计算参数见表6.4-1。

计算工况相关参数　　　　　　　　　　　　　　　　　　表 6.4-1

计算参数	数值
刀盘中心处土仓压力 p_0/kPa	120
侧压力系数 λ	0.5
原状地层黏聚力 c/kPa	7.19
原状地层内摩擦角 φ/°	35
刀土摩擦角 ψ/°	10
楔犁常数 η	0.3
松散渣土厚度 h_3/m	0.07
楔犁刀切削地层深度 H/m	0.09
残余黏聚力 c_r/kPa	0
残余摩擦角 φ_r/°	14.5
楔犁刀 A 切深 Δh_1/m	0.02
楔犁刀 B 切深 Δh_2/m	0.02
刀刃贯入原状地层深度 h_1/m	0.008
刀身贯入原状地层深度 h_2/m	0.012
楔犁刀厚度 b_1/m	0.035
楔犁刀宽度 L/m	0.25
楔犁刀弧形刀刃半径 R/m	1
刮刀切深 Δh_3/m	0.02
刮刀厚度 b_2/m	0.23
刮刀切削角 δ/°	75

将表 6.4-1 中的参数带入模型进行计算，可以得出：当刀具所处位置土压力与盾构中心处土压力相同时，单把楔犁刀楔犁砂卵石地层所需环向切削力为 5.69kN，所需轴向顶进力为 18.44kN；单把刮刀所需环向切削力为 2.15kN，所需轴向顶进力为 1.03kN。

根据单把刀所需的切削力及顶进力，可推算得到整盘刀在砂卵石地层中掘进所需切削扭矩及贯入推力。以大兴机场线正面双层楔犁刀、单层刮刀布置的直径 9.04m 刀盘为例，全刀盘共计布置楔犁刀 132 把，其中第一层楔犁刀 79 把，第二层楔犁刀 53 把，刀具布置方式如表 6.4-2 所示。刀盘共布置刮刀 78 对，刀具布置方式如表 6.4-3 所示。刀具梯次布置和总体模型如图 6.4-5、图 6.4-6 所示。

楔犁刀布置方式　　　　　　　　　　　　　　　　　　表 6.4-2

轨迹编号	轨迹半径/m	第一层楔犁刀数量/把	第二层楔犁刀数量/把
2	1	0	2
3	1.15	0	2
4	1.3	0	2

续表

轨迹编号	轨迹半径/m	第一层楔犁刀数量/把	第二层楔犁刀数量/把
5	1.45	1	2
6	1.6	1	2
7	1.75	1	2
8	1.9	1	2
9	2.05	1	2
10	2.2	1	2
11	2.35	1	2
12	2.5	1	2
13	2.65	3	3
14	2.8	3	3
15	2.95	3	3
16	3.1	3	3
17	3.25	3	3
18	3.4	3	3
19	3.55	3	3
20	3.7	3	3
21	3.85	3	3
22	4	3	3
23	4.15	3	3
24	4.3	3	6
25	4.4	3	6
26	4.5	6	12

刮刀布置方式　　　　　　　　　　　　　　　　　表 6.4-3

轨迹编号	轨迹半径/m	刮刀数量/对
1	1.075	2
2	1.3	2
3	1.525	2
4	1.75	3
5	1.975	3
6	2.2	3
7	2.425	3
8	2.65	6
9	2.875	6
10	3.1	6
11	3.325	6
12	3.55	6
13	3.775	6
14	4	6
15	4.225	6
16	4.5	12

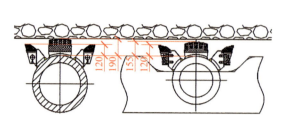

图 6.4-5　刀具梯次布置示意图　　　　图 6.4-6　刀盘模型图

该刀盘上刀具基本为对称配置,其对应位置土压力的平均值即为刀盘中心处的土压力 p_0,故在计算刀具受力时可进行简化,认为每把刀具工作时所对应的土压力均为 p_0。

故可根据式(6.4-12)、式(6.4-13)计算得到刀盘所需刀具切削扭矩 T 及刀具贯入推力 F。

$$T = \sum_{i=2}^{26} F_x^A R_i A_i + \sum_{i=2}^{26} F_x^B R_i B_i + \sum_{i=1}^{16} F_x^a r_i C_i \tag{6.4-12}$$

$$F = \sum_{i=2}^{26} F_y^A A_i + \sum_{i=2}^{26} F_y^B B_i + \sum_{i=1}^{16} F_y^a C_i \tag{6.4-13}$$

经计算,大兴机场线盾构工程在所述工况下,计算得到刀盘所需刀具切削扭矩及刀具贯入推力分别为 2967.92kN·m 及 1872.88kN。

6.4.5　刀具切削扭矩及贯入推力影响因素分析

为分析参数变化对推力扭矩的影响,以表 6.4-1 中的计算参数作为基本工况,将不同梯次楔犁刀的高差、刮刀与楔犁刀的高差、贯入度这三个参数作为变量,研究不同刀具布置方式对刀具切削扭矩及刀具贯入推力的影响。

6.4.5.1　楔犁刀高差

在表 6.4-1 中的计算参数基础上,设置 0m、0.01m、0.02m、0.03m、0.035m、0.04m、0.05m、0.06m、0.07m 共 9 种楔犁刀高差,研究不同梯次楔犁刀高差对刀具切削扭矩和刀具贯入推力的影响,计算结果见表 6.4-4,变化趋势如图 6.4-7 所示。

楔犁刀高差引起刀具切削扭矩和刀具贯入推力变化值　　　　表 6.4-4

楔犁刀高差/m	扭矩/(kN·m)	推力/kN
0	2982.85	2497.57
0.01	2871.36	2379.42
0.02	2778.29	2278.88
0.03	2701.69	2193.66
0.035	2669.06	2156.18
0.04	2639.98	2121.84
0.05	2591.96	2061.82
0.06	2556.72	2012.23
0.07	2533.72	1971.96

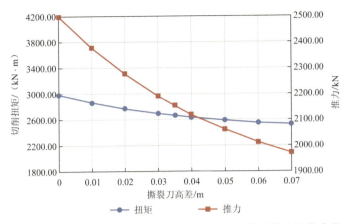

图 6.4-7　楔犁刀高差引起刀具切削扭矩和刀具贯入推力变化曲线

随着楔犁刀高差的逐渐增大，刀具扭矩和推力均逐渐减小，其中推力随刀高差增大显著降低，扭矩减小趋势则较为缓慢，说明楔犁刀的分层布置可以有效地减小刀具切削扭矩和刀具贯入推力，在延长不换刀掘进距离的同时，能降低设备能耗，提高施工功效。

6.4.5.2 楔犁刀与刮刀高差

在表 6.4-1 中的计算参数基础上，设置 0.03m、0.04m、0.05m、0.06m、0.07m、0.08m、0.09m、0.1m、0.11m 共 9 种楔犁刀与刮刀的高差，得到楔犁刀与刮刀高差对刀具切削扭矩和刀具贯入推力的影响，计算结果见表 6.4-5，变化情况如图 6.4-8 所示。

楔犁刀与刮刀高差引起刀具切削扭矩和刀具贯入推力变化值　　表 6.4-5

楔犁刀与刮刀高差/m	扭矩/（kN·m）	推力/kN
0.03	2897.42	2247.83
0.04	2800.56	2213.84
0.05	2736.19	2188.65
0.06	2694.55	2170.00
0.07	2669.06	2156.18
0.08	2655.22	2145.94
0.09	2649.89	2138.36
0.1	2650.85	2132.74
0.11	2656.55	2128.58

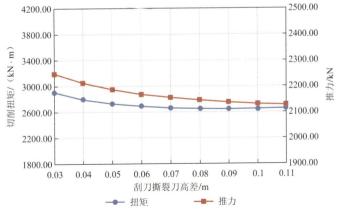

图 6.4-8　楔犁刀与刮刀高差引起刀具切削扭矩和刀具贯入推力变化值

计算结果表明，楔犁刀与刮刀高差的增加，总体上利于降低刀具切削扭矩和贯入推力，但对刀具切削扭矩的影响在高差大于 0.07m 后不再明显，说明在刀具切削扭矩中，以楔犁刀楔犁砂卵石原状地层的切削扭矩为主。当高差大于 0.09m 后，刀具切削扭矩出现少量增加，表面随着刮刀高度的降低，原来由刮刀所承担的辅助剥落松动砂卵石并将其导流、归拢入仓的作用在减弱，导致刀盘前渣土流动性变差，楔犁刀与渣土的摩阻力增加引起其切削扭矩相应增加，由此反证了刮刀在土体开挖中的重要作用。

6.4.5.3 贯入度

刀具切深是指刀盘贯入度与同一轨迹上相同刀具数量的比值，即同一轨迹上相同刀具共同切削开挖面时，刀盘每转动一圈形成的切削深度平均分配到该轨迹单把刀具上的量。由于盾构刀盘靠近中心部分刀具数量较少，而外周刀具数量较多，因此在相同贯入度条件下，不同位置刀具的切深不同。

在以上计算参数的基础上，设置 0.03m/r、0.036m/r、0.042m/r、0.048m/r、0.054m/r、0.06m/r、0.066m/r、0.072m/r、0.078m/r、0.084m/r、0.09m/r 共 11 种刀具贯入度，研究刀具的贯入度对刀具推力和扭矩的影响，计算结果见表 6.4-6，变化情况如图 6.4-9 所示。

表 6.4-6 楔犁刀贯入度引起刀具切削扭矩和刀具贯入推力变化值

贯入度/(m/r)	扭矩/(kN·m)	推力/kN
0.030	1841.86	1913.36
0.036	1986.88	1977.59
0.042	2139.89	2032.46
0.048	2303.36	2079.63
0.054	2479.26	2120.50
0.060	2669.06	2156.18
0.066	2873.90	2187.57
0.072	3094.66	2215.39
0.078	3332.02	2240.19
0.084	3586.50	2262.43
0.090	3858.52	2282.48

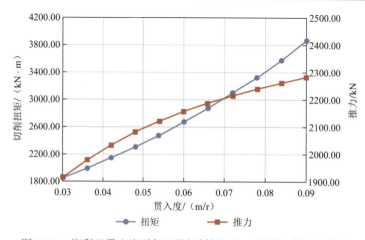

图 6.4-9 楔犁刀贯入度引起刀具切削扭矩和刀具贯入推力变化值

随着刀具贯入度的逐渐增大，刀具切削扭矩显著增大，所需推力也明显增大，但增加趋势有所减缓，说明实际工程中为提高掘进效率，采用高贯入度掘进时，刀具的切削扭矩和贯入推力会增大，盾构机选型设计时，应提高刀盘扭矩、盾构推力等设计指标，适应砂卵石地层高扭矩、高推力的设备能力需求。

6.5 本章小结

基于太沙基地基承载力模型与 Mckyes-Ali 模型求解了楔犁刀楔犁砂卵石土的极限载荷，阐明楔犁刀楔犁松动的开挖机理并提出了楔犁指数的概念及其计算公式，建立了楔犁刀楔犁松动砂卵石地层力学模型。进而提出了砂卵石地层盾构楔犁刀梯次楔犁松动与刮刀剥落的受力计算方法，得到整盘刀的切削扭矩及所需贯入推力并分析其影响因素。研究结果表明：

（1）刀盘前方原状砂卵石及渣土均受土压作用，力可以连续传递，地层可以等效为连续体进行计算分析，采用太沙基地基承载力模型与 Mckyes-Ali 模型可以较好地描述楔犁刀的受力状况。

（2）楔犁指数 k 可由公式计算得到，表征了楔犁刀反复切削地层，颗粒间咬合作用被逐渐破坏，强度逐渐降低的楔犁松动机理。基于楔犁指数可计算不同布置方式的刀具受力状态。

（3）依据砂卵石地层楔犁刀"楔犁—松动—剥落"力学模型，可计算得到北京轨道交通大兴机场线磁各庄站—1 号区间风井工程盾构刀具所处位置土压力范围为 60~180kPa，单把楔犁刀切削地层所需环向切削力取值范围为 4.11~11.24kN，轴向顶进力取值范围为 9.76~26.51kN。

（4）依据砂卵石地层盾构"楔犁刀梯次楔犁松动 + 刮刀剥落"的组合作用力学模型，可计算得到北京轨道交通大兴机场线磁各庄站—1 号区间风井工程盾构刀盘切削地层所需切削扭矩为 2967.92kN·m，贯入推力为 1872.88kN。

（5）不同梯次楔犁刀的高差、贯入度对推力扭矩的影响较大，刮刀与楔犁刀的高差对推力扭矩的影响较小。楔犁刀分层、超前于刮刀布置可以有效地起到降低刀盘贯入推力和切削扭矩，进而达到降低盾构总推力和刀盘扭矩的目的，起到保护刀具的作用。

第 7 章
砂卵石地层盾构刀具磨损机理

地层特征不同,盾构掘进所需刀具种类与形式不同。刀具种类与形式不同,其开挖机理也各异,刀具自身磨损形态与磨损机理也不相同。揭示刀具磨损机理对于降低刀具磨损,减少换刀次数,实现长距离掘进意义重大。砂卵石地层盾构刀具磨损是盾构刀具与砂卵石散体颗粒两体之间相互作用产生的,属于金属-岩石颗粒的冲击与摩擦力学行为的结果,与金属摩擦学中的金属磨损和岩石破碎学中刀具破碎完整岩层产生的磨损机理,既有密切联系,又有显著区别。

7.1 磨损机理

楔犁刀是砂卵石地层盾构掘进的主体开挖刀具。楔犁刀磨损产生的部位主要为刀具刃端用于开挖或侧面用于保护刀具的硬质合金,刀具本体(也称为母材、基体)合金结构钢,刀体表面堆焊的耐磨材料。对楔犁刀开挖作用持续发挥影响最大的是刃端硬质合金的完整、高强、耐磨、耐冲击等性能的保持。

楔犁刀的磨损主要表现为合金部分损失[图 7.1-1(a)]和合金整体与本体的磨蚀[图 7.1-1(b)]两种形态,前者是由于刀具与卵石颗粒产生冲击损伤造成的,后者是刀具与地层之间的正常工作磨耗形成的。因此,砂卵石地层盾构楔犁刀磨损机理就是楔犁刀具磨损是由刀具冲击损伤与刀具工作磨耗复合作用的结果。工作磨耗可用磨损理论预测,冲击损伤随机性高不可预测,刀具发生冲击损伤会加剧其磨耗速度,加快磨损进程,导致刀具使用寿命缩短,可掘进距离减小。

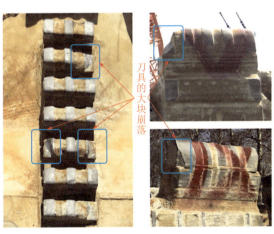

(a) 刀具合金损失

(b) 刀具合金整体磨蚀

图 7.1-1　刀具损伤形式

刀具发生冲击损伤，合金或基体表面存在明显的断裂痕迹，这是由于刀具与地层中卵石或漂石等高强度颗粒相互作用导致刀具合金内部产生裂纹并不断扩展，最终块状断裂、脱落，外在表现为刀具合金局部崩落、损失，尤其是边块合金的角部。此现象属于金属断裂力学范畴，与刀具合金的强度、硬度、耐冲击性，大粒径卵石颗粒的分布、卵石强度，盾构掘进参数，以及冲击能量的形成与迁移转化等因素有关。

刀具发生正常的工作磨耗，合金材料因不断发生接触摩擦产生均匀去除、磨蚀效果累积，合金无明显裂痕。此现象属于金属摩擦学问题，在刀具与地层的挤压滑动过程中，地层中的硬质矿物作用于刀具表面，使其发生微切削、点蚀、疲劳剥落等现象，此作用不断累积，形成磨耗

砂卵石地层掘进，刀具正常工作磨耗是必然产生的。需要通过提高刀具强度、耐磨性等方面性能指标，优化刀具设计与配置、掘进参数、渣土改良效果，进行刀具磨耗控制，降低磨耗速度。刀具冲击损伤是偶然、概率性事件。盾构刀盘转动，楔犁刀具不可避免地与卵石颗粒发生碰撞，产生相互冲击作用。如果刀具自身强度、硬度、韧性等性能足够强，足以抵抗绝大多数情况下刀具与卵石发生冲击作用产生的受力影响，而不会形成塑性变形、脆性破坏、疲劳破坏，或者冲击作用形成时的冲击功很小，冲击能量不足以对刀具产生损伤，或者冲击作用累积未达到一定量级而未产生损伤，则刀具不会发生冲击损伤。即楔犁刀开挖过程中，刀具与卵石之间的刀-石相互作用存在冲击作用，但未必产生冲击损伤。因此，需要通过提高刀具强度、硬度、耐冲击性等方面性能指标，以及强化刀具设计与配置、优化掘进模式等方法，防止冲击损伤发生。

综合刀具磨损机理，即要在防止冲击损伤产生的基础上，降低刀具正常工作磨耗，实现刀具磨损控制，延长刀具使用寿命。

7.1.1　盾构刀具磨耗机理

现有刀具磨损和金属磨损研究多数集中于前述刀具正常工作磨耗为主的磨损方面，包括磨损机理、磨损形式、磨损特征等，并未涉及冲击损伤方面，即不代表真正意义上的包括了冲击损坏和磨耗复合作用的砂卵石地层刀具磨损。本节以下内容提及的磨损均指单一磨耗形态，特此注明。

7.1.1.1　基于摩擦学的磨损特征及分类

摩擦学对于磨损的定义是指相互接触的材料在相对运动中其表面不断损伤的过程。材

料磨损性能不是材料的本身固有性能,而是材料在摩擦系统中所体现的一种综合性能,对周围条件有着强烈的依赖性;材料的磨损过程是随时间变化很强的随机过程,该过程与周围条件密切相关。由于材料表面的磨损过程很难直接观测到,因此一般通过观察损伤前后材料表面状态变化来对材料磨损过程进行分析。基于对损伤前后材料表面状态的对比分析,出于简化研究工作的目的,将实际存在的磨损形式归纳成几种基本的类型。

Крагельский(1962年)将材料的磨损过程分为三个阶段,依次为:相互作用阶段、变化阶段、破坏阶段,并根据每一阶段的特征对磨损形式进行分类(图 7.1-2)。根据相互作用阶段两个表面作用形式的不同,磨损形式可以分为机械作用和分子作用两类。机械作用是由两个表面的粗糙峰或夹在两表面间的外界磨粒相互作用引起的,分子作用包括两表面的相互吸引和黏着效应两种。

材料表面的相互作用会引起材料表面变化,表面材料变化包括机械性质、组织结构、物理和化学变化等。表面材料变化到一定程度后则会发生破坏,破坏形式可分为擦伤、点蚀、剥落、胶合。

(1)擦伤:材料表面存在的沿相对运动方向的沟痕。
(2)点蚀:两个表面接触力作用下材料发生破坏,导致材料表面形成凹坑。
(3)剥落:材料表面由于相互作用而变脆,进而导致材料内部裂纹发展,最终剥落。
(4)胶合:由黏着效应两材料表面之间形成具有较高强度的粘结点,发生相对运动时,导致一侧粘结点破坏。

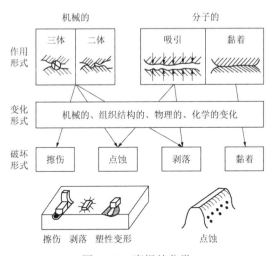

图 7.1-2　磨损的分类

常见的磨损形式一般划分为四个基本类型,即:磨粒磨损、黏着磨损、表面疲劳磨损和腐蚀磨损。在现实的磨损现象中,往往是多种形式的磨损同时发生。

7.1.1.2　刀具表面磨损形态

(1)刀具表面宏观磨损形态

对北京大兴机场线盾构掘进完成后的刀具表面形态进行研究,如图 7.1-3 所示。图 7.1-3(a)、图 7.1-3(b)中,在部分楔犁刀及刮刀刃端表面,可以明显地观察到平行于相对运动方向的划痕,楔犁刀刃端表面的划痕要略小于刮刀。图 7.1-3(c)、图 7.1-3(d)为刀盘周边保径刀和外周保护刀(耐磨条带)的表面划痕。图 7.1-3(e)~图 7.1-3(g)为部分刮刀刃端磨损形态,其表面存在更深的划痕及较多的点状磨损痕迹。

(a) 正面楔犁刀

(b) 刮刀 1

(c) 保径楔犁刀

(d) 刀盘外周圈

(e) 刮刀 2

(f) 刮刀 3

(g) 刮刀 4

图 7.1-3　盾构掘进后刀具表面宏观磨损形态

（2）刀具表面微观磨损形态

利用光学显微镜对新刀具和掘进后刀具的表面进行微观观察，有助于刀具磨损机理的研究和确定。

吕丹[54]采用电子扫描显微镜对刮刀切削岩石后，其前后表面磨损后的形态进行了观察（图 7.1-4），微观结构显示刮刀表面材料的去除机制主要有犁沟变形及微观切削。

(a) 刮刀前表面的犁沟　　　　　(b) 刮刀前表面的微观
　　现象（200μm）　　　　　　　　裂纹现象（50μm）

图 7.1-4　磨损后刮刀表面的微观形态

王昶皓[55]对微牙轮与岩石作用后的表面形态进行了观察（图 7.1-5），磨损边界与磨损表面有很大差别，磨损表面充满了剥落坑、犁沟、裂纹。

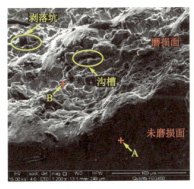 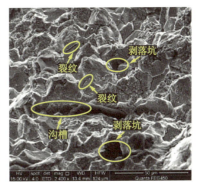

(a) 磨损边界电镜扫描　　　　　(b) 磨损面电镜扫描
　　图片（放大 1200 倍）　　　　　图片（放大 2400 倍）

图 7.1-5　微牙轮钻头表面微观形态

舒标等[56]对切削岩石后滚刀刀圈的表面形态进行了观察，刀圈表面充满了犁沟及脆性断裂（图 7.1-6）。

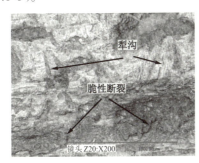 

图 7.1-6　滚刀刀圈表面微观形态

通过对刀具表面磨损形态的观察，与未磨损的表面相比，磨损部位布满了不同尺度的犁沟、裂纹、剥落坑等磨损现象。刀具表面磨损的形态是由不同磨损类型而导致的，接下来分析不同磨损类型的机理。

7.1.1.3 磨粒磨损

（1）磨粒磨损机理

磨粒磨损是指外界磨粒或相互作用材料表面上突起在相互作用过程中，引起材料表面脱落的现象。磨粒磨损被认为是盾构刀具与岩土体作用的主要磨损形式。根据磨损系统中对象种类的数量，磨粒磨损一般分为二体磨损与三体磨损。

二体磨损即磨粒沿材料表面相对运动而导致材料表面产生磨损。当磨粒相对于材料表面垂直运动时，磨粒与材料发生碰撞，导致表面磨出较深的沟槽。当磨粒与材料表面平行运动时，在载荷作用下磨粒被压入材料表面，发生相对运动时在材料表面产生擦伤和微小的犁沟痕迹。另外，当两个表面发生摩擦时，硬表面上的突起也会对软表面产生磨损，这种情况也是二体磨损。三体磨损一般是指外界磨粒位于两材料的表面之间，当两个材料相互作用时磨粒同时被压入两个材料，导致两个材料产生磨损。

盾构在砂卵石地层中掘进时，刀具与砂卵石的相互作用形式是典型的二体磨损。磨粒为地层中的硬质矿物颗粒，这里所指的硬质矿物颗粒既包括地层中的细颗粒，也包括粗颗粒表面的硬质突起，被磨表面也就是盾构刀具。

（2）磨粒磨损的影响因素

常用的磨粒磨损计算模型是根据微观切削机理提出的，如图 7.1-7 所示。

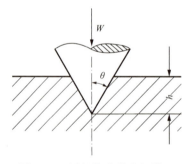

图 7.1-7　圆锥体磨粒磨损模型

此磨粒磨损模型中，假设磨粒为圆锥形，按磨粒移动单位距离的磨损量计算，如式(7.1-1)所示。

$$V = \frac{W}{\sigma_s \pi \tan\theta} \tag{7.1-1}$$

式中：W——每个磨粒承受的载荷；

σ_s——被磨材料的受压屈服极限；

θ——圆锥体半角。

由于材料的σ_s与材料硬度H有关，因此式(7.1-1)还可表示为式(7.1-2)。

$$V = k_a \frac{W}{H} \tag{7.1-2}$$

式中：k_a——磨粒磨损常数，由磨粒硬度、形状特征和起磨损作用的磨粒所占比例等因素决定。

通过磨粒磨损的磨损量计算公式可知：磨粒磨损的磨损量与磨粒与被磨材料之间的作用

力呈正相关性;而与被磨材料的硬度呈负相关性;k_a是影响被磨材料磨损量大小的重要因素。

综上所述,影响材料发生磨粒磨损的主要因素包括:磨粒及被磨材料的硬度、磨粒作用在材料上的载荷以及磨粒相对于材料的滑动速度。

(3)硬度对磨损量的影响

不仅被磨材料硬度对磨损量有较大影响,而且磨粒硬度同样对磨损量有影响。研究证明,磨粒硬度H_0与材料硬度H之间的相对关系对于磨粒磨损有着重要影响,如图 7.1-8 所示。当$H_0 < (0.7\sim 1)H$时,被磨表面不发生磨损或产生轻微磨损;而当$H_0 > H$时,被磨表面的磨损量("磨损量"定义为单位载荷下,颗粒滑动单位距离在被磨表面产生的划痕体积)随磨粒硬度的增加而增大;当H_0/H持续增大时,磨损量不再随H_0的增加而增加。研究刀具在砂卵石地层中的磨损问题时,磨粒及被磨材料表面分别是指砂卵石地层与盾构刀具,因此研究刀具与砂卵石地层的硬度指标是十分必要的。

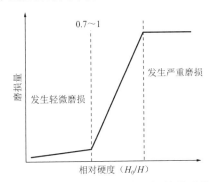

图 7.1-8 磨损量与相对硬度之间的关系曲线

盾构刀具一般以合金调质钢或者低碳钢为基体,以硬质合金为工作刃,借助钎焊的方式将硬质合金与基体结合在一起,其主要是依靠硬质合金发挥抗磨性能。硬质合金与钢基体相结合的方式,既保证了刀具耐磨抗冲击的性能,同时也降低了刀具的造价。对于金属硬度的评价,普遍采用的指标为洛氏硬度(Rockwell hardness)、维氏硬度。

洛氏硬度试验方法是将顶角为 120°的金刚石圆锥体或一定直径的钢球在一定载荷下压入被测材料表面,由压痕深度求出材料的硬度。最常用的三种标尺为 A、B、C,即 HRA、HRB、HRC,要根据试验材料硬度的不同,选用不同硬度范围的标尺来表示。维氏硬度试验原理为在一定的压力下将正四棱锥体金刚石压头压入试样表面,保持规定时间后卸除压力,测量试样材料表面压痕对角线长度,作为评价试样的硬度指标。试验压头及压痕如图 7.1-9 所示,计算如式(7.1-3)所示。

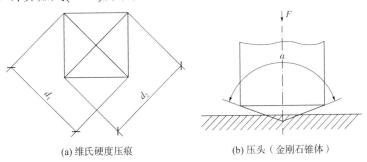

(a) 维氏硬度压痕　　　　　(b) 压头(金刚石锥体)

图 7.1-9 维氏硬度压头及压痕

$$维氏硬度 = \frac{1}{g} \times \frac{试验力}{压痕表面积} \tag{7.1-3}$$

《硬质合金牌号 第 2 部分：地质、矿山工具用硬质合金牌号》GB/T 18376.2—2014 对地质、矿山工具用硬质合金的基本力学性能、化学成分作了要求，如表 7.1-1 所示。在该标准中，以洛氏硬度及维氏硬度作为评价合金硬度的指标。参考文献[57]介绍了应用于盾构刀具的硬质合金的力学性能：HRA > 88，抗弯强度>1600MPa，由《硬质合金牌号 第 2 部分：地质、矿山工具用硬质合金牌号》GB/T 1836.2—2014 可知其维氏硬度对应为>1200，见表 7.1-1。

地质、矿山工具用硬质合金基本力学性能、化学成分　　表 7.1-1

合金牌号		基本化学成分（质量分数）/%			力学性能		
特征代号	分组号	Co	其他	WC	洛氏硬度/HRA	维氏硬度/HV	抗弯强度/MPa
G	05	3～6	<1	余量	≥88.5	≥1250	≥1800
	10	5～9	<1	余量	≥87.5	≥1150	≥1900
	20	6～11	<1	余量	≥87.0	≥1140	≥2000
	30	8～12	<1	余量	≥86.5	≥1080	≥2100
	40	10～15	<1	余量	≥86.0	≥1050	≥2200
	50	12～17	<1	余量	≥85.5	≥1000	≥2300
	60	15～25	<1	余量	≥84.0	≥820	≥2400

砂卵石地层是岩石风化沉积后的结果，因此在进行单个卵石的硬度评价时，可借鉴对岩石硬度测定的方法。维氏硬度是评价硬质合金的硬度指标之一，同时维氏硬度也被用来评价岩石的硬度。另外，瑞典学者 Ulrik Beste 等[58]采用纳米压痕仪测试了常见岩石显微硬度，可见表 7.1-2[59]。

九种常见岩石的显微硬度[58]　　表 7.1-2

矿物质	固深显微硬度/HV	低载荷显微硬度/HV
方解石	195	120
磁铁矿	495	310
粗磁铁矿	410	360
赤铁矿	555	410
云母片岩	790	355
花岗岩	800	695
细晶石	790	570
砂岩	1 010	660
石英	1 220	815

《岩石物理力学性质试验规程-第 6 部分：岩石硬度试验》DZ/T 0276.6—2015 对岩石硬度试验提出了规范的要求，规定了三种岩石硬度的测量方法，分别是：肖氏硬度、磨耗硬度、摩氏硬度。这三种岩石硬度也与维氏硬度存在一定的关系，朱杰兵[60]的研究表明对数摩氏硬度和对数维氏硬度之间几乎呈线性关系，如图 7.1-10 所示。

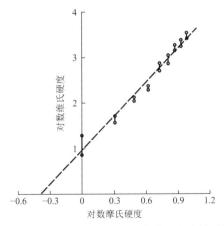

图 7.1-10 对数摩氏硬度与对数维氏硬度关系[59]

另外，在评价岩石磨蚀性的研究中，很多学者采用了"等效石英含量"的概念。这个概念是基于另一种硬度（"Rosiwal abrasion hardness"本书简称为"罗氏硬度"）计算所得的评价指标。罗氏硬度与磨耗硬度的计算方法相似，即采用试样与特定的磨粒进行磨损，并称取试样的质量变化量作为评价试样硬度的指标。也有研究证明，罗氏硬度与摩氏硬度之间存在一定的对应关系，表 7.1-3 是文献[61]中部分数据，在目前的研究中普遍认为矿物罗氏硬度越大其磨蚀性越高。

不同矿物罗氏硬度与摩氏硬度比较[60]　　　　　　　　表 7.1-3

矿物	滑石	石膏	方解石	萤石	磷灰石	长石	石英	黄玉	刚玉	金刚石
摩氏硬度	1	2	3	4	5	6	7	8	9	10
罗氏硬度	0.03	1.25	4.5	5	6.5	37	120	175	1 000	140 000

综上所述，按照维氏硬度进行分析：用于盾构施工的刀具合金维氏硬度约为 1200HV，而刀具基体的硬度小于合金；地层中的矿物颗粒硬度对应 1000HV 的矿物为砂岩、石英等，对应的摩氏硬度为 7～8。

地层中摩氏硬度大于 7～8 的矿物颗粒是造成刀具磨损的主要成分，对刀具的磨损有着重要影响。应针对地层中主要的磨粒硬度，通过提高刀具材料的硬度，能够有效降低刀具的磨损。因为刀具基体材料的硬度小于硬质合金的硬度，因此地层中可对基体产生较大磨损的矿物含量要大于可对硬质合金产生磨损的矿物含量，这也是同等掘进条件下，刀具基体表面划痕要大于硬质合金的原因。

（4）相互作用力及相对滑动对磨损量的影响

根据磨粒磨损计算公式，磨粒磨损与磨粒和被磨表面之间作用力有着直接关系。磨粒磨损主要表现为磨粒对材料表面的微观切削，微观切削是指法向载荷将磨粒压入材料表面，当两者发生相对滑动时，磨粒使被磨材料表面发生剪切、犁皱和切削，被磨材料被切削而损失的部分即为磨损量。磨粒与被磨表面之间的作用力越大，颗粒压入被磨表面的深度越深，相对滑动时产生的磨痕体积越大。同样相对滑动距离越大，被磨材料的磨损量也就越大。

7.1.1.4 **黏着磨损**

部分研究认为黏着磨损也是刀具与岩土体作用时磨损的一种形式。当两个材料表面相互作用时，在载荷的作用下，材料之间产生粘结点；随着两个材料发生相对滑动，粘结点发生剪切断裂；被剪切的材料有的形成磨屑，有的由一个材料迁移到另一个材料，这种磨损统称为黏着磨损，黏着磨损发生的过程如图 7.1-11 所示。

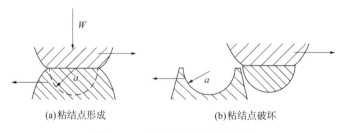

(a) 粘结点形成　　　　　　(b) 粘结点破坏

图 7.1-11　粘结点的形成及破坏

粘结点的形成是影响材料黏着磨损的关键因素，而材料之间的相互作用力、材料表面温度以及材料自身性质是影响粘结点形成的主要因素。苏联学者维诺格拉多瓦对黏着磨损发生的条件进行了系统研究，结果表明当材料表面压力达到一定数值并且需要经过一定时间之后，材料之间才会发生粘结。表 7.1-4 给出了部分金属之间的临界压力值与临界时间。除了载荷外，材料表面的温度对于粘结点的生成也有很大的影响，较高的温度更易引起粘结点的形成。

黏着磨损临界状态　　　　　　　　　　　　表 7.1-4

摩擦副材料	临界载荷/MPa	胶合发生时间/min
3 号钢-青铜	170	1.5
3 号钢-GCr15 钢	180	2.0
3 号钢-铸铁	467	0.5

目前，对于黏着磨损的研究主要集中在两金属之间，而对金属与非金属之间黏着磨损研究较少，对金属与岩石材料之间的黏着磨损研究更是鲜见报道。王昶皓[55]对 PDC 钻头磨损机理的研究过程中，采用聚晶金刚石刀刃与岩石进行切削试验，并对金刚石刀刃进行了电镜扫描。金刚石刀刃发生磨损部分的元素组成发生了很大的改变，切削之后刀刃表面增加了岩石的成分。王昶皓认为这是因为刀刃在切削岩石的时候，两者之间形成了粘结点。

黏着磨损的估算公式，由 Archard（1953 年）提出载荷计算公式：

$$W = \sigma_s \pi a^2 \tag{7.1-4}$$

式中：W——每个粘结点支撑的载荷；

　　　a——粘结点半径；

　　　σ_s——较软材料的受压屈服极限。

当相对滑动位移为 $2a$ 时，磨损体积为 $\frac{2}{3}\pi a^3$，则单位长度移动距离的磨损量计算公式为：

$$V = \frac{\frac{2}{3}\pi a^3}{2a} = \frac{W}{3\sigma_s} \tag{7.1-5}$$

考虑到不是所有粘结点都能形成磨屑，因此引入黏着磨损常数 k_s（$k_s \ll 1$），则单位长度移动距离的磨损量可通过式(7.1-6)计算。

$$V = k_s \frac{W}{3\sigma_s} \tag{7.1-6}$$

由式(7.1-6)可知,外部载荷、材料本身性质、黏着磨损常数k_s是影响黏着磨损的重要因素。

7.1.1.5 疲劳磨损

两个相互滚动或滚动兼滑动作用的材料表面,材料在循环应力的作用下产生疲劳,导致表面形成凹坑,称之为疲劳磨损。影响疲劳磨损的因素为:宏观应力场、摩擦副材料的强度、材料内部的缺陷性质等。

疲劳磨损的重要影响因素——宏观应力场是由载荷性质所决定的。现有关于疲劳磨损的研究,多以两个相互作用的金属零件为研究对象,例如:齿轮、滚筒等。在滚刀破岩中,由于滚刀和岩体之间的相互滚动,导致表面一直处于循环载荷的作用下,因此在研究滚刀磨损时多考虑疲劳磨损作用。而对于砂卵石地层施工中的刀具以楔犁刀与刮刀为主,在刀具工作过程中,刀具表面处于持续受力状态并不存在受循环载荷的状态,不满足发生疲劳磨损的前提条件,所以一般不考虑疲劳磨损的作用。

7.1.1.6 腐蚀磨损

腐蚀磨损指的是金属与周围介质发生化学或电化学反应而产生的表面损伤。腐蚀磨损发生的过程如下:金属材料与周围介质发生化学或电化学反应,材料表面生成化合物;化合物在化学或机械的作用下脱离原材料,导致金属材料内部表面裸露出来;循环往复材料表现出腐蚀磨损的特征。腐蚀磨损一般发生在金属在氧化性、酸、碱、盐等介质中工作的条件下。盾构刀具开挖地层的掘进过程,很少处于长期的酸、碱等腐蚀环境中,因此刀具发生腐蚀磨损的概率较小,除非在盾构长期停机状态下。因此,对刀具磨损机理的研究往往不考虑腐蚀磨损的作用。

在对盾构刀具磨损机理的研究中,多认为刀具发生磨损的主要微观类型是磨粒磨损及黏着磨损,疲劳磨损以及腐蚀磨损在计算楔犁刀及刮刀的磨损中可忽略。通过对刀具切削砂卵石地层过程的分析及刀具表面形态的分析,也可得出类似结论。

通过对磨粒磨损及黏着磨损机理的分析可知,影响刀具材料在施工过程中磨损的主要因素为刀具材料硬度、刀具与地层之间作用力、磨粒磨损及黏着磨损常数。刀具材料强度在盾构制造时已经确定,在施工过程中除对刀具进行检修更换外,一般情况刀具材料的强度无法发生改变。刀具与地层之间的作用力与盾构掘进控制参数(转速、贯入度、掘进速度等)、工程自身性质(隧道埋深、穿越地层性质、水文情况等)、盾构设备情况(刀盘类型、刀具类型、刀具布置等)有着重要的关系。磨粒磨损及黏着磨损常数与地层中土体颗粒的硬度、形状等参数有着重要关系。

实际工程中刀具所处的环境往往较为复杂,在根据微观磨损机理对刀具磨损量进行计算时,部分参数的取值难以确定,这就导致基于微观磨损机理的刀具磨损量计算无法十分准确地应用到实际工程中。但是微观磨损理论给出了影响刀具磨损的一些因素,其中最为主要的就是刀具与地层之间的作用力、地层性质。可在此基础上通过各种研究手段对刀具受力状态进行分析,进而对砂卵石地层中盾构刀具磨损的一般规律进行分析。

7.1.2 盾构刀具冲击损伤机理

在瞬时突发的较大冲击载荷或循环冲击载荷作用下,刀具合金出现结构断裂损伤或微观损伤。这种冲击损伤包括对合金块单次载荷作用下的冲击断裂、循环载荷下的冲击断裂和冲击载荷作用下的微损伤。本节通过冲击载荷计算模型，重点阐述此三种情况下的损伤机理。

7.1.2.1 冲击载荷计算模型

现有研究结果及工程实践表明，盾构在大粒径卵石或漂石地层掘进时，刀具合金因受卵石颗粒冲击作用而出现缺口、掉落等局部损伤，此后刀具合金磨耗速度会加快，导致刀具提前退出工作，失去开挖功能；在长距离砂卵石地层盾构掘进中，还存在刀具在冲击载荷下发生疲劳磨损的情况。经研究认为，刀盘转速是影响刀具形成冲击损伤的关键因素，为了实现砂卵石地层盾构长距离掘进，应将盾构刀盘转速控制在合理区间，避免刀具与卵石颗粒发生较高相对速度和较大能量的冲击作用，防止冲击损伤形成。

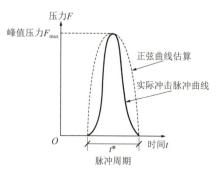

图 7.1-12　Hertz 弹性碰撞模型

刀具与大粒径卵石碰撞的力学行为表现为：刀具以恒定的速度 v 与卵石发生碰撞，在力的作用下，刀具与卵石表面在极短时间内均发生形体和结构的变化。采用 Hertz 弹性碰撞模型简化计算（图 7.1-12），将冲击行为假定为弹性碰撞，且撞击体（刀具）与受体（卵石）为弹性线性球体，得出的最大冲击力见式(7.1-7)。

$$F_{\max} = 0.7064(V^6 M^8 B^{-1} E_r^2)^{1/5} \tag{7.1-7}$$

在冲击力峰值时，刀具与卵石的接触面半径见式(7.1-8)。

$$r = 1.056(F_{\max}/BE_r)^{1/3} \tag{7.1-8}$$

接触时间 t^* 见式(7.1-9)。

$$t^* = 5.198(V^{-1} M^2 BE_r^{-2})^{1/5} \tag{7.1-9}$$

其中，

$$M = \frac{m_1 m_2}{m_1 + m_2}$$

$$B = \frac{1}{2}\left(\frac{1}{R_1} + \frac{1}{R_2}\right)$$

$$E_r = \left(\frac{1-\mu_1^2}{\pi E_1} + \frac{1-\mu_2^2}{\pi E_2}\right)^{-1}$$

式中：　m_1、m_2——刀具和卵石的质量；
　　　　R_1、R_2——两者接触面的表面半径；
　　　　E_1、E_2——两者的弹性模量；
　　　　μ_1、μ_2——两者的泊松比；
　　　　V——碰撞的初始速度。

可计算得到刀具表面所受峰值载荷，见式(7.1-10)。

$$\sigma_{\max} = \frac{F_{\max}}{\pi r^2} \tag{7.1-10}$$

同时可根据物理学公式,计算得到卵石及其约束在碰撞中对楔犁刀做的功,即冲击能量A可按式(7.1-11)计算。

$$A = \frac{1}{2}m_2V^2 + F_{cf} \cdot t^* \cdot V \tag{7.1-11}$$

式中:F_{cf}——卵石的约束力,可通过式(7.1-12)计算。

$$F_{cf} = p_0\left(1 + \frac{\mu}{2}\right)\pi r^2 \tag{7.1-12}$$

式中:p_0——卵石所在位置的地应力;
μ——卵石与地层的摩擦系数。

当楔犁刀以 0.8m/s 的线速度撞击一个粒径为 12cm 的卵石,卵石对刀具的冲击能量A约为 0.78J,冲击力峰值F_{max}为 50.48kN,作用时间t^*为 0.00035s,峰值载荷σ_{max}为 1655MPa。当地应力为 50kPa、摩擦系数为 0.5 时,约束力F_{cf}仅为 0.71kN,远小于碰撞时的冲击力,因此计算冲击力时可忽略卵石周围的约束力对刀具做功,可按式(7.1-13)计算冲击能量:

$$A = \frac{1}{2}m_2V^2 \tag{7.1-13}$$

7.1.2.2 单次载荷下刀具合金冲击断裂

砂卵石地层盾构掘进过程中,不致使刀具合金在单次载荷作用下发生冲击断裂的最大卵石粒径可以通过以下过程确定。

工程上常用一次摆锤冲击弯曲试验来测定材料抵抗冲击载荷的能力。合金断裂所需最小冲击功的计算公式为:

$$A_k = a_k \cdot S \tag{7.1-14}$$

式中:A_k——冲击功;
a_k——硬质合金冲击韧性;
S——合金断口截面积。

当$A_k > A$时,刀具受单次冲击后不会断裂;当$A_k \leqslant A$时,刀具受单次冲击后可能发生断裂。

以大兴国际机场线盾构工程中的楔犁刀为例,厚度 60mm 的正面楔犁刀具,刀具合金采用春保编号为 KE13 的 WC-Co 硬质合金,Co 含量 13%,冲击韧性 7.84J/m²,该规格合金的材料力学参数如表 7.1-5 所示。

KE13 合金材料性能　　　　表 7.1-5

参数	数值
合金编号	KE13
WC/%	87
Co/%	13
晶粒度/μm	6~9
硬度/HRA	85.5
抗弯强度/MPa	2800
冲击韧性/(J/m²)	7.84

楔犁刀最易受冲击损伤的是刃端两边块合金（图 7.1-13），假定单次冲击载荷下合金断裂破坏的最不利工况为：合金的约束为刚性约束，卵石的冲击能量全部由合金吸收。楔犁刀外侧合金块最小截面为37mm×70mm的长方体，截面面积25.9cm²，可计算得到该楔犁刀承受单次最大冲击能为203.06J。

图 7.1-13　楔犁刀边块合金冲击损伤

该工程的盾构刀盘直径为 9.04m，将角速度与线速度的换算公式$v = \pi D \omega$代入式(7.1-13)中，可得到单次冲击载荷作用下，周边刀具不同刀盘转速时刀具合金不产生断裂的卵石粒径限值$D_{\max}$，见式(7.1-15)～式(7.1-17)。

$$\frac{1}{2} m_2 V^2 = A_{\max} \tag{7.1-15}$$

$$\frac{1}{2} \cdot \frac{4}{3} \pi \left(\frac{D_{\max}}{2}\right)^3 \cdot \rho \cdot V^2 = A_{\max} \tag{7.1-16}$$

$$D_{\max} = \sqrt[3]{\frac{12 A_{\max}}{\pi \rho v^2}} \tag{7.1-17}$$

计算结果如表 7.1-6 所示。

单次冲击载荷作用下周边刀具合金产生断裂的卵石粒径限值　　表 7.1-6

刀盘转速/(r/min)	刀具线速度/(m/s)	卵石最大粒径/mm
1.00	0.47	1087
1.20	0.57	962
1.40	0.66	868
1.60	0.76	794
1.80	0.85	734
2.00	0.95	685

7.1.2.3　循环载荷下刀具合金冲击疲劳行为

盾构在砂卵石地层掘进过程中，刀具不可避免出现与卵石发生循环冲击的现象，因此需要对其循环冲击载荷下发生疲劳损伤的特性进行研究。基于原状地层砂卵石颗粒筛分，获取地层中不同粒径的卵石分布进而可以计算出刀具与不同粒径卵石发生冲击作用的概率，即刀具载荷谱。

现场取样后,进行烘干、筛分,并进行分组[图 7.1-14(a)],分组粒径范围:$d <$ 0.25mm、0.25~0.5mm、0.5~2mm、2~4mm、4~5mm、5~6.5mm、6.5~8mm、8~10mm、10~20mm、20~40mm、40~60mm、$d > 120$mm,由筛分结果得到原状砂卵石颗粒级配曲线,如图 7.1-14(b)所示。

(a) 原状砂卵石地层试样

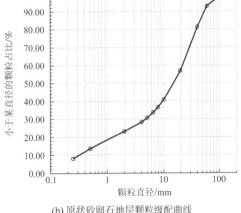
(b) 原状砂卵石地层颗粒级配曲线

图 7.1-14 原状土筛分析结果

筛分析结果显示,本次选取的原状土最大粒径小于 120mm,其中直径 $d \leqslant 20$mm 的颗粒占比为 57.1%;直径 20mm $< d \leqslant 40$mm 的颗粒占比为 24.4%;直径 40mm $< d \leqslant 60$mm 的颗粒占比为 11.6%;直径 60mm $< d \leqslant 120$mm 的颗粒占比为 6.9%,如图 7.1-15 所示。

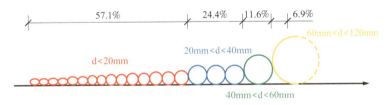

图 7.1-15 原状地层砂卵石颗粒不同粒径占比示意图

在计算冲击次数时取粒径最大值,即地层中 20mm 粒径的颗粒占 57.1%、40mm 粒径的颗粒占 24.4%、60mm 粒径的颗粒占 11.6%、120mm 粒径的颗粒占 6.9%。

根据上述颗粒占比,可以换算出刀具沿轨迹每楔犁 1m 原状土,与 20mm 粒径的颗粒碰撞 28.55 次,与 40mm 粒径的颗粒碰撞 6.10 次,与 60mm 粒径的颗粒碰撞 1.93 次,与 120mm 粒径的颗粒碰撞 0.58 次。以北京大兴国际机场线盾构工程砂卵石地层中盾构掘进 2.3km 为例,盾构外径 9.04m,以贯入度 60mm/r 掘进,最外周楔犁刀切削轨迹长度为 1.09×10^6m,则与 20mm 粒径的颗粒碰撞 3.11×10^7 次,与 40mm 粒径的颗粒碰撞 6.54×10^6 次,与 60mm 粒径的颗粒碰撞 2.10×10^6 次,与 120mm 粒径的颗粒碰撞 6.32×10^5 次;当刀具切削速度为 0.57m/s 时,依据式(7.1-10)、式(7.1-13),可计算得到载荷谱如表 7.1-7 所示。

楔犁刀合金块冲击载荷谱   表 7.1-7

粒径/mm	冲击功/J	峰值应力/Pa	循环次数
20	1.84×10^{-3}	1.17×10^8	3.11×10^7

续表

粒径/mm	冲击功/J	峰值应力/Pa	循环次数
40	1.47×10^{-2}	2.35×10^{8}	6.54×10^{6}
60	4.96×10^{-2}	3.55×10^{8}	2.10×10^{6}
120	3.97×10^{-1}	7.23×10^{8}	6.32×10^{5}

由载荷谱可以看出，不同粒径卵石撞击刀具合金的循环次数均较高（最小循环次数 10^{6} 次左右），因此在进行不含漂石的砂卵石地层盾构刀具设计时，可按无限寿命设计。

现有文献的研究结果表明，WC-Co 硬质合金的疲劳极限约为冲击功的 1/10，即当作用在刀具合金块上的冲击能小于疲劳极限时，刀具不会因冲击发生破坏。以上节所述楔犁刀为例，两侧合金块的冲击功 A_k 为 203.06J，疲劳极限 A_{max} 可推算约为 20.31J。

由式(7.1-17)可知，冲击能由卵石质量及刀具运动速度共同决定，因此在不同刀盘转速下，刀具无限寿命条件时，可楔犁的最大卵石粒径 d_{max}，如表 7.1-8 所示。

表 7.1-8 不同刀盘转速下周边刀具无限寿命时的卵石最大粒径

刀盘转速/(r/min)	刀具线速度/(m/s)	卵石最大粒径/mm
1.0	0.47	504
1.2	0.57	447
1.4	0.66	403
1.6	0.76	369
1.8	0.85	341
2.0	0.95	318

7.1.2.4 冲击载荷下刀具合金微损伤

刀具受小于无限寿命时最大粒径卵石的冲击载荷作用时不会发生合金块的整体断裂，但会导致小块合金块的剥落，进而加速刀具磨损。如图 7.1-16 所示为刀具合金在冲击载荷作用下的局部损伤，这种局部合金微损伤在工程中容易发生。

图 7.1-16 刀具合金块局部破损

以合金断口截面面积 1mm² 为标准，当碰撞后断口截面面积小于 1mm² 时可认为合金块不受冲击作用影响。

由式(7.1-10)可计算得到当冲击能小于 7.84×10^{-2} J 时，楔犁刀不受单次冲击作用影响；而当冲击能小于 7.84×10^{-3} J 时，楔犁刀不受循环载荷作用影响。由式(7.1-17)可计算得到两种条件下卵石的最大粒径，如表 7.1-9 及表 7.1-10 所示。

不受单次冲击作用影响时的卵石最大粒径　　　　表 7.1-9

刀盘转速/(r/min)	刀具线速度/(m/s)	卵石最大粒径/mm
1.0	0.47	79.12
1.2	0.57	70.07
1.4	0.66	63.22
1.6	0.76	57.84
1.8	0.85	53.47
2.0	0.95	49.84

不受循环载荷作用影响时的卵石最大粒径　　　　表 7.1-10

刀盘转速/(r/min)	刀具线速度/(m/s)	卵石最大粒径/mm
1.0	0.47	36.72
1.2	0.57	32.52
1.4	0.66	29.35
1.6	0.76	26.85
1.8	0.85	24.82
2.0	0.95	23.14

7.2 磨损控制

为满足砂卵石地层长距离高效掘进的需要，对北京某工程砂卵石进行取样，研究了卵石磨蚀特性等物理力学特征，试验结果如下：

（1）采用 RoqSCAN 矿物成分测试仪进行矿物成分分析可知，砂卵石矿物成分分布为斜长石（约占 35.92%）、石英（约占 26.15%）、混合黏土（约占 25.82%）以及铁白云石（约占 11.85%）。

（2）综合砂卵石试样的 CAI 磨蚀试验结果，可以认为该区域卵石整体硬度大，钢针划痕较浅。磨蚀指数分布范围为 3.02～3.79，均值 3.33。

（3）单轴抗压强度为 114.70～153.40MPa，均值 134.75MPa；弹性模量为 22.58～36.50GPa，均值 28.38GPa；泊松比为 0.15～0.38，均值 0.26；抗拉强度为 3.78～5.82MPa，均值 4.56MPa。

室内试验结果表明，砂卵石地层中的卵石矿物含量以斜长石和石英等硬质矿物为主，砂卵石整体强度较高，大于 10mm 粒径的卵石占比接近 60%，总体磨蚀指数 CAI 值偏大，会对盾构刀盘及刀具产生严重磨损。

砂卵石地层盾构刀具磨损可分为磨耗和冲击损伤，如图 7.2-1 所示。磨耗速率慢，可用磨损理论预测,冲击损伤随机性高,属于概率事件,刀具发生冲击损伤会加剧刀具磨耗速度。

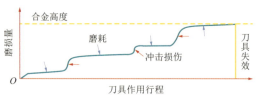

图 7.2-1　刀具磨损过程曲线

磨损形态不同，磨损机理各异，影响磨损的控制因素也不相同。磨耗主要受刀盘转数、渣土改良、卵石磨蚀性、刀具耐磨性等因素的影响，冲击损伤主要受刀盘转速、卵石粒径、卵石强度、刀具耐冲击性等因素影响。通过研究，揭示出刀盘转数和刀盘转速分别为磨耗和冲击损伤的主控影响因素，其他为基础影响因素。

针对磨损主控影响因素，提出降低刀盘转速以避免刀具冲击损伤，减少刀盘转数以降低刀具磨耗的"防冲降磨"磨损控制理论和实现技术，延长刀具使用寿命。刀盘转速低，刀具对卵石的冲击能量小，楔犁刀主要发挥楔犁卵石地层，打破卵石骨架，松动卵石咬合结构，使卵石从原位剥落的作用，实现卵石地层"楔犁—松动—剥落"开挖。如此，楔犁刀不破碎卵石颗粒，消耗能量少，可实现盾构低能耗掘进；反过来，也可以降低卵石颗粒对刀具的反冲击作用，避免刀具冲击损伤，延长刀具掘进距离。单位掘进长度，盾构掘进贯入度高，刀盘转数少，刀具运动轨迹短，产生磨耗的行程少，可实现刀具低磨耗掘进，尤其是线速度较大的周边刀具。

高贯入度、低转速的掘进模式，利于实现刀具"防冲降磨"磨损控制，具体见后续章节内容。

在基础影响因素方面，卵石颗粒的磨蚀性和强度决定了对刀具性能的需求，所以在刀具设计时，需要通过刀具结构设计和合金材料的选取提高刀具自身耐磨性和耐冲击性，设计加工形成高强耐冲击的砂卵石地层专用刀具，才能实现"耐冲耐磨"；在刀具配置时，采取多梯次、大高差布置，实现刀具接续开挖、延长刀具使用寿命的同时，降低刀盘扭矩；盾构掘进时，改善渣土改良效果，降低渣土摩阻力，提高渣土流动性，缩短刀盘前渣土滞留时间，降低刀具磨损。

7.3　磨损预测

通过对盾构刀具磨损机理的研究，可以建立刀具磨损模型，计算刀具寿命，预测换刀距离，为计划性换刀位置的设置提供理论指导。对以楔犁刀为主体开挖刀具的砂卵石地层盾构隧道掘进，楔犁刀的磨损控制和预测是最关键的环节，尤其是周边楔犁刀与正面楔犁刀相比，该部位楔犁刀磨损最快，同等条件下，最先失效。原则上，周边楔犁刀的总体使用寿命，即可持续掘进距离代表了整个刀盘刀具的单次寿命。多梯次的周边楔犁刀全部失效，相继退出工作后，就必须换刀，这是极限寿命。

7.3.1　盾构刀具磨损预测模型

7.3.1.1　基于经验磨损系数的刀具磨损预测模型

当盾构刀盘在同一刀具轨迹半径上配置单把刀具时，根据日本隧道协会（JTS）提出的基于平均磨损系数的刀具磨损量计算经验公式(7.3-1)，可得到该轨迹上刀具最大掘进距离的计算公式(7.3-2)。

$$\delta = \frac{k\pi DNL}{V} \tag{7.3-1}$$

$$L = \frac{\delta V}{k\pi DN} \tag{7.3-2}$$

式中：δ——刀具磨损量（mm）；
　　　k——平均磨损系数（mm/km）；
　　　D——刀具运动轨迹直径（mm）；
　　　L——掘进距离（km）；
　　　N——刀具转速（rpm）；
　　　V——掘进速率（mm/min）。

当盾构刀盘在同一刀具轨迹半径上配置 n（$n>1$）把刀具时，刀盘每转动一圈形成的贯入度，由该轨迹上的 n 把刀共同分担，此时如果 n 把刀等间距布置，则每把刀具的贯入度为原来单把刀布置时的 $1/n$，这样刀具的切深减小，磨损量也随之减小，平均磨损系数 k 会变小。根据经验，此时盾构刀具平均磨损系数 k_n 为：

$$k_n = \frac{k}{n^{0.333}} \tag{7.3-3}$$

故同一轨迹半径布置 n（$n>1$）把刀具时的平均磨损系数 k_n，可按式(7.3-4)计算。

$$k_n = \frac{\delta_n V}{\pi DNL} \tag{7.3-4}$$

故同一轨迹半径布置 n（$n>1$）把刀具时的磨损量 δ_n，可按式(7.3-5)计算。

$$\delta_n = \frac{k_n \pi DNL}{V} \tag{7.3-5}$$

故同一轨迹半径布置 n（$n>1$）把刀具时，盾构不换刀最大掘进距离 L_n，可按式(7.3-6)计算。

$$L_n = \frac{\delta_n V}{k_n \pi DN} \tag{7.3-6}$$

依据 k 的经验取值，以及对工程现场反循环钻钻头节齿磨损量的分析，可知经验磨损系数为 0.02~0.05mm/km。

7.3.1.2 基于金属摩擦理论的刀具磨损预测模型

根据第 7.1 节所述，楔犁刀磨损可分为磨粒磨损和黏着磨损两部分。

磨粒磨损计算，见式(7.3-7)。

$$Q_{\text{abr}} = Bh^2 \tan\beta = \frac{w}{\sigma_s \pi \tan\beta} = \frac{k_1 w}{\sigma_s \pi} \tag{7.3-7}$$

式中：k_1——磨粒磨损系数；
　　　σ_s——刀具合金材料受压屈服极限；
　　　w——受到的载荷，可由第 6.3 节楔犁刀与砂卵石地层相互作用的楔犁作用力学模型计算切削力得出。

k_1主要受刀具尺寸、合金特性和磨粒磨损形式等影响，盾构刀具磨损为磨粒磨损中的三体磨损，结合类似工程，盾构刮刀磨粒尺寸约为80μm，计算磨粒磨损系数选择2×10^{-3}。w经计算约为3MPa，可计算得Q_{abr}约为0.06mm/km。

黏着磨损计算，见式(7.3-8)。

$$Q_{adh} = \frac{k_2 w}{3\sigma_s} \quad (7.3-8)$$

式中：k_2——黏着磨损常数，$k_2 \leqslant 1$。k_2受滑动材料和摩擦条件影响，据类似工程文献刀具黏着磨损系数为3.09×10^{-6}。

计算可得Q_{adh}约为0.001mm/km。

在盾构推进时，刀具以等间距螺旋线形式运动，通过式(7.3-9)计算出最外周刀具总切削长度：

$$L = \frac{X\sqrt{\omega^2 R_i^2 + v^2}}{v} \quad (7.3-9)$$

式中：v——盾构机掘进速度；

ω——刀盘角速度，$\omega = \frac{2n\pi}{60}$；

X——盾构掘进距离；

R_i——刮刀安装半径。

刀具的合金磨损量一般为长度磨损量，刀具长度L_1、宽度L_2，当盾构推进距离X时，刀具的磨损量计算见式(7.3-10)。

$$\delta = (aQ_{abr} + bQ_{adh}) \cdot L \quad (7.3-10)$$

式中：a、b——磨粒磨损量和黏着磨损在刀具总磨损量中的权重。

在北京轨道交通新机场线一期工程中，盾构刀盘的楔犁刀最大安装轨迹半径4520mm，合金屈服强度2938.2MPa，砂卵石单轴抗压强度134.7MPa（考虑砂卵石地层的松散性，计算数值取20%）；当盾构掘进速度取60mm/min、刀盘转速取1.24r/min时，a、b分别取经验值0.85和0.15，可计算得到磨损系数为0.051mm/km。

综合经验磨损系数与金属摩擦理论两个刀具磨损预测模型，均得出单把周边楔犁刀磨损系数约为0.05mm/km，与实际刀具磨损测量值相吻合，是对模型的验证。

7.3.2 刀具磨损与换刀距离计算与预测

7.3.2.1 刀具磨损量计算方法

在砂卵石地层盾构的掘进过程中，刀盘最外圈刀具磨损最严重。外圈刀具磨损严重或失效后，盾构机的推力和刀盘扭矩将急剧增大，推进速度明显变慢，甚至停机。刀盘最外圈刀具磨损量的推测值，可按式(7.3-11)计算。

$$\delta = \frac{K\pi DNL}{V} \quad (7.3-11)$$

式中：δ——刀具磨损量（mm）；

K——磨损系数（mm/km），依据第7.3节的结果取0.05mm/km；

D——盾构机外径（m）；
N——刀盘转速（r/min）；
L——刀具切削长度（km）；
V——掘进速度（m/min）。

7.3.2.2 换刀距离计算与预测

在北京轨道交通新机场线一期工程中，依据磨损理论模型及经验模型，可得到砂卵石地层中的磨损系数为 0.05mm/km。即刀具每运动 1km，预测磨损量为 0.05mm。

刀具三维大梯次空间布置可最大限度提升盾构单次不换刀连续掘进距离。分别将 220mm、190mm、155mm 刀高的周边保径楔犁刀依次相继失效作为预警换刀位置、经济换刀位置和极限换刀位置，实现多梯次刀具的寿命延续和叠加。

盾构机的刀盘直径为 9040mm，刀盘转速取 1.2r/min、掘进速度取 60mm/min。经过计算，各换刀位置如表 7.3-1 所示。

基于刀具磨损量的理论换刀距离预测　　表 7.3-1

换刀位置	掘进距离/m
预警换刀位置	581
经济换刀位置	1162
极限换刀位置	1743

在北京轨道交通新机场线一期工程案例中，左右线 2 台盾构机均实现全断面无水砂卵石地层单次不换刀连续掘进 1.7km，与磨损预测吻合。

7.4 本章小结

本章采用理论分析、现场试验、工程类比等手段，依托北京大兴国际机场线磁各庄站-1号区间风井区间盾构工程，对盾构刀具磨损形态、楔犁刀工作寿命、楔犁刀所受冲击载荷影响等内容展开深入研究，研究得到以下结论：

（1）通过对砂卵石地层楔犁刀开挖作用过程和磨损形态的分析，认为刀具磨损的微观机制主要是磨粒磨损及黏着磨损，其影响因素主要为刀具与地层之间的作用力和地层本身特征。

（2）综合考虑全断面无水砂卵石地层磨蚀性特征、刀具结构形式及三维大梯次刀具空间配置方法等因素，建立了刀具寿命预测模型，计算得到磨损系数为 0.05mm/km，预测楔犁刀的最长掘进距离为 1743m，为计划换刀位置提供了依据。

（3）基于 Hertz 弹性碰撞模型，研究了刀具与卵石碰撞的力学行为，对单次载荷及循环载荷下的刀具冲击破坏机理进行研究。由计算可知，依托工程所采用的贝壳形楔犁刀承受单次最大冲击能为 203.06J，刀盘转速为 1r/min 时单次冲击载荷下合金块不发生断裂的卵石最大粒径为 1087mm，循环载荷下合金块不发生断裂的卵石最大粒径为 479mm，合金块不受单次冲击作用及循环载荷作用影响时的卵石最大粒径分别为 79.12mm 和 36.72mm，以上粒径均随刀盘转速增大而降低。

（4）基于砂卵石地层室内试验可知，依托工程盾构穿越地层为强磨蚀性地层。基于本节对刀具在砂卵石地层中的磨损预测及冲击载荷下力学行为的研究，为延长盾构单次掘进距离，可采用降低刀具轨迹长度、刀具运动速度来实现"防冲降磨"的刀具磨损控制。

第 8 章
砂卵石地层盾构长距离高效掘进技术

在软土、软黏土、砂土等常规地层，能够轻松实现盾构快速掘进和一次不换刀长距离连续掘进，但在地质条件复杂的砂卵石地层，盾构掘进缓慢、刀具磨损快、工程问题多，很难实现长距离高效掘进。

砂卵石地层盾构掘进困难，主要体现在"三难"，即开挖难、输排难、控沉难。开挖难，主要在于推力高、推速低、扭矩高、功耗大、磨损快、换刀勤；输排难，主要在于渣土塑流性差、易沉仓、易喷涌；控沉难，主要在于扰动易失稳、失稳易超排、超排易沉陷。砂卵石地层盾构掘进，关键在于"开挖"与"输排"，通过机械装备与施工技术综合实现高效开挖、平衡输排，实现"能掘能排"。

本章主要围绕"开挖难"的问题，依据砂卵石地层盾构"楔犁—松动—剥落"开挖机理，提出适合于该地层且能够解决开挖难问题的关键技术，包括盾构刀盘与刀具设计、刀具配置及盾构掘进模式等方面。

8.1 砂卵石地层盾构"楔犁—输排"保压掘进理念

砂卵石地层盾构施工，不像在常规地层，掘进的每个环节均容易控制。砂卵石地层盾构掘进，需要紧密围绕从地层开挖、渣土输排到位移控制各环节，充分结合地层特征和环境条件，在正确的施工理念指导下，依靠装备能力和施工技术，针对性解决其特有的工程问题，才能全面实现高效开挖、平衡输排、保压控沉的目标。

因此，通过理论研究和工程实践，提出适合砂卵石地层土压平衡盾构施工的"楔犁—输排"保压掘进理念。即基于砂卵石地层楔犁刀"楔犁—松动—剥落"开挖机理，围绕"开挖"与"输排"，选用辐条式、大开口率、圆管梁直角刀盘，超高耐磨高强楔犁刀具和高通过率螺旋输送机，实现地层高效开挖和渣土平衡输排；采取仓前加注为主、多点多剂复合加注的渣土改良方式，实现土压、渣量的动态平衡。该理念可以概括为：基于地层环境特点和盾构开挖机理，围绕"楔犁开挖—平衡输排"，综合盾构设备技术和掘进技术，实现砂卵石地层土压平衡盾构保压掘进。

"楔犁—输排"保压掘进是砂卵石地层盾构掘进的基本技术前提，主要包括地层环境、盾构设备及掘进技术三部分，如图 8.1-1 所示。

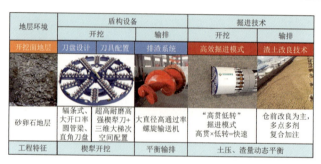

图 8.1-1 "楔犁—疏排"掘进理论示意图

8.2 砂卵石地层盾构刀盘刀具设计与配置

砂卵石地层盾构高效开挖依赖刀盘刀具来实现，针对性的刀盘选型与设计、刀具设计与配置是关键。

对于可输排、无需破碎的砂卵石地层而言，小开口率的面板式或辐板式刀盘，虽然利于对开挖面地层的机械支撑，辅助开挖面稳定，但是卵石通过率低，刀盘前卵石滞留时间延长，刀盘扭矩增高，卵石与刀具和刀盘面板摩擦作用加强，刀盘刀具磨损加剧；甚至出现粒径过大，无法进仓需要破碎的现象，刀具冲击损伤概率和卵石颗粒卡阻刀盘风险升高。由于刀盘结构的阻隔，仓内外砂卵石渣土流动性差，土压建立和传递困难，难以实现真正的压力平衡掘进。因为砂卵石地层自身的密实度和颗粒骨架结构的存在，地层压缩性低，且在依靠刀盘面板提供强支护的同时，卵石进仓困难，由此必然导致高推力的出现。因此，小开口率的面板式或辐板式刀盘不适于以"楔犁—输排"保压掘进为理念的可输排粒径的砂卵石地层。

同样对于刀具而言，以切刀、刮刀等常规刀具为主体刀具，以刀刃切削剥离均质地层实现开挖的情况，只适合于细粒软黏土和粗粒砂土地层掘进。对于粗粒的砂砾层和巨粒的卵漂石地层，不再是刀刃切削地层，而是依靠刀具刃端楔犁松动卵石颗粒骨架实现颗粒剥落开挖。因此，常规切削刀具的型制、强度、耐磨和耐冲击等性能，以及刀具单一、均匀化配置无法满足地层特征需求。"切削"一词一般用来统称或泛称盾构刀具对地层的开挖作用，这里将"切削"一词从一般概念上分离出来，专指符合本身含义的软土、黏性土等细粒地层和砂土等部分粗粒地层刀具作用机理，这与盾构最开始用于软黏土地层的发展历程也相吻合。"切"与"削"从其本意和机理上讲，在刀具作用下，必然带来物体体积、尺寸上的变化，物体被切分、被削减，结果是由大变小，由厚减薄。砂卵石地层盾构刀具的作用目的是松动和离散卵石颗粒间的骨架结构与咬合作用，将其从开挖面剥落，使之顺利进仓并输排，无需被切分或削减，既不需切碎，也无需削薄，以降低刀具磨损和设备功耗，以最低代价完成开挖与掘进。

因此，结合砂卵石地层盾构工程特征进行针对性的刀盘刀具设计和配置，是实现楔犁开挖和高效掘进的基础。

8.2.1 盾构刀盘与刀具设计

8.2.1.1 楔犁刀盘设计

（1）楔犁刀盘及设计原则

依据砂卵石地层盾构"楔犁—松动—剥落"开挖机理和"楔犁—输排"盾构保压掘进

理念，砂卵石颗粒从开挖面剥落后，需要顺利入仓，防止在刀盘前滞留或需要破碎才能进仓，以利于渣土输排和压力平衡的建立与传递，进而降低扭矩、推力等掘进参数指标，减少刀-石相互作用和磨损产生，获得长距离高效掘进。这不仅需要楔犁刀具，也需要有高通过率的楔犁刀盘来共同实现。

将安装有楔犁刀具，符合"楔犁—输排"掘进理念，采用楔犁开挖方式，利于砂卵石渣土进仓输排和建立压力平衡的盾构刀盘，称为楔犁刀盘。楔犁刀盘结构的主要特点是：辐条式、大开口率、圆管梁、直角刀盘。

辐条式可以获取大开口率，保证卵石颗粒的高通过率，尤其是粒径小于螺旋输送机可输排粒径d_p的无需破碎的卵砾石和小粒径漂石，减少刀盘前滞留，降低刀盘刀具磨损，避免刀具冲击损伤，降低扭矩和推力，增加仓内外渣土的流通和融合，实现保压掘进。砂卵石地层辐条式刀盘有效开口率宜为50%~60%，尤其应提高刀盘中心开口率。在可输排粒径砂卵石地层，除保证辐臂结构受力稳定和相互联系而保留必要格栅连接外，尽量减少格栅设置，以增加刀盘开口率。在一些沿隧道纵向存在砂卵石与软黏土、砂土的复合地层交互分布时，也存在刀盘辐臂两侧加装可拆卸的附加小面板、附加格栅的案例，以减小刀盘开口率，增加刀盘对开挖面的机械支撑来辅助实现开挖面稳定。根据地层卵石粒径、地层稳定性、开挖直径、掘进距离等因素，选用不同数量的辐条，可以是主辐臂与副辐臂间隔均布，如4主臂+4副臂、6主臂+6副臂、8主臂+8副臂等，也可以只有主辐臂。

刀盘辐臂采用圆管梁结构，以减小渣土进仓阻力，利于渣土流动，也降低了长距离掘进时刀盘辐臂的磨损。一般情况下，砂卵石地层开仓换刀条件不理想，气压开仓因地层气密性和泥膜质量问题，较难实现；常压开仓因地层稳定性和地下水问题，风险较大。砂卵石地层必要情况下的开仓换刀，应选用背装式可拆卸刀具且在地面采取地层加固止水措施后进行，风险仍然很高。所以长距离砂卵石地层盾构掘进，一般按照梯次化方式布置刀具，谋求更长的一次性不换刀掘进距离。因此，为了保证刀具梯次化多层配置和同梯次刀具的刀间距设计，从辐臂布刀的空间需求讲，采用焊接式撕裂刀是首选。从这方面讲，也就没有采用方管梁辐臂结构。

刀盘外周采用直角设计，即刀盘边缘面板不做成像硬岩刀盘一样的弧面设计，以便对拱部地层形成有效支撑，减少刀盘上方砂卵石的松散和塌落。这种刀盘形式会带来刀盘外周磨损加剧，一般会通过设计耐磨环带或增加外周保护刀来解决。同时，为避免保径刀外侧面遭受同样的磨损，可以将保径刀设计成向外以一定倾角安装的形式。

（2）楔犁刀盘设计应用案例

楔犁刀盘设计应用案例如图8.2-1、图8.2-2所示，为北京轨道交通新机场线全断面砂卵石地层刀盘，刀盘开挖直径9.14m，为6主辐臂+6副辐臂的圆管梁、直角刀盘，采用中间支撑方式，开口率60%。刀盘配置以楔犁刀为主体开挖刀具，刮刀为辅助刀具，在全断面砂卵石地层，成功一次不换刀连续掘进1.7km，加上始发段0.5km黏性土和砂土地层，则连续掘进2.2km。

8.2.1.2 楔犁刀具设计

1）楔犁刀具设计及原则

与软土、黏性土、砂土地层中盾构刀具的切削剥离作用机理不同，砂卵石地层刀具重在发挥"楔犁—松动—剥落"的作用，以最低的刀具磨损和最小的设备功耗为代价，完成砂卵石从开挖面剥落到进仓输排的掘进过程,以实现长距离高效掘进效果。

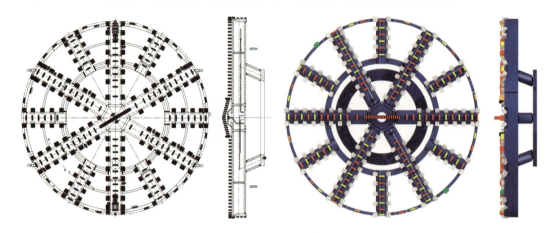

图 8.2-1 楔犁刀盘结构示意图

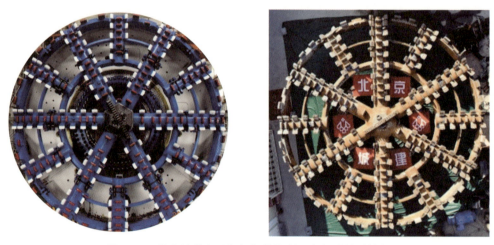

图 8.2-2 北京轨道交通新机场线楔犁刀盘掘进前后情况

前文对"楔犁—松动—剥落"开挖机理做了阐述。从"楔犁"一词本身意义而言,可做以下解释。

"楔",一是取楔形物之意,刀具如楔形。刀体在高度、宽度和厚度等尺寸规格上,刀体高度突出,宽而薄,顶端刃部趋窄趋薄,如楔子一般,一端大一端小,相对于开挖面而言,刀具楔进地层空隙。二是取楔入之意,刀具楔入地层的动作。刀具在盾构水平推力作用下,垂直于开挖面压入地层,如同楔子从空隙中被打进、楔入一样。

"犁",一是取耕地农具之意。刀具如耕地用的犁铧,起到松土翻土的作用。楔犁刀具沿运动方向的前后端面,在做倒角处理后,与犁具有异曲同工之处。二是取犁耕、割开、划开之意。刀具在刀盘旋转扭矩牵引下,沿环形轨迹像耕犁犁松土壤一样,犁松开挖面地层,并将砂卵石剥落,使其导流入仓。

在实际开挖过程中,楔犁从刀具形状和功用来讲,是一个复合体,如楔与犁之形,如楔与犁之用;从刀具运动机理来讲,是楔与犁合二为一连贯、并存的动作。楔是刀具在盾构水平推力作用下,向开挖面正前方运动的动作;犁是刀具在盾构刀盘旋转的扭矩作用下,沿开挖面环向运动的动作。盾构机不转动刀盘，只向前推进时，刀具为单纯楔入动作；盾构机只转动刀盘，不向前推进时，刀具为单纯犁松动作。盾构正常掘进砂卵石地层时，刀具体现出完全的楔犁动作。"楔"是水平向挤压开挖面地层的力学行为，"犁"是环向剪切开挖面地层的力学行为。"楔"实现砂卵石地层盾构向前推进，"犁"实现砂卵石地层盾构环向开挖。两者是有机结合的整体，共同实现砂卵石地层盾构掘进。

楔犁，可以解释为在由散体颗粒构成的低黏聚力、高内摩擦角的砂卵石地层，盾构刀盘上的楔犁形刀具，在推力作用下，向前持续楔入砂卵石地层开挖面空隙，并在刀盘旋转扭矩作用下，沿环向运动轨迹连续犁松地层，使砂卵石咬合结构松动，卵石颗粒被剥落、入仓，完成地层开挖和盾构掘进。刀具在压应力作用下向前楔入地层，必然对周边砂卵石产生挤扩作用，使其原始咬合结构发生破坏，产生松动效应。刀具在旋转扭矩作用下环向犁开地层，使砂卵石原始结构被剪切破坏，形成犁沟状剪切槽；同时，刀具两侧面在与周围砂卵石发生摩擦作用的同时，也对其产生挤扩作用，使其松动、剥落，当相邻刀具形成的松动区范围发生交叠时，开挖面砂卵石就会被逐渐完整剥落。

因此，楔犁刀具的设计应该遵循"楔犁—松动—剥落"的开挖机理，能够产生楔犁作用，形成楔犁效应，并且耐磨、耐冲击、掘进距离长。总体而言，楔犁刀具应具备刀体超高、大体积合金耐磨、高强耐冲击的特点。

2）楔犁刀具设计应用案例

楔犁刀具设计应用案例，见图 8.2-2，为北京轨道交通新机场线全断面砂卵石地层楔犁刀具。该工程发明了砂卵石地层盾构楔犁刀，开发了楔犁刀具体系，实现了砂卵石地层盾构"楔犁—松动—剥落"开挖。

（1）楔犁刀具体系包括：

①超高中心楔犁刀，刀高 300mm，安装于刀盘中心、鱼尾刀两侧，辅助鱼尾刀增强中心区域地层松动效果。

②超高保径直角楔犁刀，刀高 220mm，安装于刀盘周边最大半径处，与刀盘面垂直安装，角度 $\theta = 90°$，起保径开挖作用。

③超高保径倾角楔犁刀，刀高 245mm，安装于刀盘周边最大半径处，与刀盘面斜向安装，角度 $\theta = 116°$，法向投影高度 220mm，起保径开挖作用，降低了保径刀外侧面磨损。

④超高正面楔犁刀，刀高 190mm、155mm，安装于周边保径楔犁刀与中心鱼尾刀之间的刀盘正面区域，起主体开挖作用。

⑤中心强化楔犁刀，刀高 73mm，"梳篦状"嵌装于中心鱼尾刀两侧斜刃面，使中心刀高度达到 450mm，强化中心刀超前松动剥落效应。

（2）楔犁刀刀具在尺寸、耐磨和耐冲击性能方面指标如下：

①刀体超高：从 155mm、190mm、220mm 到 300mm；

②大体积合金耐磨：单块体积最大的边块硬质合金尺寸为 108mm × 100mm × 37.5mm，合金洛氏硬度 HRA 87.5；

③高强耐冲击：合金采用钨钴合金，碳化钨 WC 含量 87%，钴 Co 含量 17%，横向断裂强度 TRS = 2744MPa，冲击韧性 $a_k = 7.84$J/m^2。

楔犁刀具设计总体强化了刀具高度、耐磨性和抗冲击性能，提高了刀具寿命，形成了以楔犁刀为主体的适用于砂卵石地层盾构掘进的刀具体系，见图 8.2-3。

刀具名称规格	模型图	设计图	初装刀	掘进后刀具
超高中心楔犁刀（300mm）	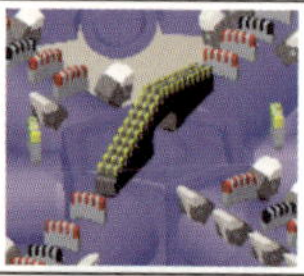	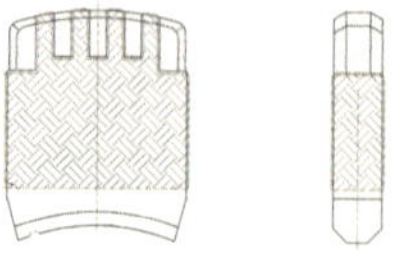		
超高保径直角楔犁刀（220mm, 90°）	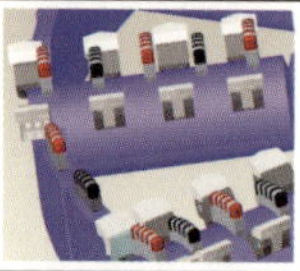	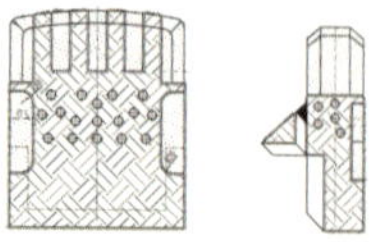		
超高保径倾角楔犁刀（220mm, 116°）		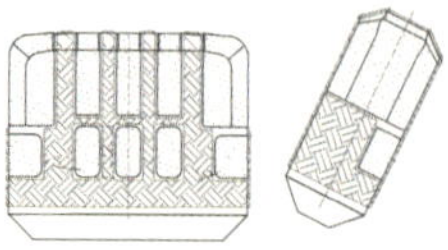		
超高正面楔犁刀（190, 155mm）	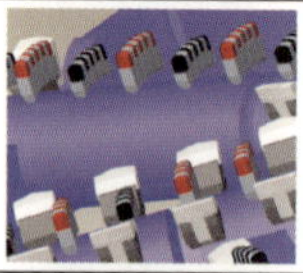	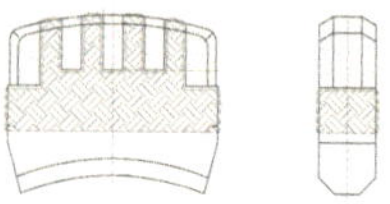		
中心强化楔犁刀（73mm）		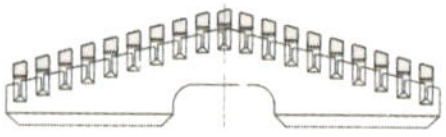		

（楔犁刀具体系）

图 8.2-3　楔犁刀具体系

（3）楔犁刀主要由两部分结构构成：硬质合金和刀具基体（也称母材）。

硬质合金是由难熔金属的硬质化合物和粘结金属通过粉末冶金工艺制成的一种合金材料。硬质合金具有硬度高、耐磨、强度和韧性较好、耐热、耐腐蚀等优良性能，广泛用作刀具材料。硬质合金是以高硬度难熔金属的碳化物（WC、TiC）微米级粉末为主要成分，以钴（Co）或镍（Ni）、钼（Mo）为粘结剂，在真空炉或氢气还原炉中烧结而成的粉末冶金制品。

硬质合金按合金成分不同，划分为以下三类：

①钨钴类硬质合金，主要成分是碳化钨（WC）和粘结剂钴（Co），牌号"YG"。

②钨钛钴类硬质合金，主要成分是碳化钨（WC）、碳化钛（TiC）及粘结剂钴（Co），牌号"YT"。

③钨钛钽（铌）类硬质合金，主要成分是碳化钨（WC）、碳化钛（TiC）、碳化钽（TaC）（或碳化铌 NbC）及粘结剂钴（Co），牌号"YW"。

盾构刀具镶嵌的合金材料，一般采用碳化钨硬质合金，钴作为粘结剂，通过特殊工艺压制成型，采用银基或铜基焊料钎焊方式（称为银钎焊或铜钎焊），与刀具基体焊接固定。盾构刀具刃端镶嵌的硬质合金，起切削岩土体的作用。

刀具基体对硬质合金起支撑和保护作用，采用42Cr（铬）Mo（钼）合金结构钢，具有良好的机械性能及可加工性，42CrMo 钢材属于超高强度钢，具有高强度和韧性，调质处理后有较高的疲劳极限和抗多次冲击能力，低温冲击韧性良好，调质处理后洛氏硬度为30～45HRC。

刀具基体材料相对于合金块材料耐磨性能差，为了防止刀具基体先于合金块磨损，导致楔犁刀合金块性能未完全发挥而提前脱落或崩断，一般通过在基体表面堆焊耐磨层，以提高基体抗磨损能力，保证基体与合金的使用寿命能够同步。

耐磨堆焊用的耐磨焊丝，按其化学成分可分为铁基堆焊耐磨焊丝和非铁基堆焊耐磨焊丝两大类。每一大类可按其化学成分特点或显微组织，又可分为若干小类。如铁基堆焊耐磨焊丝可分为高铬合金堆焊耐磨焊丝、碳化钨堆焊耐磨焊丝等，非铁基堆焊耐磨焊丝可分为钴基堆焊耐磨焊丝和镍基堆焊耐磨焊丝。按焊丝结构，可分为实芯焊丝及药芯（又称管状）焊丝。按采用的焊接工艺，可分为气保焊，埋弧焊，火焰堆焊，等离子堆焊及喷涂（焊）用堆焊耐磨焊丝。盾构刀具用堆焊耐磨焊丝要具备高硬度和高韧性，以满足耐磨、抗冲击和抗剥落的要求。

在该案例工程中，硬质合金块采用银钎焊深嵌在刀具母材顶端，5个合金块在刀具母体上对称分布。盾构掘进时，刀盘正转或反转，刀具沿环向楔犁开挖面地层，刀具前后端面与地层发生切向剪切作用，刀具左右两侧面与地层发生切向摩擦作用和侧向挤压作用（垂直于刀具两侧面向外），刀具顶面与地层发生切向摩擦作用和法向挤压作用（垂直于开挖面向前）。

（4）刀具设计与应用情况

案例中刀盘形式与刀具布置如图8.2-4所示。图中绿色为220mm楔犁刀，蓝色为190mm正面楔犁刀，红色为155mm楔犁刀，黑色为120mm刮刀及450mm中心鱼尾刀。

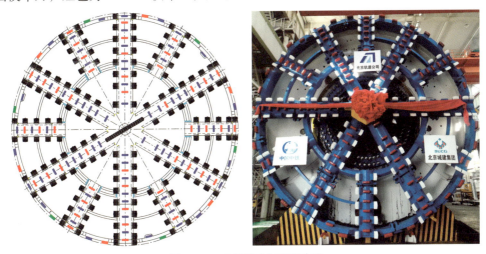

图8.2-4 刀盘形式与刀具布置

楔犁刀楔犁+刮刀切削组合模型表明，在一定范围内增加楔犁刀高度，有利于降低切削扭矩，增加多层楔犁刀高差也可增加刀具有效长度，延长盾构单次不换刀掘进距离。因此本工程首次应用300mm、220mm、190mm、155mm超高耐磨高强楔犁刀作为砂卵石地层的主切削刀，以提高掘进效率。超高耐磨高强楔犁刀的特点为刀体超高、大体积合金耐磨、高强耐冲击。

无论刀盘是正转还是反转，楔犁刀中间部分受力均较小，因此中间合金块高度设计略低于两侧边合金块。在盾构掘进时，刀具两侧合金块首先接触开挖面进行楔犁作业，两侧合金块不仅受到开挖面正面挤压、摩擦，还受到侧面的冲击，因此两侧合金块高度和宽度均尽量取大值，并采取大圆角设计，以此增加两侧合金块的耐冲击性能，防止因多次冲击卵石而产生疲劳破坏。

①正面楔犁刀：190mm、155mm 正面楔犁刀设计与应用情况见图 8.2-5。

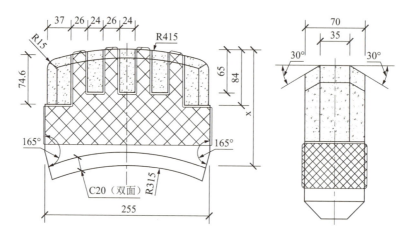

(a) 190mm、155mm 正面楔犁刀设计图

(b) 190mm、155mm 正面楔犁刀初装情况

(c) 190mm、155mm 正面楔犁刀掘进后情况

图 8.2-5　正面楔犁刀设计与应用（$X = 190mm$ 或 $155mm$）

②保径楔犁刀：220mm、190mm、155mm 保径楔犁刀梯次分布于刀盘周边，用于保径开挖，可分为 90°直角和 116°微倾角两种形式，两种角度保径刀具交替布置。具体设计与应用情况见图 8.2-6、图 8.2-7。

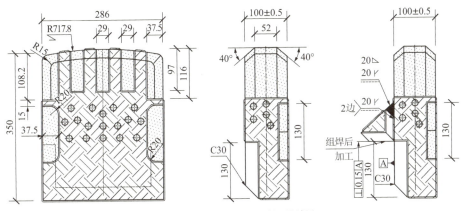

(a) 220mm 高度直角保径楔犁刀设计图

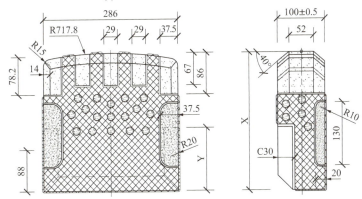

(b) 190mm、155mm 高度直角保径楔犁刀设计图（$X=320$mm 或 285mm，$Y=130$mm）

(c) 220mm、190mm、155mm 直角保径楔犁刀初装情况

(d) 220mm、190mm、155mm 直角保径楔犁刀掘进后情况

图 8.2-6　220mm 高度保径楔犁刀设计应用

图 8.2-7　245mm116°微倾角保径楔犁刀掘进后情况

③中心楔犁刀：300mm 超高中心楔犁刀共 2 把，位于刀盘中心位置，中心鱼尾刀两侧，辅助中心区域地层的楔犁与松动，所以刀具高度与 450mm 高度的中心刀匹配，采取 300mm 刀高，其设计与应用情况见图 8.2-8。

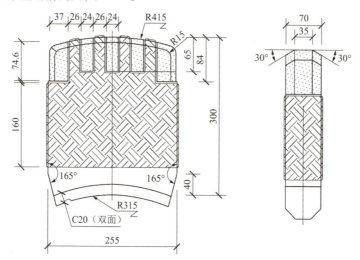

(a) 300mm 超高中心楔犁刀设计图

(b) 300mm 超高中心楔犁刀掘进后情况

图 8.2-8　300mm 超高中心楔犁刀设计应用

④中心强化楔犁刀。不同于软土地层鱼尾刀设计，砂卵石地层中心刀要解决刀盘中心区域地层在刀具低线速度运动条件下的楔犁—松动开挖问题，也要能经受长距离磨损，故采取中心刀两侧斜刃面"梳篦状"嵌装 73mm 中心强化楔犁刀，使中心刀高度达到 450mm，强化中心刀超前松动剥落效应。中心强化楔犁刀设计应用情况见图 8.2-9。

第8章 砂卵石地层盾构长距离高效掘进技术

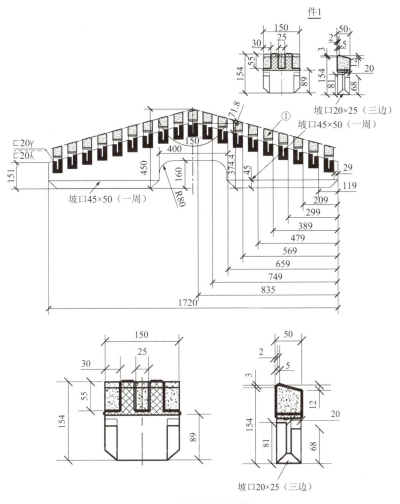

(a) 中心强化楔犁刀设计图

(b) 中心强化楔犁刀掘进后情况

图 8.2-9　中心强化楔犁刀设计应用

197

8.2.1.3 刮刀设计

在砂卵石地层，刮刀不参与开挖面的楔犁—松动作用，只在楔犁刀作用过程中，辅助剥落已被楔犁刀松动的砂卵石，并归拢、导流其渣体入仓，所以自身高度设计值较低，与楔犁刀拉开一定高差。在砂卵石地层，抵抗卵石对刀具的摩擦与冲击作用仍是刮刀设计的重点，根据刮刀在正面和周边位置的不同，在刀具保护方面的设计略有不同。

（1）正面刮刀

正面刮刀采用销接安装方式，缓冲卵石与刀具之间的相互冲击作用。前刃面迎土侧和正面以及后背面均镶嵌合金块，其中前刃面作为主要接触面，安装高 58mm、宽 32mm 大块合金，防冲击，抗磨损；正面和背面合金块主要用于提高刀具耐磨程度。正面刮刀设计应用见图 8.2-10。

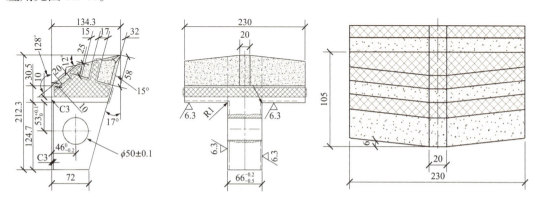

(a) 正面刮刀设计图

(b) 正面刮刀掘进后情况

图 8.2-10　正面刮刀设计应用

（2）边刮刀

根据周边刮刀的位置特性，外侧前刃角迎土侧采用宽 60mm、高 60mm 的大合金块，加强耐磨耐冲击作用。鉴于边刮刀外侧面与地层的紧密接触和运动轨迹行程长的特点，在初步设计方案基础上，又增设了外侧面圆柱合金和块状合金保护。

边刮刀初步设计见图 8.2-11，边刮刀加工设计图与掘进后情况见图 8.2-12。

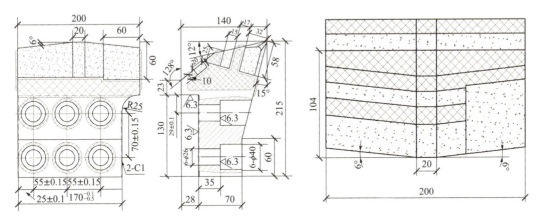

图 8.2-11　边刮刀初步设计图

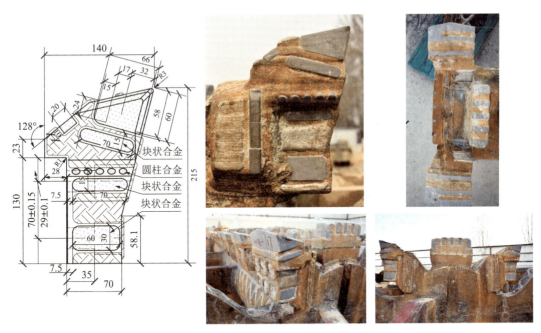

图 8.2-12　边刮刀加工设计图与掘进后情况

8.2.2　刀具配置

基于楔犁刀"楔犁—松动—剥落"开挖机理，在砂卵石地层辐条式、大开口率、圆管梁直角刀盘和超高耐磨高强楔犁刀设计基础上，将不同梯次固定式楔犁刀沿轴向、径向、环向、三维、多梯次、大高差空间交错配置，实现砂卵石地层楔犁松动梯次接续开挖。

在砂卵石地层，刀盘同一高度平面上，刀具布置过多，密度过高，虽然能降低相同轨迹上单刀切深，但是会影响砂卵石颗粒在刀盘前的流动和入仓，增加刀具开挖扭矩，影响刀盘开挖效率，无益于长距离不换刀掘进。只有将刀具沿刀盘轴向分层梯次配置，才能在保证刀盘开挖效率的前提下，形成刀具开挖能力的储备和接续，使得前一梯次刀具即将磨损失效时，后一梯次刀具开始参与掘进，如此可以实现长距离不换刀掘进。

在刀具梯次化配置中，不是梯次越多越好。梯次越多，前面梯次的刀具就会越高，给刀具设计、加工、固定带来困难，对刀具结构自身力学性能和焊接强度都提出更高要求。同时，梯次增多，同轨迹上刀具分布密度增大，刀盘整体刀具密度也增大。由于掘进时，后梯次刀具在初始阶段虽然不参与掘进，但是会参与渣土剥落、搅拌和导流，由此产生的摩阻力必然增加，砂卵石颗粒流动性降低和刀盘总扭矩增加的问题也都会出现。因此，刀具梯次化配置需要考虑合理梯次数量和刀具密度，具体应结合砂卵石地层单次不换刀掘进的目标长度，根据刀具所在部位，有区别地设置；同轨迹同梯次刀具数量，结合刀盘直径、刀具轨迹半径和梯次数量，综合考虑。

北京轨道交通新机场线全断面砂卵石地层 8.8m 外径盾构隧道工程中，刀盘开挖直径 9.04m，沿刀盘中心向外周共配置有：1 把镶嵌有 73mm 高度中心强化楔犁刀的 450mm 高度中心鱼尾刀，2 把辅助中心区域开挖的 300mm 超高中心楔犁刀，刀盘正面 190mm 与 155mm 正面楔犁刀，刀盘周边 220mm、190mm、155mm 高度的保径楔犁刀（245mm116°微倾角楔犁刀的轴向投影高度也为 220mm）。因此，形成了刀盘中心 2 梯次，正面区域 2 梯次，周边保径区域 3 梯次的楔犁刀梯次化布置。对于全刀盘而言，120mm 高度的刮刀则是位于楔犁刀梯次之后最低层次的辅助刀具。新机场线刀具布置具体见图 8.2-13。

红色—楔犁刀；白色—刮刀　　　　　橙色—300mm；绿色—220mm；蓝色—190mm；红色—155mm

(a) 盾构刀盘刀具实体　　　　　　　　(b) 刀盘与刀具分布示意图

图 8.2-13　新机场线刀具布置

（1）大梯次配置

砂卵石地层中，多梯次楔犁刀配置中，梯次刀具之间的高差设置至关重要。多梯次刀具通过相邻刀具刃端合金块在高度上的"搭接"，形成刀盘刀具对砂卵石地层开挖能力的接续。合金块"搭接"多，是刀具材料和开挖能力的浪费；合金块"搭接"少，不易形成开挖能力的连续和相互之间的保护。

合理的高差设置能最大程度发挥梯次化配置的作用，实现不换刀掘进的最大距离和开挖的最佳效果。梯次高差过小，易造成相邻梯次刀具过早共同参与掘进，则刀具梯次化能力被弱化，梯次化效果不明显，无法达到梯次配置的目标。梯次高差过大，相邻梯次刀具合金之间仍要保证高度上的"搭接"，就需要加大合金块高度，而整块合金的体积受工艺限制，不可能无限大，因此就会受到制约；同时，高差过大，若"搭接"不足，易造成刀盘开挖能力上的断续和波动，且前梯次刀具在其合金后半程工作中因后梯次刀具保护作用减小，而会加剧磨损，无形中损失了部分梯次化配置延长掘进距离的效用。

砂卵石地层不同梯次刀具之间的高差设置，不仅取决于合金块自身的高度加工能力，也取决于盾构掘进时刀盘的贯入度，也就是俗称的刀具切深。梯次高差应高于盾构掘进时常规状态下的刀盘贯入度，这样才能保证在刀盘转动一圈时，始终以位于第一梯次的刀具为主参与开挖，后一梯次跟随前一梯次的磨损逐步参与到地层开挖中，而不会造成前后两梯次从一开始就共同参与开挖，以致降低梯次化效果，不利于延长不换刀掘进距离。楔犁刀梯次高差示意见图 8.2-14。

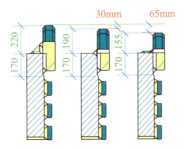

图 8.2-14　楔犁刀梯次高差示意图

在北京新机场线全断面砂卵石地层工程案例中，1~1.2r/min 的刀盘转速下，可以保持 40~60mm/min 的掘进速度，被认为是高效掘进速度，此时贯入度高于 33mm/rad，按此设计刀具梯次高差，使其高于该贯入度值，就能符合前述高差设置的理念。常规的刀具配置经验中，刀具高差一般取 25~30mm。该案例中，除保径楔犁刀第一梯次 220mm 与第二梯次 190mm 之间高差取 30mm 外，其余 190mm 与 155mm 保径楔犁刀和正面楔犁刀高差取 35mm，在常规基础上均有增加。同时，最高 220mm 保径楔犁刀和最低 155mm 正面楔犁刀与 120mm 刮刀之间高差分别为 100mm 和 35mm，如此保护了 120mm 高度刮刀免受砂卵石冲击。

以上共同构成了整盘刀具的大高差梯次化设计，尤其是强化了楔犁刀的大梯次配置，简称"大梯次"配置，实现了刀具开挖能力储备和接续，有效降低了刀盘扭矩，延长了单次不换刀掘进距离。

（2）三维大梯次空间配置

在大梯次配置的基础上，楔犁刀沿刀盘轴向、辐臂径向、轨迹环向三个维度高低间隔交错配置，形成周边保径楔犁刀按 220mm、190mm、155mm 三梯次交错配置（图 8.2-15），正面楔犁刀按 190mm、155mm 两梯次交错配置，总体形成楔犁刀沿刀盘径向同辐臂相邻轨迹、环向同轨迹相邻辐臂上的三维大梯次配置，实现开挖面地层的梯次化楔犁开挖。

通过刀具三维大梯次空间配置，有效降低了刀盘扭矩，形成了刀具接续开挖，为盾构长距离掘进创造了设备条件。在北京新机场线全断面无水砂卵石地层，实现 1.7km 盾构单次不换刀的连续掘进。

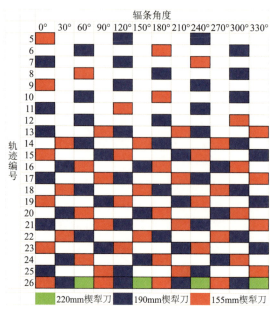

图 8.2-15　楔犁刀三维梯次化配置示意图

8.2.3　刀具配置的数值模拟

美国学者 Cundall 于 1979 年首次提出了离散单元法（DEM），PFC^{3D}（Particle Flow Code in 3 Dimensions），即三维颗粒流法便是由 ITASCA 公司以离散元法（DEM）为基础理论开发的一款商用数值计算软件，现今已在力学、采矿、化工等领域被广泛适用，PFC^{3D} 最明显的优势在于能够帮助解决任意数量、任意形状、任意大小的散体状集合体的静力学和动力学问题。最初，颗粒流法只被应用于包含有限数量颗粒的小规模数值计算，通常模型规模被限定在几百个颗粒或块体左右，为了探究颗粒材料的性质，需要从细观力学出发去描述单元体的宏观力学现象。如果要解决实际的复杂变形问题，还需要再借助连续介质方法进行数值分析。近几十年来推动颗粒流法被广泛接受和运用的原因主要有：一是散体颗粒材料的本构关系模型难以通过现场试验直接得到；二是计算机技术的大跨步发展为颗粒流模型解决整个复杂问题提供了可能；三是颗粒流法内置有许多可以直接调用的本构关系模型，整个软件功能强大而使用也相对简单。因此，PFC^{3D} 已成为分析固体力学和散体材料中复杂问题的一种有效工具。

8.2.3.1　砂卵石建模

颗粒流法计算软件的基本单元为颗粒单元和墙体单元，三维数值计算模型的构建必须以此为基础，采用颗粒单元模拟不同粒径的砂卵石土体颗粒，采用墙体单元模拟盾构刀盘。在建模过程中，颗粒单元需要依据实际地层参数进行属性赋值。

对于描述材料本构关系的参数，有限元等连续性方法的输入参数均为宏观指标（如弹性模量、泊松比等），一般可以通过试验直接获得，而颗粒流法的输入参数均为细观参数（如颗粒刚度、颗粒间摩擦系数等），无法从试验中直接获取；而且由于颗粒物质的离散特性、非连续性以及颗粒体系内部不均匀变形等特点，模型的微观参数与材料的宏观力学参数之间存在显著的非线性关系。因此，必须通过相应的数值模拟试验（如三轴试验）将材料宏观参数与颗粒细观参数联系起来，这个联系的过程称之为参数标定，标定后的模型参数才能更准确地反映真实的材料特性。参数标定本质是一个不断试错纠偏的过程，通过不断调整颗粒接触模型中的每个参数值并同时考虑参数之间的协调关系，经过反复多次的数值试验，使试验模型的试验结果与材料的宏观本构特性无限接近，即得到用于计算模型的细观参数组合。

以北京某砂卵石地层盾构隧道工程为例进行数值模拟研究。在三维试验数值模型建立之前，首先需要根据实际的材料特性来合理地选择颗粒间的接触本构关系特性。实际砂卵石地层，卵石颗粒较为密集，粒间填充有大量细微颗粒和黏性成分，有一定的粘结作用，因而采用接触粘结模型来适当考虑卵石颗粒间的黏聚力是可行的。

需要通过数值三维度试验进行标定的参数主要有：

(1) 颗粒法向变形模量（E_0^*）；

(2) 颗粒法向刚度与切向刚度比k_n/k_s（K^*）；

(3) 颗粒摩擦系数μ；

(4) 接触法向粘结强度σ_c（T_σ）和切向粘结强度τ_c（S_σ）。

(1) 试验模型的生成

选取北京地区⑤卵石-圆砾的物理力学参数建立颗粒流模型并进行参数赋值和标定。

已知卵石的孔隙比$e = 0.43$，孔隙率n是土中孔隙体积V_v与土的体积V之比，一般用百分数表示为式(8.2-1)：

$$n = \frac{V_v}{V} = \frac{V_v}{V_v + V_s} \times 100\% \tag{8.2-1}$$

或者式(8.2-2)：

$$n = \frac{e}{e+1} \tag{8.2-2}$$

由式(8.2-2)可知颗粒流模型的孔隙率为：

$$n = \frac{0.43}{1.43} = 0.30 \tag{8.2-3}$$

在同一体积下，根据质量相同原理，得到实际砂卵石的天然密度与颗粒流模型的颗粒密度之间的换算关系为：

$$\rho V_P = \rho V(1-n) = V\rho_0 \tag{8.2-4}$$

故颗粒密度为：

$$\rho = \frac{\rho_0}{1-n} = \frac{2020}{0.7} = 2885.7 \text{kg/m}^3 \tag{8.2-5}$$

数值三维试验的试样为一圆柱体模型。模型组成单元为墙体单元（wall）和颗粒单元（ball），其中试样由颗粒单元模拟，边界均采用墙体单元模拟。在整个试样的加载过程中，上下墙体可以通过控制其移动速度来对试样进行加载，而四周圆柱形墙体则用来模拟施加围压，所有墙体的移动速度都可以通过伺服机制进行自动控制，用以在试验过程中对试样施加一个恒定的围压。

试样模型的基本尺寸为：上、下直径均为500mm，高度1000mm，用ball distribute命令生成，初始孔隙率0.3，共生成5141个颗粒，颗粒的最大半径和最小半径分别为10mm

和25mm。为了减少墙体对颗粒间接触力的影响,墙体的摩擦系数μ取为0,同时墙体的存在会导致边界效应的产生,且过大的墙体刚度会致使数值试样内部的颗粒间产生很大的初始接触力,根据力-位移法则可知,如果接触力过大,那么颗粒间就会产生很大的重叠量,数值试样也就难以在较短时间内达到初始平衡状态。采用墙体刚度的缩放系数(相对于颗粒的法向刚度来缩放)来实现减小墙体边界效应,对于用来施加围压的圆柱形墙体,选择一个较小的缩小系数(0.5)来实现柔性约束;而对于用来实现加载的顶、底部平面墙体,则选择一个较大的放大系数(10)来实现对数值试样的刚性加载。本项数值试验模型中圆柱形墙体的刚度取值为10MPa,顶、底部加载板的刚度取值为200MPa,具体见图8.2-16。

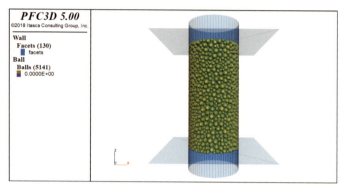

图8.2-16 数值三轴试验模型

(2)伺服控制原理

试样在整个模拟过程中的应力-应变状态通过利用 Fish 语言的二次开发来进行控制,应力由颗粒作用在墙体上的接触力与颗粒和墙体之间的接触面积(即圆柱形墙体的面积)计算得到:

$$\sigma^w = \frac{\sum_{N_c} F^{(w)}}{2\pi R \cdot 4R} \tag{8.2-6}$$

式中:$F^{(w)}$——颗粒作用于边界墙体上的接触力;

N_c——所有颗粒与墙体的接触数;

R——加载板的半径,试样径向或轴向应变的计算公式见式(8.2-7)。

$$\varepsilon = \frac{2(L - L_0)}{(L + L_0)} \tag{8.2-7}$$

式中:L——当前的试样半径(径向应变)或高度(轴向应变);

L_0——试样的初始半径或高度。

在整个试验过程中,可二次开发一个 Fish 函数对圆柱形墙体的径向速度和上下加载板的轴向速度进行数值伺服控制,以达到保持围压恒定的目的。圆柱形墙体径向速度的伺服控制可通过下述算法来实现。

首先给出墙体速度的计算公式,见式(8.2-8)。

$$\dot{u}^{(w)} = G(\sigma^{\text{monitor}} - \sigma^{\text{target}}) = G\Delta\sigma \tag{8.2-8}$$

从式(8.2-8)中可知,要控制墙体的速度,需要知道参数G的值;推算G值的方法如下:

在每一个计算时步中,墙体的移动所引起的应力增量为:

$$\Delta F^{(w)} = k_n^{(w)} N_c \dot{u}^{(w)} \Delta t \tag{8.2-9}$$

式中：$k_\mathrm{n}^{(w)}$——颗粒与墙体所有接触的平均刚度。因此，作用于墙体上的平均应力增量见式(8.2-10)。

$$\Delta\sigma^{(w)} = \frac{k_\mathrm{n}^{(w)} N_c \dot{u}^{(w)} \Delta t}{A} \tag{8.2-10}$$

式中，A为边界墙体的面积。为满足加载过程中的稳定性要求，式(8.2-10)中边界墙体上的应力增量$\Delta\sigma^{(w)}$的绝对值应小于式(8.2-8)中$\Delta\sigma$的绝对值。在实际中一般通过添加一个应力释放系数α（本试验α取值0.5）来满足加载过程中的稳定性要求，即式(8.2-11)。

$$|\Delta\sigma^{(w)}| < \alpha|\Delta\sigma| \tag{8.2-11}$$

将式(8.2-10)和式(8.2-8)代入式(8.2-11)中，可得：

$$\frac{k_\mathrm{n}^{(w)} N_c G |\Delta\sigma| \Delta t}{A} < \alpha |\Delta\sigma| \tag{8.2-12}$$

所以，达到稳定加载所要求G的临界值为：

$$G = \frac{\alpha A}{k_\mathrm{n}^{(w)} N_c \Delta t} \tag{8.2-13}$$

计算任一时步时，墙体的平移速度都应该满足式(8.2-8)，其中G的值由式(8.2-13)得到。

（3）试验过程

本项数值模拟分别以50kPa、100kPa、150kPa、200kPa为目标围压，利用应力-应变伺服控制机制不断调整墙体的移动速度，使数值试样固结。等压固结中的围压达到目标围压后，顶、底部加载板脱离伺服系统的控制并通过应变控制式来加载试样，将偏应力的加载速度设定为0.1m/s。为了避免因加载板的速度过大而使试样瞬时受到一个巨大的冲击力，试验中加载板的速度应该从0开始经过几个阶段逐步递增到目标加载速度，因此将加载速度等分为10份，每次增加0.01m/s后计算250个时步，循环往复直至达到0.1m/s的目标加载速度后稳定加载。在加载偏应力过程中伺服系统仍然会自动控制圆柱形墙体来保持试样四周围压稳定，试验中将围压的误差严格控制在1%以内。当试样的轴向应变达到20%时，停止加载，计算结束，然后根据需要输出相应的试验结果用于后续分析。

经过反复调试，最终得到满足要求的试验结果，图8.2-17、图8.2-18为这一组试验结果的数值应力-应变曲线和摩尔应力圆与库仑包络线。

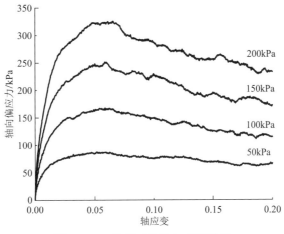

图8.2-17 数值三轴应力-应变曲线

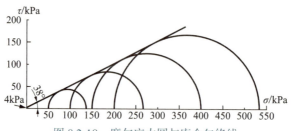

图 8.2-18 摩尔应力圆与库仑包络线

从图 8.2-17、图 8.2-18 中可以看出，试样的峰值强度会随着围压的增大而不断增大，且表现出线性递增的关系；随着围压的增大，弹性模量呈现出增大的趋势。参数标定结果见表 8.2-1。

参数标定结果　　　　　　　　　　　　　　　　　表 8.2-1

颗粒法向接触模量E^*/MPa	颗粒刚度比K^*	颗粒摩擦系数μ	法向粘结强度/kPa	切向粘结强度/kPa
20	1.5	0.7	15	12.5

8.2.3.2 刀盘建模

盾构刀盘数值计算模型包含大量复杂的墙面（facet）单元，如果通过依次输入墙体节点坐标直接在颗粒流计算软件中建立模型，建模的工作量巨大且很难保证模型的准确性。因此，在计算机辅助设计软件 Solidworks 2018 中建立实体机械模型如图 8.2-19 所示，将初始模型划分网格后再导入 PFC^{3D} 软件，效果如图 8.2-20 所示，此时的刀盘模型即可用于数值计算。

图 8.2-19　刀盘实体模型图

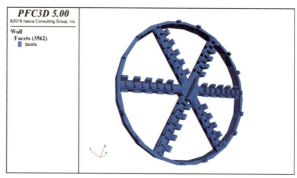
图 8.2-20　刀盘计算模型

刀盘计算模型是由成千上万个平面三角形墙面（facet）拼接拟合而成，刀盘尺寸越大或者结构越复杂，建模所需要的墙面也就越多，相同条件下的计算量也就会成倍增加。在实际数值计算过程中，通常会在不影响模拟效果的条件下将计算模型进行一定程度的简化以压缩计算时间。试验中刀盘计算模型直径为 6m，简化掉了原刀盘中的副辐臂，开口率约 75%，刀盘上刀具的种类、尺寸以及布设方式与原刀盘完全一致。在简化后，计算模型既能体现刀盘刀具实际的几何与力学特性，又节省了计算量。

8.2.3.3 数值计算

1）模型组成

砂卵石模型由 PFC^{3D} 软件中的颗粒单元组成，共包含 82065 个球形颗粒，模型尺寸：

长 × 宽 × 高 = 2.5m × 12m × 13m，如图 8.2-21 所示。

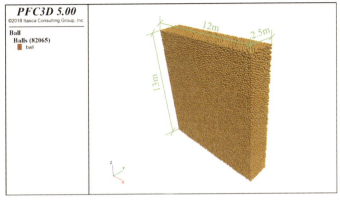

图 8.2-21　砂卵石模型

求解砂卵石模型初始平衡状态前，在模型的四周和底面设置边界墙体约束，并添加重力场。颗粒与颗粒之间以及颗粒与墙面之间均指定为线性刚度接触模型进行初始平衡，颗粒表面的变形模量和刚度比按实际（表 8.2-2）赋值，适当减小颗粒的摩擦系数或为颗粒添加黏滞阻尼都有利于模型快速达到平衡状态。同时，为了减小墙体对颗粒间接触力的影响，墙体的摩擦系数 μ 设为 0；为了消除墙体约束引起的边界效应也为了使模型尽快达到平衡，模型四周的边界墙体设置为柔性约束（0.5 倍的颗粒刚度），模型底面的边界墙体则设置为相对刚性约束（2 倍的颗粒刚度），具体参数赋值见表 8.2-2。

初始平衡阶段的接触参数赋值　　　　　　　　　　　　　　表 8.2-2

	颗粒法向接触模量 E^*/MPa	颗粒刚度比 K^*	颗粒摩擦系数 μ	法向黏滞阻尼 β_n
颗粒	20	1.5	0.3	0.5
四周墙体	10	1.5	0	—
底面墙体	40	1.5	0.3	—

当软件计算至颗粒簇内部的不平衡力比率小于等于 1×10^4 时，模型即达到初始平衡。然后使用 PFC³ᴰ 中的 contact 命令将颗粒与颗粒之间的线性刚度接触模型替换为线性接触粘结模型，并为新的接触模型赋予通过参数标定得到的本构参数（表 8.2-2），命令软件计算 250 步模型再次平衡，此时即得到了数值计算所需与实际地层具有相同物理力学性质的砂卵石模型。

在进行数值计算前还需要在刀盘模型后部添加一个圆柱面墙体（cylinder）用以模拟盾壳，其作用是为刀盘开挖通过后的地层提供刚性支撑；同时在刀盘模型后部距离辐条背面 0.5m 处添加一个圆盘形墙体（disk）用来模拟土仓隔板，利用 Fish 语言编写函数实现在计算过程中将与土仓隔板发生接触的颗粒删除，通过这样的方法模拟疏排被刀盘切削下来的渣土。盾壳与土仓隔板模型均在 PFC³ᴰ 中用 wall generate 命令直接生成，直径与刀盘模型一致。计算每一个时步都将刀盘模型的平移速度赋予盾壳和土仓隔板，使其整体协同运动，如图 8.2-22 所示。

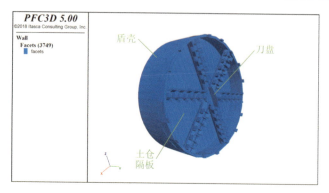

图 8.2-22　盾构模型

将砂卵石模型垂直于坐标系 y 轴放置,并将模型的正面置于坐标系 XOZ 平面上。为了疏排被刀盘切削下来的土颗粒,砂卵石模型正面的边界墙体约束需要替换为设置有"洞门"的边界墙体约束,如图 8.2-23 所示。刀盘模型同样垂直于 Y 轴放置与砂卵石模型的正面相平行,将刀盘上中心鱼尾刀的顶端中心置于坐标原点,这样刀盘的中心刀就刚好接触砂卵石模型,此时就建立起了数值计算模型的基本架构。考虑到实验室工作站的计算能力有限以及为了避免计算所需时间过长,需要限制模型的尺寸,如图 8.2-24 所示,刀盘中心埋深 9m(1.5 倍洞径),刀盘侧面距离同侧的砂卵石模型边界 3m(0.5 倍洞径),刀盘下边缘距离砂卵石模型底面 1m。

图 8.2-23　洞门

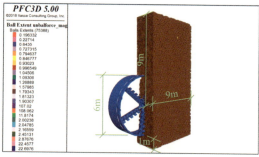

图 8.2-24　数值计算模型尺寸

2)模拟过程

盾构法的重要特征之一就是能够在掌子面上建立起稳定的支护力与地层水土压力相平衡,维持开挖面的稳定,因此对盾构法施工的数值模拟也应该着重处理好开挖面的平衡问题。在本次研究的颗粒流模型中,需要为"洞门"内的颗粒提供坐标系 Y 轴正方向的支护力,砂卵石模型才能保持稳定。在掘进过程中,盾构通过流塑化的改良渣土向开挖面施加支护力,停机时,盾构则通过改良渣土与压缩空气共同作用使开挖面持续稳定。理想的流塑渣土与空气均属流体类介质,内部不存在剪应力,可以将开挖面土体所受到的支护力简化为垂直于开挖面的法向力,在颗粒流法中,可以将其用设置边界条件的方式加以实现。

在 PFC^{3D} 中建立模拟盾构支护力的边界条件,需要借助利用内置 Fish 语言编写的功能函数。将土仓压力对开挖面的支护效应,抽象成作用在开挖面土体颗粒上的指定集中力。Fish 函数在这里的计算原理是:首先在盾构刀盘的后方构建一个虚拟的正方形,边长与刀盘直径相等如图 8.2-25 所示,对其进行网格化处理;令砂卵石地层模型内所有的土颗粒沿坐标系Y轴负方向网格面投影，只有地层模型最外侧的土颗粒能够在网格面上留下投影面积，即可搜索此刻位于开挖面上的土颗粒。根据开挖面土颗粒在网格面上留下的投影面积A_P的大小，分别计算每个颗粒需要的支护力，即式(8.2-14)的实际物理意义。对于那些与刀盘辐条或面板接触的颗粒以及"洞门"范围之外的颗粒，Fish 函数提供的支护力为 0。至此，在PFC^{3D}当中建立起了能够模拟盾构支护力的边界条件，见式(8.2-14)。

$$f = pA_P \tag{8.2-14}$$

式中：p——盾构土仓内压力；

A_P——投影面积；

f——土颗粒的支护力。

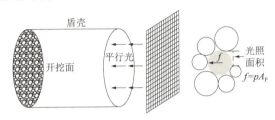

图 8.2-25 模拟支护力的添加原理

随着刀盘旋转顶进，开挖面上的土颗粒被刀具连续楔犁、松动和剥落，原来位于开挖面后方的土颗粒此时位于新的开挖面上，实现开挖面支护的 Fish 函数必须在计算的每一时步内都执行一次，以便能够及时捕捉到新开挖面上的土颗粒，及时更新支护力，从而达到动态稳定支护的效果。算例是在支护函数的程序语言中添加 whilestepping 语句，使函数在计算过程中不断被执行的。

至此，模拟刀盘切削所需要的各个要素都已经准备完成。模拟计算开始，首先执行支护函数稳定开挖面，然后计算至平衡，此时可以让刀盘旋转开挖砂卵石。初始模型中，刀盘只有中心刀刀刃处的一点与砂卵石模型接触，刀盘的其他部分与砂卵石模型之间还有一定的距离，若利用墙体伺服控制原理给刀盘模型施加恒定推力，刀盘最终会以很大的速度撞击砂卵石模型。因此，先为刀盘指定一个较小的恒定平移速度让刀盘慢慢接触砂卵石，为刀盘指定 2r/min 的转速让中心刀开始搅动砂卵石，随着刀盘向前移动，楔犁刀和切削刀依次接触到砂卵石参与切削。当刀盘位移达到 0.4m 时，刀盘与砂卵石已经充分接触，此时再利用参数标定过程中介绍的墙体伺服控制原理将刀盘受到的沿Y轴方向接触力的合力保持在 1800kN 左右，刀盘会在相对稳定的推力作用下继续向前切削砂卵石，如图 8.2-26 所示。

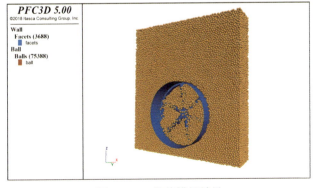

图 8.2-26 数值模拟效果

这里的推力仅指刀盘模型与砂卵石模型土颗粒之间的接触力在刀盘平移方向（坐标系 Y 轴正方向）上的分量之和，与通常所说的盾构推力有所区别。

根据表 8.2-3 列出的参数组合，刀盘首先以 2.0r/min 的转速、1800kN 的推力计算 2 万个时步，计算 2 万个时步能够使模型达到动态平衡并保持一段时间；然后改变掘进参数，提高刀盘的转速和推力后再计算 2 万个时步；最后再次改变掘进参数，同样提高转速和推力后继续计算 2 万个时步，至此计算结束。

模拟掘进的参数设定　　　　　表 8.2-3

序号	刀盘转速/（r/min）	刀盘推力/kN
①	2	1800
②	2.5	2100
③	3	2400

在数值模拟开始之前，需要设置模型在计算过程中对一些物理量或变量进行监测，以便后期对模拟过程及结果进行研究分析，本次研究主要对计算模型的以下物理量进行监测：

（1）刀盘扭矩；

（2）刀盘累积位移；

（3）计算时长和累积时长；

（4）接触粘结断裂；

（5）地表颗粒（测点）的竖向位移。

PFC^{3D} 内置的函数可计算任一墙体在任一时步所受到的总的接触力矩，由此得到刀盘模型旋转切削时受到的地层反向扭矩，使用 History 命令对函数进行监测便可得到刀盘扭矩的变化曲线。同样的方法监测了刀盘位移量 s 与计算时长 t，刀盘模型的平均平移速度可由式(8.2-15)得到。

$$v = \frac{s}{t} \tag{8.2-15}$$

式中：v——刀盘模型的平均平移速度；

s——刀盘模型位移量；

t——计算时长。

为了研究盾构刀盘切削开挖对周围岩土体的变形影响，分析砂卵石地层盾构隧道开挖引起的地表沉降，在砂卵石模型的顶面设置了一条垂直于盾构前进方向的水平测线，并在测线上均匀选取了 9 个颗粒作为测点，如图 8.2-27 所示。运用 History 命令记录测点的竖向位移可以得到地表变形沿横向的分布和地表变形的发展过程。

线性接触粘结模型在计算过程中，任一接触的法向接触力若为拉力且超过粘结的抗拉极限即满足式(8.2-16)，粘结则受拉断裂。

$$F_n^l > T_F \tag{8.2-16}$$

式中：F_n^l——接触力的法向分量；

T_F——粘结可承受的最大拉力。

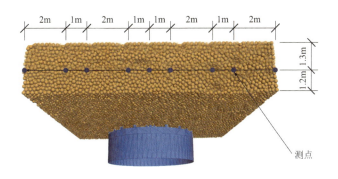

图 8.2-27　竖向位移监测点的布置

任一接触的切向接触力若超过粘结的抗剪极限即满足式(8.2-17)，粘结则受剪断裂。

$$\left\| F_s^l \right\| > S_F \tag{8.2-17}$$

式中：F_s^l——接触力的切向分量；

　　　S_F——粘结可承受的最大剪切力。

为了研究刀盘旋转切削对周围岩土体的扰动影响，利用内置 Fish 语言编写了一系列自定义函数，在计算过程中执行这些函数可实现对粘结断裂的识别与记录，计算结束后打开结果文件，在视图中选择显示 DFN（Discrete Fracture Network）选项，如图 8.2-28 所示，粘结断裂在计算模型中的分布将直观地呈现在视图窗口中。

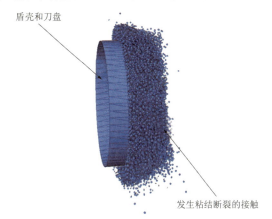

图 8.2-28　粘结断裂在模型中的分布

8.2.3.4　刀具高差对盾构掘进过程的影响分析

1. 刀盘刀具设计方案

为了研究刀具高差对盾构刀盘地层适应性的影响，引入 3 组模拟试验用以对比分析，在这 3 组试验中，仅对刀盘模型的刀具高差设计方案做了修改与调整。3 种刀盘设计方案如下。

（1）刀具高差 35mm

在刀盘简化模型的基础上，将原本梯次布置的 57 把楔犁刀按统一高度 155mm 布设，与120mm刮刀的刀具高差35mm，其他与原刀盘模型均相同，如图8.2-29所示。

图8.2-29　刀盘模型（刀具高差35mm）

（2）刀具高差70mm

将原本梯次布置的57把楔犁刀按统一高度190mm布设，与120mm刮刀的刀具高差70mm，其他与原刀盘模型均相同，如图8.2-30所示。

 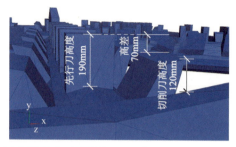

图8.2-30　刀盘模型（刀具高差70mm）

（3）刀具组合高差115mm

将原本刀高分层布置的57把楔犁刀（楔犁刀）按统一高度225mm布设，与120mm刮刀的刀具高差105mm，其他与原刀盘模型均相同，如图8.2-31所示。

 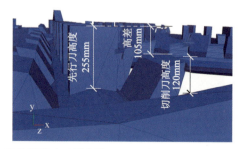

图8.2-31　刀盘模型（刀具高差105mm）

2. 模拟结果分析

3种刀盘模型被分别导入到PFC^{3D}中按照前述的计算过程进行开挖模拟。计算结束后分别打开保存文件提取相关计算结果。其中，3次计算中刀盘的掘进参数过程曲线分别示于图8.2-32~图8.2-34中。

如图8.2-35所示，3种刀盘在提高转速和推力后，开挖所须克服的扭矩也都相应增加，转速每提高0.5r/min，同时推力每增加300kN，刀盘扭矩则相应增加约300kN·m。在3种掘进工况下，刀具高差为70mm时，刀盘所须克服的扭矩是最小的。当高差为105mm时，刀盘扭矩比高差为70mm时稍有提高，以2.0r/min的转速和1800kN的推力掘进时，扭矩平均增加约 4.7%；以 2.5r/min 的转速和 2100kN 的推力掘进时，扭矩平均增加约 5.8%；以 3.0r/min 的转速和 1800kN 的推力掘进时，扭矩平均增加约 3.3%。当刀具高差为 35mm 时，刀盘所须克服的扭矩相比高差为 70mm 时有显著增大，以 2.0r/min 的转速和 1800kN 的推力掘进时，扭矩平均增加约 16.3%；以 2.5r/min 的转速和 2100kN 的推力掘进时，扭矩平均增加约 15.4%；以 3.0r/min 的转速和 1800kN 的推力掘进时，扭矩平均增加约 20.0%。

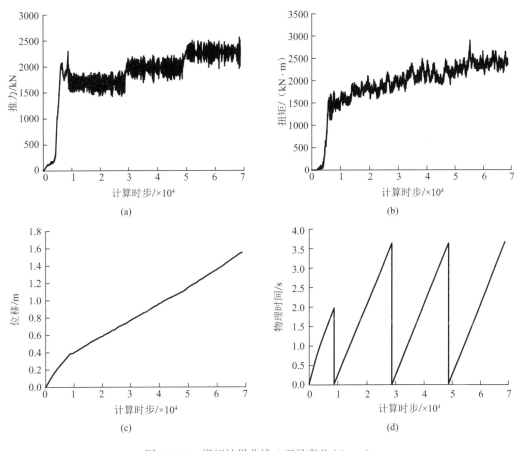

图 8.2-32　模拟结果曲线（刀具高差 35mm）

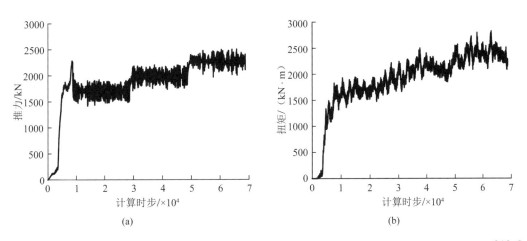

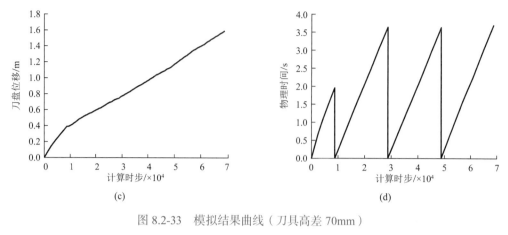

图 8.2-33 模拟结果曲线（刀具高差 70mm）

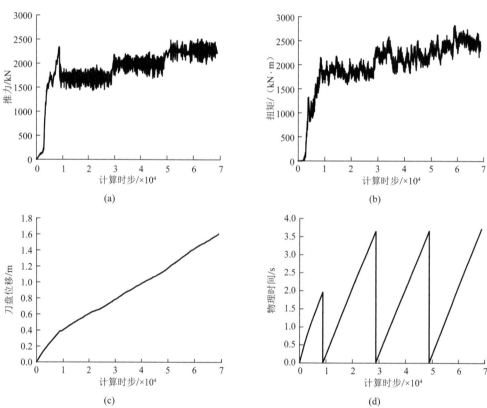

图 8.2-34 模拟结果曲线（刀具高差 105mm）

由图 8.2-36 可知，在模拟的 3 种掘进工况下，刀具高差为 70mm 和 105mm 的刀盘掘进速度基本相当，而刀具高差为 35mm 的刀盘其掘进速度明显较慢。当刀具高差为 35mm 的刀盘以 2.0r/min 的转速和 1800kN 的推力掘进时，掘进速度比刀具高差较大的刀盘减慢约 29.7%，以 2.5r/min 的转速和 2100kN 的推力掘进时，掘进速度减慢约 13.9%；以 3.0r/min 的转速和 1800kN 的推力掘进时，掘进速度减慢约 14.4%。将刀具高差设定为 35mm，刀盘掘进过程中克服的扭矩最大，向前掘进的速度最慢，说明此时刀盘的切削效率较低，工作性能较差。原因是高差过小，导致楔犁刀未能够有效松动开挖面时，刮刀已接触并参与到原状砂卵石的开挖，刀盘整体受力增大，而楔犁刀也未能完全发挥超前楔犁松动地层的作用。

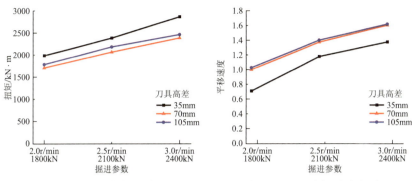

图 8.2-35　刀盘扭矩对比　　　　　图 8.2-36　刀盘掘进速度对比

刀具高差为 70mm 和 105mm 时，掘进速度基本相同，表明在某一水平上继续扩大高差，不会对刀盘的切削效率产生显著影响，反而使楔犁刀因受力面积增大，而受到更大的切削阻力与弯矩，使刀盘转动切削所须克服的扭矩略有增大。

砂卵石地层盾构刀具配置时，增加刀具之间的组合高差，可以提高楔犁刀磨损量阈值，是延长刀具使用寿命和盾构不换刀一次性掘进距离的有效措施。刀具高差不同，会影响盾构施工引起的地层位移值，高差分别为 35mm、70mm、105mm 时地表测点的位移时程曲线如图 8.2-37 所示。

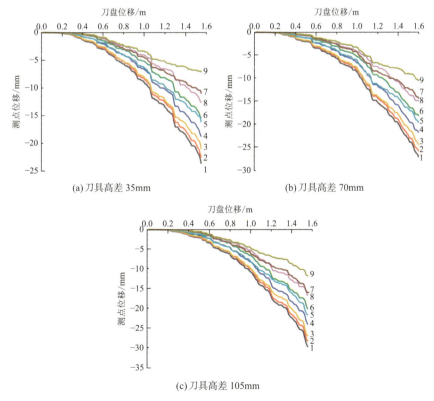

图 8.2-37　地表测点沉降曲线

对图 8.2-38 中的两组沉降槽曲线进行正态拟合，相关参数的拟合结果列于表 8.2-4。

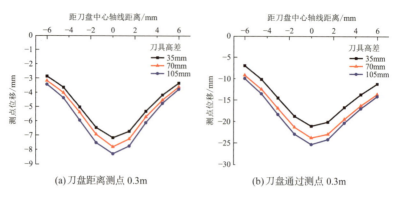

(a) 刀盘距离测点 0.3m　　　　　　(b) 刀盘通过测点 0.3m

图 8.2-38　地表沉降槽曲线

沉降槽曲线的拟合结果　　　　　　　　　　表 8.2-4

刀盘位置	刀具高差/mm	拟合度	最大沉降/mm	沉降槽宽度/m	地层损失率/%
刀盘距离测点 0.3m	35	0.99	7.1	2.85	0.18
	70	0.99	7.7	2.77	0.19
	105	0.99	8.2	2.87	0.21
刀盘通过测点 0.3m	35	0.98	20.5	3.83	0.70
	70	0.97	23.3	3.85	0.80
	105	0.97	25.8	3.74	0.84

两组沉降槽与正态分布曲线的拟合度都接近于 1，表明数值计算求解得出的地表变形沿横向的分布符合 R.B.Peck 提出的预测模型，可以利用相关理论进行分析研究。这里的两组沉降槽曲线分别是在刀盘下穿测点前 0.3m 和刀盘下穿测点 0.3m 时提取的，从表 8.2-4 整理的数据中可以发现，刀盘通过测点后，地层损失率陡增了 300%，地表最大沉降也急剧扩大了 200%，表明模拟的盾构下穿过程对上方地表变形的影响很大。同时可得到，刀具高差越大，相同条件下刀盘切削引起的地层损失率和地表沉降就会越大。在刀盘即将到达测点正下方时（刀盘距离测点 0.3m），地表最大沉降相差约 1mm，沉降差异在数值上表现并不明显，工程中可以认为刀盘通过前的地表变形是基本相同的；刀盘通过后，因刀具先行量不同而引起的沉降差异表现明显，刀盘刚刚穿过测点后（刀盘通过测点 0.3m），地表最大沉降的差异就已超过 5mm。

图 8.2-39 表明，刀具高差不同的刀盘周围地层内部造成粘结断裂的分布形态基本相似，大部分都为剧烈扰动区，粘结断裂分布非常密集，表明岩土体受到了相对剧烈的扰动，受破坏较为严重，在剧烈扰动区的外侧还分布有轻微扰动区但范围较小。通过对比可以发现，刀具高差越大，刀盘周围地层受扰动的范围会增大。

(a) 刀具高差 35mm　　(b) 刀具高差 70mm　　(c) 刀具高差 105mm

图 8.2-39　刀盘切削引起的粘结断裂分布

8.2.3.5 刀具梯次布置对盾构掘进过程的影响分析

1. 刀盘设计方案

为了研究刀具分层布设对盾构刀盘地层适应性的影响,这里引入两组模拟试验用以对比分析,在这两组试验中,仅对刀盘模型的刀具布设方案做了修改与调整,计算模型的其他组成部分以及参数赋值均参照前文有关建模与计算的内容保持相同。两种刀盘设计方案如下。

(1) 楔犁刀按高度 155mm/190mm 两层混合布设

在前述刀盘简化计算模型的基础上,将 155mm 楔犁刀和 190mm 楔犁刀按 2∶1 的数量比对称均匀交错布置于每根辐条上,如图 8.2-40 所示。

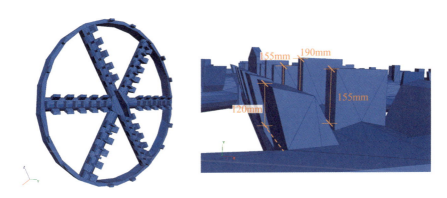

图 8.2-40　刀盘模型

(2) 楔犁刀按高度 155mm/190mm/220mm 三梯次混合布设

在前述简化计算模型的基础上,将刀盘辐条上一半数量的 155mm 楔犁刀替换为 220mm 楔犁刀,这样,数量均衡的 155mm、190mm 和 220mm 楔犁刀对称均匀交错布置于每根辐条上,如图 8.2-41 所示。

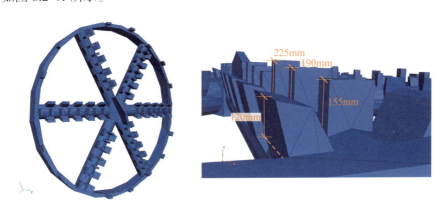

图 8.2-41　刀盘模型

2. 模拟结果分析

两种刀盘模型被分别导入 PFC^{3D} 中按照前述章节所述的计算过程进行切削模拟。计算结束后分别打开保存文件提取相关计算结果。其中,两次计算中刀盘的掘进参数过程曲线分别示于图 8.2-42 和图 8.2-43 中。

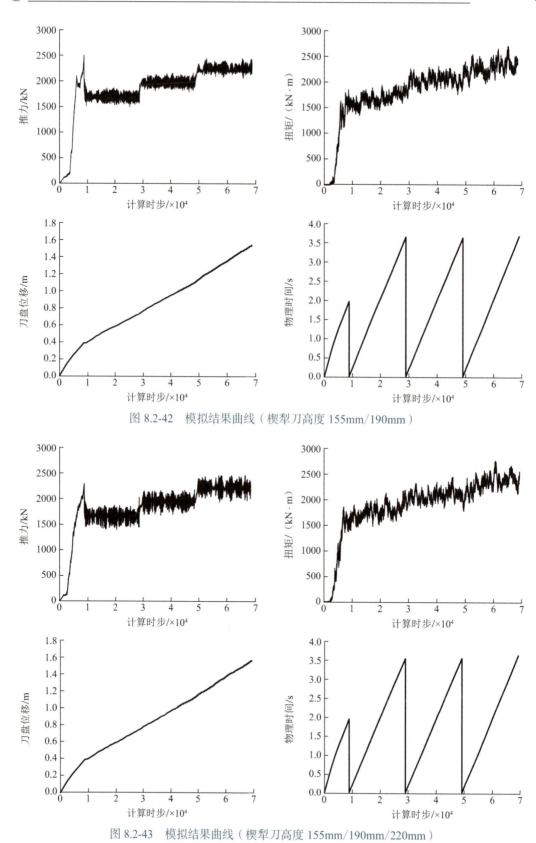

图 8.2-42 模拟结果曲线(楔犁刀高度 155mm/190mm)

图 8.2-43 模拟结果曲线(楔犁刀高度 155mm/190mm/220mm)

为了研究楔犁刀高度分层布设对刀盘整体切削性能及效率的影响，这里将楔犁刀按 155mm/190mm 分层混合布设时刀盘的掘进情况与楔犁刀按 155mm 或 190mm 单一高度布设时相对比。根据图 8.2-44 和图 8.2-45 的对比可得知，与楔犁刀按 155mm 单一刀高布设相比，楔犁刀按 155mm/190mm 梯次布设的刀盘切削时所克服的扭矩有大幅降低，刀盘的掘进速度也有很大提高，表明 190mm 楔犁刀与 155mm 楔犁刀搭配使用，改变了使用单一 155mm 楔犁刀时，楔犁刀无法先于刮刀有效松动切分掌子面的不利情况，刀盘的切削性能和效率有了很大提高。

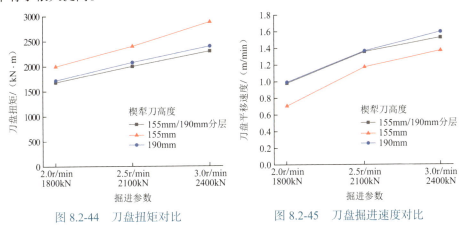

图 8.2-44　刀盘扭矩对比　　　　图 8.2-45　刀盘掘进速度对比

与楔犁刀按 190mm 单一刀高布置相比，楔犁刀按 155mm/190mm 分层布置时刀盘的掘进速度变化不大，刀盘切削所克服的扭矩稍有下降，以 2.0r/min 的转速和 1800kN 的推力掘进时，扭矩下降约 2.3%，以 2.5r/min 的转速和 2100kN 的推力掘进时，扭矩增幅约 3.8%，以 3.0r/min 的转速和 1800kN 的推力掘进时，扭矩增幅约 4.2%。这表明，190mm、155mm 楔犁刀搭配使用的开挖效果与单一使用 190mm 楔犁刀接近，刀盘扭矩也有所下降。

为了研究楔犁刀以一定高差梯次布置对刀盘的整体开挖性能和效率的影响，这里将楔犁刀按高度 155mm/190mm/220mm 梯次交错布设时刀盘的掘进情况，与楔犁刀按 155mm、190mm 或 220mm 单一高度布设时相对比。图 8.2-46 和图 8.2-47 中的对比显示，楔犁刀按 155mm/190mm/220mm 分层布设时刀盘克服扭矩最低，刀盘的掘进速度与楔犁刀以 190mm 或 220mm 单一高度布设时几乎相同，表明楔犁刀如此多层梯次配置，完全可以实现同样的开挖效果，刀盘受力得到优化，扭矩有所降低。地表测点沉降曲线见图 8.2-48。

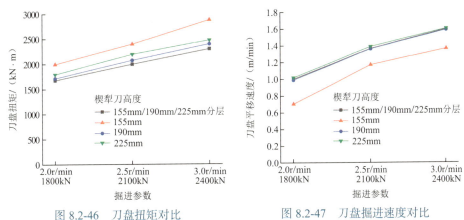

图 8.2-46　刀盘扭矩对比　　　　图 8.2-47　刀盘掘进速度对比

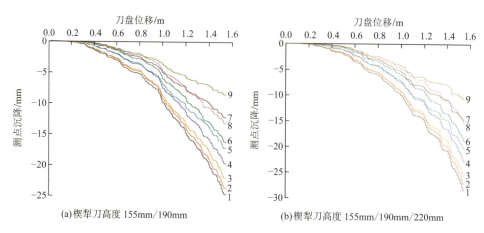

图 8.2-48 地表测点沉降曲线

对图 8.2-49 中的 4 组沉降槽曲线进行正态拟合，相关参数的拟合结果列于表 8.2-5。

沉降槽曲线拟合结果 表 8.2-5

刀盘位置	楔犁刀高度/mm	拟合度	最大沉降/mm	沉降槽宽度/m	地层损失率/%
刀盘距离测点 0.3m	155/190	0.99	7.0	2.78	0.17
	155	0.99	7.1	2.85	0.18
	190	0.99	7.7	2.77	0.19
	225	0.99	8.2	2.87	0.21
	155/190/220	0.99	7.9	2.87	0.2
刀盘通过测点 0.3m	155/190	0.97	22.3	3.79	0.75
	155	0.98	20.5	3.83	0.70
	190	0.97	23.3	3.85	0.80
	225	0.97	25.8	3.74	0.84
	155/190/220	0.97	23.8	3.85	0.81

两组沉降槽与正态分布曲线的拟合度都接近于 1，表明数值计算求解得出的地表变形沿横向的分布符合 R.B.Peck 提出的预测模型，可以利用相关理论进行分析研究。从图 8.2-49 的对比中可以发现，楔犁刀分层布置时的地表沉降槽曲线被包络于相应单一高度布设时的几条沉降槽曲线之间，例如刀盘通过测点后 0.3m 时，楔犁刀 155mm/190mm 分层布设时的沉降槽曲线位于楔犁刀 155mm 和 190mm 单一高度布设时的两条沉降槽曲线之间，拟合结果显示，155mm/190mm 分层布设时的地表最大沉降和地层损失率大于 155mm 单一高度而小于 190mm 单一高度。因此，实际施工时，可以根据刀具单一高度布设时的地表沉降，有效预测刀具分层布设时的地表沉降情况。将图 8.2-50 与图 8.2-39 对比发现，粘结断裂的分布形态和分布特点完全相同，周围受扰动的范围大小也基本一致，表明楔犁刀分层与否不会明显影响刀盘切削对周围地层的扰动。

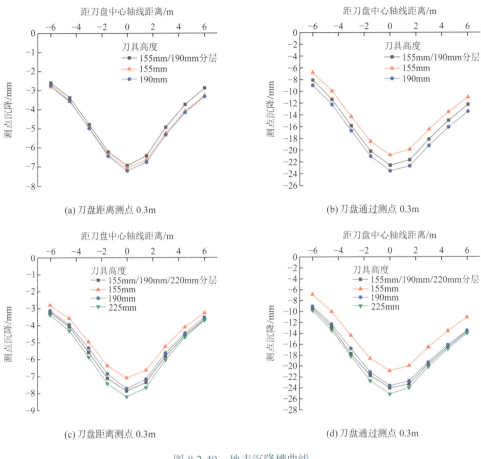

图 8.2-49　地表沉降槽曲线

(a) 楔犁刀高度 155mm/190mm　　(b) 楔犁刀高度 155mm/190mm/220mm

图 8.2-50　刀盘切削引起的粘结断裂分布

8.2.3.6　楔犁刀间距对盾构掘进过程的影响分析

1. 刀盘设计方案

为了研究楔犁刀间距对盾构刀盘地层适应性的影响，这里引入 3 组模拟试验用以对比分析，在这 3 组试验中，仅对刀盘模型的楔犁刀刀间距设计方案做了修改与调整，计算模型的其他组成部分和参数赋值均参照前文有关建模与计算的内容保持相同。3 种刀盘设计方案如下。

（1）楔犁刀刀间距设定 500mm

在前简化计算模型的基础上，将辐条同臂上楔犁刀的刀间距由原来的 300mm 扩大为 500mm，此时刀盘共装有 39 把楔犁刀，分布较为稀疏，如图 8.2-51 所示。

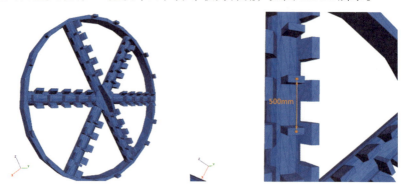

图 8.2-51　刀盘模型（刀间距 500mm）

（2）楔犁刀刀间距设定 300mm

在前述刀盘简化计算模型，辐条同臂上楔犁刀刀间距为 300mm，刀盘共装有 57 把楔犁刀，如图 8.2-52 所示。

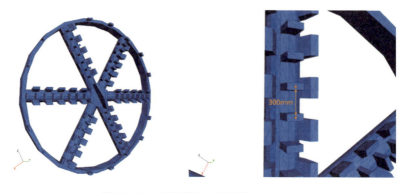

图 8.2-52　刀盘模型（刀间距 300mm）

（3）楔犁刀刀间距设定 150mm

在前述刀盘简化计算模型的基础上，将辐条同臂上楔犁刀的刀间距由原来的 300mm 缩小为 150mm，此时刀盘共装有 99 把楔犁刀，布置较为密集，如图 8.2-53 所示。

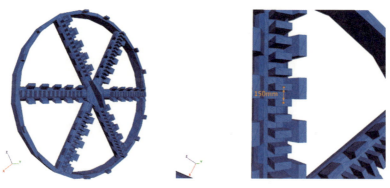

图 8.2-53　刀盘模型（刀间距 150mm）

2. 模拟结果分析

3 种刀盘模型被分别导入 PFC^{3D} 中按照前述章节所述的计算过程进行切削模拟。计算结束后分别打开保存文件提取相关计算结果。其中，两次计算中刀盘的掘进参数过程曲线分别示于图 8.2-54 和图 8.2-55 中。

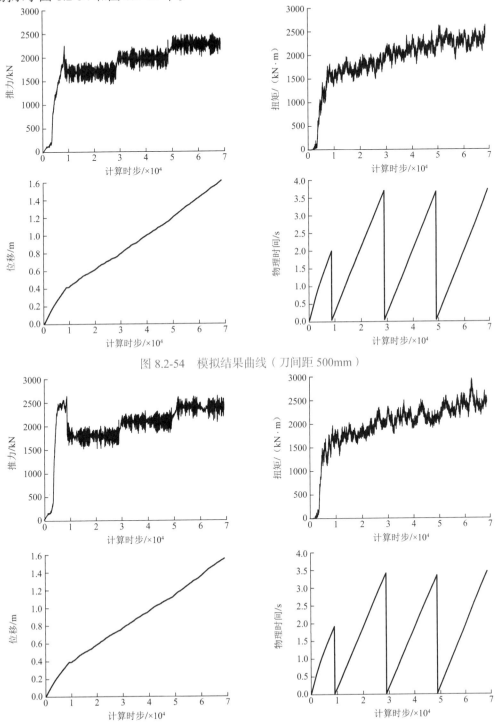

图 8.2-54　模拟结果曲线（刀间距 500mm）

图 8.2-55　模拟结果曲线（刀间距 150mm）

从图 8.2-56 中可以发现，增大或减小楔犁刀的刀间距都会一定程度上影响掘进时的刀盘扭矩，刀间距由 300mm 减小到 150mm，则刀盘正面的楔犁刀数量比原来增加了一倍，刀具布设比较密集，当以 2.0r/min 的转速和 1800kN 的推力掘进时，扭矩增加约 7.6%；当以 2.5r/min 的转速和 2100kN 的推力掘进时，扭矩增加约 5.8%；当以 3.0r/min 的转速和 2400kN 的推力掘进时，扭矩增加约 7.1%。楔犁刀刀间距由 300mm 增大到 500mm 时，刀盘正面的楔犁刀数量比原来减少了约 1/3，分布较为稀疏，切削时刀盘扭矩有较大增幅，以 2.0r/min 的转速和 1800kN 的推力掘进时，扭矩增加约 19.2%；以 2.5r/min 的转速和 2100kN 的推力掘进时，扭矩增加约 21.2%；以 3.0r/min 的转速和 2400kN 的推力掘进时，扭矩增加约 21.8%。楔犁刀刀间距的大小决定了辐条上刀具的装配数量和布设密度，在一定程度上影响刀盘扭矩的大小。

根据图 8.2-57 可知，楔犁刀刀间距由 300mm 减小至 150mm，刀盘的掘进速度略有提高并不明显，例如转速为 2.0r/min 和推力为 1800kN 时，平均每分钟仅比原来多掘进约 6cm。将刀间距由 300mm 扩大至 500mm 后，刀盘的掘进速度明显放慢，当以 2.0r/min 的转速和 1800kN 的推力掘进时，掘进速度减小约 20%；当以 2.5r/min 的转速和 2100kN 的推力掘进时，掘进速度减小约 18%；当以 3.0r/min 的转速和 2400kN 的推力掘进时，掘进速度减小约 14%。增大刀间距后，刀盘扭矩高、掘进效率低，其原因是刀间距变大导致楔犁刀数量过少，楔犁刀对地层的开挖能力不足，需要依靠刮刀参与掘进。将楔犁刀刀间距减小到 150mm 对掘进速度影响不大，表明在原刀盘基础上减小刀间距，配置更多的楔犁刀，对提升刀盘开挖效率作用有限。

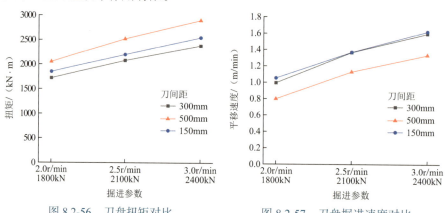

图 8.2-56　刀盘扭矩对比　　　　图 8.2-57　刀盘掘进速度对比

相同条件下，刀间距不同，对盾构施工引起的地层位移会有影响，但差异较小。如图 8.2-58 所示，经过模拟，图中 9 个沉降监测点，在单环掘进距离下，刀间距为 300mm 和 500mm 时，引起的测点沉降值差异不大，1~2mm，且差异主要体现在掘进超过单环的 2/3 行程后。

对图 8.2-59 中的两组沉降槽曲线进行正态拟合，有关参数的拟合结果见表 8.2-6。

沉降槽曲线拟合结果　　　　表 8.2-6

刀盘位置	刀间距/mm	拟合度	最大沉降/mm	沉降槽宽度/m	地层损失率/%
刀盘距离测点 0.3m	300	0.99	7.7	2.77	0.19
	500	0.99	7.9	2.89	0.20
	150	0.99	7.3	2.90	0.19

续表

刀盘位置	刀间距/mm	拟合度	最大沉降/mm	沉降槽宽度/m	地层损失率/%
刀盘通过测点0.3m	300	0.97	23.3	3.85	0.80
	500	0.96	23.8	3.74	0.79
	150	0.98	22.7	3.6	0.73

两组沉降槽与正态分布曲线的拟合度都接近于 1，表明数值计算求解得出的地表变形沿横向的分布符合 R.B.Peck 提出的预测模型，可以利用相关理论进行分析研究。表 8.2-6 中的数据显示，刀盘通过测点前后，楔犁刀刀间距不同而引起的地表最大沉降差异均在 1mm 左右，地层损失率差异也较小，可以认为改变楔犁刀间距，对刀盘开挖引起的地表变形基本无影响。通过图 8.2-60 的 3 种情况对比也可以发现，粘结断裂的分布形态和分布特点完全相同，扰动的范围大小也基本一致，可以认为调整楔犁刀间距对周围地层扰动影响有限。

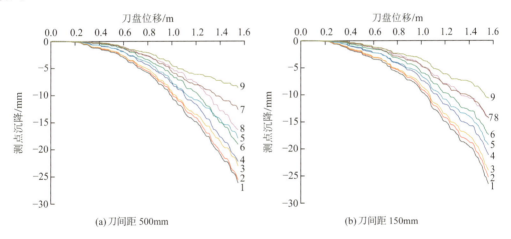

图 8.2-58 地表测点沉降曲线

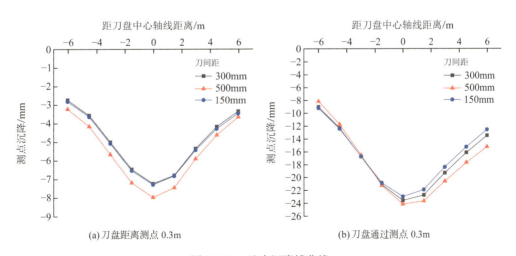

图 8.2-59 地表沉降槽曲线

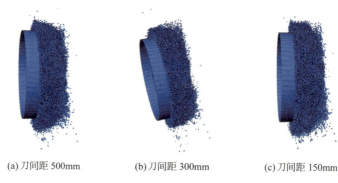

(a) 刀间距 500mm　　　(b) 刀间距 300mm　　　(c) 刀间距 150mm

图 8.2-60　刀盘切削引起的粘结断裂分布

8.2.3.7　结论

以上主要利用数值模拟的方法开展研究，具体利用离散元数值计算软件 PFC^{3D}，建立与实际地层物理力学特性相同的砂卵石模型，并建立与实际盾构刀盘在几何尺寸和力学特性方面相同的刀盘模型，进行刀盘开挖模拟。通过改变刀盘模型的楔犁刀高差、梯次和刀间距等布置方法，得到了不同刀盘选型方案的模拟开挖计算结果，主要包括刀盘扭矩、掘进速度和地层模型的变形与破坏情况，通过对比分析得到了以下结论：

（1）楔犁刀与切刀高差设定为 35mm，难以发挥楔犁刀的作用，会导致刀盘扭矩偏高，开挖效率低下；高差设定为 70mm 时，刀盘掘进效率显著提高；高差继续扩大至 105mm 时，掘进速度未有明显提高，而刀盘扭矩略有增加。刀具高差越大，刀盘开挖时，上方地表变形和周围地层受到的扰动就会越大。实际刀具配置时，楔犁刀与切刀的组合高差至少要大于盾构掘进的贯入度值，砂卵石地层盾构施工时，为了减小刀具磨损，应适当扩大高差。

（2）楔犁刀高度按 155mm/190mm 分层配置时，刀盘的开挖效率可以达到与刀具按 190mm 单一高度配置时的水平，且刀盘扭矩略低，楔犁刀高度按 155mm/190mm/220mm 分层配置时的模拟计算，同样实现了类似的效果。实际刀具配置时，尽量采用楔犁刀梯次布置方式，不仅能达到较高的开挖效率，还可以降低部分扭矩，也有利于充分发挥刀具自身的抗磨损能力。

（3）楔犁刀间距设定为 500mm，会使刀盘装配的楔犁刀数量偏少，导致刀盘扭矩偏高，掘进速度降低。刀间距缩小至 300mm，刀盘掘进速度显著提高，扭矩降低；继续缩小至 150mm，对提升开挖效率作用很小，而刀盘扭矩则有些许升高。改变楔犁刀间距，对地表变形和周围地层的扰动等影响基本可以忽略。实际刀具配置时，应根据楔犁刀切深和地层松动范围关系，通过计算模拟来选取恰当的刀间距。

8.3　砂卵石地层盾构"高贯低转"掘进模式

8.3.1　"高贯低转"掘进原理

砂卵石地层盾构刀具磨损是由冲击损伤与磨耗复合作用的结果，而刀具发生冲击损伤会加剧其磨耗速度。因此，要延长刀具使用寿命，进而延长盾构不换刀掘进距离，就应在盾构选型配置阶段已确定最优刀具设计和配置基础上，在盾构掘进阶段，采取"防冲击、降磨耗"的控制措施，避免刀具发生冲击损伤，同时降低刀具磨耗速度，这就是"防冲降磨"磨损控制理论。

砂卵石地层盾构施工，造成刀具冲击损伤的影响因素，从地层条件方面来讲，主要有卵石颗粒粒径和强度；从盾构掘进方面来讲，主要为刀盘转速和刀具的抗冲击性能。同样地，刀具磨耗的影响因素为卵石的磨蚀性和砂卵石渣土的改良效果，以及刀盘转数和刀具的耐磨性能。砂卵石地层盾构隧道工程中，卵石颗粒的粒径、级配、强度、磨蚀性等物理力学性能，在线路确定后就是不可改变的，渣土改良确实是控制刀具磨损的关键手段，但相对而言，刀盘的转速和累计转动圈数是其主要影响因素。刀盘转速越高，刀具与卵石发生冲击进而造成损伤的概率就越高；单环掘进过程中，刀盘转动圈数越多，刀具运动轨迹越长，与卵石的摩擦作用行程就越长，磨耗就更快。

基于刀具"冲击损伤＋磨耗"的磨损机理和"防冲降磨"磨损控制理论，可以看出，在盾构掘进阶段，刀盘转动速度和刀盘转动圈数分别是冲击损伤和磨耗形成的主控影响因素。降低刀盘转动速度，以避免刀具冲击损伤；减少刀盘转动圈数，以降低刀具磨耗，是实现"防冲降磨"磨损控制理论的核心。盾构施工采取"高贯入度、低转速"的掘进模式，可达到"防冲降磨"效果。"高贯低转"掘进模式与辐条式、大开口率、圆管梁、直角刀盘，超高、耐磨、高强楔犁刀具和刀具三维大梯次配置，以及针对性的渣土改良与渣土平衡输排控制，能够综合实现"高推速、低扭矩，弱冲击、缓磨损，少换刀、长距离，低能耗、高效率，小扰动、微变形"的砂卵石地层长距离高效安全掘进效果。

可输排粒径砂卵石地层盾构掘进，应避免使用更多的设备能耗去破碎卵石或小粒径漂石（可输排粒径的漂石），而是通过盾构装备条件和盾构掘进技术，让其无需破碎就能直接输排。盾构低转速掘进，刀盘刀具转动的动能转化为对卵石冲击作用的能量降低，其与卵石颗粒的接触作用主要为摩擦作用，因此，卵石因被刀具冲击而发生破碎的概率降低；同样，刀具受到卵石颗粒的反冲击作用和刀具发生冲击损伤概率也随之降低。如此，在低转速掘进模式下，刀具与卵石相互冲击作用减弱，刀具冲击损伤可以尽量避免，达到理想的"刀不破石，石不损刀"效果，有助于控制刀具磨损，实现全程少换刀和长距离不换刀掘进，也能够减小刀盘对地层的扰动，利于实现地层的微变形控制。这里所谓的低转速，也是相对而言的，基本上是指刀盘扭矩-转速曲线中由恒扭矩转为恒功率的拐点转速及其上下波动区间，此时既能实现保护刀具免受冲击的目的，也能获得设备的高扭矩输出，满足盾构掘进对装备能力的需求。在北京轨道交通新机场线盾构隧道工程案例中，转速值多数情况下维持在 1r/min，在 1.0～1.2r/min 区间波动。如转速过低，则刀盘刀具对地层的开挖效率必然下降，切削阻力和正面压力均会增加，不是掘进所需的经济模式。

盾构高贯入度掘进，要能够让盾构掘进速度保持在一个较高的水平，这样不但能够提高掘进效率，还能减少单环掘进行程内刀盘的转动圈数，进而减少刀具运行轨迹，降低刀具磨耗速度。这里所谓的高贯入度，不是绝对的高值，而是指同以往的砂卵石地层或硬岩地层盾构掘进的贯入度值相比，是相对较高的。盾构掘进的贯入度＝掘进速度/刀盘转速，是衡量盾构掘进状态的一个重要参数，量纲为 mm/rad。在全断面砂卵石地层，盾构推进速度维持在最大推进速度的 50%～75%，可以看作是该地层条件下的高速度，此时结合刀盘的低转速运行，可以获得相对较高的贯入度。在北京轨道交通新机场线盾构隧道工程案例中，贯入度值为 40～60mm/rad（掘进初期取高值，后期取低值），此时刀盘转速为 1r/min，掘进速度为 40～60mm/min。贯入度过高，则推力和扭矩均增大，设备负载增加，掘进带来困难；贯入度过低，则掘进效率降低，单环内刀盘转数增加，刀具磨损行程增加，磨损加剧。此两点均不是掘进所需的经济模式。

砂卵石地层盾构掘进，刀盘转速和贯入度（或推进速度）是控制盾构掘进状态的关键参数，最佳掘进状态和最经济的掘进效果的取得，是摸索各参数取值的平衡点或区间范围的过程。

在砂卵石地层，常有因为扭矩偏高，为了降低刀盘扭矩而通过提高刀盘转速来主动降低贯入度的做法，成为"低贯高转"模式掘进，其结果导致：①刀具冲击损伤概率增加；②单环掘进刀盘转动圈数增加，刀具磨耗加剧；③刀盘对地层的扰动增大，地层位移增大。长期按此模式掘进，刀具磨损加剧，单盘刀具可掘进距离缩短，换刀次数增加，地层沉降也持续处于高位。两种模式的比较如图 8.3-1 所示。

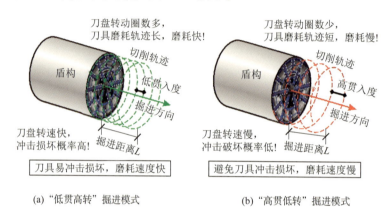

(a) "低贯高转" 掘进模式　　　　(b) "高贯低转" 掘进模式

图 8.3-1　砂卵石地层盾构掘进模式对比

砂卵石地层高密实度、粗颗粒粒径和卵石的高强度等地层性质必然决定了刀盘高扭矩的盾构掘进参数特征，应对高扭矩问题，一方面，盾构机选型配置时，应具备高功率和高扭矩输出的装备能力和储备，提高其地层适应性和针对性，即盾构机具备高扭矩工况掘进能力。另一方面，根据贯入度 = 掘进速度/刀盘转速的关系式，可以看出，通过降低贯入度来降低扭矩，首先是要合理控制推进速度，不能只单纯提高刀盘转速，实际上是要考虑参数的联动关系，找到参数的最佳平衡点。

通过"高贯低转"盾构高效掘进模式，有助于实现刀具"防冲降磨"的磨损控制，可避免刀具冲击损坏，降低刀具磨耗，延长刀具使用寿命和不换刀掘进距离，显著减少中途停机换刀次数，提高盾构掘进效率，实现砂卵石地层土压平衡盾构长距离高效掘进。在北京轨道交通新机场线工程中，综合刀盘刀具设计与配置、"高贯低转"掘进模式和渣土改良，国内外首次实现全断面无水砂卵石地层盾构单次不换刀连续掘进 1.7km。

8.3.2　刀盘转速控制

1. 降低"刀石冲击作用"

在可输排粒径砂卵石地层，采用"高贯低转"掘进模式，不一味地追求更高推速，而是以可持续均衡推进速度，在刀盘低转速工作条件下，实现刀具的"防冲降磨"的磨损控制，既做到"石不损刀"，也达到"刀不破石"。"刀不破石"即掘进过程中刀具对砂卵石地层的做功，均用于破坏卵石颗粒间的咬合结构，而避免耗用能量去破碎卵石自身。因为可输排粒径卵石，只要被刀具从开挖面楔犁、松动和剥落后，即能通过刀盘开口进仓，经螺旋输送机直接输排，没有必要将卵石破碎，反而导致刀石之间相互产生更多有害作用，浪费更多的机械功。

基于相关研究成果，在冲击功A足够大$[A>A_c（临界冲击功）]$时，岩石破碎，凿碎比功a趋于稳定；当冲击功A很小$[A<A_0（起始冲击功）]$时，曲线位于左侧伤痕区，小的冲击功不足以使岩石产生崩碎坑，凿下的岩粉很细，比功很大。因此，当冲击功A满足$A<A_0$的条件时，才可以满足刀不破石的条件，如图8.3-2所示。

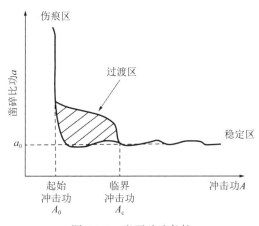

图 8.3-2　岩石破碎条件

2. 准静力作用降低扭矩

转动量与角冲量守恒的关系为：

$$I_z(\omega_1-\omega_2)=Mt \tag{8.3-1}$$

式中：I_z——被开挖地层的转动惯量；

ω_1、ω_2——最终角速度与初始角速度；

M——转动所需扭矩；

t——转动时间。

地层由静止状态被切削后逐渐与刀盘转速一致，故ω_1可取刀盘转速ω、ω_2取为0。以半径为r的刀盘转动一圈，刀具切深（贯入量）为h为例，所需扭矩M可由式(8.3-2)计算。

$$M=\frac{I_z(\omega_1-\omega_2)}{t}=\frac{MR^2\omega}{2t}=\frac{\pi R^2h\rho \cdot R^2\omega}{2t}=\frac{\pi R^4h\rho\omega}{2t} \tag{8.3-2}$$

由于贯入度$h=\frac{v}{\omega}$，刀盘转动一周的时间$t=\frac{\pi}{\omega}$，代入式(8.3-2)，简化得

$$M=\frac{I_z(\omega_1-\omega_2)}{t}=\frac{R^4\rho v\omega}{2} \tag{8.3-3}$$

式中：v——盾构推进速度；

ρ——地层密度。

由式(8.3-3)可知，刀盘转速越大，刀盘开挖地层所需扭矩越大，为降低该部分扭矩，可适当降低刀盘转速。

3. 低转速实现高扭矩输出

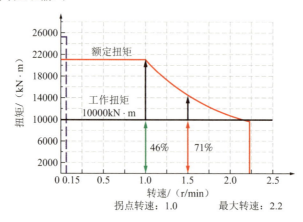

图 8.3-3　刀盘转速与扭矩关系示意图

工程案例北京轨道交通新机场线 8.8m 直径盾构机刀盘转速与扭矩关系如图 8.3-3 所示，盾构机设计最高转速为 2.2r/min，当刀盘转速处于 0～1.0r/min 时，为恒扭矩工作区，可输出扭矩达到额度扭矩为 21580kN·m；当刀盘转速处于 1.0～2.2r/min 时，为恒功率工作区，刀盘转速和扭矩成反比例关系。

由工程案例的砂卵石地层特性以及盾构机掘进参数，计算得到盾构掘进所需工作扭矩约为 10000kN·m。若刀盘以 1.0r/min 恒扭矩运转，计算工作扭矩仅为额定扭矩的 46%，在此状态下，刀盘处于较低负荷状态下运转，盾构设备运行状态平稳。在该工程施工时，刀盘转速 1.0r/min 时的实际工作扭矩为 10000～12000kN·m，约占额定扭矩的 46%～56%，盾构掘进相关参数波动小，设备运行稳定。

若刀盘转速升高至 1.5r/min 时，对应的主驱动可输出扭矩降为 14000kN·m，仅为额定扭矩的 65%，在该状态下，盾构主驱动的负载能力下降较大，刀盘对地层的开挖能力降低。此时计算工作扭矩已占到设备当前可输出扭矩的 71%，刀盘处于高负荷状态下运转，设备温升快，热损失较大；特别是在砂卵石地层，掘进参数波动较大，容易出现刀盘卡困或跳停现象。

因此，在砂卵石地层盾构以低转速掘进，可以实现高扭矩输出。刀盘转速较低，刀盘刀具磨损较小；主驱动高扭矩输出，可充分发挥盾构设备能力储备，实现刀盘高贯入度掘进，提高开挖效率。如此证明，"高贯低转"掘进模式是实现砂卵石地层长距离高效掘进最优模式。

8.3.3　刀具磨损控制

盾构刀具磨损分为磨耗和冲击损伤两个部分，磨损计算方法如式(8.3-4)所示。

$$\delta = \delta_{磨耗} + \delta_{冲击} = \frac{k \cdot \pi \cdot D \cdot L}{V} \cdot v + \delta(v) \tag{8.3-4}$$

式中：k——刀具磨损系数；

　　　D——盾构直径；

　　　L——盾构掘进距离；

V——掘进速度；

v——刀盘转速。

在同一地层条件下，当其他参数一定时，刀具磨耗值与刀盘转速呈正比例关系。同时，刀盘转速越低，刀盘刀具动能越小，卵石被冲击破碎的概率越小，相应地，刀具发生冲击损伤概率也越低。因此，"高贯入度、低转速"模式下刀盘开挖地层效率高，刀具磨损慢，是可输排砂卵石地层的最优模式。

8.4 本章小结

本章依托实际工程案例，对以盾构掘进理念、刀盘刀具设计与配置技术、盾构高效掘进模式等为主的砂卵石地层盾构长距离高效掘进技术进行了阐述，小结如下：

（1）砂卵石地层盾构"楔犁—输排"保压掘进理念：首先，是基于砂卵石地层受掘进扰动易发生松动坍塌的特性，坚持压力平衡掘进模式，以保持开挖面稳定的保压掘进原则，实现砂卵石地层微变形控制。其次，是基于楔犁刀"楔犁—松动—剥落"开挖机理，采用以楔犁—松动地层为目标的超高耐磨高强楔犁刀具，以长距离接续掘进为目标的三维大梯次刀具配置，以高效率、低磨损为目标的"高贯低转"掘进模式，实现砂卵石地层长距离楔犁开挖和高效掘进。最后，是基于砂卵石地层盾构工程特征分类，在可输排粒径砂卵石被刀具楔犁开挖之后，采用以输排为目标的辐条式、大开口率刀盘和大直径、高通过率螺旋输送机设计，以及基于砂卵石地层盾构工程特征分类的渣土改良技术与性能评价体系，实现砂卵石从开挖面被楔犁—松动—剥落后进仓，到被螺旋输送机排出的全过程高效运移和平衡输排，进而实现仓前仓后土压与渣量的动态平衡控制，最终实现压力平衡掘进，达到保压控沉的目的。

"楔犁—输排"保压掘进理念，是一个综合地层特征、环境条件、开挖机理、装备能力、施工技术等各要素的有机整体；是一套针对地层、环境特点，遵从保压掘进前提，基于盾构开挖机理，围绕"楔犁开挖—平衡输排"，综合盾构设备技术和掘进技术，实现砂卵石地层盾构长距离高效掘进的方法体系。

（2）砂卵石地层盾构工程特点明显，应围绕楔犁开挖和平衡输排，进行有针对性的刀盘刀具设计与配置。刀盘采用大开口率的辐条式刀盘，以利于砂卵石顺利进仓输排。刀具采用超高耐磨高强楔犁刀，并采用梯次化配置，降低磨损，利于梯次楔犁接续开挖。盾构刀盘刀具的针对性设计与配置，有助于实现盾构长距离连续掘进。

（3）盾构掘进采取"高贯入度、低转速"模式，可以降低刀具磨损和地层扰动，保证刀盘扭矩输出，提高盾构开挖效率，实现高效掘进。

第 4 篇

不可输排粒径漂石地层盾构开挖理论与碎石掘进技术

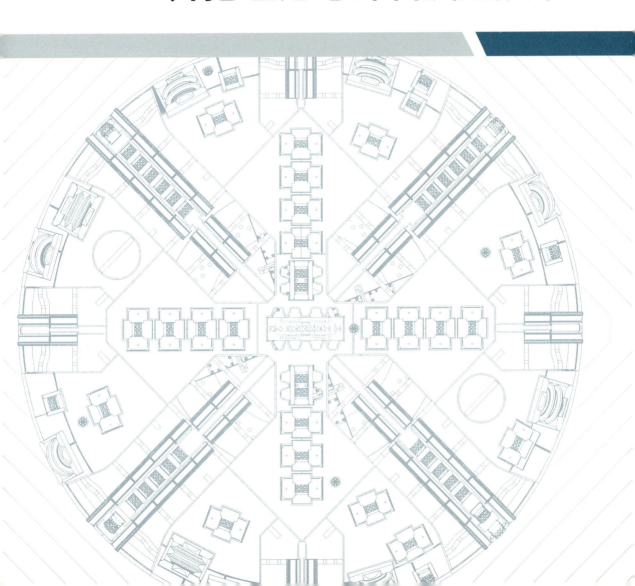

第 9 章
不可输排粒径漂石地层盾构"楔击—劈裂—破碎"开挖机理

9.1 工程问题与技术不足

9.1.1 不可输排粒径漂石地层盾构工程问题

基于砂卵石地层盾构工程特征分类,按照粗颗粒粒径大小,砂卵石分为可输排粒径砂卵石地层和不可输排粒径砂卵石地层。其中,可输排粒径d_p,是指土压平衡盾构机螺旋输送机允许输排卵石的最大粒径,即最大允许输排粒径。地层中卵石粒径$d < d_p$时,经刀盘开挖进仓,可经螺旋输送机直接输排;反之,无法直接输排,需要破碎后方可输排。泥水平衡盾构机排泥管路的砂卵石可输排粒径也可参照此制定。不可输排大粒径漂石见图 9.1-1。

图 9.1-1 不可输排大粒径漂石

含不可输排粒径漂石的砂卵石地层,简称不可输排粒径漂石地层。该地层漂石、卵石、砾石等粗颗粒级配不连续,地层流动性差、黏聚力小、摩阻力大,漂石粒径大、强度高、磨蚀性强。盾构法施工时,大粒径漂石难以直接输排,刀具磨损严重,刀盘扭矩高,掘进效率低。其中,最核心的问题是漂石粒径超过土压平衡盾构机螺旋输送机内径所允许的有效排出尺寸,即超过螺旋输送机的可输排粒径限值。受盾构机总体空间设计条件限制,螺旋输送机直径不能过大,故一定会存在盾构机的可输排粒径这一限值。

不可输排粒径的漂石,要么因为粒径大于刀盘开口尺寸,而滞留于刀盘前无法进仓,导致刀盘卡困、刀具磨损、开挖面坍塌(图 9.1-2~图 9.1-4);要么能通过刀盘开口,进仓后无法进入螺旋机输排,发生沉仓,或者进入螺旋机但无法排出,导致螺旋机卡困、断轴等问题。另外,富含不可输排粒径漂石地层的大粒径漂石,与风化岩层中的"孤石"(球状风化体)相比,虽然都是地层内随机分布,但最明显的不同之处在于,开挖断面内和隧道长度范围内,这种漂石的含量更高,数量更多,无法依靠地面预裂爆破或人工开挖清障的方法逐个处置。

图 9.1-2　盾构机刀盘开口处的大粒径漂石

图 9.1-3　大粒径漂石地层滚刀冲击损伤和偏磨现象

图 9.1-4　大粒径漂石地层开挖面坍塌现象

上述情况最终都会导致盾构频繁停机处置，掘进效率低下，施工艰难，根本无法达到盾构法隧道施工的预期效果。部分工程因此而中途变更为暗挖法施工，有的直接将盾构法排除在选项之外。含不可输排粒径漂石的砂卵石地层一度成为盾构法施工的"禁区"，被认为该类型地层不适合盾构施工。

针对不可输排粒径漂石地层以上盾构工程问题，只有通过盾构装备自身能力的突破，将不可输排粒径漂石破碎为可输排粒径的漂石或卵砾石，才能成功解决该地层条件下盾构施工的难题。

9.1.2　常规盾构设备配置与掘进技术不足

9.1.2.1　常规盾构设备配置不足

在不可输排粒径漂石地层，常规盾构机存在以下设备配置不足问题：

（1）主驱动能力适应性不足

常规软黏土、砂土地层盾构主驱动设计功率和额定扭矩较低，适合软弱均质地层。复合岩层盾构主驱动能够高转速工作，但扭矩输出较低。可输排粒径砂卵石地层盾构主驱动功率和输出扭矩虽有提高，但仍无法适应不可输排粒径漂石地层高密实度、高摩阻、高强度、强冲击等特性。

不可输排大粒径漂石地层盾构刀盘驱动系统应具备高功率、高承载、高可靠性，实现高转速、大扭矩输出。常规盾构驱动系统适应性不足。

（2）刀盘针对性不足

常规软黏土、砂土地层为增加盾构刀盘对开挖面的机械支护作用，辅助实现开挖面稳定，又防止渣土在刀盘粘结，形成泥饼，常采用较小开口率的辐板式刀盘。在岩层和以岩层为主的复合地层，首先要实现刀盘破岩掘进，因此采用以安装滚刀为主的、小开口率、面板式重型刀盘；其次要满足硬岩、软岩、风化层、残积土等多地层掘进条件，所以采用刀箱具备滚刀与其他开挖刀具互换安装条件的辐板式复合刀盘满足复合地层不同开挖需求。在可输排粒径砂卵石地层，为提高粗颗粒卵砾石的刀盘通过能力和进仓输排能力，提高刀盘前后渣土流动性，常采用大开口率、辐条式刀盘；在部分城市，也有采用安装滚刀的辐板式复合刀盘。

不可输排粒径漂石地层，要实现"大粒径能破，小粒径能过"，则刀盘开口率应尽可能大，提高卵漂石通过率；但又要限制不可输排粒径漂石通过，防止其沉仓和卡螺旋轴；另外要同时具备开挖砂卵石和破碎漂石的需求，因此需要安装多功能的重型刀具，且尽可能梯次布置，减少换刀次数。因此，常规刀盘针对性不足。

（3）刀具针对性不足

在软黏土、砂土地层，盾构刀盘配置常规切刀即可完成地层切削。在岩层和以岩层为主的复合地层，采用滚刀破岩掘进，辅助配置先行刀，实现复合地层掘进。在砂卵石地层，按前文所述，采取楔犁刀具实现楔犁—松动—剥落开挖。

不可输排粒径漂石地层主体开挖刀具既要破碎大粒径漂石，又要楔犁整体砂卵石地层，常规刀具难以满足。

9.1.2.2 常规盾构掘进技术不足

1. 开挖机理不适用

软黏土、砂土地层，主要为切刀切削和刮刀刮铲开挖面，即通过刀具对软弱地层的剪切破坏，实现刀具开挖。以岩层为主的复合地层，主要在盾构推力和刀盘扭矩作用下，依靠滚刀的滚压破碎机理，对岩石冲击压碎和剪切碾碎作用，使其发生挤压、剪切、拉伸等破坏而碎裂成岩渣，完成刀具开挖。可输排粒径砂卵石地层，根据前文所述，楔犁刀具对砂卵石开挖面进行楔犁—松动—剥落作用，使得开挖面砂卵石咬合结构被打破，颗粒松动后在重力和刀具的剥离作用下，经渣土改良后形成塑流性渣体，经过刀盘开口运移入仓。

不可输排粒径漂石地层，既有常规的可输排粒径砂卵石，需要楔犁开挖，最主要是还含有不可输排粒径漂石，切刀（或刮刀）切削机理、滚刀滚压破岩机理、楔犁刀楔犁—松动—剥落机理，均不适用。

特别是岩质地层的滚刀滚压破岩作用，是基于开挖面全部或大部分为完整的岩层，地层相对稳定，岩面基本平整，整体性好，围岩约束作用强，滚刀滚压作用连续，刀盘旋转与滚刀滚动时，因基面不平整、软硬不均而遭受的冲击作用小，因而滚压作用可以完整实现。而在含大粒径漂石的砂卵石地层，因颗粒级配差，开挖面颗粒粒径分布差异性大，平整度差；卵漂石多为磨圆度较好的椭球或类椭球体，分布随机性高、不连续；漂石周围包围着的砂卵石颗粒跟随刀具开挖会松动、剥落、流失，漂石周围颗粒所提供的反力和约束作用会减弱。

以上会造成滚刀对漂石的滚压作用不连续，且受到较大的冲击作用，易发生刀圈的冲击损伤；滚刀在粒径不同、嵌固不稳定的漂石界面上连续滚动，很难发挥滚压破碎作用；因开挖面不平整，甚至存在滚刀刀圈局部停转，无法全轨迹转动的现象。因此，滚刀对砂卵石地层的开挖，基本上是滚刀对卵砾石粒间结构的水平向挤压和环向剪切破坏，使其相互间发生错动和位移，形成切深范围开挖面地层的松动。

针对大粒径漂石，滚刀则既难以挤压破坏和剪切破坏，又无法实施连续滚压破碎。一种情况例外，即滚刀刀圈直径加大，刀刃钝化并加厚，刀具耐冲击性能提高，刀盘刀具转速增大，漂石周围地层颗粒约束作用较强，则漂石有可能被滚刀以冲击为主的作用破碎。此时，滚刀已经不是原始意义上的滚刀滚压破岩机理了，而是在推力与转矩作用下，依靠刀盘刀具高转速下的能量来冲击碎石，此时经上述加大直径、钝化刀圈、提高耐冲击改造的滚刀，才能承受冲击过程对自身带来的冲击损伤，"碎石"而不"损刀"。所以，滚刀的"破岩"与"碎石"在机理上是有区别的。

2. 掘进模式不适用

盾构掘进模式的选择和掘进参数的设计，取决于目标地层工程特征、盾构装备性能、刀盘开挖效率、刀具寿命保护、地层环境控制、设备状态保持和工程问题的预控等多因素的考量与平衡。在不可输排粒径漂石地层，盾构掘进无法采用软黏土、砂土等特性均一的细颗粒地层的持续高贯入度掘进，以获得较高开挖效率；也无法采用可输排砂卵石地层以楔犁松动为目的的低转速、高贯入度掘进，在保证一定开挖效率的同时，能够降低刀具磨损和对地层的扰动，实现长距离高效安全掘进；也无法照搬硬岩地层敞开或半敞开式掘进模式，或复合地层低扰动、少冲击原则下各参数均衡平稳的掘进状态；而是需要充分发挥盾构设备的高承载能力，采取利于碎石掘进的模式，以破碎漂石为主要目标，解决开挖的主要问题。在这种特殊地层，无法既能克服高难度地层条件，又能兼顾实现开挖的高效率；只要能够实现刀盘碎石开挖，保持盾构长距离连续掘进，少停机、少换刀，就是相对高效率。

3. 刀具配置不适用

软黏土、砂土地层的盾构开挖刀具主要为切刀（刮刀），无需过多辅助刀具或对刀具做加强设计。岩层或复合地层，以滚刀作为主体开挖刀具，辅助配置撕裂刀（也叫先行刀、贝壳刀）来保护滚刀和刀盘，降低冲击和磨耗；根据围岩软硬强度不同，滚刀刀圈在强度、厚度、耐磨性和镶嵌合金方面会有所不同。砂卵石地层，采用楔犁刀为主，且采取三维大梯次配置，实现长距离楔犁接续开挖。以上刀具配置方式不适于含不可输排粒径漂石的砂卵石地层使用。由于刀具自身强度、刚度、耐磨和耐冲击性能的原因，加之开挖机理的不匹配，导致常规刀具很难正常破碎漂石，即不具备碎石能力；其次是刀具自身易磨损，尤其是冲击损伤。因此，需要针对不可输排粒径漂石破碎的机理需求，针对性设计配置相应的碎石刀具。

9.2　漂石地层盾构"楔击—劈裂—破碎"开挖机理

前文论及，在不可输排粒径漂石地层，常规的盾构刀具开挖机理已不适用。这就需要探究和揭示其真正的工作机理，以指导刀具设计、配置和盾构掘进。通过室内外试验和数值计算，并依托北京地铁 9 号线军事博物馆站—东钓鱼台站盾构区间工程实例，经过前期调研、分析和现场原位试验，最终揭示出含不可输排粒径漂石的砂卵石地层盾构刀具"楔击—劈裂—破碎"漂石掘进的开挖机理，据此，研发了新的破碎不可输排粒径漂石的专用楔击刀具，并提出利于碎石实现和刀具保护的盾构掘进技术。

9.2.1 单刀碎石机理

如图 9.2-1 所示，刀盘上的楔击刀在旋转刀盘的带动下，由位置 A（楔入漂石前）以一定的楔击速度 V，前进至位置 B（楔入漂石），对不可输排粒径漂石（以下简称"漂石"）进行楔击的瞬间，以漂石上的楔入点为中心，依次向前形成脆性破坏区、塑性变形区和弹性变形区。漂石在受到楔击刀楔击作用后，在楔入点前方的内部区域形成压实核，将楔击力传递的冲击能量积聚并进一步向漂石内部传递。

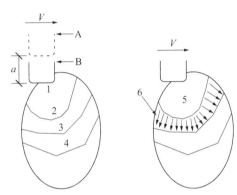

1—楔击刀刃端；2—脆性破坏区；3—塑性变形区；4—弹性变形区；5—压实区；6—形成压实核

(a) 楔入变形阶段　　(b) 形成压实核阶段

图 9.2-1　单刀楔击漂石作用过程示意图

楔击刀跟随刀盘转动，在漂石楔入点位置，楔击力持续作用，漂石表面压应力不断增大，并产生拉伸、剪切应力，漂石原有的微裂纹在以上应力作用下，发生扩展和延伸，交汇形成宏观的赫兹裂纹和剪切裂纹。裂纹的延伸长度和裂隙宽度与楔击刀作用于漂石上的力值、时间、行程成正相关，盾构向前掘进的同步，在推进力和刀盘转速不变的情况下，楔击刀沿掘进轴向和沿轨迹环向持续作用于漂石，宏观裂纹进一步发展，甚至出现新的更多裂纹。在一定转速下，楔击刀多次楔击漂石，循环加载，宏观裂纹交汇，形成贯通裂缝，漂石被破碎为块石。北京地铁 9 号线军事博物馆站—东钓鱼台站区间盾构掘进过程中楔击破碎的漂石如图 9.2-2 所示。

不可输排粒径漂石在楔击作用下，其劈裂、破碎的过程可分为四个阶段：楔击变形—形成压实核—裂纹扩展延伸—裂纹贯通后破碎。

以上是单把楔击刀楔击破碎单个漂石的机理过程，可以看出：

（1）盾构刀盘在一定转速条件下，依靠凸出的楔击刀对漂石进行楔击作用，漂石产生新生裂纹，或隐性微观裂纹成为显性宏观裂纹。在反复楔击的瞬间，漂石经历了由裂纹不断扩展、延伸和新增，到裂纹交汇，形成贯通裂缝，及至破碎的发展过程。隐性裂纹发展为贯通裂缝的过程，实际上就是在外部楔击荷载作用下，漂石发生劈裂直至破碎的过程。

（2）在楔击碎石过程中，漂石楔入点周围，由于动态掘进过程中受到刀具的反复多次楔击，会出现表面或浅层的局部碎裂破坏，为漂石进一步被整体破碎提供了新的开裂面和楔入点，加快了漂石破碎进程。

（3）楔击碎石是以楔（冲）击荷载为主，挤压、拉伸、剪切应力复合作用的过程。

（4）漂石嵌固于砂卵石开挖面前方地层，周围空间被砂卵石颗粒填充包裹，同时受刀盘刀具顶进力和刀盘前渣土土压力的支撑作用，共同形成了漂石被楔击破碎的空间约束条件。该约束条件有两个作用：一是使漂石处于静态或准静态，不发生或仅发生微量的移动、偏转，保证多次楔击的楔入点能够相对固定或相对集中，实现楔击劈裂效果的连续累积和最大化，加速破碎；二是漂石周围粗细颗粒越密实，约束越强，刚度越大，阻尼作用越明显，楔击作用于漂石时，周围环境能够提供的反作用力就越大，利于漂石破碎。漂石周围地层环境如相对松散、软弱，则约束力和刚度不足，破碎难度加大，所以砾岩或有胶结砂卵石地层中的漂石，容易被盾构破碎，而残积土或全风化岩中的孤石不易被破碎。

（5）在楔击受力时，漂石先后发生弹性、塑性变形，以致劈裂破坏。刀具楔击荷载作用于漂石表面，两个高硬度、高强度、高速度差的物质发生碰撞，必然产生反弹力，形成对刀具的反冲击作用，成为楔击破碎漂石时刀具刃端合金发生冲击损伤的主要原因。

图 9.2-2　盾构刀具楔击破碎的漂石

9.2.2　多刀碎石机理

在盾构刀盘上相同半径轨迹的楔击刀一般会多把配置，尤其是半径较大的周边区域。刀盘转动时，跟随盾构不断向前推进，同一轨迹多把刀具先后会楔击到同一漂石的相同或相近位置，形成多频次循环加载，反复楔击。

若漂石周围砂卵石包裹层比较松散，或在刀具开挖扰动下逐渐松动、剥落、流失而变得松散时，漂石逐渐暴露，周围包裹层约束力下降，在楔击作用下，会发生微量偏移，致使同一轨迹多把刀具先后楔击点位发生偏离。如图 9.2-3 所示，下一把楔击刀的楔入点会从上一把刀的 A 点偏离到 A'点，两点的偏离距离取决于漂石周围开挖面地层围压、渣土压力和刀盘机械支撑支护力等共同约束作用的减弱程度。偏离距离越小，反复楔击加载的作用力越集中，劈裂效果更易形成，漂石更易破碎。

第 9 章 不可输排粒径漂石地层盾构"楔击—劈裂—破碎"开挖机理

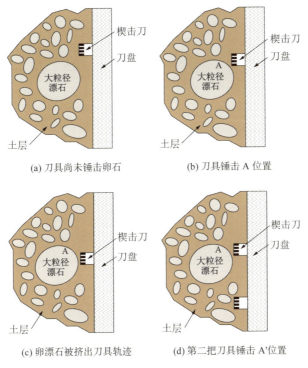

图 9.2-3 多刀楔击漂石作用过程示意图

在同一轨迹多把刀具楔击漂石的同时，相邻轨迹的刀具也会楔击到漂石的其他位置，形成多轨迹、多把楔击刀多点位、多频次反复楔击与循环加载的楔击碎石过程。同样如图 9.2-3 所示，漂石表面的 A 点和 A′点，也可以看作是相邻轨迹的两把楔击刀的不同楔入点。不同楔入点位之间的距离取决于楔击刀的刃间距设计。刃间距小，能够同期楔击作用到同一漂石上的楔入点位就多，楔击效果会得到加强，但同时刀盘扭矩也会增加，这就需要盾构设备具有足够的能力储备和扭矩输出。

由此可以看出，"楔击—劈裂—破碎"的过程，是刀盘刀具冲击荷载多点反复加载、漂石损伤累积、裂隙不断发展的过程。该过程需要以下条件：

（1）高强重型楔击刀具和合理的刃间距设计，利于楔入和冲击漂石。

（2）含不可输排粒径漂石地层的高密实度，为漂石被楔击破碎提供高阻尼约束条件和高刚度反冲击作用条件，防止漂石在楔击过程中发生偏移，减小楔击能量的耗散与损失，提高楔击破碎能力和效率。

（3）刀盘高转速和低贯入度工作模式，为楔击提供高能量输出，降低刀盘扭矩，防止卡困。

（4）开挖面楔犁与漂石楔击作用共存，既要能楔击破碎漂石，又要能楔犁松动开挖面整体地层。

（5）限制不可输排粒径漂石进仓的小开口、高强重型刀盘，大直径、高通过能力的螺旋输送机相配合，实现开挖面地层的"楔犁—输排"与不可输排粒径漂石的"楔击—输排"。

9.3 基于能量原理的盾构楔击碎石机理与破碎能力分析

本节从能量原理出发，对楔击破碎漂石的机理进行论述。

传统岩石损伤力学认为，冲击荷载的能量大于岩石破碎的能量阈值时，才会导致岩石内部裂隙的发展；小于能量阈值时，对岩石本身的损伤程度可以忽略不计。因此，刀具楔击不可输排粒径漂石的研究重点是楔击刀单次楔击对漂石的损伤程度，即单次楔击荷载所传递的能量是否超过漂石破碎的能量阈值。

在盾构刀盘转速等参数不变的情况下，同轨迹楔击刀楔击碎石过程中，每一次楔击所输出的能量是一定的。因此，研究不同情况下单次楔击漂石的力学行为对盾构功能配置和参数设定有着重要的意义。

如图 9.3-1 所示，盾构掘进过程中，刀盘上的楔击刀以速度 v 楔击漂石，此时能量以应力波的形式在漂石中传递，并不断衰减，假设楔入点处应力波的振幅为 A，应力波经过 dx 的长度后，振幅衰减值为 dA，则有式(9.3-1)。

$$\frac{dA}{A} = -\eta' dx \tag{9.3-1}$$

式中：η'——应力波传递单位长度的振幅衰减率。

对式(9.3-1)进行积分，得到 x 处的振幅见式(9.3-2)。

$$A = A_0 e^{-\eta' x} \tag{9.3-2}$$

式中：A_0——$x = 0$ 时楔击应力波的振幅。

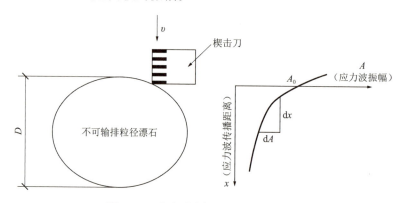

图 9.3-1 应力波在漂石内传递示意图

应力波的能量由其振幅决定，因此，振幅的衰减必将导致能量的衰减。假设 $x = 0$ 处应力波的能量为 ω_0，则 x 处的能量见式(9.3-3)。

$$\omega_x = \omega_0 e^{-\eta x} \tag{9.3-3}$$

式中：ω_x——x 处的能量；
η——能量传递单位长度的衰减率。

由黎金格的新表面理论可知，要使漂石的裂纹发展，则楔击碎石的输出能量应大于漂石新的开裂表面的表面能 γ，否则漂石将无法被破坏。

假设楔击应力波传至岩体中一点处的能量为 ω_x，要使漂石在该点处产生新破裂面，则应当满足式(9.3-4)的能量关系。

$$\omega_x \geqslant \gamma \tag{9.3-4}$$

将式(9.3-3)代入式(9.3-4)中，得到式(9.3-5)。

$$\omega_0 \mathrm{e}^{-\eta x} \geqslant \gamma \tag{9.3-5}$$

式(9.3-5)仅考虑了由于应力波衰减而造成的能量损失，并未考虑对裂纹扩展时楔击应力的能量损耗，假设裂纹扩展面积为s，式(9.3-5)可化解为式(9.3-6)。

$$\omega_0 \mathrm{e}^{-2\eta x} - s\gamma' \geqslant \gamma \tag{9.3-6}$$

式中：γ'为裂纹开裂单位面积所需要的能量。γ'数值上等于γ，因此，在计算时可统一为γ，则可得到式(9.3-7)和式(9.3-8)。

$$\omega_0 \mathrm{e}^{-2\eta x} \geqslant \gamma(1+s) \tag{9.3-7}$$

$$x \leqslant -\frac{1}{2\eta} \ln \frac{\gamma(1+s)}{\omega_0} \tag{9.3-8}$$

式(9.3-8)中的x除了表示单次楔击可以产生破坏的有效范围外，还可以理解为楔击刀楔击—劈裂的最大影响范围。

将受楔击的漂石模型假设椭圆体，则式(9.3-7)可化解为式(9.3-9)。

$$\omega_0 \geqslant \gamma\left(\frac{\pi D^2}{4}+1\right) \cdot \mathrm{e}^{2\eta D} \tag{9.3-9}$$

式中：D——漂石被楔击方向最大直径。

式(9.3-9)中，ω_0为漂石被破碎所需的最小输入能量，即楔击刀的最小输出能量。

假设盾构掘进时，楔击刀具的能量全部由盾构刀盘主驱动系统提供，不考虑盾构推力对楔击破碎的影响；并假设在刀盘用于楔击漂石的工作扭矩占刀盘总扭矩的比例为a，即盾构主驱动系统输出能量中的a部分用于刀具楔击碎石。

刀盘上楔击刀具距离刀盘中心越近，刀具转动线速度越小，其输出的能量越小，因此，为保证盾构刀盘任意轨迹半径上的漂石均可被破碎，就需保证距中心最小轨迹半径的刀具在每次楔击时输出的能量ω_1大于式(9.3-9)中的ω_0。

设任意一把楔击刀距刀盘中心的轨迹半径为r_i($i=1,2,3,\cdots$)，每个轨迹上刀具的开口率约为33%，最大通过粒径约为300mm，每个轨迹上的楔击刀有n_i把，由此可得到式(9.3-10)。

$$\omega_1 = \frac{a\omega}{\sum\left(\dfrac{r_i}{r_1}n_i\right)} \tag{9.3-10}$$

式中：ω——刀盘转动一圈主驱动输出的总能量；

ω_1——刀盘最内侧轨迹半径上楔击刀所具有的能量。

当刀盘中心最小轨迹半径处楔犁刀作用于开挖面地层时，部分能量消耗于楔犁开挖面砂卵石，另一部分能量损耗于破碎不可输排粒径漂石做功，假设此处消耗于破碎漂石能量占总能量的比例为b，可以此位置刀具为例进行分析。刀盘转动一圈，同一轨迹上的刀具会多次遇到不可输排粒径漂石，假设其对多个漂石的做功是平均的，综上可得式(9.3-11)。

$$\frac{a\omega b}{c\sum\left(\dfrac{r_i}{r_1}n_i\right)} \geqslant \gamma\left(\frac{\pi D^2}{4}+1\right) \cdot \mathrm{e}^{2\eta D} \tag{9.3-11}$$

式中：b——刀具损耗于破碎不可输排粒径漂石的能量占其总能量的比例；
　　　c——同一轨迹半径上不可输排粒径漂石的数量。

对式(9.3-11)进行化解，得到式(9.3-12)。

$$\omega \geqslant \gamma\left(\frac{\pi D^2}{4}+1\right) \cdot \frac{c e^{2\eta D}}{ab} \sum\left(\frac{r_i}{r_1} n_i\right) \tag{9.3-12}$$

由式(9.3-12)可得盾构刀盘破碎不可输排粒径漂石所需的最小扭矩T，见式(9.3-13)。

$$T=\frac{\omega}{2\pi} \geqslant \gamma\left(\frac{\pi D^2}{4}+1\right) \cdot \frac{c e^{2\eta D}}{2\pi ab} \sum\left(\frac{r_i}{r_1} n_i\right) \tag{9.3-13}$$

式中：T——刀盘扭矩。

式(9.3-13)中开裂表面的新表面能γ，可根据巴西劈裂试验的结果进行推算：试验时记录加载装置的加载情况，得出对试件所做功，然后结合开裂面积进行计算。砂卵石地层a取值约为额定扭矩的10%~15%；η根据试验结果进行取值；r_i、n_i根据盾构刀盘布置进行推算；D根据相应的地层情况进行确定。

9.4 本章小结

本章通过揭示不可输排粒径漂石地层盾构掘进所遇工程问题，以及常规盾构设备配置与掘进技术在主驱动能力、刀盘刀具设计、开挖机理、刀具配置、掘进模式等方面的不足，揭示了不可输排粒径漂石地层盾构开挖机理。从能量原理角度，对盾构楔击破碎不可输排粒径漂石的机理和碎石能力进行了分析论述，表明楔击刀要破碎漂石，刀具输入能量ω应大于漂石破碎时新开裂面的表面能γ。

（1）揭示了不可输排粒径漂石地层盾构楔击刀具"楔击—劈裂—破碎"开挖机理，奠定了不可输排粒径漂石地层盾构掘进理论基础。

（2）楔击刀跟随刀盘转动，反复楔击不可输排的大粒径漂石，多频次冲击荷载循环作用下，楔击能量以应力波形式在漂石内部传递，当其突破漂石开裂面的表面能阈值时，漂石产生裂纹，并不断扩展，直至贯通破碎。"楔击—劈裂—破碎"的过程是冲击荷载多点反复加载、漂石损伤累积、裂隙发展的过程，是刀具动能—漂石内能—开裂面表面能转化的过程。

（3）基于"楔击—劈裂—破碎"开挖机理和黎金格新表面理论，建立了楔击刀具破碎漂石的力学模型，计算得到了漂石破碎所需的最小输入能量值。刀具输入能量ω高于漂石开裂新表面能的能量阈值γ，是裂纹产生和扩展的必要条件，以此作为楔击刀具设计的理论依据。

第 10 章
不可输排粒径漂石地层盾构碎石掘进技术

10.1 不可输排粒径漂石地层盾构"楔击—输排"保压碎石掘进理念

针对不可输排粒径漂石地层（图 10.1-1），提出盾构"楔击—输排"保压碎石掘进理念。即：基于不可输排粒径漂石地层楔击刀"楔击—劈裂—破碎"开挖机理，选用辐板式复合刀盘，依靠多点布置的楔击刀具楔击破碎漂石，分层布置的楔击与楔犁刀具楔犁松动地层，通过低贯入度、高转速模式掘进，实现刀具"抗冲降损"磨损控制和长距离掘进；选用高阻尼的渣土改良剂，在提供漂石楔击阻尼环境的同时，形成塑流性、黏聚性、止水性渣体，辅助采用高通过率螺旋输送机，实现渣土平衡输排。围绕不可输排粒径漂石地层盾构"开挖"与"输排"两大关键环节，综合盾构设备和掘进技术，通过"楔击破碎—楔犁松动—平衡输排"，实现不可输排漂石地层土压平衡盾构长距离保压碎石掘进（图 10.1-2）。

图 10.1-1 北京地铁 9 号线砂卵石和砾岩地层中所含不可输排粒径漂石

图 10.1-2 北京地铁 9 号线不可输排粒径漂石地层辐板式刀盘、盾构破碎的漂石与改良后的渣土

刀盘楔击漂石掘进时，实际是能量转化与耗散的过程，是刀盘转动所具有的动能在楔击漂石时以振动波的形式在漂石内发生积聚、传递和扩散。当输入的冲击能量低于漂石劈裂生成新的开裂面所需的最低新表面能之前，部分能量以弹性贮能形态不断积聚，部分因做功转化成热能，或发生其他形式的能量耗散。当刀盘刀具外加冲击载荷所转化

的能量高于漂石破碎所需新表面能阈值时，漂石内部裂纹扩展和延伸，直至劈裂破碎成新的岩块。

刀盘转速越高，输入漂石的瞬间冲击能量就越高。输入能量越高，瞬时楔击作用的时间越长，楔击频次越多，漂石越容易破碎，且破碎后的块（粒）度越小，块数越多，破碎效率越高。盾构楔击破碎漂石，不需要将漂石破碎到块（粒）度更小的碎块甚或岩屑、粉末状，只需要破碎到块（粒）度小于可输排粒径，能满足进仓输排即可，以降低设备能耗和对地层的扰动。

10.2 不可输排粒径漂石地层盾构刀盘刀具设计与配置

10.2.1 盾构刀盘设计

10.2.1.1 楔击刀盘设计原则

在含不可输排粒径漂石的砂卵石地层，盾构楔击刀具通过"楔击—劈裂—破碎"不可输排粒径漂石，"楔犁—松动—剥落"可输排粒径砂卵石地层，共同完成"楔击—输排"和"楔犁—输排"，实现盾构保压碎石掘进。

将安装有楔击刀具，符合"楔击—输排"掘进理念，采用楔击碎石方式和楔犁开挖方式，对不可输排粒径漂石进行"楔击—劈裂—破碎"后输排，对可输排砂粒径砂卵石"楔犁—松动—剥落"后直接进仓输排，以土压平衡维持开挖面稳定为主，刀盘面板机械支护为辅的盾构刀盘，称为楔击刀盘。楔击刀盘结构形式主要特点是：辐板式、限制开口、高强度重型结构、弧形刀盘。

1. 确定可输排粒径

根据前文所述的砂卵石地层盾构特征分类方法，在可输排粒径分类中，若地层中粗颗粒的最大粒径 d_{max} 大于盾构螺旋输送机最大允许通过粒径（可输排粒径）d_p，即 $d_{max} \geqslant d_p$，则该地层属于含不可输排粒径漂石的砂卵石地层（简称"不可输排粒径漂石地层"）；反之，若 $d_{max} < d_p$，则该地层属于可输排粒径砂卵石地层。同理，若漂石粒径 $d \geqslant d_p$，则该漂石为不可输排粒径漂石，反之则为可输排粒砂卵石。

螺旋输送机最大允许通过粒径（可输排粒径）d_p 可通过螺旋输送机形式与其尺寸参数计算得到，d_p 取决于螺旋输送机筒体内径 D_1 与螺旋输送机轴外径 D_2（有轴式）或 D_3（无轴式）之间的单侧环带宽度 d_x，以及螺距 P 与叶片厚度 t 的差值 l_x 两者中的最小值，其中轴式及带式的 d_x、l_x 分别通过式(10.2-1)和式(10.2-2)求得。

$$\begin{cases} d_x = (D_1 - D_2)/2 \\ l_x = p - t \end{cases} \tag{10.2-1}$$

$$\begin{cases} d_x = (D_1 - D_3)/2 \\ l_x = P - t \end{cases} \tag{10.2-2}$$

式中：P——螺旋叶片间距；

t——螺旋叶片厚度。

当 $d_x/l_x \geqslant 1$ 时，螺旋输送机可输排粒径 $d_p = d_x$；当 $d_x/l_x < 1$ 时，螺旋输送机可输排粒径 $d_p = l_x$。螺旋输送机尺寸参数与漂石粒径关系见图 10.2-1。

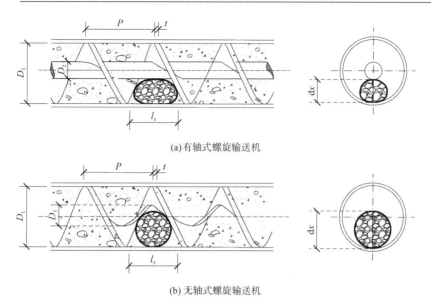

(a) 有轴式螺旋输送机

(b) 无轴式螺旋输送机

图 10.2-1 螺旋输送机尺寸参数与漂石粒径关系

根据文献资料，螺旋输送机可输排粒径 d_p 与螺旋输送机筒体内径 D_{1x} 之间可以按如下经验关系式确定：

有轴式（轴式）：$d_p \leqslant 0.35 D_{1x}$；无轴式（带式）：$d_p \leqslant 0.6 D_{1x}$。

依据含不可输排粒径漂石的砂卵石地层盾构"楔击—劈裂—破碎"开挖机理和"楔击—输排"保压碎石掘进理念，对于地层内的卵石、漂石，需要采取"限大放小，破大排小，能排尽排，应破尽破，能破能排，少破多排"的原则。这里的"大"和"小"是针对前述的砂卵石地层盾构工程特征分类中的可输排粒径分类而言，地层粗颗粒粒径超过盾构螺旋输送机的可输排粒径（最大允许通过粒径），即为"大"，否则，即为"小"。

针对困难地层，应首先基于地层特征和机理研究，从盾构设备选型与配置上着手解决问题，通过盾构装备技术的研发应用和配置提升，依靠设备能力解决复杂地质问题；其次在遵循地层物理力学特征和开挖演变机理，充分发挥设备能力的基础上，通过盾构掘进技术的创新和进步，实现隧道安全高效掘进。砂卵石地层，土压平衡盾构设备能力主要体现在与"开挖"和"输排"紧密相关的刀盘刀具、螺旋输送机和渣土改良系统等方面。

采用大直径、高通过率螺旋输送机（无水砂卵石地层，优先选用无轴式螺旋输送机），来增大螺旋输送机的可输排粒径 d_p，即增大螺旋输送机的净空尺寸，提高其输排率和输排量，以此减少其破碎率和破碎量，实现漂石的"能排尽排，少破多排"。净空尺寸包括筒体内径 D_1 与螺旋杆外径 D_2（或 D_3）之间的 1/2 净距，螺旋轴螺距 P 与叶片厚度 t 之间的净距，螺旋叶片升角等相关参数设计。之所以是"能排尽排"，是因为漂石分布和进仓的随机性，必然存在可输排粒径漂石被刀盘刀具破碎的情况，所以无法做到"应排尽排"。提高螺旋土压平衡盾构机螺旋输送机的通过率，是面对含不可输排粒径漂石的砂卵石地层掘进时，从输排（排渣）系统这一根本环节出发解决问题，是降低该地层掘进难度和风险的首要环节。

2. 刀盘开口设计

螺旋输送机限于盾构机整体空间大小和螺旋运移能力等方面的限制与平衡，螺旋机直径和螺距等关键参数不能无限增大。在螺旋输送机可输排粒径相关参数已按最大能力设定的情况下，只有通过刀盘开口设计，将不可输排粒径漂石限制在刀盘前予以拦截，防止进仓后发生沉仓或卡困螺旋轴，甚或断轴的现象。

这就需要减小刀盘开口尺寸，降低刀盘开口率，但刀盘开口尺寸太小，开口率太低，也会带来以下三方面问题。

（1）会限制可进仓输排粗颗粒的最大粒径，降低其通过率和通过量，并影响可输排粒径砂卵石的整体开挖和输排效率，导致卵石在刀盘前滞留时间过长，加大了刀盘刀具磨损。

（2）会增加刀盘前后渣土的阻隔，影响渣土进仓流动和内外连通，进而影响土压的建立、传递和保持，降低渣土压力动态调整和仓内外渣土压力传递的敏感性、及时性、精确性，造成土压无法完全建立或保持的假象，增加了保压掘进难度，不利于开挖面支护和沉降控制。

（3）在破碎漂石的刀具采用可更换的背装式安装，以及在刀盘周边配置保径开挖的滚刀的情况下，需要一定面积的刀盘面板来安装刀箱。

因此，刀盘的最大开口尺寸和开口率设计，应考虑以下四个方面因素。

（1）应与螺旋输送机的可输排粒径相匹配。考虑到漂石非圆球体的不规则形状，存在长径与短径，因此，刀盘最大开口尺寸应略小于螺旋输送机的可输排粒径。

（2）应与刀具配置形式和安装需求相适应。刀盘开口率应满足刀具布置在刀型与数量方面的需求，保证刀盘的开挖能力。

（3）应有利于保证渣土的流动性。砂卵石地层，包括含漂石的砂卵石地层，不单纯要依靠刀盘面板对开挖面的机械支撑作用来实现开挖面稳定，依然要视开挖面地层和上覆地层的密实度、稳定性、敏感性情况，依据土压计算，在合理压力区间内，选取合适的土压控制值，来实现土压平衡掘进，依靠土压来实现开挖面水土压力与支护力的平衡，维持地层稳定。

（4）应有利于降低刀盘扭矩和刀盘刀具磨损。合适的开口设计可加快砂卵石渣土进仓输排效率，缩短刀盘前滞留时间，降低刀盘工作扭矩和刀盘面板与刀具的磨损。

所以，刀盘的开口设计是不可输排粒径漂石地层刀盘选型设计时关键点。既要满足刀具布置需要，又要限制不可输排粒径漂石通过，还要提高可输排粒径砂卵石的输排效率，以及保证压力平衡掘进模式下渣土的流动。这是矛盾的对立与统一，关键在于对地层勘察与调查基础上掌握漂石粒径、含量和分布情况，结合盾构设备选型与配置，从盾构可破碎与可输排的能力方面出发，确定合适的可输排粒径和开口尺寸。

为了限制不可输排粒径漂石进仓，刀盘大开口一般采用格栅板分隔成若干大小不等的小开口，格栅板的设置数量和间距，决定了每个开口尺寸的大小，均会影响到卵漂石通过刀盘的粒径和效率。

3. 刀盘结构形式

不可输排粒径漂石地层盾构开挖系统的核心是破碎漂石。基于楔击破碎和能量传递的机理，一般采用重型刀盘，即刀盘面板占比高、刀盘结构刚度大的箱型焊接结构，以提高刀盘抗冲击性能，增加刀盘的转动惯量，利于冲击破碎漂石。同时，因为要限制不可输排粒径的大粒径漂石进仓，但又要提高可输排粒径砂卵石的通过效率，故刀盘开口尺寸一般与螺旋输送机的可输排粒径相匹配，开口要设置拦截格栅。为提高破碎能力和不换刀掘进寿命，楔击刀具的配置数量要满足需要，如采用背装式楔击刀或可以互换的滚刀时，因为要安装刀箱，刀盘面板空间需求增加。因此，该地层一般采用辐板式结构，开口率控制在30%～40%。刀盘支承方式采用中间支撑，减少土仓中心闭塞。刀盘中心回转体宜多布置流体通路，满足渣土改良加注需求。

4. 刀盘驱动能力

在不可输排粒径漂石地层，要依靠刀盘一定转速旋转所具备的转动动能的输入，实现能量在漂石内的传递、转化和扩散来实现劈裂、破碎漂石，关键在于刀盘主驱动能力要强。含不可输排粒径漂石的砂卵石地层，具有高密度、高摩阻、高随机漂石阻抗、非均质的特点，需要一个高承载、强冲击、高可靠性的主驱动系统，提供大功率、高扭矩输出，来实现高强度漂石碎裂。鉴于此，刀盘常采用变频电机驱动系统，具备高转速区间，可实现无级调速，刀盘额定扭矩系数一般高于 25，脱困扭矩系数高于 30。

10.2.1.2 楔击刀盘设计应用案例

北京地铁 9 号线军事博物馆站—东钓鱼台站区间隧道为富含超大粒径漂石地层，下穿玉渊潭东湖，盾构采用楔击刀盘，如图 10.2-2 所示。该区间隧道长 1212m，为富含超大粒径漂石的砾岩地层、富含超大粒径漂石的砂卵石地层及两者的复合地层，地下水丰富、水量大、水压高、补给快。漂石最高单轴抗压强度超过 200MPa。换刀井揭露粒径大于 200mm 的漂石含量占 40%～50%，漂石最大粒径 1.2m，邻近场区基坑揭露漂石最大粒径 1.7m。

刀盘开挖直径 6.264m，为 4 主辐臂 + 4 副辐臂的辐板式、弧形刀盘，采用中间支撑方式，开口率 38%，最大允许通过粒径 300mm（图 10.2-3）。刀盘配置以楔击刀作为主体开挖刀具，刮刀为辅助刀具，在砾岩（局部黏土岩）、砂卵石—砾岩复合地层，刀盘周边配置双刃滚刀作为保径开挖刀具。刀盘主驱动功率 1200kW，主轴承直径 3130mm，额定扭矩 6190kN·m，脱困扭矩 7740kN·m，刀盘最大转速 3.2r/min。盾构施工过程中，通过换刀井和开仓方式进行换刀，成功攻克了富水富含不可输排粒径漂石地层盾构掘进。

(a) 刀盘图

(b) 初装刀盘

(c) 出洞刀盘

图 10.2-2　北京地铁 9 号线下穿玉渊潭东湖盾构机刀盘

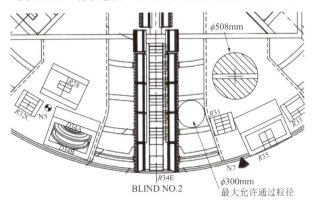

图 10.2-3　刀盘开口最大允许通过粒径示意

10.2.2 盾构刀具设计

10.2.2.1 楔击刀具设计及原则

楔击刀具是不可输排粒径漂石地层盾构刀盘实现漂石破碎和地层掘进的主体开挖刀具。一方面,要基于"楔击—劈裂—破碎"开挖机理楔击破碎开挖面地层中的不可输排粒径漂石;另一方面,要基于"楔犁—松动—剥落"开挖机理楔犁松动开挖面可输排砂卵石。既要满足开挖面砂卵石基础地层的开挖掘进,也要满足地层中所包裹的大粒径漂石的破碎。这是楔击刀自身的功能定位。

不可输排粒径漂石"楔击—劈裂—破碎"机理,前文已作阐述,就楔击刀在此开挖机理中力学作用的体现,可做以下解释。

"楔",与"楔犁"中所述一样,首先是刀具如楔形,其次是刀具楔入地层。不可输排粒径漂石地层,基础地层还是砂卵石地层,密实度高,摩阻力大,刀具要进行开挖,首先要能楔入地层空隙,才能进一步犁松地层。漂石嵌含于地层中,破碎过程要对其约束作用,防止其活动,发生偏移,以保证刀具多次楔入点能够相对集中,利于楔击作用的连续累积。因此,除了周围地层的围压作用约束外,相邻轨迹的楔击刀和刀盘面板在盾构推力作用下,对漂石沿掘进方向的轴向压力也起到约束限定作用。除依靠刀盘刀具在转动惯性能量(转动动能)作用下的环向冲击破碎为主外,刀具在盾构推力作用下的水平向楔入挤压也是辅助破碎漂石的因素。

"击",指刀盘刀具冲击破碎漂石。刀盘刀具在高速转动情况下对漂石做冲击功,其动能在瞬间通过楔入点传递给漂石,引发脆性破坏、塑性变形和弹性变形等冲击效应,当冲击作用时输入能量大于漂石形成新的开裂表面的表面能阈值时,漂石内微观裂纹发生扩展和延伸,直至贯通,发生劈裂,破碎成块度尺寸不等的碎块。

楔击刀应具备楔入地层、犁松地层、击碎漂石的功用。从刀具机理来讲,"楔"是刀具在盾构水平推力作用下,向开挖面正前方推进且形成挤压力的动作,是水平向挤压开挖面地层和漂石的力学行为,实现砂卵石地层盾构向前推进和对漂石的约束、限位、挤压、损伤;"击"是刀具在盾构刀盘旋转的扭矩作用下,沿开挖面环向转动且形成冲击力的动作,是环向冲击漂石的力学行为,实现对漂石的冲击破碎和砂卵石地层盾构环向松动开挖。两者有机统一,共同实现不可输排粒径漂石地层碎石掘进。

因此,楔击刀具的设计,应该遵循"楔击—劈裂—破碎"的开挖机理,刀具楔入不可输排粒径漂石表面能产生冲凿作用,形成楔击效应,并兼具楔犁开挖面地层的功能。楔击刀应为重型结构设计,具有宽厚刃面或棱形刃面,刀体大高度,高强度,高硬度,刃端合金块钎焊可靠,抗冲击和耐磨性能突出。

10.2.2.2 楔击刀具设计应用案例

楔击刀具首次应用于北京地铁9号线军事博物馆站—东钓鱼台站区间富含大粒径漂石地层盾构隧道工程。楔击刀具采用高强合金、超高刀身、重型棱柱刀体、销轴式消能设计,抗冲击性能高,楔击碎石与抗损伤能力强,可以消减楔击刀与漂石刚性冲击能量,避免刀具断裂,如图10.2-4~图10.2-7所示。

第 10 章 不可输排粒径漂石地层盾构碎石掘进技术

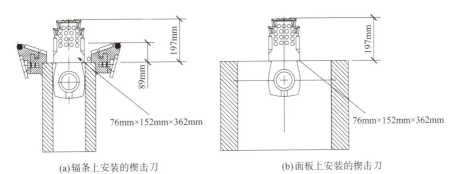

(a) 辐条上安装的楔击刀　　　　　(b) 面板上安装的楔击刀

图 10.2-4　楔击刀具安装示意图

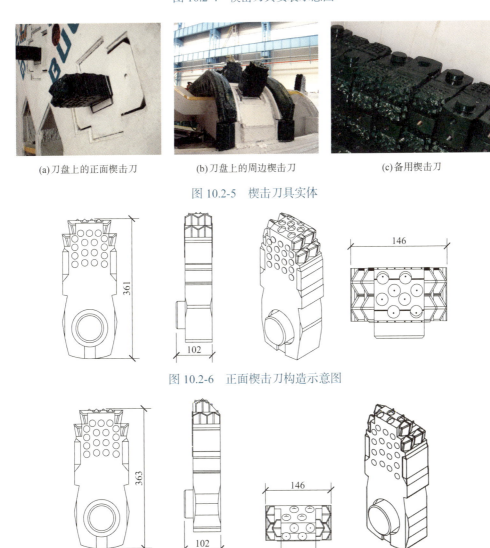

图 10.2-7　周边保径楔击刀构造示意图

（1）刀具采用超高刀身、重型棱柱刀体设计，楔击碎石能力强。楔击刀整刀高度 360mm 以上（正面楔击刀具高度 361mm，周边楔击刀具高度 363mm），安装后高出刀盘表面的有效高度 197mm，高出两侧 89mm 高度的刮刀 108mm，充分保护了刮刀免受开挖面漂石的冲击损伤。

（2）刀具镶嵌高强合金，耐磨与抗冲击性能强。刀具刃端钎焊 YG13C 高强硬质合金，硬度 HRA ≥ 87，抗弯强度 ≥2000MPa。提高硬质合金焊接强度，刀具硬质合金和刀体连接的焊接工艺采用银基复合焊料进行高频焊接，焊缝抗剪强度≥200MPa。改进合金形状，将小体积锐角形状硬质合金改进为大体积钝角硬质合金镶块，提高耐冲击、耐磨损性能，如图 10.2-8 所示。

（3）优化刀具安装形式，采用销轴式消能设计，抗损伤能力强。楔击刀采用背装式销轴连接，在便于仓内更换的同时，刀箱留有微量冗余间隙，楔击刀在冲击漂石时可形成微量低频振幅，能够消减刚性楔击过程漂石的反射能量，缓冲反冲击作用 F'，保护刀具免受冲击损伤，如图 10.2-9 所示。

图 10.2-8　楔击刀实体

（注：左侧为初始刀型，右侧为改进刀型。）

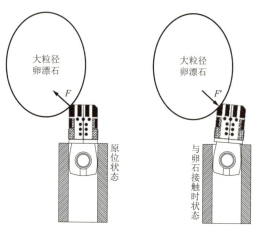

图 10.2-9　楔击刀销轴式消能设计原理图

10.2.3　盾构刀具配置

在含不可输排粒径漂石的砂卵石地层，采用复合刀具多层多辐配置方式。基于楔击刀"楔击—劈裂—破碎"开挖机理，采用辐板式、限制开口、重型、弧形复合刀盘，并装配设计有高强合金、超高刀身、重型棱柱刀体、销轴式安装方式的楔击刀，将楔击刀作为主体碎石开挖刀具，根据地层条件，复合配置楔犁刀、滚刀，与刮刀一起，分层、分辐均匀布置在刀盘各辐臂上，实现复合刀具多层多辐平衡配置，形成楔击破碎漂石、楔犁松动地层的综合开挖能力，以及降低扭矩、保护刀盘、延长刀具使用寿命的功能，实现了含不可输排粒径漂石地层大粒径漂石的"楔击—劈裂—破碎"与整体地层"楔犁—松动—剥落"开挖。

10.2.3.1　多层配置

复杂地层盾构刀具宜采取多层梯次配置，首先，有助于厘清各类刀具的作用，明确其各自定位，充分发挥其功能，形成各司其职、各有所用的刀具配置体系，有利于整体掘进效率的实现。其次，有助于降低刀具磨损，促进刀具相互保护，延长刀具使用寿命。最后，有助于降低刀盘工作扭矩，促进渣土改良和流动，提高渣土运移输排效率。

在不可输排粒径漂石地层，采用复合刀具多层配置方式。以具有超高刀身的楔击刀为碎石的主体刀具，视作第一梯次高度的刀具；以楔犁刀为楔犁松动开挖地层、保护刀盘和其他刀具免受冲击的辅助刀具，视作第二梯次高度的刀具；在砂卵石-岩石复合地层、胶结砂卵石地层，在刀盘周边轨迹配置部分滚刀作为破岩开挖和楔犁开挖的辅助刀具，视作第三梯次高度的刀具；刮刀作为最低梯次高度的刀具，主要起搅拌渣土，导流、归拢渣土入仓的作用。

10.2.3.2　多辐平衡配置

在辐板式刀盘上，通过辐臂的对称划分，结合面板（宽大辐臂，也称主臂）与辐条（窄长辐臂，也称副臂）结构特点，采取以下多辐平衡配置方式。

（1）内圈楔击刀沿主臂集中配置，外圈楔击刀沿主臂多点、均匀、分散配置和副臂集中配置，共同满足刀具轨迹半径设计。

（2）楔犁刀，主要在主臂做多点互补配置，配合楔击刀实现地层楔犁开挖，并起到保护刀盘刀具作用。

（3）刀盘中心线速度小，转动过程中对漂石的冲击动能小，所以中心部位主要依靠刀具的超前楔犁松动作用实现开挖，故选用鱼尾形中心强化楔犁刀。

（4）含不可输排粒径漂石的砾岩地层、砂卵石—砾岩复合地层或胶结砂卵石地层，可根据开挖面地层分布范围和胶结强弱的特征，有针对性地将部分楔击刀更换为滚刀，以满足地层破岩掘进和保径开挖的需要。

10.2.3.3　刀具配置应用

北京地铁9号线军事博物馆站—东钓鱼台站区间（以下简称"军—东区间"）隧道工程，为富含超大粒径漂石（不可输排粒径漂石）的砂卵石地层、富含超大粒径漂石的砾岩（局部黏土岩）地层及其两者的复合地层。该工程选用楔击刀盘，依靠楔击刀具破碎不可输排粒径漂石并楔犁开挖面地层掘进，采取复合刀具多层多辐平衡配置方式。

1. 初步设计阶段刀具配置方案

在刀具配置的初步设计阶段，对应不同地层，确定了不同的刀具配置方式，具体见表10.2-1。

北京地铁9号线军—东区间盾构刀具配置方式（初步设计阶段）　　表 10.2-1

地层条件	刀具配置方式	主体开挖刀具
富含超大粒径漂石的砂卵石地层	楔击刀 + 楔犁刀 + 刮刀	楔击刀
富含超大粒径漂石的砾岩地层	滚刀 + 刮刀	滚刀
富含超大粒径漂石的砂卵石—砾岩（局部黏土岩）复合地层	楔击刀 + 楔犁刀 + 滚刀 + 刮刀	楔击刀 + 滚刀

（1）在富含超大粒径漂石的砂卵石地层（第四纪卵石—圆砾⑦层），主要任务是碎石掘进和楔犁掘进。以楔击刀为主体开挖刀具，破碎不可输排粒径漂石，兼具楔犁松动开挖面地层；以楔犁刀辅助进行地层楔犁开挖，并保护刀盘，降低刀盘磨损；刮刀主要起搅拌、导流、归拢渣土入仓的作用，不参与开挖面切削受力，如图10.2-10（a）所示。

（2）在富含超大粒径漂石的砾岩地层（第三系强风化、半胶结—弱胶结极软岩的砾岩⑪层，局部为强—中风化、弱胶结极软岩的黏土岩⑪$_1$层，均含漂石），主要任务是破岩掘进和碎石掘进。以滚刀为主体开挖刀具，以滚压破碎整体砾岩地层和地层中的所含的不可输排粒径漂石，如图10.2-10（b）所示。

（3）在富含超大粒径漂石的砂卵石—砾岩（局部黏土岩）复合地层，主要任务是碎石掘进、破岩掘进和楔犁掘进。因砾岩下伏地层主要位于隧底，故全刀盘以楔击刀为主，并将刀盘周边6把楔击刀更换为滚刀，以兼顾随底岩层开挖，如图10.2-10（c）所示。

(a) 富含大粒径漂石的砂卵石地层刀具配置　　(b) 富含大粒径漂石的砾岩地层刀具配置　　(c) 富含大粒径漂石的砂卵石—砾岩复合地层刀具配置

图 10.2-10　初步设计阶段：不同地层复合刀具配置方案

2. 施工阶段刀具配置方案

军—东区间隧道始发段、接收段各约 250m 段均为富含超大粒径漂石的砾岩地层，中间 700m 穿越玉渊潭东湖和北岸段为富含超大粒径漂石的砂卵石地层，以及与砂卵石—砾岩复合地层过渡段。

在确定了刀具配置的初步设计方案后，通过始发井基坑开挖，发现砾岩地层胶结性差，胶结强度低，成岩程度弱，整体性不强，表现出的盾构工程特征还是以地层所含的卵漂石和大粒径漂石掘进为主，故确定将初步设计方案中砾岩地层全滚刀方案更换为全楔击刀方案，并在厂内盾构机组装阶段，按此进行刀具装配，如图 10.2-11（a）所示。

进场前，主要考虑砾岩地层和含砾岩的复合地层保径开挖需要，将周边 10 把楔击刀更换为双刃滚刀，如图 10.2-11（b）所示。这就构成了正面楔击刀为主（图 10.2-11（c）），周边楔击刀 + 双刃滚刀复合安装（图 10.2-11（d）、（e）所示）的配置。

(a) 厂内组装阶段：全楔击刀配置方式　　(b) 施工阶段：楔击刀 + 周边滚刀配置方式

(c) 正面楔击刀　　(d) 周边楔击刀　　(e) 周边滚刀

图 10.2-11　复合刀具多层多辐平衡配置的刀盘刀具

施工阶段刀具配置数量为：刀盘正面配置 60 把楔击刀，周边配置 10 把 17″双刃盘形滚刀，中心配置 1 把中心刀，刀盘辐条上连续配置两孔刮刀、三孔刮刀和圆弧形外周刮刀共计 88 把，如表 10.2-2 和图 10.2-12 所示。

北京地铁 9 号线军—东区间盾构初装刀具配置表　　　　表 10.2-2

序号	部位	刀具配置统计			滚动式楔犁刀（双刃）	楔击刀
		刮刀				
		二孔刮刀	三孔刮刀	外周刮刀		
1	辐条1	2把（小）+2把（大）	10把	2把		7把
2	辐条2	2把（小）+2把（大）	10把	2把		7把
3	辐条4	2把（小）+2把（大）	10把	2把		6把
4	面板1	2把（小）	2把	2把	2把	1+6把
5	面板2	2把（小）	2把	2把	2把	3+6把
6	面板3	2把（小）	2把	2把	3把	1+5把
7	面板4	2把（小）	2把	2把	3把	1+6把
8	中心	中心刀1把，楔击刀4把（可更换为4把滚动式楔犁刀）				
9	合计	16把（小），8把（大）	48把	16把	滚刀10把	楔击刀60把
		刮刀88把				

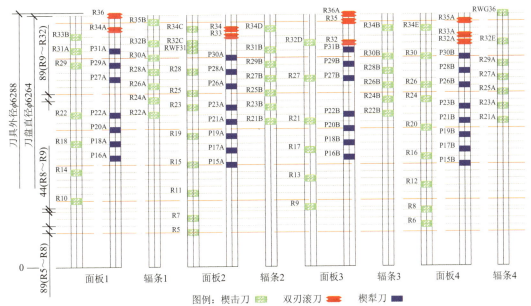

图 10.2-12　刀具多层多辐平衡配置展开图

各刀具安装高度如图 10.2-13 和表 10.2-3 所示，其中楔击刀高 197mm，楔犁刀高 155mm，双刃滚刀高 127mm，刮刀高 89mm。在刀具高度上，总体形成了四层配置，梯次高差依次为 42mm，28mm 和 38mm，最高梯次楔击刀与最低梯次刮刀高差 108mm，有效地保护了刮刀免受开挖面漂石的直接冲击，防止了刮刀的冲击损伤。

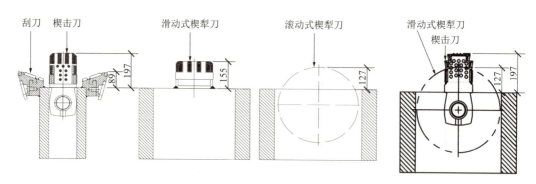

图 10.2-13　复合刀具多层配置（施工阶段）

北京地铁 9 号线军—东区间盾构刀具配置高度（施工阶段）　　　表 10.2-3

刀具名称	刀具高度/mm	高差/mm
楔击刀	197	42
楔犁刀	155	28
滚刀	127	38
刮刀	89	—

10.3　不可输排粒径漂石地层盾构"低贯高转"掘进模式

在可输排粒径砂卵石地层，前述章节提出了通过盾构"高贯低转"掘进模式，达到楔犁刀具与卵石之间"刀不破石，石不损刀"的相互作用效果，以及刀具"防冲降损"磨损控制，进而实现砂卵石地层盾构长距离高效掘进。在不可输排粒径漂石地层则相反，因为要借助楔击刀的冲击作用进行漂石破碎，因此，就不能"刀不破石，石不损刀"，而要"刀能破石，石不损刀"。

刀具的冲击损伤是不可输排漂石地层盾构碎石掘进时楔击刀具的主要破坏形式，为降低刀具损伤，首先要从自身强度、硬度、型制设计、合金选材、钎焊工艺、安装固定方式等方面，提高刀具抗冲击性能，降低刀具冲击损伤，能够保证刀具持续承受冲击载荷，有效传递楔击能量，实现漂石楔击破碎，延长刀具使用寿命，综合达到"抗冲降损"的磨损控制目标。

其次，要通过刀盘开口设计、刀具多层多辐平衡配置来辅助实现碎石掘进的同时，使楔击刀和其他刀具能得到最大程度保护，延长刀具整体使用寿命；既利于发挥楔击刀的楔击能力和其他刀具各自功能，又利于形成不同刀具在同一刀盘上相互配合、整体协调、共同作用的效果。这在前述刀具设计、刀具配置内容中已做了详细阐述。

以上都是基于刀具"楔击—劈裂—破碎"开挖机理，从刀盘刀具等盾构装备角度出发，提出的碎石掘进的具体实现技术。这在前述刀具设计、刀具配置内容中已做了详细阐述。

在盾构掘进阶段，则需要通过选用"低贯高转"碎石掘进模式，来实现不可输排粒径漂石地层"楔击—劈裂—破碎"开挖，既有利于刀具破碎漂石，又有利于降低刀具自身损伤，延长盾构单次不换刀连续掘进距离。改掘进模式应用于北京地铁 9 号线玉渊潭隧道工程，解决了富含超大粒径漂石地层盾构掘进的世界难题。

在盾构"低贯入度、高转速"的"低贯高转"掘进模式中（图10.3-1），"高转"提高刀具楔击碎石的能力，"低贯"降低刀具冲击损伤。

1."高转"模式下

（1）刀盘转动速度快，刀具楔击能量高，利于能量在漂石内积聚扩散，达到漂石开裂所需的能量阈值，产生劈裂效应。

（2）刀盘转动圈数多，刀具楔击频次高，利于刀盘刀具对漂石进行循环加载、反复冲击。

（3）高转速条件下，刀盘主驱动可进入恒功率工作阶段，维持额定功率，为楔击碎石提供稳定的能量输出。

2."低贯"模式下

（1）刀盘每转向前掘进距离短，单环掘进刀盘转动圈数多，利于刀具反复楔击加载。

（2）刀具切深小，利于刀具逐步逐层楔击漂石，防止大切深造成刀盘卡困、振动、超载跳停等异常情况和刀具合金崩落、刀体断裂等冲击损伤。

（3）刀具在短时间内能够在相对集中的楔入点对漂石进行反复楔击，加快楔入点附近脆性破坏的形成、能量的积聚传递和裂纹的扩展延伸。

（4）高转速条件下，刀盘主驱动扭矩输出值低，低贯入度能够保证刀盘处于低扭矩工作状态，保证刀盘不出现因超负荷而跳停现象。

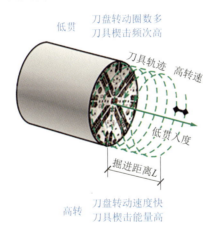

图10.3-1 "低贯高转"碎石掘进模式

"低贯高转"掘进模式也必然带来相关问题，比如"低贯"降低了刀具冲击损伤的风险和刀盘工作扭矩，但掘进效率也相对较低，且刀具在形成多次楔击作用的同时，也带来单环掘进中刀具运动变长，刀具磨耗增加的问题。"高转"提高了楔击能量和频次，但也增加了刀具冲击损伤的概率，以及对盾构装备能力的高要求。

我们对待工程问题，也要借鉴哲学观念，从辩证的角度分析和解决问题。不可输排粒径漂石地层的主要矛盾是要通过盾构自身刀盘刀具破碎漂石实现正常掘进的问题，即盾构碎石掘进，"低贯高转"被证明是实现碎石掘进的有效模式，因此带来的次要矛盾，就需要通过其他对应的方法来予以正向解决。

比如，带来的刀具冲击损伤概率高、磨耗快的问题，需要从刀具设计加工和刀具综合配置方法上解决，通过高强耐磨抗冲击的楔击刀和复合刀具的多层多辐平衡配置来适应地层特征，满足掘进模式需求；带来的刀盘驱动高负载、高冲击的问题，也需要从装备能力的提升和储备方面解决，设计制造出高承载、高可靠性、高转速、大扭矩、高功率的刀盘驱动系统性能。

至于掘进效率低的问题，实际是相对而言。9号线军—东区间隧道工程中，盾构实际推进速度15～30mm/min，进度6～8环/d，与可输排粒径砂卵石地层盾构掘进效率相比是偏低，但相对于类似工程不得不改用竖井多、工效慢的暗挖法施工相比，效率是相当可观的。关键在于，改变了以往遇到漂石，盾构无法碎石掘进，刀盘频繁卡困后，只能不断停机，采用人工破除的方法脱困，无法连贯施工的现状，完全依靠盾构设备自身攻克了较难实现的难题，辅助计划性设置主动换刀井，通过"抗冲降损"刀具磨损控制和"低贯高转"碎石掘进模式，综合实现了不可输排漂石地层土压平衡盾构碎石掘进。

9号线军—东区间隧道工程中，刀盘转速2r/min，贯入度7.5～15mm/rad，推进速度15～30mm/min，刀盘扭矩2000～4500kN·m，占额定扭矩的32%～73%（扭矩相对集中区间范围：3000～4000kN·m，占额定扭矩的48%～65%），较好地运用了"低贯高转"掘进模式，实现了盾构碎石掘进。

10.4 本章小结

本章揭示了富含不可输排粒径漂石的砂卵石地层盾构"楔击—劈裂—破碎"开挖机理，阐述了基于能量理论的楔击刀碎石能力计算方法，盾构碎石掘进的楔击刀具和楔击刀多层多辐平衡配置技术，盾构"抗冲降损"磨损控制方法与"低贯高转"碎石掘进模式，通过一系列技术，能够实现不可输排粒径漂石的盾构碎石掘进。

（1）不可输排粒径漂石地层楔击刀具"楔击—劈裂—破碎"开挖机理。建立了楔击刀具循环楔击开挖力学模型，奠定了富含不可输排粒径漂石的砂卵石地层盾构掘进理论基础。楔击刀跟随刀盘转动，反复楔击不可输排的大粒径漂石，多频次冲击荷载循环作用下，楔击能量以应力波形式在漂石内部传递，当其突破漂石开裂面表面能阈值时，漂石产生裂纹，并不断扩展，直至贯通破碎。"楔击—劈裂—破碎"的过程是冲击荷载多点反复加载、漂石损伤不断累积、裂隙不断发展的过程，是刀具动能—漂石内能—开裂面表面能不断转化的过程。

基于"楔击—劈裂—破碎"开挖机理和黎金格新表面理论，建立了楔击刀具循环楔击破碎漂石的力学模型，计算得到了漂石破碎所需的最小输入能量值，刀具输入能量高于漂石开裂能量阈值，是裂纹产生和扩展的必要条件，以此可作为楔击刀具设计的理论依据。

（2）基于能量理论的盾构碎石能力计算方法。基于漂石破碎的能量转换关系和楔击刀具循环楔击破碎力学模型，建立了盾构楔击破碎漂石的能量阈值计算方法，可得到盾构能够破碎漂石的最大粒径值，可为盾构碎石能力和刀盘刀具结构设计提供理论依据。

（3）不可输排粒径漂石地层盾构碎石掘进的楔击刀具。楔击刀具采用高强合金、超高刀身、重型棱柱刀体、销轴式消能设计，刀具楔击碎石能力强；销轴式消能设计，可消减楔击刀与漂石刚性冲击能量，抗冲击损伤性能高，避免了刀具断裂。楔击刀可实现"刀能碎石，石不损刀"的盾构碎石掘进。

（4）楔击刀具多层多辐平衡配置技术。采用辐板式、重型、弧形复合刀盘，限制不可输排粒径漂石通过，刀盘抗冲击、抗变形、耐磨能力强。楔击刀、固定式楔犁刀、滚动式楔犁刀等复合刀具多层多辐平衡配置，形成楔击破碎漂石、楔犁松动地层的综合开挖能力。

（5）不可输排漂石地层土压平衡盾构"抗冲降损"磨损控制方法与"低贯高转"碎石掘进模式。根据"冲击损伤＋磨耗"的刀具磨损机理，提高刀具楔击能力与抗冲击损伤能力；采用"低贯入度、高转速"掘进模式，增加刀具楔击频次，增强刀具楔击能量。两者共同作用，可以指导楔击刀具性能与掘进参数设计，实现刀具磨损控制与盾构楔击碎石掘进。

第5篇

砂卵石地层盾构施工地层位移变化特征与精准测控技术

第 11 章
盾构施工地层竖向分层位移测试方法

11.1 盾构施工地层位移特征

1. 盾构施工地层位移的影响因素

盾构隧道开挖后，隧道周边地层岩土体受到扰动，打破了地层的原始应力状态，开始进行应力重分布，逐渐达到新的应力平衡状态，此过程中，岩土体会产生相应的变形。最先受到扰动的岩土体会由于地层损失而向着开挖形成的临空面（包括盾构外周的临空面）方向移动，隧道侧方土体产生水平位移，即收敛；隧道上方土体产生竖向位移，即沉降。盾构开挖对地层压力的卸载和扰动会延伸至地表，形成地面沉降。地层位移在本质上是地层受到扰动后产生应力和变形的最终累加效果。

盾构施工诱发的地层位移是由多方面因素引起的，主要包括：

（1）盾构开挖导致岩土体应力释放和水土流失引起的地层损失；

（2）盾构开挖轮廓大于盾体和管片外轮廓，两部位壁后间隙如得不到及时充填，就会形成地层有空隙而无支护或弱支护的压力不平衡状态，从而引起地层变形；

（3）盾构开挖仓泥土压力对开挖面的支护作用力；

（4）土压平衡盾构渣土改良时加注添加剂的压力；

（5）盾构机壳体对周围地层的摩阻力；

（6）盾尾同步注浆或管片壁后注浆对地层的挤压力。

对于开挖面引起的地层位移，可以通过盾构开挖仓建立泥土压力平衡，提供支护力来实现开挖面稳定，控制地层沉降。因此，上述因素中，在施工中造成地层负位移，即地层沉降的主要因素是第（2）条，即盾构施工存在的壁后间隙造成的。

2. 盾构壁后地层间隙的组成

对于盾构施工与地层形成的壁后间隙，包括"盾体—地层"间隙和"管片—地层"间隙两部分，如图 11.1-1 所示。"盾体—地层"间隙为盾构机主机部位的盾体外间隙，是由于刀盘外径与盾体外径的构造差引起的，也可以称为"盾体壁后间隙"；"管片—地层"间隙为管片脱出盾尾的成型隧道部位的管片外间隙，是由于刀盘外径与管片外径的构造差引起的，也可以称为"管片壁后间隙"。两者可统称为"盾构壁后间隙"，后者也可以视为由前者，外加盾体结构厚度和盾尾间隙（盾尾内径与管片外径的理论差）组成。

盾体外间隙和管片外间隙，都是构成地层变形的主要因素，二者哪个对地层变形贡献最大，对于盾体外间隙是否需要像管片外间隙一样进行充填，用什么材料充填，是本篇要回答的问题。

3. 地层位移的三维分解

地层内任一点的位移在空间内是可以分解成三维矢量，由于地质条件与盾构推力、泥土压力等参数的变化，任一点的地层位移矢量均不相同。以任一里程位置的隧道中心为原点建立三维坐标系，将垂直于隧道轴线的水平方向作为X轴（横向）平行于隧道轴线的水平方向作为Y轴（纵向），垂直于隧道轴线的竖直方向作为Z轴（纵向），则地层位移S沿着X轴、Y轴、Z轴的分量依次表示为S_x、S_y、S_z或u、v、w，依次称为地层横向位移、纵向位移、竖向位移，如图11.1-2所示。

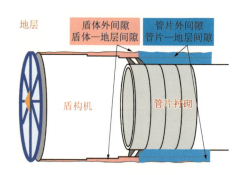

图11.1-1 盾构施工地层间隙示意图

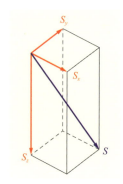

图11.1-2 地层位移矢量的空间分解

通过现场测试和数值模拟，盾构施工引起的地层位移，其水平横向S_x、水平纵向S_y的位移量很小，相对于竖向位移S_z，对盾构施工和环境安全的影响可以忽略不计。由于不同深度的地层位移是不均匀、不同步的，位移的矢量值是有差异的，尤其是竖向位移，即地层沉降，在不同地层、不同深度岩土体之间存在明显的差异沉降，即地层的分层位移。

4. 盾构施工地层位移的主控位移

通过现场测试，在盾构施工引起的地层横向、竖向和纵向位移里，横向位移和纵向位移量很小，对施工和环境的影响可以忽略不计，故将地层竖向位移作为主控位移。

11.2 地层竖向位移测试现状

国内较早在地铁工程进行地层位移现场测试是在20世纪70年代的上海地铁区间隧道试验段，主要针对地铁盾构施工引起的地表沉降进行监测，并在实测基础上对Peck公式进行了一定程度的修正，提出了考虑土体扰动固结下的地面沉降计算公式。目前的盾构隧道施工监测，多集中于地表沉降监测，对于地下管线的监测方法也多限于浅层，无法真实反映盾构施工扰动引起的地层由深至浅的整体变形情况。随着近年来盾构穿越和近接工程案例的逐步增加，深部地层位移的变化特征成为技术研究和工程安全风险管理关注的重点，尤其是盾构下穿既有地下管线或地下建（构）筑物、隧道等地中风险源，更需要对深层地层位移进行监测。深部地层位移多采用传统的多点位移计测试技术，存在自动化程度低、可靠性差、数据采集耗时长等缺点，难以满足盾构穿越或近接施工引起地层位移监测的要求。

地层深层（分层）沉降主要通过在地层内埋设沉降标（深层标、分层标）进行观测。深层标沉降监测原理与地表沉降监测基本相同，即采用水准高程测量方法进行观测，不同之处在于测量部位不同，深层标是根据工程实际需求埋设于某地层底面，测定其下岩土体的沉降量。分层标埋设深度可贯穿整个地层，在同一根测管上分别观测不同深度的各个地层，或者某一地层的不同深度沉降情况。

地层分层沉降监测主要是对不同深度、不同层位的地层沉降进行监测，沉降仪是地层分层沉降监测的核心设备，按传感方式的不同分为：水管式、电磁式和横臂式等。在地层分层沉降监测方面，最初以多点位移计沉降仪作为主要的监测仪器。多点位移计大多应用于水利大坝、煤矿深部地层的分层位移监测，以岩石地层为主。城市土质地层分层位移测试多采用磁环式分层位移计，但精度无法满足盾构穿越工程的要求。因此，需要开发新的地层深层的分层位移测试系统与方法。

11.3 地层竖向分层位移新型测试系统

为了解决现有地层位移测试技术精度不足和多点位移计同孔布设不适应盾构施工特点的问题，实现精确监测不同深度地层竖向分层位移，研发了一套新型地层（竖向）分层位移（以下简称"地层分层位移"）测试系统。该系统包括静力水准仪、单点位移计和孔口端平台锚固结构，如图 11.3-1 所示。

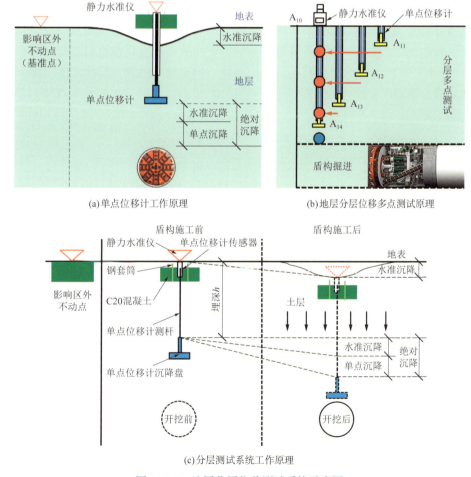

(a) 单点位移计工作原理

(b) 地层分层位移多点测试原理

(c) 分层测试系统工作原理

图 11.3-1 地层分层位移测试系统示意图

孔口端平台锚固结构由混凝土和钢套筒构成。钢套筒前期用作钻孔定位和护壁，后期作为安装静力水准仪的支架。混凝土平台作为锚固体，用来锚固钢套筒和单点位移计传感器，使静力水准仪系统、单点位移计系统成为一体，孔口端平台平面及剖面如图11.3-2所示。

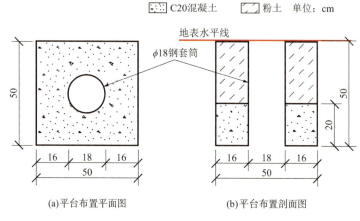

图11.3-2　孔口端平台锚固结构图

静力水准仪由一系列含有液位传感器的容器组成，容器间由充液管互相连通。基准点（影响区外不动点处）容器安装在一个稳定的位置，其他测点容器位于同参照点容器标高大致相同的不同位置。任何一个测点容器与参照容器间的高程变化都将引起相应容器内的液位变化，从而获取测点相对于参照点高程的变化，测出地表沉降，简称水准沉降。此处选用BGK-4675静力水准仪作为测量设备，BGK-4675静力水准仪主要技术规格如表11.3-1所示，其组成如图11.3-3所示。

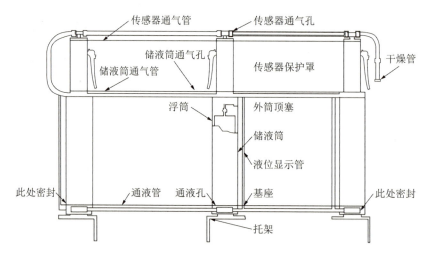

图11.3-3　BGK-4675静力水准仪组成示意图

BGK-4675水准仪技术规格　　　　　　　　表11.3-1

配套传感器型号	BGK-4675
测量范围	50mm
传感器精度	0.1%FS

续表

传感器灵敏度	0.025%FS
温度范围	−20～+80℃（使用防冻液）

单点位移计由传感器、测杆和沉降盘组成。盾构施工引起地层位移，使得沉降盘沿着测杆相对于固定在孔口端的传感器产生位移，从而测出地层间位移，简称单点沉降，如图 11.3-1 所示。不同长度的测杆实现不同埋深处单点沉降的测量。此处选用 BGK-A3-B 单点位移计作为地层分层测点的测量设备。单点位移计的测量精度为 0.05mm，整套仪器可安装在直径 90mm 的钻孔中，具备一次成孔、安装便捷的优点。单点位移计技术规格如表 11.3-2 所示。水准沉降和单点沉降的和为该测点埋深 h 处的绝对沉降，实现了测点位置地层分层位移的测量。

单点位移计技术规格　　　　　　　　表 11.3-2

配套传感器型号	BGK-4450
测量范围	50mm
分辨率	0.025%FS
线性	<0.5%FS
精度	0.1%FS
工作温度	−20～+80℃
传递杆长度	1～50m 可选
沉降盘直径	300mm
推荐钻孔尺寸	90mm

11.4 地层位移的空间坐标转换方法

1. 坐标转换的基本假定

假定一：盾构施工地层位移监测断面所处地层为均质地层，各地层连续分布，厚度均匀。均质地层的假定，是为了在处理数据和分析规律时，排除地质条件变化引起的地层位移差异的影响。

假定二：盾构掘进过程连续且均匀。掘进过程均匀指每环的盾构掘进、管片拼装、停机 3 个时间段中，施工参数和时间参数均相对应。施工参数包括土压、扭矩、推力等；时间参数包括每环的推进时间、管片拼装时间和停机时间。对于存在差异的过程参数，需要采用多元回归分析的方法进行排除。

单个的单点位移计测试系统仅可以实现单一坐标点某一深度位置的地层位移测试，要实现该坐标点多个深度的位移测试，需要将同一测试断面的测点，按照一定间距前后错开，设计成多个测点，不同测点测试不同深度，相当于设计一个测点矩阵，测试结果通过空间坐标转换的方法实现。具体如图 11.4-1 所示，建立动坐标系，以刀盘中心为零点，以隧道轴线为 L 轴，掘进方向为正；以铅垂线为 y 轴，向上为正；以垂直于 L 轴、y 轴所组成的平面的水平线为 x 轴，向右为正。

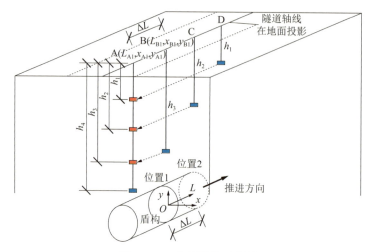

图 11.4-1 坐标转换示意图

在以上假定条件下,盾构施工影响范围内测点的沉降和测点距离隧道轴线的水平投影距离 x,垂直投影距离 y 和沿轴线方向的水平投影距离 L 这三个因素有关。

令沉降 $S = f(L, x, y)$,当盾构位于位置 1 时,已知 A 点坐标为 (L_{A1}, x_{A1}, y_{A1}),B 点坐标为 (L_{B1}, x_{B1}, y_{B1}),两点在轴线方向相距 ΔL,则此时 A 点沉降 S_{A1} 和 B 点沉降 S_{B1} 分别按式(11.4-1)和式(11.4-2)得到。

$$S_{A1} = f(L_{A1}, x_{A1}, y_{A1}) \tag{11.4-1}$$

$$S_{B1} = f(L_{B1}, x_{B1}, y_{B1}) \tag{11.4-2}$$

其中,$\Delta L = L_{A1} - L_{B1}$,因为 A、B 两点在 xOy 平面上位置相同,所以 $x_{A1} = x_{B1}$,$y_{A1} = y_{B1}$。当盾构沿隧道轴线推进 ΔL 距离,位于位置 2 时,B 点坐标的 x 和 y 值未变化,L 值增加 ΔL,坐标为 $(L_{B1} + \Delta L, x_{B1}, y_{B1})$,则此时 B 点沉降 S_{B2} 可按式(11.4-3)得到。

$$S_{B2} = f(L_{B1} + \Delta L, x_{B1}, y_{B1}) = f(L_{A1}, x_{A1}, y_{A1}) = S_{A1} \tag{11.4-3}$$

所以,证得 $S_{B2} = S_{A1}$,即位置 1 处 A 点的沉降等于位置 2 处 B 点的沉降,通过测量 B 点的沉降实现 A 点沉降的间接测量。

例如,需要测量盾构隧道附近 A 坐标点埋深为 h_1、h_2、h_3、h_4 四处的沉降,在盾构机推进过程中,可以测出 B 点、C 点、D 点对应位置处当各自 L 值与 A 相同时的沉降数值,就测出了 A 点不同深度处测点沉降。

2. 多元回归分析

针对假定二进行差异因素的排除,即由于实际施工过程中各环施工控制水平有一定差异,因此不同测点的沉降值会存在一定差异。为了增加监测数据转化的可行性,必须在对监测数据进行坐标转换之前分析影响测点沉降的原因,并排除这些因素造成的沉降差异。可采用多元回归分析的方法修正施工参数不同造成的差异。

(1) 多元回归分析概述

回归分析是一种传统的应用性较强的科学方法,是现代应用统计学的一个重要的分支,在各个科学领域都得到了广泛的应用。它不仅能够把隐藏在大规模原始数据群体中的重要信息提炼出来,把握数据群体的主要特征,从而得到变量间相关关系的数学表达式,利用概率统计知识对此关系进行分析,以判别其有效性,还可以利用关系式,由一个或多个变量值去预测和控制另一个因变量的取值,从而知道这种预测和控制达到的程度,并进行因素分析。

(2)多元线性回归的数学模型

设可预测的随机变量为y,它受到p个非随机因素的影响$x_1, x_2, \cdots, x_p, x_{p-1}$和不可预测的随机因素$\varepsilon$的影响。多元线性回归的数学模型见式(11.4-4)。

$$y = \beta_0 + \beta_1 x_1 + \beta_2 x_2 + \cdots + \beta_{p-1} x_{p-1} + \beta_p x_p + \varepsilon, \quad \varepsilon \sim N(0, \sigma^2) \tag{11.4-4}$$

其中$\beta_0, \beta_1, \cdots, \beta_p$为回归系数。

对y和$x_1, x_2, \cdots, x_{p-1}, x_p$,分别进行$n$次独立观测,取得$n$组数据(样本):$y_i, x_{i1}, x_{i2}, \cdots, x_{ip}$($i = 1, 2, 3, \cdots, n$)

则有式(11.4-5)。

$$\begin{cases} y_1 = \beta_0 + \beta_1 x_{11} + \beta_2 x_{12} + \cdots + \beta_{p-1} x_{1p-1} + \varepsilon_1 \\ y_2 = \beta_0 + \beta_1 x_{21} + \beta_2 x_{22} + \cdots + \beta_{p-1} x_{2p-1} + \varepsilon_2 \\ \vdots \\ y_n = \beta_0 + \beta_1 x_{n1} + \beta_2 x_{n2} + \cdots + \beta_{p-1} x_{np-1} + \varepsilon_n \end{cases} \tag{11.4-5}$$

其中$\varepsilon_1, \varepsilon_2, \cdots, \varepsilon_n$相互独立,且服从$N(0, \sigma^2)$分布。

令

$$Y = \begin{bmatrix} y_1 \\ y_2 \\ \vdots \\ y_n \end{bmatrix}, \quad \beta = \begin{bmatrix} \beta_1 \\ \beta_2 \\ \vdots \\ \beta_n \end{bmatrix}, \quad \varepsilon = \begin{bmatrix} \varepsilon_1 \\ \varepsilon_2 \\ \vdots \\ \varepsilon_n \end{bmatrix}, \quad x = \begin{bmatrix} 1 & x_{11} & x_{12} & \cdots & x_{1p-1} \\ 1 & x_{21} & x_{22} & \cdots & x_{2p-1} \\ \vdots & \vdots & \vdots & \vdots & \vdots \\ 1 & x_{n1} & x_{n2} & \cdots & x_{np-1} \end{bmatrix}$$

则式(11.4-5)用矩阵可表示为式(11.4-6)。

$$Y = x\beta + \varepsilon \tag{11.4-6}$$

其中,$\varepsilon \sim N(0, \sigma^2 I_n)$。

(3)模型参数β的最小二乘法估计与误差方差σ^2估计

β的最小二乘法估计即选择β使误差项的平方和为最小值,这时β的值$\hat{\beta}$作为β点的点估计,如式(11.4-7)所示。

$$S(\beta) = \varepsilon^T \varepsilon = (y - x\beta)^T (y - x\beta) \tag{11.4-7}$$

为了求β,由式(11.4-7)将$S(\beta)$对β求导,并令其为零,得到式(11.4-8)。

$$\frac{ds(\beta)}{d\beta} = \frac{d[(y - x\beta)^T (y - x\beta)]}{d\beta} = \frac{d[(y^T y - \beta^T x^T y - y^T x\beta + \beta^T x^T x\beta)]}{d\beta} = 0 \tag{11.4-8}$$

由式(11.4-8),可解出式(11.4-9)。

$$\hat{\beta} = (x^T x)^{-1} (x^T y) \tag{11.4-9}$$

对残差向量ε,有式(11.4-10)。

$$\hat{\varepsilon} = y - y = y - x\beta = [I - x(x^T x)^{-1} x^T] y \tag{11.4-10}$$

则残差平方和,见式(11.4-11)。

$$\hat{\varepsilon}^T \hat{\varepsilon} = \hat{\varepsilon}^T \left[I - x(x^T x)^{-1} x^T \right] y = y^T y - \hat{\beta}^T x^T y \tag{11.4-11}$$

又因为 $E(y) = x\beta$

因此　　$E(\hat{\varepsilon}^T \hat{\varepsilon}) = \sigma^2 (n - p)$

则可得到式(11.4-12)。

$$\sigma^2 = \frac{1}{n - p} (\hat{\varepsilon}^T \hat{\varepsilon}) \tag{11.4-12}$$

（4）模型检验

多元线性回归数学模型建立后，是否与实际数据有较好的拟合度，其模型线性关系的显著性如何等，还需通过数理统计进行检验。常用的统计检验有R检验、F检验和T检验。

①R检验。R是复相关系数，用于测定回归模型的拟合优度，构造统计量R，可得式(11.4-13)。

$$R = \sqrt{1 - \frac{\sum\limits_{i=1}^{n}(y_i - \hat{y}_i)^2}{\sum\limits_{i=1}^{n}(y_i - \bar{y}_i)^2}} \tag{11.4-13}$$

R越大，说明Y与$x_1, x_2, \cdots, x_{p-1}, x_p$的线性关系越显著，$\bar{y}_i$为$y_i$的平均值，$R$取值范围为$0 < |R| \leqslant 1$。

②F检验。F检验是用来检验整个回归系数是否有意义，构造统计量F，可得式(11.4-14)。

$$F = \frac{U/m}{Q/(n - m - 1)} \sim F(m, n - m - 1) \tag{11.4-14}$$

式中：$Q = \sum(y_i - \hat{y}_i)^2$，$U = \sum(\hat{y}_i - \bar{y}_i)^2$

　　m——自变量个数；
　　n——数据个数。

F服从$F(m, n - m - 1)$分布，取显著性水平为α，如果$F > F(m, n - m - 1)_\alpha$，表明回归模型显著，可用于预测；否则不显著，不可用于预测。

③T检验。它是用来对每个回归系数是否有意义进行的检验，构造统计量T，可得式(11.4-15)。

$$T_j = \frac{\beta_j}{\sqrt{c_{jj}}\sigma} \tag{11.4-15}$$

式中：c_{jj}——矩阵$(X^T X)^{-1}$主对角线的第j个元素；

　　　T_j——服从自由度为$n - m - 1$的t分布。

当给定显著性水平为α，如果$|T| = t_{\alpha/2}(n - m - 1)$，则认为$x_i$对$y$有显著影响，否则认为无影响，应将相应的无影响因素去掉。

3. 选取监控平台监测数据

在盾构施工记录以及盾构 PLC 数采系统中的数据中选取土压力、刀盘扭矩、推力、单环掘进用时、同步注浆量、二次补浆量作为影响地层位移差异的主要施工参数。由于决定盾构隧道沉降的主要是盾体通过时和盾尾拖出后两个阶段，为保证能够详细得出盾构推进过程中施工参数对土体分层沉降产生的影响，第一断面和第二断面施工参数各取断面所在环数前后50环。

4. 差异因素排除

（1）回归模型的构建

采用多元回归模型，以盾构施工参数、地质条件等因素为自变量，单点沉降为响应变量。单点沉降影响因素的函数表示为式(11.4-16)。

$$s = \beta_0 + \beta_1 x_1 + \beta_2 x_2 + \cdots + \beta_n x_n + \mu \tag{11.4-16}$$

式中： s——单点沉降；

$\beta_0, \beta_1, \beta_2, \cdots, \beta_n$——回归系数；

$x_1, x_2, \cdots, x_n$——盾构施工参数等变量，变量的选取将在后文中阐述。

（2）数据选取

选取与盾构隧道空间位置相同的测点数据组作为分析对象，分析对象要尽可能的多，以提高回归分析可靠性。

（3）找出最合适的回归形式

运用数据回归原理对数据进行回归分析。多元线性回归数学模型建立后，还需通过数理统计进行检验。检验包括 R 检验、F 检验、T 检验。经过模型自变量的反复分析、检验和排除，由最终确定的回归模型得出数学表达式。

（4）数据修正

针对回归分析结果，对需要进行坐标转换的单点沉降数据进行修正。

11.5 现场测试

依托北京轨道交通新机场线06标磁各庄站—1号区间风井区间盾构隧道工程，在全断面砂卵石地层，采用新型测试系统，进行现场地层分层位移、地层水平位移和地表沉降的测试，获取盾构掘进过程中地层位移数据，并进行处理分析，揭示砂卵石地层盾构施工引起的地层位移规律，为盾构施工地层位移微变形控制提供依据。

该区间起止里程 YK30+336.653～YK33+149.918，全长 2813.265m，其中约 2.3km 位于砂卵石地层，地层分层位移现场测试选取在里程 YK32+010.000，距离盾构始发端约 1673m（1046环）位置，邻近3号联络通道，隧道覆土厚度20m，隧道主要穿越卵石—圆砾⑤、卵石—圆砾⑦层，地下水为微承压水。两台盾构机，右线盾构在前，左线盾构在后。测试现场情况见图11.5-1，该处地质条件见图11.5-2。

图 11.5-1 测试现场

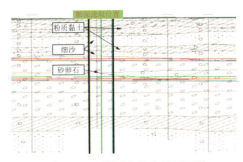

图 11.5-2 测试位置地质剖面图

测试断面垂直于线路横向布置,按照坐标转换原理,该断面不同深度测点共分布设 5 排,每排测点平面间距均为 1.6m,如图 11.5-3、图 11.5-4 所示。具体为:

(1) A_{11}、A_{21}、A_{31} 三个测点位于右线隧道右上方(均为面对掘进方向,下同);

(2) A_{12}、A_{22}、A_{32}、A_{41}、A_{51} 五个测点位于右线隧道右侧边缘上方;

(3) A_{13}、A_{23}、A_{33}、A_{42} 四个测点位于左右线隧道轴线正上方;

(4) A_{14}、A_{24}、A_{34}、A_{43} 四个测点位于右线隧道左侧边缘上方;

(5) A_{15}、A_{25}、A_{35}、A_{44}、A_{53} 五个测点位于右线隧道轴线向左 9.6m;

(6) A_{16}、A_{26}、A_{36}、A_{45}、A_{54} 五个测点位于左线隧道右侧边缘上方,距离左线隧道轴线 4.6m;

(7) A_{17}、A_{27}、A_{37}、A_{46} 四个测点位于左线隧道左侧,距离隧道轴线 0.7m;

(8) 地表测点自右线隧道轴线正上方向右 15.75m 开始向左线方向布置,分别为点 B_1、B_2、D_1、D_2、D_3、D_4、D_5、D_6、D_7、B_3、B_4、B_5。

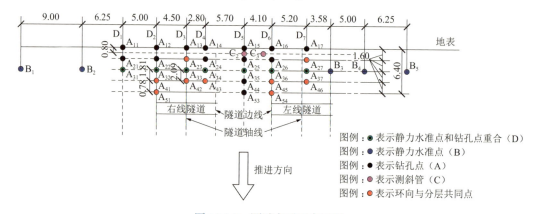

图 11.5-3 测试点平面布置图

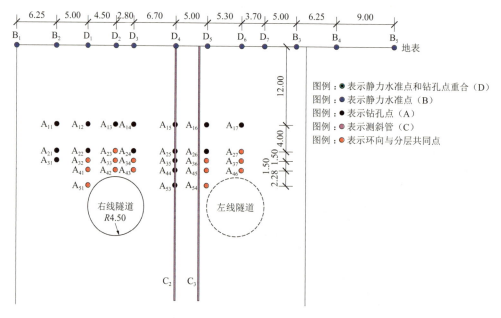

图 11.5-4 测试点剖面布置图

根据测点与先行隧道（右线）轴线之间水平距离的大小，对分层沉降测点进行划分，具体可划分为以下几类：

（1）测点A_{11}～A_{31}（与右线隧道轴线水平距离9.5m），竖向距离隧道拱顶依次为8m、4m、2.5m；

（2）测点A_{12}～A_{51}（与右线隧道轴线水平距离4.5m），竖向距离隧道拱顶依次为8m、4m、2.5m、1m、−1.28m；

（3）测点A_{13}～A_{42}（与右线隧道轴线水平距离 0m），竖向距离隧道拱顶依次为 8m、4m、2.5m、1m；

（4）测点A_{14}～A_{43}（与右线隧道轴线水平距离2.8m），竖向距离隧道拱顶依次为8m、4m、2.5m、1m；

（5）测点A_{15}～A_{53}（与右线隧道轴线水平距离9.5m），竖向距离隧道拱顶依次为8m、4m、2.5m、1m、−1.28m；

（6）测点A_{16}～A_{54}（与右线隧道轴线水平距离14.5m），竖向距离隧道拱顶依次为8m、4m、2.5m、1m、−1.28m；

（7）测点A_{17}～A_{46}（与右线隧道轴线水平距离19.8m），竖向距离隧道拱顶依次为8m、4m、2.5m、1m。

11.6 本章小结

本章结合大兴国际机场线磁各庄站—1号区间砂卵石地层盾构施工引起的地层位移原位测试，研发了高精、高频、低扰的地层分层位移实时测试系统，建立了地层位移分层多点测试和位移值空间坐标转化方法，实现了不同深度地层分层位移的自动化测试。

（1）为精确监测盾构施工引起的地层分层位移，设计了组合式的地层位移测试系统，地层不同深度测点的相对位移采用单点位移计进行监测，地表位移采用静力水准仪进行监测，基于静力水准仪和单点位移计组成地层分层位移综合测试系统，实现高精度、高频率、低扰动的测量。

（2）在条件假定成立的情况下，根据盾构掘进空间位置变化规律，论证了坐标转化的正确性，将纵向不同深度测点的分层位移通过空间坐标转换的方式转换至同一钻孔，实现了同一钻孔不同深度地层分层位移的监测。

（3）使用多元回归分析的理论和方法对现场测试数据进行差异消除的，确保了监测数据的可信和坐标转换的可行。

第 12 章
砂卵石地层盾构施工地层竖向分层位移变化特征

12.1 地层竖向位移沿横向分布特征

为从现场实测的角度分析砂卵石地层盾构施工引起的地层位移沿横向变化特征，采用以下 4 个指标：盾构穿越测试断面前后，各阶段地层竖向位移（地层沉降）所占比例（%），各阶段平均沉降速率（mm/m），地层竖向位移（地层沉降）沿横向变化率（mm/m）和沉降槽半槽宽度（m）。

12.1.1 盾构掘进位置的阶段划分

为研究盾构掘进位置的动态变化对测试断面位置地层位移带来的影响，将盾构穿越该位置前后全过程分为以下 5 个阶段，如图 12.1-1 所示。

（1）超前影响阶段：盾构距断面相对较远而地表已产生轻微隆起或沉降的阶段。该阶段地层位移主要由于开挖面卸载、地层孔隙水压力消散等原因产生，几乎不受盾构推力的影响。

（2）盾构到达前阶段：盾构接近断面而产生明显沉降或隆起。该阶段地层位移主要受盾构推力直接影响而产生。

（3）盾体通过阶段：盾构刀盘到达断面至盾尾脱出断面。

（4）盾尾脱出后阶段：盾尾离开断面后继续前进，直至不受盾构施工影响。

（5）长期沉降阶段：从盾尾脱出断面直至离开一定距离不再对断面位置地层产生影响后，断面位置处于长期的工后沉降阶段。

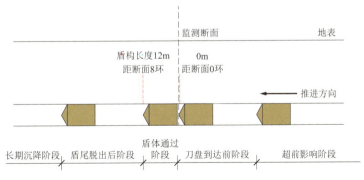

图 12.1-1　盾构掘进位置的阶段划分示意图

12.1.2 地层竖向位移实测分析

12.1.2.1 不同深度地层竖向位移实测分析

盾构掘进引起地层与地表位移，其位移曲线的形态为下凹槽形，称之为沉降槽。地层与地表位移曲线形态相似，但在最大沉降值和影响范围等方面存在明显差异。

为揭示地层和地表沉降槽的分布形态差异，选取北京轨道交通新机场线砂卵石地层盾构刀盘到达测点和隧道洞通两种工况下的位移曲线形态进行分析。右线隧道为先行隧道，左线隧道是后行隧道，开挖左线隧道引起的位移受双线隧道开挖叠加的影响，故分析左线隧道单独开挖引起的地层位移，采用双线开挖后的位移数据减去右线先行开挖产生的既有位移值。隧道管片外径 8.8m，盾构刀盘开挖直径 9.04m，盾构机主机长 11.9m（含刀盘刀具），左右线隧道中心线距离 17.0m，隧道净距 8.20m，两隧道先后错开 1 个月始发掘进，现场测试断面位于里程 K32＋010 处，如图 12.1-2 所示。

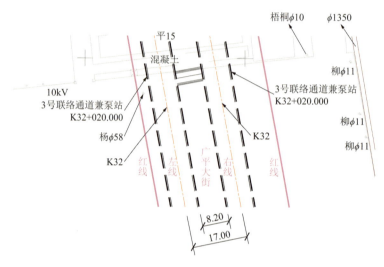

图 12.1-2　测试断面位置盾构隧道平面示意图

实际测试点布置在左右线两隧道相邻的内侧半断面及之间地层，在假定地层分布均匀、地层内无管线等构筑物、忽略施工参数变化对地层沉降的影响等条件下，隧道未布置测试点的外侧断面地层位移，认为与内侧断面关于隧道轴线对称。

对地表至拱顶上方 1m 的五个不同深度测点依次列为第一行至第五行测点，并给出各断面不同深度测点埋深与到拱顶距离之间的关系，如表 12.1-1 所示。

各断面测点埋深与到拱顶距离的关系　　　　表 12.1-1

测点	测点埋深/m	测点到拱顶距离/m
地表	0	20
第一行	12	8
第二行	16	4
第三行	17.5	3
第四行	19	1
第五行	21.3	−1.3
拱顶（无测点）	20	0

左右线隧道测试断面不同深度地层竖向位移（以下沉降）曲线分布形态见图 12.1-3～

图 12.1-6。

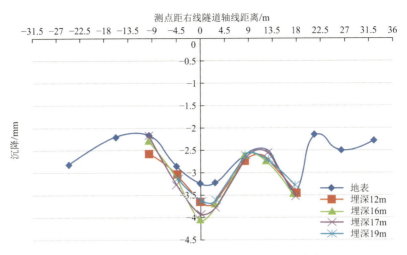

图 12.1-3　右线盾构刀盘到达时地层位移分布

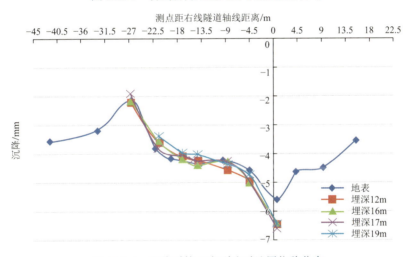

图 12.1-4　左线盾构刀盘到达时地层位移分布

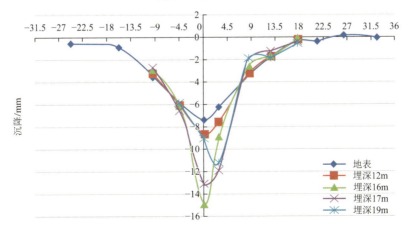

图 12.1-5　右线隧道洞通时地层位移分布

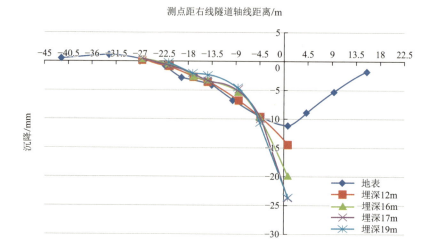

图 12.1-6 左线隧道洞通时地层位移分布

通过对以上曲线图进行分析，可以看出：

（1）不同深度的地层位移曲线在形态上基本相似，随着埋深增加，隧道拱顶轴线正上方测点的竖向位移出现明显差异。隧道开挖边界范围内不同深度地层位移差异明显，开挖边界范围外曲率趋于一致，分层沉降差异不显著。

（2）后行隧道掘进对先行隧道影响区的地层产生二次扰动，形成新的地层位移与已有位移形成叠加，位移量增大。

12.1.2.2 地表和地层沉降变化过程的实测分析

对左右线分别单独掘进时，地表和拱顶以上 1m 测点的位移发展历程进行分析，结果如图 12.1-7～图 12.1-10 所示。

通过对图 12.1-7～图 12.1-10 左右线隧道各自独立开挖引起的地层位移曲线分析，可以看出：

1. 地表沉降

（1）在盾构刀盘到达前，沉降槽曲线较为平缓，各测点沉降值较小，右线沉降−2～−4mm，左线沉降−4～−6mm，左线地表沉降略大于右线。在刀盘距离测试断面正下方时，隧道中心上方地表为最大沉降点位置，右线最大沉降−3.6mm，左线最大沉降−6.8mm。

（2）盾构通过阶段地表开始沉降，随着盾构向前推进，沉降逐渐增大。盾构刀盘掘进至远离测试断面 1L（即盾尾到达测试断面位置，L代表盾构机主机长度，下同）时，右线沉降−6mm，左线沉降−8mm；刀盘远离测试断面 2L 时，地表沉降趋于稳定，右线沉降约−7.8mm，左线沉降−11.8mm；继续向前掘进，盾构掘进对测试断面地表沉降影响基本消失，地层变形趋于稳定，受同步浆液逐渐凝固、施作管片壁后补充注浆的影响，地表沉降略有回弹。

（3）盾构刀盘通过测试断面约 2L 后，在隧道中线外侧 2D～2.5D（D代表刀盘外径，下同）以外，出现轻微隆起。右线开始隆起位置距离其隧道中线约 2D，左线距离其隧道中线约为 2.5D。

（4）根据沉降稳定后曲线的曲率和反弯点出现位置综合判定，测试断面处，右线隧道地表沉降槽的开口半宽约为 2D，左线半宽约为 2.5D。稳定后的沉降曲线，右线隧道在中线两侧各 1D 范围、左线隧道在各 0.5D 范围内曲率最大，曲线趋势最陡。

第 12 章 砂卵石地层盾构施工地层竖向分层位移变化特征

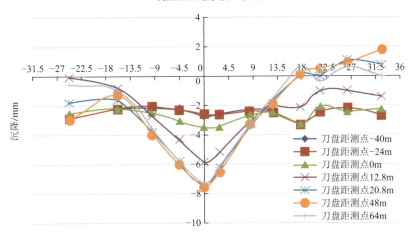

图 12.1-7　右线隧道单独开挖时地表测点位移变化过程（面向刀盘正面）

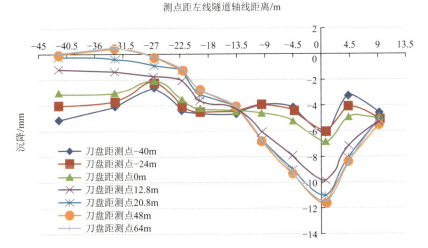

图 12.1-8　左线隧道单独开挖时地表测点位移变化过程（面向刀盘正面）

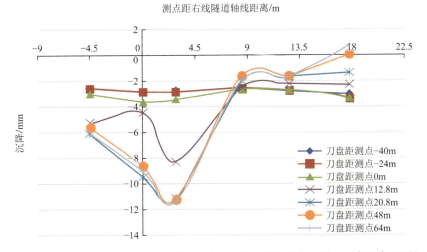

图 12.1-9　右线隧道单独开挖时拱顶上方 1m 测点位移变化过程（面向刀盘正面）

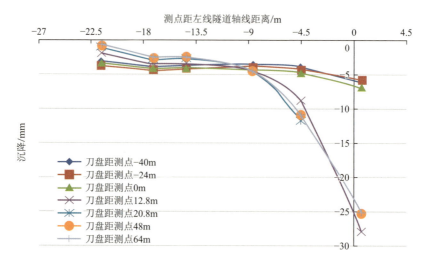

图 12.1-10 左线隧道单独开挖时拱顶上方 1m 测点位移变化过程（面向刀盘正面）

2. 隧道拱顶上方 1m 处地层竖向位移

（1）在盾构刀盘到达前，沉降曲线也较为平缓。在刀盘距离测试断面正下方时（距离 0m），隧顶上方 1m 处竖向位移最大点均位于左右线隧道中线上方，右线沉降−3.8mm，左线沉降−7mm。

（2）盾构继续向前掘进，当刀盘通过测试断面约 1L 时（即盾尾到达测试断面位置），出现明显沉降。右线隧道最大沉降−8.2mm，位于隧道外侧 D/4 处，比中线位置有偏移；左线隧道最大沉降−26mm，位于隧道中线上方。相较于右线，后掘进的左线隧道独立沉降突增。

（3）当通过 2L 后，沉降基本趋于稳定，并出现少量回弹，隧道两侧各 1D 处向外回弹明显高于内侧。以隧道两侧 1D 为分界点，外侧测点沉降稳定在−2mm 以内，内侧则沉降速率较大，右线隧道最大沉降−11.8mm，左线隧道最大沉降−25mm。

（4）根据最终沉降稳定后的曲线的曲率和反弯点出现位置综合判定，测试断面处，左右线隧道地表沉降槽的开口半宽约为 1D。稳定后的沉降曲线，左右线隧道在中线两侧各 0.5D 范围内曲率最大，但与 0.5D～1D 范围趋势差异不显著。

3. 小结

（1）综上可以看出，无论地表还是隧道拱顶上方，盾构刀盘位置是地层沉降开始明显发展的阶段性分界位置，随着盾构向前推进，原断面位置沉降逐渐增加；当盾构刀盘掘进至 1L 处，即盾尾位于原断面位置时，沉降已形成第一阶段显著增量，与刀盘处于此位置时差异显著；当盾构刀盘掘进至 2L 处，沉降趋于稳定，继续向前推进，过影响范围后，沉降略有回弹。

（2）沉降槽曲线特征表现为，基本以隧道中心线为轴对称分布，除右线隧道拱顶 1m 沉降曲线中心轴略有向外 D/4 的偏移。地面沉降槽口宽度为 2D～2.5D，先行隧道取小值，后行隧道取大值；隧道拱顶沉降槽口宽度约为 1D，左右线相近。地表沉降曲线的曲率最大范围段为 1D～0.5D，先行隧道取大值，后行隧道取小值，拱顶上方沉降曲率的最大范围为 0.5D。

（3）受先行隧道开挖扰动影响，后行隧道独立开挖形成的地层沉降较之先行隧道有显著增加。分别以刀盘到达（刀盘距离测试断面 0m）、盾尾到达（刀盘距离测试断面 1L）、盾尾脱出 1L（刀盘距离测试断面 2L）为分界点，进行先后行隧道地层沉降增量对比得出：后行隧道较之先行隧道，其地表沉降量依次增加 89%、33% 和 51%；隧顶上方 1m 处地层沉降依次增加 84%、217% 和 112%。其中，左线隧道在盾尾处于测试断面时所引起的拱顶上方 1m 位置地层沉降值过高，导致趋势有所突变，可能与当时盾构掘进参数控制有关。

（4）分别以刀盘到达、盾尾到达、盾尾脱出 1L 为分界点，对先后行隧道独立掘进引起的地层沉降变化进行分析，可以看出：地表沉降方面，先行隧道依次增加 67% 和 30%，后行隧道依次增加 18% 和 48%；隧顶上方 1m 处地层沉降方面，先行隧道依次增加 116% 和 44%，后行隧道依次增加 271% 和 −4%。

12.1.2.3　各阶段地表沉降占比分析

为揭示盾构通过测试断面前后引起沉降的主要阶段，采用隧道中心线上方地表测点在各阶段沉降所占比例进行阐述：

$$各阶段所占比例 = \frac{隧道轴线上方测点在各阶段内沉降增量(mm)}{隧道轴线上方测点最终沉降值(mm)} \times 100\%$$

根据测试断面测点布置情况，对左右线隧道单独开挖时其沉降槽形成过程和各阶段沉降占比进行分析（图 12.1-11～图 12.1-13、表 12.1-2 和表 12.1-3），其中左线沉降值指的是双线开挖之后叠加产生的沉降减去右线开挖引起的沉降的净值。

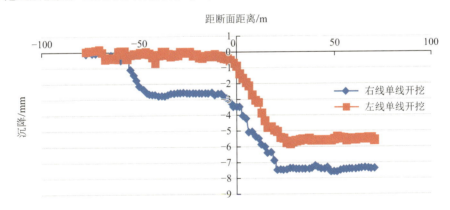

图 12.1-11　单线开挖轴线地表轴线测点沉降形成过程

右线隧道单独开挖各阶段影响距离和沉降值　　　　表 12.1-2

阶段	影响起始距离/m	影响终止距离/m	沉降值/mm
超前影响阶段	−68.8	−12.8	−2.164
刀盘到达前阶段	−12.8	0	−0.935
盾体通过阶段	0	12.8	−2.402
盾尾脱出后阶段	12.8	20.8	−1.587
长期沉降阶段	20.8		−4.341

图 12.1-12　右线隧道单独开挖各阶段地表轴线测点沉降所占比例

第二断面左线隧道单挖各阶段影响距离和沉降值　　　表 12.1-3

阶段	影响起始距离/m	影响终止距离/m	沉降值/mm
超前影响阶段	−68.8	−11.2	0.16
刀盘到达前阶段	−11.2	0	−0.76
盾体通过阶段	0	12.8	−2.99
盾尾脱出后阶段	12.8	24	−1.89
长期沉降阶段	25.6		0.03

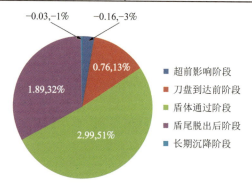

图 12.1-13　左线隧道单独开挖各阶段地表隧道中心线测点沉降占比

分析可以得到以下结论：

（1）刀盘超前影响右线沉降（−2.164mm），所占比例为 19%，从−68.8m 开始产生影响，在−50m 左右很快达到峰值然后稳定，右线影响距离（−68.8～−12.8m），间距 56m；左线地层产生隆起（0.16mm），所占比例为 3%，左线影响距离（−68.8～−11.2m），原因可能是左线单线开挖推力较大，导致前方土体产生隆起。

（2）刀盘到达前阶段影响，右线沉降（−0.953mm），所占比例为 8%；左线地层产生沉降（−0.76mm），所占比例为 13%，可以得出左、右线单独开挖结束，刀盘到达前阶段占比相近均在 10% 左右。右线影响距离（−12.8～0m）较左线（−11.2～0m）接近。

（3）盾构通过阶段影响很大，右线沉降（−2.402mm），所占比例为 21%；左线地层产生沉降（−2.99mm），所占比例为 51%，可以得出左、右线单独开挖盾构通过阶段数值相差不大，但后行隧道所占比例超过前者两倍。

（4）盾构脱出后阶段，右线沉降（-1.587mm），所占比例较小，为14%；左线地层产生沉降（-1.89mm），所占比例为32%，可以得出左、右线单独开挖结束，盾构脱出后阶段数值接近但占比相差较大。右线影响距离（12.8～20.8m）较左线（-20.8～24m）相差不大。

（5）长期沉降阶段，右线长期沉降自20.8m开始，数值很小，为-4.341mm，占比38%；左线长期沉降阶段自25.6m开始，隆起数值0.03占比1%可忽略不计。

12.1.2.4 各阶段平均沉降速率分析

各阶段平均沉降速率，是指各阶段内沉降值（mm）与各阶段盾构掘进距离的比值。假设盾构均匀掘进，选用隧道中心线上方地表测点在各阶段内盾构单位掘进长度上的沉降增量进行阐述，其定义如下：

$$各阶段平均沉降速率(mm/m) = \frac{各阶段内沉降值(mm)}{盾体通过各阶段所用距离(m)}$$

鉴于超前影响阶段和长期沉降阶段历时时间内，距离较远，沉降速率过小，其平均沉降速率无法直观表示，故选取刀盘到达前阶段、盾体通过阶段、盾尾脱出后阶段的平均沉降速进行比较分析，见表12.1-4。

单线隧道开挖轴线位置地表测点各阶段平均沉降速率　　　　　表12.1-4

隧道	阶段名称	距离/m	沉降值/mm	平均沉降速率/（mm/m）
右线	刀盘到达前阶段	12.8	-0.935	0.073
	盾体通过阶段	12.8	-2.402	0.188
	盾尾脱出后阶段	8	-1.587	0.198
左线	刀盘到达前阶段	11.2	-0.76	0.068
	盾体通过阶段	12.8	-2.99	0.234
	盾尾脱出后阶段	11.2	-1.89	0.169

左右线三个阶段平均速率比为：右线1:2.6:2.7，左线1:3.4:2.5。从总体平均角度分析，三个阶段累计产生沉降和按照距离加权平均速率分别为：（-1.695，0.07）、（-5.392，0.21）、（-3.477，-0.18），可以得出三阶段沉降值和速率约为1:3:2。可以看出，盾体通过和盾尾脱出阶段是盾构施工引起地层位移的最主要阶段，如忽略左线施工阶段盾构参数控制的波动，二者占比约为1:1。

12.1.2.5 地层竖向位移沿横向变化率分析

对稳定后的地层竖向位移曲线进行分析，可以看出，隧道竖向位移曲线可以划分为三个特征分区，沿隧道中线向两侧对称分布，分别为：隧道开挖宽度范围的A区，隧道开挖边线至曲线曲率转折点（反弯点）为B区，B区以外为C区，见图12.1-14。为比较分析三个特征分区的地层沉降变化情况，建立地层竖向位移沿横向变化率的概念。

地层竖向位移沿横向变化率（mm/m）：分区上下限沉降值之差（mm）与分区横向分布范围（m）的比值，即：

$$地层沉降沿横向变化率(mm/m) = \frac{分区上下限沉降值之差(mm)}{分区沿横向分布范围(m)}$$

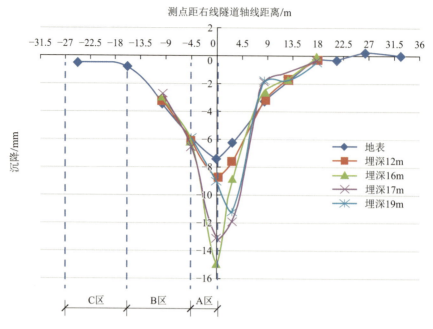

图 12.1-14　右线不同深度地层的横向沉降槽分布形态

对盾构掘进刀盘通过测试断面 80m 后的测试断面位置地层竖向位移沿横向变化率进行统计分析，结果如图 12.1-14、图 12.1-15 所示。可以看出：

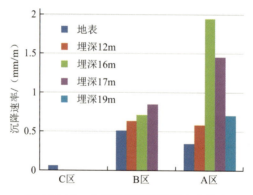

图 12.1-15　右线隧道沉降沿横向变化率

（1）A 区沉降 $-1.7 \sim -8.8$mm，该区不同深度地层竖向位移沿横向变化率平均 1.0mm/m，为三个区域中速率最高者，该区域属于地层竖向位移敏感区域，具体范围为隧道两侧各 0.5D 范围内，即隧道开挖宽度 1D 范围。

（2）B 区沉降 $-2.3 \sim -3.8$mm，该区不同深度地层竖向位移沿横向变化率平均 0.72mm/m，为三个区域中速率次高者，该区域属于地层竖向位移次敏感区域，具体范围为隧道两侧各 0.5D～2D 范围。

（3）C 区沉降约 -1mm，该区不同深度地层竖向位移沿横向变化率很小，该区域属于地层竖向位移不敏感区域，即隧道两侧各 2D 范围以外。

（4）沉降槽沿横向分布曲线斜率逐渐减小；C 区的沉降值较小，其沉降沿横向变化率的大小直接决定了沉降槽的影响范围。

12.1.3 盾构施工引起地层损失率的变化特征

12.1.3.1 地层损失的计算方法

根据既有文献，地层损失有多种定义和计算方法，主要分为不考虑排水和考虑排水固结两类。Peck 认为在不排水情况下，隧道开挖所引起的地面沉降槽体积应等于地层损失的体积，但没有考虑土体的排水固结。由于考虑土体"压密固结"或"流动变形"引起的地层损失较为复杂，而且须考虑时间效应，故本节的地层损失不考虑排水固结的影响，将地层损失理解为盾构开挖与成型隧道形成的空间之差引起土体位移而引起"地层损失"，从而完全传递至地表形成沉降槽的体积。

Peck 公式描述的地表沉降曲线如图 12.1-16 所示。

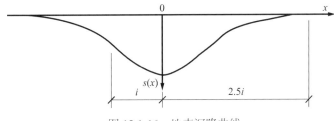

图 12.1-16 地表沉降曲线

可以看出，沉降曲线呈现正态分布形式，地表沉降最大值位于沉降槽中心，沉降槽影响范围约为 $2.5i$，沉降槽曲线与 x 轴围成的面积即为地层损失 V_l，对式(12.1-1)两边同时积分：

$$\int_{-\infty}^{+\infty} s(x)\,\mathrm{d}x = \int_{-\infty}^{+\infty} S_{\max} \cdot e^{-\frac{x^2}{2i^2}}\,\mathrm{d}x = V_l \tag{12.1-1}$$

则有式(12.1-2)。

$$V_l = S_{\max} \cdot \sqrt{2\pi} i \tag{12.1-2}$$

由式(12.1-2)可知，地层损失 V_l 与最大沉降值 $S_{\max}$ 和沉降槽宽度系数 i 呈正相关关系，已知某一深度地层沉降槽的 $S_{\max}$ 和 i，即可求出该深度的地层损失。

对于深部地层，由分析可知深部地层沉降曲线与地表沉降曲线形态很相似，在不排水条件下，深部地层损失的体积等于该深度地层沉降槽的体积，且地层沉降槽的最大值 $S_{\max}(z)$ 和沉降槽宽度系数 $i(z)$ 都是深度 z 的函数，沉降槽仍为正态分布形式，则有式(12.1-3)。

$$s_z(x) = S_{\max}(z)\exp\left[-\frac{x^2}{2i(z)^2}\right] \tag{12.1-3}$$

此时深度为 z 的地层损失 $V_l(z)$ 可表示为式(12.1-4)。

$$V_l(z) = S_{\max}(z) \cdot \sqrt{2\pi} \cdot i(z) \tag{12.1-4}$$

地层损失是盾构实际与理论出土体积之差，在不排水条件下表现为沉降槽体积。由于实际出土体积可能受盾构超挖、间隙注浆等因素影响难以确定，因此地层损失采用沉降槽体积等效替代。地层损失率是开挖单位隧道长度的土体体积引起的地层损失与开挖断面的比值（％），即式(12.1-5)。

$$V_s = \frac{V_l}{\pi R^2} \times 100\% \tag{12.1-5}$$

式中：V_s——地层损失率；

V_l——单位长度的地层损失；

R——盾构外径。

12.1.3.2 基于原位测试结果的地层损失率计算

对右线隧道开挖结束后不同深度地层沉降曲线进行分析，在假定地层均质分布以及没有地下管线等影响的条件下，认为沉降曲线关于右线隧道轴线对称，即根据钻孔实测沉降值对称得到隧道另一侧地层沉降，由数值模拟分析可以得出，深层地层沉降曲线在形态上符合正态分布特征，可用 Peck 公式进行拟合，根据拟合结果 Peck 公式 S_{max} 和 i 值计算地层损失率，其结果如表 12.1-5 所示。

右线地层沉降曲线拟合原位测试结果　　表 12.1-5

测线埋深 z/m	沉降曲线最大值 $S_{max}(z)$/mm	沉降槽宽度系数 i/m	地层损失 V_l（$10^{-3} m^3/m$）	地层损失率 V_s
地表	7.34	7	128.8	0.212%
7	8.68	8.68	139.2	0.229%
11	14.93	6.4	149.7	0.246%
12.5	13.11	4.6	151.2	0.249%
14	11.23	5.0	140.7	0.231%

由表 12.1-5 可以看出，不同深度的地层损失在 $(128\sim140)\times10^{-3} m^3/m$ 之间，地层损失率均在 0.2%～0.25%；出现随着埋深变大，地层损失率先增大后减小并在中部某土层达到最大值。

基于 Peck 公式，借助数值模拟对不同深度的地层损失变化特征进行研究，通过现场砂卵石地层位移测试进行对比验证，结论如下：

（1）盾构隧道开挖后，地层深层沉降曲线呈现正态分布形式，在不考虑排水条件下，地层损失传递至地表表现为沉降槽体积，地层损失 $V_l = S_{max} \cdot \sqrt{2\pi} i$ 与沉降槽宽度系数、最大沉降值呈正相关关系。

（2）不同深度的地层损失率在不排水条件下差异较小。数值模拟和原位测试均表明地层损失率在地层空间分布基本不变。

（3）原位测试揭示了北京轨道交通新机场线砂卵石地层损失率基本为常数，为 0.2%～0.25%，可供北京地区其他砂卵石地层盾构工程参考。

12.1.4 "横三区"理论

采用测试断面地表测点右线单独开挖结束时的统计数据，通过沉降槽分区界限的沉降值大小与最大沉降值的比值进行统计，得出沉降分区中 A 区和 B 区的分界点沉降是最大沉降值的 90%，B 区和 C 区的分界点沉降是最大沉降值的 20%，根据 A、B、C 三个分区的移动角关系，得到 A、B、C 三个分区之间的关系，如图 12.1-17 所示。

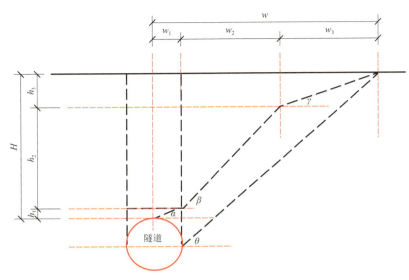

图 12.1-17　A、B、C 三个分区之间的关系

分区之间参数关系如式(12.1-6)所示。

$$\tan\theta = \frac{R}{w-R}\tan\alpha + \left(1 - \frac{w_3}{w-R}\right)\cdot\tan\beta + \frac{w_3}{w-R}\tan\gamma \tag{12.1-6}$$

式中：α，β，γ，θ——土体移动角；

　　　H——隧道埋深；

　　　R——隧道半径；

　　w_1，w_2，w_3——A、B、C 区单侧宽度；

　　　w——沉降槽半槽宽度。

在埋深较大的砂卵石地层，土体移动角 α、β 几乎相等，A、B 两区发生合并现象。

三个分区的特点阐述如下：

A 区：隧道两条开挖边线所围成的范围，以隧道轴线所在一侧为例，即沿横向 0～4.5m，宽度 4.5m，即 0.5D。分界沉降值约(0.8～1)S_{max}（S_{max} 沉降值），沉降沿横向变化率较大，该区域定义为地层竖向分层位移（或地层分层沉降，下同）主要影响区。

B 区：隧道开挖边线至最大沉降 10% 的区域，4.5～15.8m，宽度 11.3m，即 0.7(H + 1/6D)。沉降值范围(0.1～0.8)S_{max}，沉降沿横向变化率较大，该区域定义为地层竖向分层位移显著影响区，与曾在黏土、砂土地层分层位移测试结果相对比，砂卵石地层出现 AB 两区沉降速率相近，分界不明确，即两区合二为一的现象。

C 区：最大沉降 10% 的区域至影响边界，15.8～25m，宽度 9.2m，即 1D。沉降值范围(0～0.1)S_{max}，沉降沿横向变化率最小，其沉降沿横向变化率的大小直接决定了沉降槽最外延影响范围，且随着埋深增大，该区范围并未明显增加，该区域定义为地层竖向分层位移稳定区。

与黏土、砂土等地层相比，砂卵石为散粒体，地层稳定性较差，易受施工扰动，因此受盾构掘进引起的地层位移影响范围更大。

根据前述对地层位移横向三区划分依据，对隧道开挖引起的地层分区 A、B、C 划分如图 12.1-18 所示（其中，红色字体为黏土、砂土地层竖向分层位移现场测试揭示出的位移分区影响范围，本书未做赘述）。

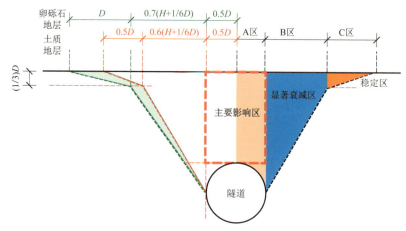

图 12.1-18　不同地层位移"横三区"划分示意图

12.2　地层竖向位移沿竖向分布特征

12.2.1　地层竖向位移沿竖向现场实测特征分析

为从现场实测的角度分析砂卵石地层盾构施工引起的地层位移沿深度方向变化特征，采用以下 3 个指标。盾构穿越测试断面前后，各阶段地层竖向位移（地层沉降）所占比例（%），各阶段平均沉降速率（mm/m），竖向影响范围（m）这 3 个指标。

选取右线隧道中心线位置及向左线方向的 5 条竖向测线，即向左线方向，与右线隧道中心线水平距离 0m、2.8m、9.5m、14.5m、19.8m 的 D_2、D_3、D_4、D_5、D_6 这 5 条竖向测线（图 12.2-1），对其不同深度测点的沉降值进行分析。

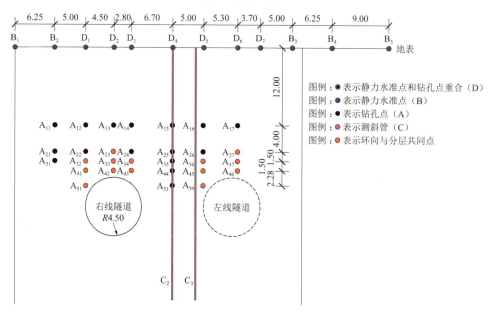

图 12.2-1　地层竖向分层位移现场测试点布置断面图

由图 12.2-2 可以看出，对于单线隧道掘进：

（1）隧道拱顶正上方地层竖向分层位移，在隧道拱顶上方约1D范围呈倒"V"状分布，竖向分层位移发生变化的转折点位于拱顶上方1D位置，倒"V"状位移突变范围为拱顶上方0～0.8D深度范围。

不同的是，右线隧道上方D_1、D_2、D_3测点处，隧道拱顶正上方地层竖向分层位移，随着埋深的增加先增大后减小。在隧道拱顶上方约1D范围呈向右的倒"V"状分布，即沉降增加的窄深状沉降槽。

而右线隧道邻近左线隧道一侧 1D范围外，且位于左右线隧道中间地层的D_4、D_5测点处，在拱顶以上，则表现相反，竖向位移随着埋深的增加先减小后增加，隧道拱顶上方约1D范围呈向左的倒"V"状分布，即位移抬升的凸出状隆起。因这两测点位于两隧道中间，测试深度可以继续低于隧顶，在隧顶下方测点则又表现为沉降，故结合该深度段曲线来看，在拱顶上下的位移变化段，曲线呈镜像的反"Z"形态，即低于隧顶部分地层有隆起。

（2）距离隧道中心线不同距离的同断面测线，在拱顶上方0.3D～0.5D位置竖向位移达到峰值。

（3）隧道中心线位置测点D_1处竖向分层位移曲线峰值最大，突变最明显，曲率最大，曲线趋势最陡，曲线尖端凸起最明显，说明在该位置拱顶上方1D的影响范围内，竖向分层位移最敏感，变化最快，易受隧道开挖卸载和盾构掘进扰动而发生沉降，也易受同步注浆、壁后补浆等措施产生的回填支撑作用影响而发生回弹。

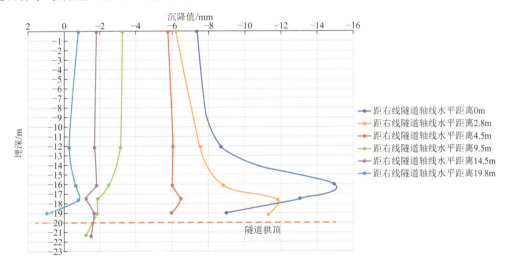

图 12.2-2　右线隧道开挖阶段5条竖向测线不同深度测点位移曲线

由图 12.2-3 可以看出，对于后行的左线隧道掘进时，左右线隧道均已开挖而共同引起的竖向分层位移，具有以下特征：

1）与右线先行隧道单独形成的上方地层竖向分层位移曲线相比，相近处在于：

（1）曲线形态、变化趋势在隧道拱顶上方约1D范围均呈倒"V"状，竖向分层位移发生变化的转折点位于拱顶上方1D位置，倒"V"状位移突变范围为拱顶上方0～0.8D深度范围。右线隧道上方地层竖向分层位移呈向右的倒"V"状沉降槽，左右线隧道中间部分呈镜像的反"Z"形态。

（2）距离隧道中心线不同距离的同断面测线，在拱顶上方0.3D～0.5D位置竖向位移达到峰值，但峰值更高，沉降槽更窄深而陡峭。

2）与右线先行隧道单独形成的上方地层竖向分层位移曲线相比，区别明显处在于：

（1）各测线竖向分层位移值均有明显增加，后行隧道开挖引起的沉降叠加现象明显。

（2）竖向分层位移曲线峰值最大的位置，变为左线隧道中心线上方测点D_6处所在测线，且沉降值远高于右线隧道中心线上方最大沉降值，说明了右线先期开挖对该处地层的扰动和左线后期开挖的叠加效应显著，另外也可能与左线隧道在测试断面所在区段掘进参数控制有关。

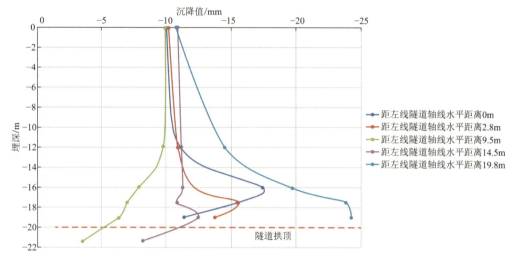

图 12.2-3　左线隧道开挖阶段 5 条竖向测线不同深度测点位移曲线

12.2.2 "竖两层"理论

通过地层位移在竖向分布和传递的数值模拟结合现场实测结果分析，对地层沉降沿竖向分布特征总结如下：

如图 12.2-4 所示，结合砂卵石地层盾构施工引起的竖向位移沿深度方向的分布特征，对于盾构隧道施工引起的地层竖向分层位移"横三区"中隧道开挖宽度范围（1D宽度范围）的"主要影响区"，进行再划分。可以看到隧道拱顶上方 0.8D（盾构刀盘开挖直径）高度范围内砂卵石地层对盾构掘进最敏感，受开挖扰动最显著，地层变形最直接，沉降速率和最终沉降值最突出，可以定义为"显著扰动区"；将其上部沉降速率相对均匀，沉降值相对较小，受盾构施工扰动影响较弱的区域，定义为"整体下沉层"。

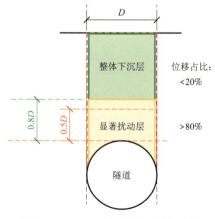

图 12.2-4　"竖两带"划分示意图

对于"显著扰动区",盾构施工过程中应作为重点控制区域,掘进参数应该以降低扰动、减少土体流失、防止坍塌,及时注浆回填形成支撑作用为主进行优化设计,尤其是近距离穿越风险源施工。只要对"显著扰动区"进行了有效控制,地层竖向分层位移向上发展的影响才会明显衰减,上方整体下沉层的总体沉降才会可控,保持相对稳定,进而地表沉降也能得到控制。

12.2.3 小结

本节重点介绍了砂卵石地层盾构施工引起的地层竖向位移在深度方向上的实测情况和分布特征,结合实测结果分析得到实测位移曲线的分布特征,主要表现为地层竖向分层位移在隧道拱顶上方约 $1D$ 范围呈倒"V"状分布,位移突变范围为拱顶上方 $0\sim0.8D$ 深度范围,上部地层位移变化则相对平缓。据此,在地层竖向分层位移"主要影响区"范围,根据沉降速率和累积沉降值大小,提出"显著扰动区"和"整体下沉层"的"竖两层"理论,为盾构施工地层位移控制,尤其是盾构近距离穿越风险源的变形控制明确了方向。

12.3 地层竖向位移沿纵向分布特征

为从现场实测的角度分析砂卵石地层盾构施工引起的地层位移沿纵向变化特征,采用以下 3 个指标:盾构穿越测试断面前后,各阶段地层竖向位移(地层沉降)所占比例(%),各阶段平均沉降速率(mm/m)和纵向影响范围(m),由于各阶段沉降所占比例的计算方法与前述的横向分布一致,这里主要分析各阶段平均沉降速率和纵向影响范围。

12.3.1 各阶段平均沉降速率分析

为研究盾构通过监测断面前后过程中各不同阶段的沉降速率大小,采用各阶段平均沉降速率这一指标来进行衡量,它是用各阶段内沉降值(mm)比盾构通过各阶段所用时间(d)来计算的,采用隧道轴线上方测点在各阶段内单位时间的沉降增量进行阐述,其定义如下:

$$各阶段平均沉降速率(mm/d) = \frac{各阶段内沉降值(mm)}{盾构通过各阶段所用时间(d)}$$

选取右线隧道正上方不同深度的 5 个测点的时程曲线进行分析,如图 12.3-1 所示。

刀盘距断面–35m 时,测点开始波动,刀盘距断面–35~–10m 之间,部分测点轻微隆起,整体趋势相同,当刀盘距断面–10m 时,测点开始缓慢沉降,沉降曲线斜率较小,刀盘刚好到达断面时,测点沉降的范围在–1~–2mm 之间,当盾体通过断面至盾尾脱出时,即 11m 位置,地表测点的沉降值达到–3.60mm,埋深 12m 处的测点沉降值达到–4.78mm,埋深 16m 处的测点沉降值达到–6.40mm,埋深 17.5m 处的测点沉降值达到–5.82mm,埋深 19m 处的测点沉降值达到–3.54mm,这一阶段曲线的斜率较大,即平均沉降速率较大,刀盘距断面 11~23m 之间,沉降曲线现有一个回升的过程,回升的过程是由同步注浆引起的,随后又进入沉降阶段,该阶段沉降速率也比较大,最终的沉降值也最大,地表处的沉降值达到–7.74mm,埋深 12m 处的沉降值达到–9.60mm,埋深 16m 处的沉降值达到–16.77mm,埋深 17.5m 处的沉降值达到–17.74mm,埋深 19m 处的沉降值达到–10.51mm,刀盘距断面

23～55m之间沉降曲线基本稳定，受二次补浆的影响，存在一定程度波动。刀盘据断面55m以后，随后的沉降曲线也趋于稳定。

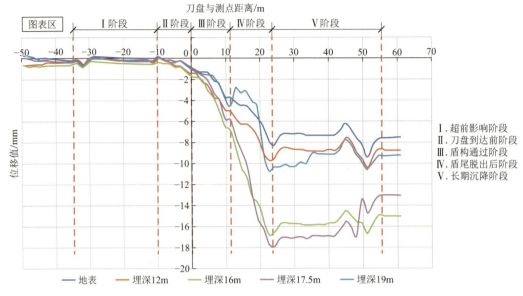

图 12.3-1　各阶段右线隧道正上方不同深度测点时程曲线

为研究各阶段的特征，采用各阶段平均沉降速率这一指标对第二断面右线隧道上方不同深度测点的阶段平均沉降速率进行分析，如图12.3-2所示，可以得出：

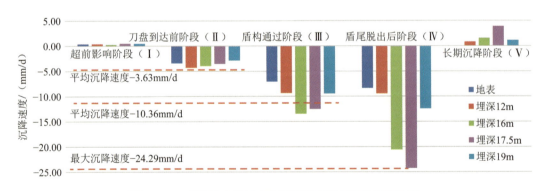

图 12.3-2　各阶段右线正上方不同深度测点平均沉降速率

盾尾脱出后阶段沉降速率最大，最大达-24.29mm/d，刀盘到达前阶段的平均沉降速率为-3.63mm/d，盾构通过阶段平均沉降速率-10.36mm/d，相对其他阶段依然最大（除盾尾脱出后前阶段外），由此可以得出盾构通过阶段和盾尾脱出后阶段是沉降主要阶段。同时根据不同埋深测点沉降可以看出，隧道正上方不同深度地层测点具有相似的沉降规律。

12.3.2 "纵五段"理论

1. 黏土、砂土地层"纵向五阶段"划分及其范围

在对地铁14号线方庄站—十里河站区间黏土、砂土地层6m级盾构施工引起的地层分层位移现场测试中，根据测试结果分析，揭示了盾构掘进穿越测试断面前后全过程的"纵向五阶段"理论及其分布特征。"纵向五阶段"包括：超前影响阶段、刀盘到达前阶段、盾构通过阶段、盾尾脱出后阶段和工后长期沉降阶段，如图 12.3-3 所示，阶段范围为：

Ⅰ阶段——超前影响阶段：$-2.1(D+H) \sim -0.7(D+H)$，地层超前隆起或沉降，平均沉降速率很小。

Ⅱ阶段——刀盘到达前阶段：$-0.7(D+H) \sim 0$，受盾构推力影响超前隆起开始减小直至产生沉降。

Ⅲ阶段——盾构通过阶段：$0 \sim L$，阶段内平均沉降速率达到最大，沉降由开挖间隙引起。

Ⅳ阶段——盾尾脱出后阶段：$L \sim 0.7H+L$，阶段内平均沉降速率依然很大，沉降由盾尾空隙引起，具体沉降速率的大小，视同步注浆和二次补浆的效果显现决定。

Ⅴ阶段——工后长期沉降阶段：$0.7H+L \sim 1.9H+L$ 范围，平均沉降速率减小直至稳定，主要由土体蠕变或压缩产生固结沉降。

上述内容中，D 为隧道外径，H 为隧道埋深，L 为盾构机主机长度。

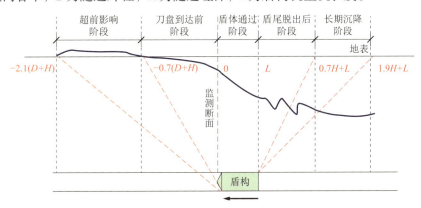

图 12.3-3 黏土、砂土地层盾构施工引起地层竖向分层位移的"纵向五阶段"划分及其范围

2. 砂卵石地层"纵向五阶段"划分及其范围

通过北京轨道交通新机场线一期工程磁各庄站—1号区间风井区间砂卵石地层盾构施工引起的地层位移现场测试及其分析，地层竖向分层位移在沿盾构掘进纵向上同样存在着五阶段分布特征，其分布范围如下：

Ⅰ阶段——超前影响阶段：$-1.4(D+H) \sim -0.8(D+H)$；

Ⅱ阶段——刀盘到达前阶段：$-0.8(D+H) \sim 0$；

Ⅲ阶段——盾构通过阶段：$0 \sim L$；

Ⅳ阶段——盾尾脱出后阶段：$L \sim 0.4H+L$；

Ⅴ阶段——工后长期沉降阶段：$0.4H+L \sim 2.6H+L$。

与黏土、砂土等细颗粒土层"纵向五阶段"分布特征相比，砂卵石地层竖向分层位移在各阶段分布范围和位移值占比上均有一定变化（图 12.3-4）。

（1）超前影响阶段范围减小至 $1.4(D+H)$，减少了 1/3，沉降占比略有增加，至 5%；刀盘到达前阶段范围增加至 $0.8(D+H)$，略有增加，沉降占比增加至 10%，增加了 1 倍。可以看出，受扰动发生位移的影响距离起始点相较于土层更近，但一旦受到掘进影响后，其沉降速率更快，影响范围更大，沉降值更明显。

（2）盾体通过阶段沉降占比降至 44%，盾尾脱出后阶段沉降占比降至 20%，两者之和占五个阶段总沉降的 2/3，盾尾脱出后阶段影响范围缩短至 $0.4H+L$。说明，砂卵石地层受扰动后，砂卵石咬合结构和地层平衡被打破，产生明显沉降，但卵石骨架存在自调整、自适应、再稳定的过程，此过程中，如果注浆及时，能快速充填颗粒孔隙和地层空隙，形成有效支撑，则可使地层趋于稳定，沉降得到控制。

（3）长期沉降阶段范围增至 $2.6H+L$，占比也增至 21%。说明了砂卵石地层掘进过后的工后沉降持续过程长、占比高、影响范围大，一些地区和工程称之为"滞后沉降"，这与砂卵石地层粗颗粒结构无粘结的松散体特征有关，也与盾构施工过程掘进控制有关，对于砂卵石地层，管片壁后多次补浆的作用凸显。

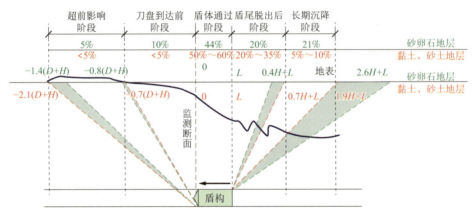

（图中红色字体为黏土、砂土地层对应数值；绿色字体为砂卵石地层对应数值）

图 12.3-4　砂卵石地层盾构施工引起地层竖向分层位移的"纵向五阶段"划分示意图

以上说明，砂卵石地层竖向位移纵向五阶段分布更加分散，在各阶段沉降占比上，由原来土层集中于盾体通过和盾尾脱出后两阶段，向前后其他阶段延伸，其他三阶段分担了约 1/3 的沉降累计量。可以看出，砂卵石地层变形的敏感性较强，散粒体地层结构在受到掘进扰动后，反应迅速、直接。总体来看，较之土层，砂卵石地层位移纵向影响范围更大，阶段性分布更分散，影响周期更长，对各阶段掘进控制要求更高，尤其是壁后空隙的填充。

12.4　本章小结

本章通过在北京轨道交通新机场线一期工程盾构区间砂卵石地层进行盾构施工引起的地层分层位移现场测试，分别对竖向分层位移在横向、深度方向、纵向三个维度的分布特征和影响范围进行分析，揭示了"横三区、竖两层、纵向五阶段"的砂卵石地层位移变化特征。通过砂卵石地层横向、竖向、纵向分层位移原位测试，得到地层竖向位移为盾构施工主控位移，盾尾脱出阶段、盾构通过阶段分别为盾构施工地层位移的主控阶段和微控阶段，为地层位移控制提供了理论依据。

第 13 章
地层位移微变形控制方法与盾体同步注浆材料性能

13.1 盾构施工地层位移分级控制方法

13.1.1 地层位移的主控变量

正常地层条件下,由隧道施工引起的拱顶地层沉降大于其正上方地表沉降,地层沉降由隧道拱顶至地表的传递是递减的,地层在深度方向(竖向)不同点之间产生差异沉降,对应第 12 章内容中通过现场实测揭示的地层位移"横三区""竖两带""纵五段"分布特征,在盾构掘进过程中,就应针对性采取控制措施,实现沉降控制目标。盾构施工引起的地层位移的不同特征区段,其位移(主要是沉降)变化规律不同,表现为沉降变化趋势、沉降速率、沉降值、在总体沉降中的占比或贡献率、沉降对施工安全和环境安全的影响程度、沉降原因,以及应采取的沉降控制措施。

同时,盾构施工引起地层位移或变形在地层中的传递过程随时间和空间不断变化,实际上地层位移是时间和空间的函数,因此,在对地层位移进行控制时应考虑时间和空间效应的综合影响。

综合第 12 章所述内容,可以看出:

(1)在地层位移的三个空间三维分量中,竖向位移最大,横向位移次之,纵向位移最小。因此在对地层位移进行控制时,一般可选择对地层产生最大影响的竖向位移分量进行重点控制,即地层竖向位移是主控位移。

(2)在地层位移的"横三区"中,隧道上方的地层,盾构施工引起的沉降主要影响范围是隧道开挖边线内的正上方柱状区域中,该区域内地层沉降反映最直接,变化最快,沉降量最大,且不同深度地层沉降呈现明显的分层差异,且随着埋深增加,分层差异越显著。隧道开挖边线外的地层,在竖向沉降差异不明显,但沿着横向衰减较快。因此,位于隧道开挖宽度范围上方主要影响区域内的地层,是沉降控制的主控区域。

(3)在地层位移的"竖两层"中,隧顶上方显著扰动区地层,受盾构掘进影响最敏感,沉降速率和沉降量最大,且易发生松动坍塌,是地层位移主要影响区内的主要控制层带,决定了最终位移向上传递的范围和程度,以及隧道拱顶地层形成空洞或空隙的大小和稳定性。因此,显著扰动层是沉降控制的主控层带。

(4)在地层位移的"纵五段"中,盾构在推进过程中各个阶段都会引起不同程度的竖向位移(主要是沉降),盾体通过阶段和盾尾脱出后阶段是引起沉降的主要控制阶段,均需要加强控制;其中,盾体通过阶段所引起的沉降占比最大,沉降速率快,是盾构穿越沉降控制标准更高的风险源施工时,最终实现毫米级微变形控制的关键阶段。因此,盾体通过阶段和盾尾脱出后阶段是引起沉降的主控阶段，盾体通过阶段又是实现微变形控制的关键阶段。

综上所述，地层位移的主控变量可从主控位移、主控区域、主控层带、主控阶段等不同角度论述，如图13.1-1所示。

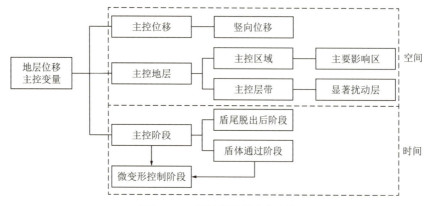

图 13.1-1　地层位移的主控变量

13.1.2　地层位移分级控制方法

13.1.2.1　地层位移分级控制的目的

盾构施工过程无法也没有必要对前述所有引起地层位移的影响区域、范围和阶段进行控制，而是通过揭示地层位移机理和变化规律，从环境安全保护需要的角度出发，针对地层位移或环境变形的不同控制标准，分区、分层、分阶段地对应采取不同控制措施，实现不同的控制目标。

（1）一般环境或低等级风险环境、常规地层

对于盾构施工影响范围内地层或地表无建（构）筑物、地下管线、轨道交通线路和其他基础设施，以及江河湖海等水域环境，或者盾构穿越以上环境风险，但影响较小、风险等级较低时，且穿越地质条件为常规的均质、稳定、非浅覆土等地层时，地层位移、地表沉降和环境变形所要求控制的标准和要求就相对较低，所需对应的位移控制措施就单一或者无需加强，通过基本的压力平衡掘进、同步注浆、补充注浆和变形监测等措施，即可实现控制目标。

（2）高等级风险环境、复杂地层

对于盾构近距离穿越上述环境的高等级风险工程，或者安全风险高的复杂地层工程，其安全风险控制要求和地层位移、地表沉降、环境变形控制标准相对较高，就需要全面、有效的防控措施来辅助实现毫米级的微变形控制目标。

针对不同地层位移控制目标，"因境制宜、因地制宜、因时制宜"地制定不同位移控制技术措施，才能达到盾构施工安全、可靠、经济、合理的管控目的。因此，根据位移控制对象（包括以上各类环境风险源、地层自身、地表）所在的区域范围，进行位移控制综合分级，对应采取分级控制措施，实现分级控制目标，就成为必然。

13.1.2.2　地层位移分级控制方法

根据第12章所述的地层位移"横三区""竖两层""纵五段"分布特征，可以看出，地

层竖向位移的主要影响区、显著扰动层和盾体通过、盾尾脱出后阶段为位移控制的主要时空范围,稳定区和超前影响阶段、刀盘到达前阶段为位移控制的一般时空范围。其余区域、层带和阶段为位移控制的次要时空范围,见图13.1-2。

其中,主要影响区的显著扰动层,在盾体通过阶段和盾尾脱出后阶段,为地层位移控制的主控阶段,其中,盾体通过阶段又是在主控阶段基础上可实现微变形控制的关键阶段,即微变形控制阶段。

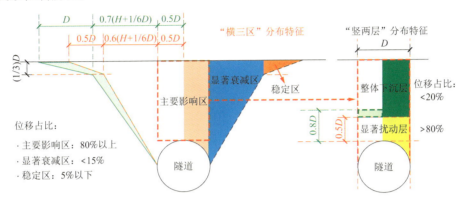

(a) 地层位移"横三区"分布示意图　　(b) 地层位移"竖两层"分布示意图

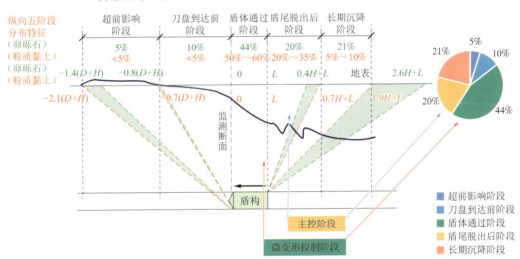

(c) 地层位移"纵五段"分布示意图

(注:图中红色字体为黏土、砂土地层对应数值;绿色字体为砂卵石地层对应数值)

图 13.1-2　"横三区""竖两层""纵五段"分布示意图

结合地层位移不同分区、不同分层、不同分级段的分布特征和盾构位移控制可采取的技术措施(盾构自身措施和隧道洞内措施,不包括从地面采取的其他措施),可进一步细分出 4 个分级控制区域,5 个分级控制等级,4 项分级控制技术,见图 13.1-3。

(1) 4 个分级控制区域,由主到次,分别是:

区域①——主要影响区的显著扰动层;

区域②——主要影响区的整体下沉层;

区域③——显著衰减区;

区域④——稳定区。

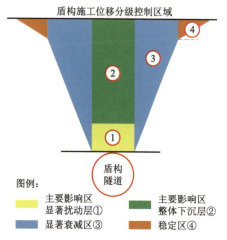

图 13.1-3 地层位移分级控制体系示意图

（2）5个分级控制等级，由高到低，分别是：

Ⅰ级——区域①处于盾体通过阶段时的地层位移控制；

Ⅱ级——区域①处于盾尾脱出后阶段时的地层位移控制；

Ⅲ级——区域②处于盾尾脱出后阶段时的地层位移控制；

Ⅳ级——区域②处于长期沉降阶段和区域③处于盾尾脱出后阶段时的地层位移控制；

Ⅴ级——区域④处于盾尾脱出后阶段时的地层位移控制。

（3）4项分级控制技术，由前到后，分别是：

技术 A 项——盾体同步注浆；

技术 B 项——盾尾同步注浆；

技术 C 项——管片壁后补充注浆；

技术 D 项——管片壁后径向地层注浆。

（4）针对5个分级控制等级，对应采取的控制技术措施组合为：

Ⅰ级——技术 A，即盾体同步注浆，针对区域①地层在盾体通过阶段的位移控制。

Ⅱ级——技术 B、C、D，即盾尾同步注浆、管片壁后补充注浆和管片壁后径向地层注浆，主要针对区域①地层在盾尾脱出后阶段时的地层位移控制。

Ⅲ级——技术 B、C、D，即盾尾同步注浆、管片壁后补充注浆和管片壁后径向地层注浆，主要针对区域②地层在盾尾脱出后阶段时的地层位移控制；虽与Ⅱ级采取的技术措施相同，但在管片壁后补充注浆、管片壁后径向地层注浆的孔数、注浆量、注浆压力、径向注浆管长度、浆液类型等参数设计方面，有具体的强弱差异加以区别对待。

Ⅳ级——技术 B、C，即盾尾同步注浆和管片壁后补充注浆，主要针对区域②地层在长期沉降阶段和区域③地层在盾尾脱出后阶段时的地层位移控制。

Ⅴ级——技术 B，即盾尾同步注浆，主要针对区域④地层在盾尾脱出后阶段时的地层位移控制。

通过建立分区、分层、分阶段的盾构施工位移分级控制方法，有利于有计划、有步骤、有重点地实现盾构盾构地层位移的精细化控制和盾构穿越重大风险源施工的微变形控制。

同时也可以看出，对于高等级环境风险的盾构穿越工程，在盾尾脱出阶段作为主控阶段采取盾尾同步注浆、管片壁后补注浆和径向深部地层注浆的基础上，应将盾构通过阶段作为地层位移微变形控制的关键阶段，采取盾体同步注浆技术。

13.1.2.3 盾体同步注浆技术

常规盾体同步注浆是指在盾构推进过程中，同步通过盾尾注浆管路向正在脱出盾尾的管片壁后空隙进行注浆填充，通过管片与地层之间间隙的充填实现对周围地层的及时支撑，达到压力平衡，控制地层沉降。同步注浆一般使用水泥基单液浆或水泥-水玻璃双液浆。盾尾同步注浆是在盾构掘进的同期对隧道结构壁后的注浆充填，是时间上的同步注浆技术，由此可以实现前文所述的砂卵石地层位移"纵五段"分阶段中占比 20%～35%的盾尾脱出后阶段的位移控制，满足地表沉降控制要求，但无法保证高等级风险源毫米级微变形。

在盾构常规掘进中，一般采取洞内盾构自身措施来控制沉降，包括压力平衡掘进、盾尾同步注浆，管片壁后补浆，管片壁后径向地层注浆等。当盾构穿越高等级风险源施工时，变形控制标准提高，除洞内措施外，如地面条件许可，会辅助从地面提前进行地层加固等措施，对风险源进行重点保护，但地面加固措施受环境制约较大，往往无法实现，这就需要提出新的可行方法，以解决盾构施工关键节点微变形控制问题。

在地层位移"纵五段"分布规律中，砂卵石地层盾体通过阶段位移占比达 50%～60%，说明砂卵石地层从被刀盘开挖扰动，到处于因存在间隙而缺乏密贴支护的盾体空间范围和时间跨度内，地层压力释放快，地层骨架结构破坏效应大，地层韧性不足，地层位移传导直接，通过自调整达到再平衡的过程长，等该位置已完成掘进，脱出盾尾后，虽已完成管片拼装和壁后注浆填充，但相对显著的地层位移已然形成。

因此，通过盾体外同步注浆（简称"盾体同步注浆"，见图 13.1-4），对盾体—地层间隙进行同步填充，就可以将地层荷载传导至盾体，建立起"地层—泥浆—盾体"三位一体的压力传递与平衡体系，进而建立起对周围地层的及时、有效支护，遏制地层位移的快速发展，充分解决盾体通过阶段地层位移不可控问题。盾体同步注浆，不仅是盾构掘进同期的时间上的同步注浆填充，也是盾构自身所在位置盾体外地层间隙空间上的同步注浆填充，实现了真正意义上壁后间隙注浆的时空双同步，与盾尾同步注浆一起，共同实现了管片壁后和盾体壁后地层间隙的"时空同步，全域填充"，实现了特一级环境风险工程毫米级微变形控制，保障了砂卵石地层盾构长距离安全掘进。

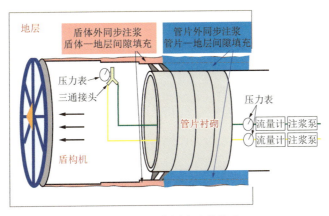

图 13.1-4　盾体同步注浆技术

13.2 盾体同步注浆材料性能试验

盾体外地层间隙注浆充填，主要是通过盾体预留的径向注浆孔向外注浆实现的。盾构始终处于隧道掘进的动态，因此盾体外所注浆液的性能尤为重要，既要满足能够及时有效填充盾体—地层间隙，起到支撑周围地层，控制地层位移的作用，还要保证不能在盾体表面形成固结层，增大盾构推进阻力，甚或产生导致盾构无法掘进的"抱死"现象。

常规盾尾同步注浆所用的单液浆，流动性好、强度高，凝固时间较长，如在盾体部位加注，容易向前窜至刀盘前和开挖仓，形成堵塞、包裹、固结、"抱死"等危害。双液浆虽然凝结时间快且可调，但更易形成盾体外附着固结现象，增大盾体外表面地层阻力，封闭盾构铰接，向前后窜流，危害刀盘、开挖仓和盾尾密封的设备部位。

为了使盾体外间隙得到有效充填，达到控制地层变形的目的，且不影响盾构的正常推进，盾体外间隙所使用的浆液，应具备润滑性能好、稳定性高、凝结时间较短、变形模量大、强度较低、与盾壳摩擦小等特点。

为方便浆液配置和注浆施工，也为降低材料成本，盾体同步注浆材料在满足上述材料性能的基础上，以常用工程材料为主进行选配研制，使得盾体同步注浆技术能够快速推广。经试验研究，特选用膨润土作为浆液基材，水泥作为胶凝材料，水玻璃作为浆液促凝、保水、增黏、塑化的改性材料，以上材料按比例泵前混合，加水拌制成流塑态，采用盾构机上搭载的膨润土加注系统（需在常规性能基础上做匹配设计或改造）、同步注浆系统或单独增配的注浆系统即可加注。

13.2.1 盾体同步注浆材料试验设计

13.2.1.1 注浆材料

（1）膨润土

试验选用的膨润土为以蒙脱石为主要成分的未改性膨润土，含大量活性基团，为单斜晶结构，其蒙脱石含量一般大于 65%，相对密度为 2.4～2.8，不仅作为填充基材，还可以增强浆液的黏度和触变性，提高其软流塑性、抗水分散性和稳定性。

（2）水泥

水泥作为浆液中的重要组成成分，其主要成分为硅酸二钙、硅酸三钙、铝酸三钙等，作为一种水硬性材料充当着固化剂作用，对浆液黏度及强度有着重要的影响，试验选用 P.O 42.5R 普通硅酸盐水泥，满足《硅酸盐水泥、普通硅酸盐水泥》GB 175—2007 通用水泥要求。

（3）水玻璃

水玻璃俗称泡花碱，是由硅酸钠溶于水产生的碱性溶液，为无毒的非游离态强碱性材料。硅酸钠为透明黏稠状固体，化学式为 $Na_2 \cdot mSiO_2$。水玻璃材料性质如表 13.2-1 所示。水玻璃溶液具有较好的粘结能力，可以起到堵塞毛细管防止渗透的作用。工程上常将水玻璃掺入水泥砂浆中，利用水玻璃的速凝性和黏附性，用于富水地层的注浆加固和抢修等。

水玻璃材料性质　　　　　　　　　　　　表 13.2-1

外观	模数（M）	波美度（°Bé）	氧化钠（Na_2O）	二氧化硅（SiO_2）	水不溶物/%
透明液体	2.30～2.50	50.0～51.0	≥12.8	≥29.20	≤0.80

13.2.1.2　反应机理

浆液由膨润土、水泥和水玻璃三种材料混合而成，发生一定的物理化学反应，形成所需的盾体外间隙填充材料。与传统盾构单液浆或双液浆不同的是，该充填材料是由软流塑状态向可塑状态转变的过程。浆液拌和和注入阶段，稠度高，易泵送，抗离析，不透水，具有良好的填充性，使得浆液初期具有较好的可注性、填充性、止水性；最终在盾体外间隙环境下，形成的稳定固结体，有一定的抗压强度，黏附性和剪切强度低，不透水性强，使得浆液后期既有填充空隙、传递荷载、支撑地层、控制沉降的作用，又不会在盾构掘进期间尤其是停机时，与盾体发生窜流、黏附、固化、结硬、封堵、"抱死"等负面问题，且化学稳定性好，能与管片壁后注浆浆液有效融合和共存。

鉴于水泥水化反应生成胶结物质，水灰比越大，浆液强度越高，为避免盾体外间隙充填材料强度过高，影响盾构继续掘进，故浆液以膨润土为基材，水泥为胶凝剂，水玻璃为塑化剂和促凝剂。膨润土压缩性较大，细颗粒易流失，拌合物黏度高但强度很低，因此，在膨润土材料中掺入一定比例的水泥，以提高浆液早期强度，降低浆液压缩性。

水泥是一种水硬性材料，主要组成材料为硅酸二钙、硅酸三钙、铝酸三钙、铁铝酸四钙及少量的硫酸化物及石膏等，能与水发生水化反应产生胶凝物质，其中硅酸三钙、硅酸二钙与水反应生成了水化硅酸钙和氢氧化钙，当水泥完全水化后所产生的（C-S-H）产物约占总体积的 70%，水化反应后注浆材料由流动状态，逐渐变为塑性状态、最后发生凝结硬化，见式(13.2-1)～式(13.2-3)。

$$3CaO \cdot SiO_2 + (n+1)H_2O = 2CaO \cdot SiO_2 \cdot nH_2O + Ca(OH)_2 \quad (13.2\text{-}1)$$

$$2CaO \cdot SiO_2 + (n+1)H_2O = CaO \cdot SiO_2 \cdot nH_2O + Ca(OH)_2 \quad (13.2\text{-}2)$$

$$3CaO \cdot Al_2O_3 + nH_2O = 3CaO \cdot Al_2O_3 \cdot nH_2O \quad (13.2\text{-}3)$$

水玻璃在浆液中与水泥水化产物反应，水玻璃与水泥的胶结体所带电荷性质相反，混合后可以起到中和作用，从而促进胶结体凝结。主要反应过程为：水玻璃中硅酸钠与水泥水化产生的氢氧化钙生成了硅酸钙和氢氧化钠物质，如式(13.2-4)。氢氧化钙产物的含量决定了水泥与水玻璃的反应程度，当氢氧化钙与硅酸钠充分反应后，过多的水玻璃反而会造成浆液强度下降。水玻璃波美度的增加在一定范围内可以有效减小浆液的凝结时间，而当波美度大于 40°Bé 时，继续增大波美度对浆液的凝结时间影响较小。浆液凝胶时间与水玻璃的掺量有着密切关系，水玻璃过多的掺量会减小水泥颗粒之间的相互作用，从而使得凝胶时间随着水玻璃掺量的增多而延长。

$$Ca(OH)_2 + Na \cdot znSiO_2 + mH_2O \longrightarrow CaO \cdot nSiO_2 \cdot mH_2O + 2NaOH \quad (13.2\text{-}4)$$

膨润土具有很强的吸水性、触变性和膨胀性，在水中分散成网格类结构，吸附大量自由水变成结合水，部分膨润土也会与水泥发生反应从而生成硅酸钙和铝酸钙，但反应过程极为缓慢，膨润土充填在水泥水化物和水泥-水玻璃结石体的孔隙中，可以增强浆液的稳定性，提高浆液的滑动能力，使浆液呈现可塑状态。

13.2.1.3　试验方案

采用单因素控制方法，每次仅改变一个因素，控制其他因素不变，来分析各因素对试验结果的影响。本试验共 12 个配比方案（表 13.2-2），主要研究水泥、膨润土及水玻璃材料的用量对浆液物理力学性能和充填特性的影响。由于浆液中常使用的水玻璃波美度在 35°Bé～45°Bé 之间，波美度对于浆液的凝结时间及流动性影响较大，对于浆液的强度影响程度较小，本节采用波美度为 40°Bé 的水玻璃材料，其波美度变化对材料的影响先不予考虑，可根据现场条件进行适当调节。

A 组浆液保持基准参数不变，A_1～A_4 号浆液水泥用量呈递增的趋势；B 组浆液保持基准参数不变，B_1～B_4 号浆液膨润土用量呈等量递增的趋势；C 组浆液保持基准参数不变，C_1～C_4 号浆液水玻璃用量呈等量递增的趋势，考虑到水玻璃用量占比较少，且水玻璃材料仅对凝结时间影响较为显著，故分别对 A、B 组进行密度、含水率和泌水率试验，对 A、B、C 组浆液进行凝结时间测定试验，以此研究各组分用量对浆液的物理力学性能及充填特性的影响。本试验参考《土工试验方法标准》GBT 50123—2019 及《普通混凝土拌合物性能试验方法标准》GBT 50080—2016 试验标准，分别进行浆液的密度、含水率、泌水率和凝结时间进行测定，物理力学性能进行研究分析。

试验配合步骤如下：

（1）按照试验各组分配比，固体类材料采用电子秤称取所需的原材料，液体采用量筒量取。

（2）先将膨润土材料膨润土和水放入搅拌机内搅拌混合均匀，静置等待膨化后，加入水泥材料搅拌均匀形成 A 液。

（3）量取所需波美度的水玻璃 B 液，按照 A 液和 B 液一定配合比进行混合，制得注浆材料。

试验材料配比　　　　　　　　表 13.2-2

编号	水泥/g	膨润土/g	水玻璃/mL	水/mL
A_1	25	200	30	400
A_2	50	200	30	400
A_3	100	200	30	400
A_4	150	200	30	400
B_1	50	100	30	400
B_2	50	150	30	400
B_3	50	200	30	400
B_4	50	250	30	400
C_1	50	200	10	400
C_2	50	200	30	400
C_3	50	200	50	400
C_4	50	200	70	400

13.2.2 盾体同步注浆材料性能试验

13.2.2.1 密度试验

注浆材料拌制后呈可塑状态，因此采用环刀法来测定其密度。采用直径 61.8mm、高度 20mm 的环刀，称取环刀重量，在环刀内壁涂抹一层凡士林，刀刃刃口向下切取充填材料试样，利用钢丝锯将两端其余土样削平，擦净外壁后称取其重量，见图 13.2-1。密度计算按式(13.2-5)。

图 13.2-1　密度试验

$$\rho = \frac{m_0}{V} \tag{13.2-5}$$

式中：ρ——试样的湿密度（g/cm^3）；
　　　V——环刀的体积（cm^3）；
　　　m_0——试样的质量（g）。

通过改变水泥、膨润土材料用量，对其进行了密度测定试验，水泥用量前期增量较大，后期呈等量递增的趋势；膨润土整体呈等量递增的趋势。试验结果表明（图 13.2-2），注浆材料的密度随着水泥、膨润土用量增多而增大，整体呈线性增长的趋势，相对于膨润土材料，水泥材料用量变化对浆液密度的影响更为明显。

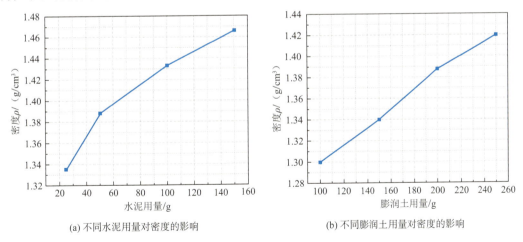

(a) 不同水泥用量对密度的影响　　　　(b) 不同膨润土用量对密度的影响

图 13.2-2　材料配比对密度的影响

13.2.2.2　含水率试验

采用烘干法进行含水率测定试验，将拌好的注浆材料放入称量盒，采用电子天平进行称量，得到湿土质量，然后将盒子放入烘烤箱采用 105°～110°烘干至恒量。将试样留置在干燥器内冷却至室温，称量干土质量，烘干后的试样如图 13.2-3 所示，含水率计算见式(13.2-6)。

$$w = \left(\frac{m_0}{m_d} - 1\right) \times 100 \tag{13.2-6}$$

式中：w——试样的含水率（%）；

m_d——试样的干重量（g）；

m_0——试样的湿重量（g）。

图 13.2-3　烘干的试样

浆液含水率较高时，固体颗粒的外层不仅有强结合水，还有大量弱结合水，颗粒分子之间作用力较弱，浆液呈流塑或可塑状态。随着水泥、膨润土等固体材料用量增加，浆液含水率随之减小，浆液中固体成分增多，浆液逐渐从流塑变为可塑状态。此时，要使充填材料发生破坏，需要克服很大的分子间作用力，但过大的黏附力也会增加浆液和盾体的相互作用力。含水率对材料的抗剪强度有较大影响，很多学者对抗剪强度与含水率之间的关系做了研究，得出抗剪强度与含水量之间呈指数关系，含水率对材料的黏聚力有比较大的影响，而对于内摩擦角的影响相对较小。

在膨润土含量保持不变的情况下，水泥含量增多，含水率逐渐减小，见图13.2-4（a）。浆液中掺水量和水玻璃质量保持不变，但水泥用量增多后，浆液中水固比由原来的1.43变为1.23，浆液中整体固体含量增多了。同时，水泥发生水化反应，形成水硬性胶凝材料，从而造成含水率急剧减小。在水化作用中，浆液中的水泥用量越多，与水所生成的水化硅酸钙、氢氧化钙越多，浆液的可塑性与流动性就越差。

膨润土与水泥反应缓慢，在水中分散为网格结构，将大量自由水转变为结合水，主要充填在胶凝结构中，形成卡屋结构，从而起到了润滑作用，减小了浆液的泌水率和可塑性，降低了浆液与盾壳之间的摩擦作用。从图13.2-4（b）中可以看出，当水泥含量一定的情况下，随着膨润土含量增多，含水率呈逐渐减小的趋势，当膨润土用量达到一定比例后对含水率的影响会减弱。

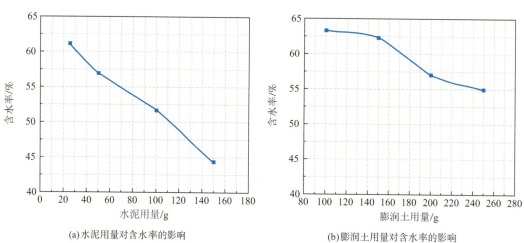

(a)水泥用量对含水率的影响　　(b)膨润土用量对含水率的影响

图 13.2-4　材料配比对含水率的影响

13.2.2.3 泌水率试验

采用量筒将配制好的浆液倒入,标记好液面所处刻度,封口采用保鲜膜密封,见图 13.2-5。按第 1、2、3h 的时间间隔来观察量筒上刻度线的变化及是否有水泌出现象,量取浆液静置后的泌水体积。通过泌水体积与浆液含水量的比率计算所得浆液的泌水率,见式(13.2-7)。

$$泌水率 = \frac{泌水体积}{浆液重量 \times 含水率} \times 100\% \quad (13.2\text{-}7)$$

泌水率反映了浆液的稳定性,表明了在浆液体积固定的情况下,水与固体颗粒上下分离的泌水现象,这主要是由于浆液中的骨料不能完全吸收拌合水导致的。浆液泌水现象会影响浆液的性能和充填效果,泌水体积越少,浆液稳定性越好。

从图 13.2-5 可以看出,测试浆液稳定性较好,密封静置 3h 后,无水析出,未出现分层现象。这是由于浆液中膨润土颗粒吸附自由水,自身体积膨胀,阻止了浆液中微细颗粒的下沉,可以很好改善浆液析水现象。

13.2.2.4 凝结时间试验

凝结时间试验采用倒杯法进行测定,以反映浆液流动性的变化。以烧杯横放浆液不流出为准,浆液从配置完成至失去流动性所经过的时间为凝结时间,见图 13.2-6。

试验方法如下:

(1)将配置好的浆液倒入一个事先准备的烧杯中。

(2)将浆液由原有的烧杯中倒入另一个烧杯,如此反复。

(3)当烧杯倾斜浆液无法发生流动时则认为此刻为凝结时间。

图 13.2-5　泌水率试验(静置 3h)　　图 13.2-6　凝结时间测定

本试验对 A、B、C 组 12 个配比方案的浆液凝结时间进行了测定,分别研究了三个因素用量对浆液凝结时间的影响(图 13.2-7)。通过试验分析可知,凝结时间随着水泥用量及膨润土用量的增多而不断缩短,膨润土吸附了大量的自由水,使得浆液含水率下降,浆液中的自由水变少,随着水玻璃掺入,固体颗粒胶结在一起,浆液凝结时间变短。凝结时间随着水玻璃用量的增加而先缩短后延长,说明水玻璃对浆液促凝存在一个掺量区间。

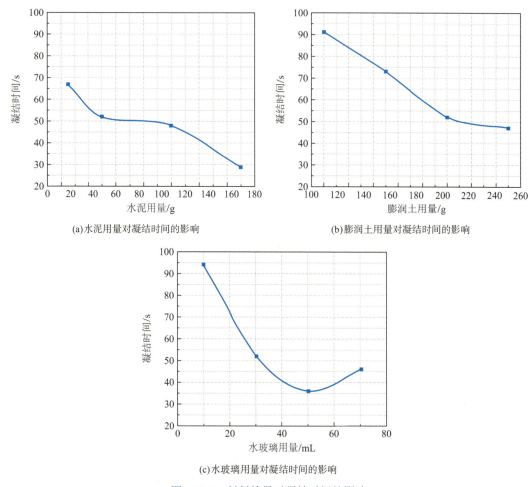

图 13.2-7 材料掺量对凝结时间的影响

13.3 盾体同步注浆材料力学特性

盾体同步注浆材料加注充填到盾体与地层间隙后,在盾构继续推进和停机时,应具备一定的工程性能,这包括以下四点性能需求。

(1)要有一定的黏度、强度、塑性和低渗透性,具有一定的抗变形能力,既能充填间隙,又能传递荷载,且不发生窜移和压缩变形。

(2)对盾体周围地层有较好的粘结性、渗透性和孔隙填充能力,能够与地层有效结合,充填地层孔隙,封闭地层渗流通道,提高充填后的支护能力。

(3)有一定的早期强度,但最终不会凝固形成硬化的结石体;有一定的抗剪切强度和黏聚力,但与盾体表面的黏附力和摩阻力低、润滑性好,在盾体与砂卵石地层之间能起到润滑减阻作用,能有效降低盾构推力。盾构持续向前掘进时,不会因盾体外表面摩阻力而伴随盾体同步移动,能够稳定地保留在原填充位置,不致影响填充效果。盾构停机复推时,容易在盾体—地层的相对剪切错动作用下分离,不会发生结硬固化将盾体"抱死"现象。

(4)与同步注浆浆液具有良好的物理化学稳定性和环境耐久性,相互之间不发生稀释、吸收等物理影响或其他化学反应，能够有效共存，密切融合，共同发挥填充和承载功能，且能在管片与地层之间保持长期稳定性，表现出良好的耐久性。

13.3.1 抗剪强度试验

为研究盾构推进过程中，浆液与盾体之间的作用关系，通过直剪试验分别测定 A、B 组（水灰比不同、膨水比不同）浆液在不同竖向载荷作用下的抗剪强度，研究得出浆液的抗剪切和黏附性能。试验所用材料配比如表 13.3-1 所示。

试验所用材料配比　　　　　　　表 13.3-1

编号	水泥/g	膨润土/g	水玻璃/mL	水/mL
A1	25	200	30	400
A2	50	200	30	400
A3	100	200	30	400
A4	150	200	30	400
B1	50	100	30	400
B2	50	150	30	400
B3	50	200	30	400
B4	50	250	30	400

根据土工试验方法标准，采用直接剪切试验测定浆液的抗剪强度、摩擦角和黏聚力。采用内径 61.8mm，高 20mm 的环刀，在环刀内壁涂抹一层薄层凡士林，利用刀刃刃口向下切取土样后，采用削土刀削平两端多余的土，擦净环刀表面。将剪切盒上下盒对准，并插上固定插销，将试样缓缓推入剪切盒内，上面放置不透水薄膜和透水石，并加上加压盖板。分别施加 50kPa、100kPa、200kPa 和 400kPa 竖向压力。移去插销后，采用 0.8mm/min 的剪切速率进行剪切，剪切变形达到 6mm 时视为剪切破坏。

13.3.1.1 水泥含量对抗剪强度的影响

随着水泥水化反应进行充填材料中所生成胶凝物质逐渐增多，材料强度也大幅提高，但是水泥用量所得结石体强度过大，会造成浆液凝固黏附于盾体上将盾构抱死，影响盾构推进，同时浆液自身强度过高，如要发生剪切破坏得加大推进参数，不利于盾构前进。因此合适水泥用量能够在一定程度上提高结石体的强度，可以在开挖间隙中起到支撑作用，但又不会因为自身强度过高而影响盾构掘进。

从图 13.3-1、图 13.3-2 分析可知，当竖向载荷为 50kPa 时，水灰比对剪应力的影响较小，此时剪应力大约为 10~20kPa；当竖向载荷为 100kPa 时，A_2 充填材料的剪应力极具增大，A_3 与 A_4 充填材料的剪应力较为接近，此时 A_3、A_4 剪应力为 40~45kPa，而此时 A_1 充填材料的剪应力为 11.67kPa，A_2 充填材料的剪应力为 12.54kPa 增长了 7.4%；在 400kPa 作用下，水灰比对剪应力的影响急剧增大，A_4 充填材料的峰值剪应力为 193kPa。水泥用量增多出现了团粒化现象，胶结物质使膨润土颗粒在胶结物作用下形成较大的团粒，从而使得浆液剪切强度变高；水泥水化产生大量不溶于水的稳定结合物如硅酸钙、铝酸钙等水化物，其与空气接触逐渐硬化，也使得浆液抗剪强度增高。

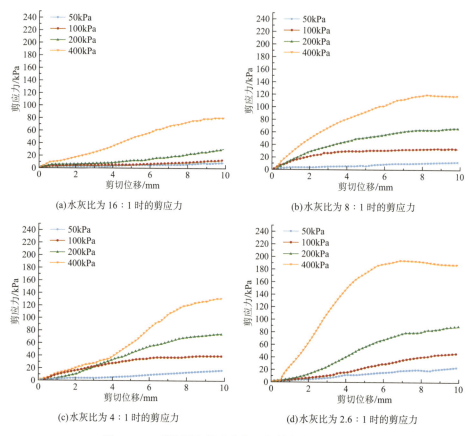

图 13.3-1 盾体同步浆液水灰比与剪应力关系曲线图

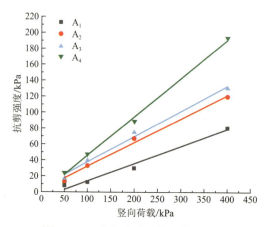

图 13.3-2 水灰比对抗剪强度的影响

13.3.1.2 膨润土含量对抗剪强度的影响

膨润土遇水膨胀，可降低浆液渗透系数，同时起到润滑作用。膨润土用量过高时，浆液与管道之间摩擦应力增大，泵送压力随之升高，增加了泵送难度；膨润土用量过少时，浆液含水量较高，浆液较为稀薄，初凝时间变长，易发生向刀盘和土仓窜流，以及向地层的渗透流失。因此，浆液中膨润土用量不仅会影响到浆液的可泵性，还会影响到浆液的可充填性。分别对 B 组浆液进行不同竖向载荷下的抗剪强度试验，从而验证膨润土对浆液抗剪强度影响。

从图 13.3-3 中分析可得，膨水比对充填材料的抗剪强度影响较小，当膨水比为 1∶4、1∶2.67 时，竖向载荷为 400kPa 时其剪应力相差较小，随着载荷的减小剪应力差异逐渐明显。

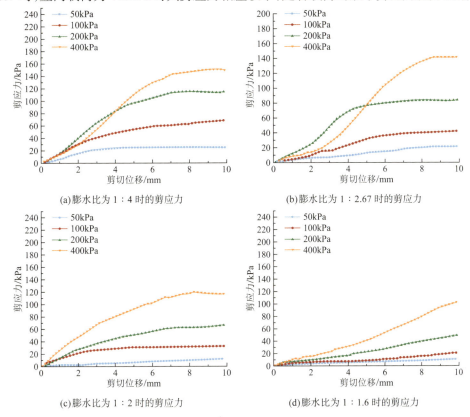

图 13.3-3　盾体同步浆液膨水比与剪应力关系曲线图

通过图 13.3-4 对比分析可知，膨润土用量增加会降低浆液抗剪强度，主要是由于膨润土中的蒙脱石与水泥水化所产生的如氢氧化钙等物质发生硬凝反应，但膨润土的硬凝反应缓慢，所以，大量膨润土颗粒吸水膨胀后，都充填于水泥颗粒孔隙中。相比传统水泥浆，在竖向载荷作用下水泥浆之间的颗粒充分接触体现出很强抗剪能力，而膨润土颗粒充填于水泥颗粒中起到润滑作用，反而减小了水泥颗粒间的直接接触，降低了浆液的内摩擦角。

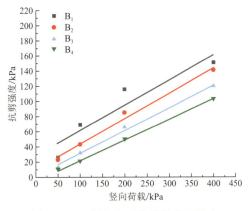

图 13.3-4　膨水比对抗剪强度的影响

13.3.1.3 静置时间对抗剪强度的影响

通过图 13.3-5 和图 13.3-6 分析可知，在不同的竖向载荷作用下，静置时间在 2h 以内时，浆液剪应力增速较大，考虑为水泥水化反应的影响，后期随着水化反应的结束剪应力呈较为平稳的趋势发展。

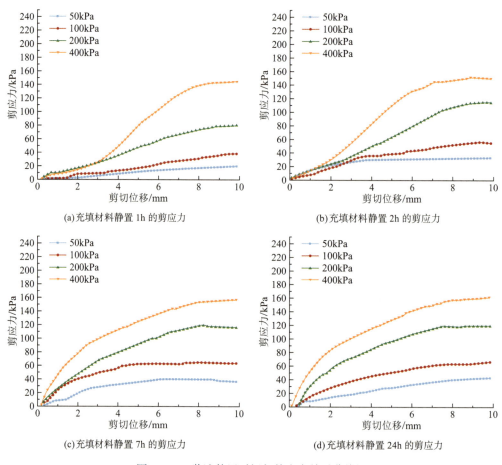

图 13.3-5 浆液静置时间与剪应力关系曲线图

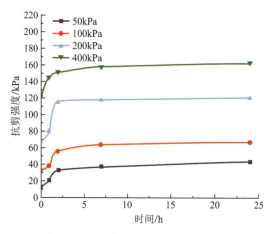

图 13.3-6 静置时间对抗剪强度的影响

13.3.2 摩擦特性试验

在盾构开挖过程中，盾构推力是推进过程中全部阻力之和，其中包括了盾体与周围地层之间相互作用的摩擦阻力，盾体外间隙注浆充填不仅可以有效控制砂卵石地层位移，还可以减小盾体与地层之间的摩阻力，进而降低盾构总推力。

根据现有研究，盾体与地层的摩擦阻力随着隧道埋深的增加而增大。砂卵石地层盾体所受摩阻力大于软黏土地层，有水地层盾体所受摩阻力大于无水地层。盾构停机时间过久时，盾构开挖引起的孔隙水压力消散，上方地层会发生蠕变，塌落体在盾体上发生挤压固结，形成附加摩阻力，会增大盾体再次启动推进时的总摩阻力。

盾体侧摩擦力计算见式(13.3-1)。

$$F = \pi D L f \tag{13.3-1}$$

式中：F——盾体摩擦力（kN）；
　　　D——盾构直径（m）；
　　　L——盾构长度（m）；
　　　f——单位面积上摩擦应力（kPa）。

作用在盾体单位面积上的摩擦应力是影响盾体与地层之间的摩擦力大小的关键。盾体摩擦力不是均匀分布，对于盾身的不同位置摩擦力也会存在差异。

盾体上部摩擦应力应将上覆地层的自重应力作为径向压力，其摩擦应力见式(13.3-2)。

$$f = \mu P_v \tag{13.3-2}$$

式中：μ——地层与盾体之间的摩擦系数；
　　　P_v——上覆地层的自重应力（kPa）。

盾壳侧向摩擦应力应考虑水平土压力作为径向压力，其摩擦应力见式(13.3-3)。

$$f = \mu P_h \tag{13.3-3}$$

式中：μ——地层与盾体之间的摩擦系数；
　　　P_h——地层的水平侧压力（kPa）。

盾构机下部地层应将上覆地层的自重应力与盾构机自重共同作为径向压力，其摩擦应力见式(13.3-4)。

$$f = \mu P_h + \frac{W}{\pi D} \tag{13.3-4}$$

式中：μ——地层与盾体之间的摩擦系数；
　　　P_h——地层的水平侧压力（kPa）；
　　　W——盾构机单位长度上的自重（kN/m）。

对于黏性土而言，盾构单位面积上的摩擦阻力与土体的黏聚力密切相关，因此对于黏性土地层的摩阻力又可以表示为式(13.3-5)。

$$F = \pi D L C \tag{13.3-5}$$

式中：C——土体的黏聚力。

盾构推进时，盾体与浆液之间的摩擦作用类似于上覆材料与下层钢材之间的摩擦作用，因此，为研究盾体同步浆液的水灰比、膨水比及盾构停机时间对摩阻力的影响，对盾构与土体相互作用关系进行简化，采用改造后的直剪仪进行摩擦阻力研究。

在剪切盒下盒放置 2cm 厚不锈钢钢块,并与剪切盒下盒表面齐平,如图 13.3-7 所示,钢材表面粗糙程度与盾体表面相似。在剪切盒上盒分别放置浆液试样和现场土样,上方顺次放上滤纸与透水石,加上加压盖板、钢珠、加压框架及位移计。盾构在推进过程中的掘进速度跟诸多因素有关,为非稳定值。通过研究发现,手轮转速对试验结果影响较小,且摩擦应力随着埋深增大而增大。

试验参考北京轨道交通新机场线盾构区间地层情况进行设计,其隧道埋深 15~25m,穿越地层主要为砂卵石地层,通过计算所得隧道拱顶上部的覆土压力范围为 250~450kPa,故试验对试样施加 400kPa 的竖向应力,采用 0.8mm/min 的剪切速度,模拟研究盾构掘进时在上覆土压力作用下浆液与现场土样对盾体摩阻力的影响。

13.3.2.1 浆液对摩阻力的影响

盾构推进过程中,盾体同步注浆在盾体外,形成初凝状态的固结体,或者与被扰动的外周地层颗粒结合,形成浆液-砂卵石的复合体,在刚注入未脱离盾体的掘进阶段,其呈软塑或可塑状态,附着于盾体外表面,并在盾构向前推进时产生摩阻力,影响该摩阻力的主要因素是水灰比及膨水比。因此,分别对 A 组、B 组盾体同步注浆浆液试样施加 400kPa 竖向应力并静止 24h 后进行摩擦试验,研究浆液水灰比、膨水比对盾体摩阻力的影响。

由图 13.3-9 和表 13.3-2 可以看出,浆液中水泥用量过大,会导致浆液结石率过高,浆液由可塑状态变为硬塑状态,胶结物黏附在钢块上,增大了浆液与钢板的摩阻力。从图 13.3-8 可以看出钢块上残留着少量的充填材料。从图 13.3-9 中分析可得,静置 24h 后,在其他组分用量一定的情况下,水灰比为 16∶1 后的摩阻力曲线随着水灰比的减小而呈线性增长的趋势。水泥水化物与膨润土材料发生反应,从而实现了离子交换,土颗粒周围包裹了高黏度水泥凝胶体,不仅有助于提高浆液强度,也会增加盾体-充填浆液的相互作用力。

膨润土材料主要为蒙脱石,可以吸收大量的自由水分子,遇水膨胀,且几乎不与水泥反应。膨润土用量过多,会影响浆液的流动性,且加水发酵后,黏度大幅度增加,使浆液由流塑态变为可塑态,不仅影响浆液的可泵性,还会增大盾体-浆液之间的摩阻力。

当水灰比为 8∶1 时,研究膨水比对盾体-浆液相互作用的影响。从图 13.3-10 和表 13.3-3 中可以看出,摩阻力随着膨润土含量增多而增大。

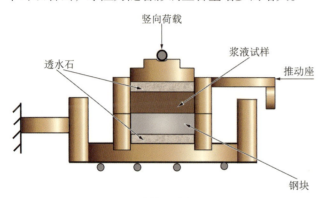

图 13.3-7 摩擦试验装置示意图

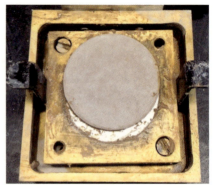

图 13.3-8 充填浆液-钢块的摩擦面

第13章 地层位移微变形控制方法与盾体同步注浆材料性能

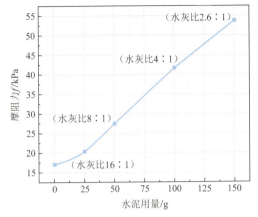

图13.3-9 水泥用量与摩擦应力的关系

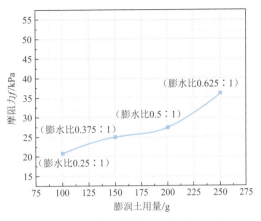

图13.3-10 膨润土用量与摩擦应力的关系

不同水泥用量对摩擦力的影响　　　　　　　　　　　表13.3-2

浆液	A_0	A_1	A_2	A_3	A_4
摩擦力/kN	5858.22	7010.65	9438.45	14261.39	18400.56

不同膨润土用量对摩擦力的影响　　　　　　　　　　表13.3-3

浆液	B_1	B_2	B_3	B_4
摩擦力/kN	7151.5	8542.97	9422.39	12429.94

13.3.2.2 浆液-砂卵石复合体对摩阻力的影响

无胶结砂卵石颗粒之间黏聚力较小，孔隙直径大，颗粒之间连通性好，胶结作用弱，地层稳定性受刀盘扰动影响大，易沉降。在注浆压力作用下，盾体外间隙同步注浆浆液会部分渗透进周围砂卵石颗粒间，有效地充填颗粒间的孔隙。砂卵石颗粒被浆液包裹，减小了颗粒之间，以及颗粒与试验钢块之间的相互作用，从而降低砂卵石颗粒与钢块间的摩阻力，如图13.3-11和图13.3-12所示。

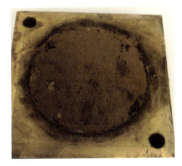　

图13.3-11 浆液-砂卵石复合体的摩擦界面　　图13.3-12 湿润砂卵石的摩擦界面

通过现场取样，采用水灰比为8∶1、膨水比为0.5∶1的A_2浆液与现场土样搅拌混合均匀后作为浆液-砂卵石复合体试样。取部分砂卵石土体进行加水饱和作为湿润砂卵石试样，无水砂卵石作为干燥砂卵石试样，由于砂卵石地层土体颗粒较为松散，故在试验前对土体颗粒进行密实度调整，使其与原状土层具有相似的颗粒级配曲线。将试样置于剪切盒上盒内，受压静置2h后进行摩擦试验，从而对比注入浆液前后砂卵石土样及土样湿润度对摩阻力的影响。

通过图 13.3-13 对比分析可以得出无水砂卵石地层与饱和砂卵石地层之间的摩擦应力具有一定差异，饱和的砂卵石土颗粒由于自由水存在，使得作用在界面上的有效应力变小，且起到润滑减阻作用，从而降低了砂卵石与钢块的摩阻力，无水砂卵石试验中，试样与钢块间的摩擦应力最大达到 58.71kPa，而饱和砂卵石中摩擦应力最大为 47.63kPa，减小了 23.26%。对于浆液-土颗粒复合体试样，最大摩擦应力为 35.35kPa，相比干燥砂卵石与湿润砂卵石摩擦应力分别下降了 66.08%和 34.73%，因此，以膨润土为基材的盾体外间隙同步注浆浆液，不仅填充了盾体外周砂卵石地层孔隙，起到密实固结地层的作用，同时起到了降低地层与盾体间摩阻力的作用。

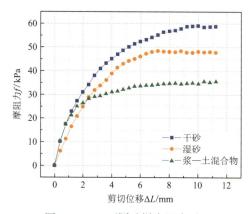

图 13.3-13 不同试样摩阻力对比

13.3.2.3 静置时间对摩擦特性的影响

文中两组试验，采用单一变量法，分别研究了水灰比及膨水比对浆液-盾体摩阻力增长速率的影响。

（1）膨水比为 1∶2 时，通过改变水灰比研究水泥用量对浆液-盾体摩阻力的影响。A 组试验中水灰比分别为 16∶1（A_1）、8∶1（A_2）、4∶1（A_3）和 2.6∶1（A_4）。

从图 13.3-14 曲线中分析所得，浆液-盾体摩阻力增长速率随着水灰比减小而增大，浆液的起动摩擦应力主要集中在剪切位移ΔL为 2～4mm 之间，随着浆液-盾体相互作用时间的增长，剪切速率增长越快，达到峰值时所需要剪切位移ΔL也越大。

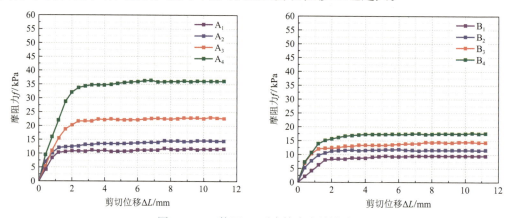

图 13.3-14 静置 2h 对摩擦应力的影响

当水灰比为 16∶1（A_1）与 8∶1（A_2）时，在 400kPa 竖向载荷作用下，浆液-盾体摩阻力在静置 2h 时较为接近，分别为 11.65kPa、14kPa。水灰比为 4∶1（A_3）和 2.6∶1（A_4）时，可见浆液-盾体摩阻力急剧增长，分别达到 25.21kPa 和 36.14kPa。

从图 13.3-15 曲线中发现，随着相互作用时间增长，其应力基本都呈线性变化趋势，A_4 浆液增长速率为 0.79kPa/h，而 A_1 浆液的增长速率为 0.39kPa/h，增长速率提升了 103%。A_4 系列浆液水泥用量较大，所产生的胶凝材料与充填在水化物结构中的膨润土颗粒混合，共同黏附在钢块上，造成过大摩擦应力，不利于盾构推进。

（2）水灰比为 8∶1 时，通过调整膨水比研究发现，膨润土用量对浆液-盾体摩阻力的相互作用影响。从图 13.3-16 中研究发现摩擦应力-时间曲线的前半段呈现双曲线型，后半段呈线性增长，相互作用时间较短时，摩擦应力差异小，随着时间变化，摩擦应力差异逐渐增大。可以看出，膨润土用量对前期摩擦应力的贡献率较低，后期曲线呈线性增长趋势。

在静置时间 7h 和 24h 后，随着膨润土用量增多，摩擦应力增长速率快速增长（图 13.3-17 和图 13.3-18）。当静置时间为 7h，膨水比为 0.625∶1（B_4 浆液）时，在剪切位移约 2mm 处达到稳定峰值，而对于 B_1 浆液，曲线在剪切位移 6mm 处达到了稳定峰值，此时 B_4 摩阻力为 B_1 的 1.55 倍。对于静置 24h 后，B_2 较 B_1 的摩阻力提高了约 19.45%，B_2 与 B_3 摩阻力稳定值较为相近，B_4 的摩阻力较 B_1 提高了约 73.8%，曲线在剪切位移 3mm 处达到摩擦应力峰值后下降，此峰值考虑为起动摩擦应力，在 8mm 之后曲线较为稳定，此处考虑为滑动摩擦应力。摩擦应力降低了 2.8%，是由于静置时间较长，且浆液黏附性大而出现峰值点。

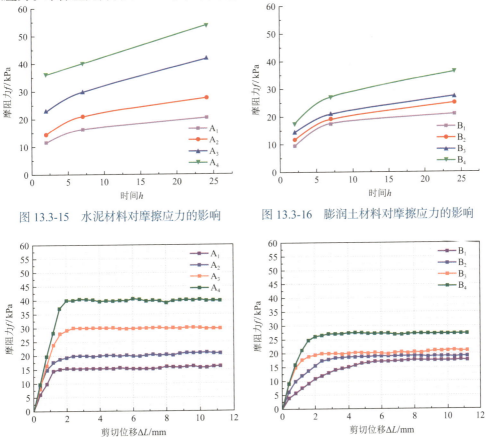

图 13.3-15　水泥材料对摩擦应力的影响　　图 13.3-16　膨润土材料对摩擦应力的影响

图 13.3-17　静置 7h 对摩擦应力的影响

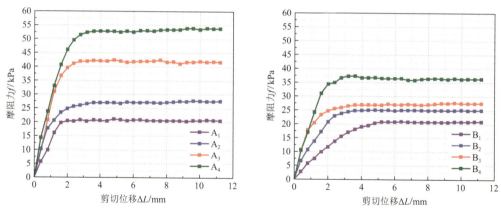

图 13.3-18　静置 24h 对摩擦应力的影响

13.3.3　固结压缩试验

对 A 组和 B 组浆液采用固结压缩试验（图 13.3-19），分别验证水泥及膨润土对浆液压缩性影响规律。该试验也可以证明浆液具有承载能力，能在盾体-地层间隙中起到有效支撑上部松弛地层的作用。

图 13.3-19　固结压缩试验

采用侧限压缩装置以及数据采集器分别对试样施加 12.5kPa、25kPa、50kPa、100kPa、200kPa、400kPa、800kPa 的竖向载荷。考虑到水泥水化反应，故将各配比材料在一定湿度范围内放置于密闭容器中静置 24h，用环刀切取制备好的试样，用刮刀将表面刮平，在固结仪底部放上护环、透水石和滤纸，将试样装入后在上层放置滤纸和透水石，放置加压盖板。通过含水率试验换算得到充填材料的孔隙比，通过式(13.3-7)和式(13.3-8)计算某一压力范围的压缩系数 a_v 和压缩模量 E_s。

$$e = \frac{d_s(1+\omega)}{\rho} - 1 \tag{13.3-6}$$

$$a_v = \frac{e_i - e_{i+1}}{p_{i+1} - p_i} \tag{13.3-7}$$

$$E_s = \frac{1+e_0}{a_v} \tag{13.3-8}$$

13.3.3.1 水泥含量对压缩性的影响

浆液主要为膨润土材料，水泥的掺入是为了提高浆液的强度，其压缩特性类似于固化土、水泥土，与传统单液浆或双液浆不同的是浆液不会随着龄期增长发生硬化。为研究浆液中的水灰比及膨水比对其压缩性的影响，分别对 A 组和 B 组浆液进行固结压缩试验。

图 13.3-20 为不同水灰比浆液一维固结压缩曲线，水泥为单一变量。浆液中的水灰比越大，其含水率越大，则对应的材料孔隙比越大。

A_4 型材料水泥用量为 150g 相对应的水灰比为 2.67∶1，e-$\lg p$ 曲线较为平缓。从图 13.3-21 中可以看出，在竖向载荷加载初期，其体应变增长为 8.3%～9.55%；后期随着水泥水化反应不断进行，其强度逐渐提高；随着竖向载荷变化，其体应变不再显著增长。在 800kPa 竖向载荷作用下，其体应变为 10.5%，相较拐点竖向应力为 50kPa 时的体应变增长约 20%。这是由于水泥发生水化反应，硬性水化物起到骨架的支撑作用，部分水化物及膨润土颗粒充填至骨架中，浆液强度随之提高。

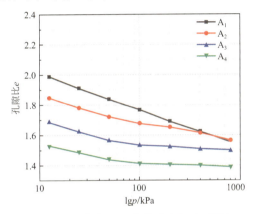 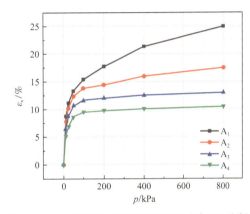

图 13.3-20　浆液 e-$\lg p$ 曲线（水灰比不同）　　图 13.3-21　浆液体应变变化曲线（水灰比不同）

A_1 型充填材料水泥用量为 25g，相对应的水灰比为 16∶1，e-$\lg p$ 曲线斜率较大。随着竖向载荷的增加，孔隙率快速减小，体应变随着固结压力增加而显著增大。在 800kPa 时其体应变达到 27.24%，体应变曲线未出现明显拐点，这是由于浆液中水泥含量较低，水化反应后产生的硬性水化物含量少，在竖向应力作用下，浆液中的自由水和空气不断被挤压排除，体应变随着竖向应力增加而变大。

浆液的压缩系数及压缩模量如表 13.3-4 所示。随着水泥含量增多，浆液的压缩模量不断增大。A_3 比 A_2 的水泥含量多 50g，其压缩模量约增大了 17.72%，A_4 比 A_3 水泥含量多 50g，其压缩模量增大了 23.2%。水灰比的减小能够提升浆液的压缩模量，但水泥含量增长到一定程度后，对其压缩模量的增量贡献率会减少，因此在材料配比中应合理调整各材料用量，才能使浆液效能发挥至最大。

采用 100～200kPa 这一范围内的斜率来表示材料的压缩性，A_2、A_3、A_4 浆液为中压缩性材料，较适用于在盾体外间隙中充填。A_1 浆液压缩性较大，强度低，流动性好，扩散范围广。A_2 浆液的压缩模量较周围地层略小，在盾体外间隙中充填，可以起到支撑上部地层的作用，并达到优化盾构掘进参数的目的。A_3、A_4 浆液压缩性较小，产生的水硬性物质较多，强度较大，易黏附在盾体外表面并发生固结，不利于盾构的推进。

某工程中，盾构上覆地层黏土的压缩模量为 4～5MPa，粉质黏土的压缩模量为 5.5～

14MPa，粉细砂的压缩模量为 10~18MPa，则 A_2 型浆液较为理想。

浆液的压缩系数及压缩模量　　　　表 13.3-4

充填材料	压缩系数 a_{1-2}/MPa^{-1}	压缩模量/MPa
A1	0.61	5.39
A2	0.25	12.2
A3	0.15	18.69
A4	0.10	25.64

13.3.3.2 膨润土含量对压缩性的影响

膨润土吸水膨胀后为自身体积的几倍至十几倍，当膨水比较大时，浆液的含水率明显下降，材料的初始孔隙比出现明显差异。膨润土用量越多，吸水膨胀消耗水分越多，浆液的初始孔隙比越小，反之亦然。

从图 13.3-22 中可以看出，不同膨润土用量的 e-lg$p$ 曲线斜率差异较小。图 13.3-23 的体应变曲线中，浆液的体应变随竖向应力增加而增大，曲线在竖向应力为 50~100kPa 处出现明显拐点，曲线增长速率大致相近，膨润土用量越多，浆液体应变越小，在 800kPa 竖向应力作用下，不同膨润土用量浆液体应变为 15%~20.4%。

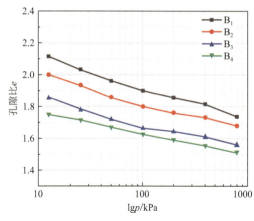
图 13.3-22　浆液 e-lg$p$ 曲线（膨水比不同）

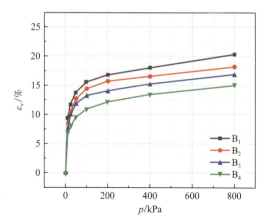
图 13.3-23　浆液体应变随竖向压力变化曲线

充填材料的压缩系数及压缩模量　　　　表 13.3-5

充填材料	压缩系数 a_{1-2}/MPa^{-1}	压缩模量/MPa
B1	0.48	7.02
B2	0.33	9.85
B3	0.25	12.2
B4	0.19	14.92

B_1、B_2、B_3、B_4 浆液均为中压缩性，膨水比对材料压缩性的影响较小，浆液压缩模量随膨水比的增加而随之升高，体应变则随之减小。充填材料的压缩系数及压缩模量如表 13.3-5 所示。

竖向应力的增加时，材料孔隙比随之减小，体应变随之增大。压缩模量随水灰比降低而增大，随膨水比升高而增大。水灰比对浆液变形特性影响明显，水泥水化反应消耗了大量的自由水，浆液含水率显著下降。水灰比越小，浆液孔隙比降低幅度越小，体应变的增长幅度越大。当竖向应力较小时，不同水灰比的浆液体应变增长幅度较大，随着水灰比的减小及竖向应力的增大，体应变曲线态势平稳，增幅变小。膨水比使得浆液初始孔隙比有明显差异，但e-$\lg p$曲线走势大致相同，体应变随着膨水比增大而减小。

13.3.4 浆体变形试验

通过浆液凝固后的压缩变形试验，可以明确浆液自身固结和渗透至地层中的胶结作用，如图13.3-24所示。通过选取合理配比的浆液，对盾体外间隙进行同步注浆充填，可以起到控制地层位移的作用。

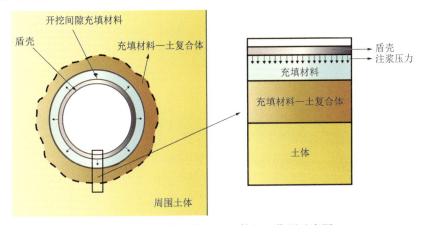

图 13.3-24　盾体—浆液—土体相互作用示意图

针对浆液在砂卵石地层中的渗透特征进行试验研究，采用A_1、A_2组试验配比，分别研究水泥用量及土颗粒粒径对浆液可注性影响。本试验研究具有以下意义：

（1）明确充填材料的充填量与压缩量的关系；
（2）注浆压力对浆液-砂卵石复合体渗透带长度的影响；
（3）不同粒径砂卵石颗粒对浆液-砂卵石复合体渗透带长度的影响；
（4）浆液的压缩模量。确定合理的注浆配比及注浆量，为数值计算提供试验参数。

首先研究了两种配比材料在不同注浆压力和不同砂卵石颗粒粒径中形成的渗透带长度及压缩比，其次研究了浆液的压缩性，获得浆液的压缩模量，为数值计算提供试验参数。

在注浆压力作用下，流塑态浆液通过盾体注浆孔加注到盾体外间隙，初凝成为可塑态浆体，在地层应力作用下，发生固结压缩变形，浆体中的部分自由水逐步析出，浆体中颗粒骨料被挤压密实，浆体体积逐渐收缩。如果浆液为高压缩性材料，则无法起到支撑上覆地层的作用。在盾构自重作用下，盾体与地层间隙呈上大下小的形态，盾体底部、侧面与地层接触紧密，摩阻力提高；在地层重力作用下，上半部地层经刀盘开挖扰动发生松动失稳或坍落，增加了盾体荷载和摩阻力。盾体注浆可有效减小盾体与地层之间的摩阻力。在现有的对地层位移的影响研究中，多数研究都采用等代层方法，简化浆液体积为恒定状态，这样简化方法不仅忽略了盾构机由于自重带来的影响，还忽略了浆体变形作用。

刀盘开挖对地层的扰动，会造成盾体周围一定范围内地层应力松弛，地层孔隙率变大，渗透性提高。对于地层孔隙率小，颗粒之间黏滞性强的软黏土地层，浆液在地层压力作用下，在向地层渗透时发生渗滤扩散现象。部分水泥水化物和膨润土微细颗粒被地层颗粒骨架阻隔，地层颗粒之间的孔隙被堵塞，浆液中的水分在压力作用下逐渐析出，浆液发生失水固结与地层颗粒胶结在一起，形成了一圈厚度不一的浆液-地层渗透带。而对于砂卵石等黏聚力较小的地层，颗粒处于松散状态，相互作用力较小，浆液在向周围地层渗透时发生渗流扩散现象，能够渗入地层粗颗粒间隙，提高颗粒粘结性和稳定性。

在盾构施工过程中，常常会穿越多类地层，由于土体复杂的空隙结构，不同粒径大小之间的渗滤作用不一致，难以用简单的参数和标准来界定土颗粒粒径与渗滤作用之间的关系，因此采用试验的方法可以比较简单与直观地观察和计算出充填材料的渗滤效应，更为真实地反映材料在开挖间隙中的充填过程及充填效果。

对固结仪装置进行改装，由于试样直径为 5cm 需要对施加载荷进行换算，在本试验中分别采用 96.56kPa、191kPa、306kPa、400.35kPa 四级压力来实现对充填材料的分级加压作用。在试验前使土颗粒浸水饱和，然后对土颗粒加压使砂卵石析出多余水分，取作试样。在模拟试验中考虑注浆压力为瞬间施压，不考虑注浆压力的变化过程。在注浆压力的作用下，充填材料渗入至土颗粒中形成不同长度的渗透带，充填材料自身发生变形收缩，孔隙水渗出，由于砂卵石颗粒强度很大，在竖向载荷作用下不会破碎认定其为不可压缩。

试样的整体高度假设等效为两个部分，第一部分是由于充填材料在竖向压力作用下发生失水固结，材料发生变形，厚度逐渐减小，试样整体高度缩短；第二部分为充填材料渗透进砂卵石颗粒孔隙中，此部分主要为充填空隙引起的试样高度缩短。将未被浆液渗透的砂卵石颗粒作为未渗透区域，而渗透带的长度为砂卵石颗粒原始高度与未渗透区域高度之差。

浆液试样的高度变化量和浆液体积收缩率可由按下式表示：

$$浆液试样的高度变化量 = 浆液体积收缩量 + 浆液渗入土颗粒填充量$$

$$浆液体积收缩率 = \frac{浆液体积收缩高度}{浆液初始高度} \times 100\% = \frac{\Delta l}{l} \times 100\%$$

13.3.4.1 浆液配比对浆体变形和可注性的影响

根据前文摩擦特性试验及抗剪强度试验结果得出，A_1 及 A_2 配比浆液能有效地对盾体外间隙进行充填，并可减小盾体摩阻力。在此基础上，选取北京地铁某工程现场无水砂卵石试样，并对其进行了筛分。分别采用 A_1、A_2 两种浆液对三种不同粒径试样进行充填试验研究，得出浆液配比和砂卵石粒径对浆液-砂卵石复合体渗透带厚度及浆液收缩率的影响（图 13.3-25 和图 13.3-26）。

图 13.3-25　浆液-砂卵石复合体　　图 13.3-26　自由水渗流区砂卵石颗粒

分别采用 A_1、A_2 浆液对粒径为 6.5~8mm 的砂卵石地层进行充填试验。在 A_2 与砂砾粒径为 6.5~8mm 的充填试验研究中得出，此部分土样粒径较大，颗粒之间的孔隙较大，浆液在注浆压力作用下极易渗透入孔隙中，使颗粒黏性大幅提高，随着水泥水化作用及浆液自身发生的固结变形作用，浆液渗透到土颗粒一定范围后开始发生压密作用。

如图 13.3-27、图 13.3-28 所示，在 96.56kPa 竖向压力作用下，渗透带长度约为 2.1cm；在 191kPa 竖向压力作用下，渗透带长度为 2.6cm；在 306kPa 竖向压力作用下，渗透带长度为 2.9cm；在 400.35kPa 竖向压力作用下，渗透带厚度约为 2.92cm，变化较小。A_1 浆液膨润土比例高，含水率高，水泥水化产物少，材料强度低，随着竖向载荷不断增大，渗透带厚度不断增长，A_1 浆液在土颗粒中基本处于全贯通的状态。A_2 浆液水泥含量比例高，水泥水化产物多，强度较 A_1 大，竖向载荷增大后对渗透带厚度的增长贡献作用不大。A_1 和 A_2 浆液的压缩率随着竖向载荷都呈对数增长，A_1 浆液的增大幅度较大，如图 13.3-29、图 13.3-30 所示。

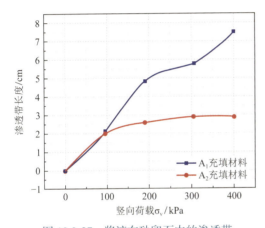

图 13.3-27 浆液在砂卵石中的渗透带

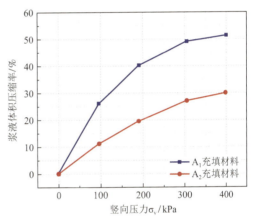

图 13.3-28 浆液的压缩率

图 13.3-29 混合体的界面

图 13.3-30 浸泡饱和后的砂卵石颗粒

13.3.4.2 粒径对浆体变形及可注性的影响

A_1 浆液颗粒含量相对较少，水分子含量较多，在竖向压力作用下扩散半径较大，强度低。A_2 充填材料扩散半径较小，浆液强度较高，可压缩性小。A_3、A_4 浆液与盾体的摩擦应力较大。根据前文试验结果，考虑到 A_1 浆液的扩散距离最大，因此，选用 A_1 浆液分别在土颗粒粒径为 0.5～2mm（粗砂粒）、4～5mm（细卵石圆砾）、6.5～8mm（中卵石圆砾）的砂卵石试样进行充填试验研究（图 13.3-31），单次加载 95.56Pa、191kPa、306kPa、400.35kPa 的竖向压力，每次加载时间为 2h，研究竖向压力及砂卵石粒径对浆液-砂卵石复合体渗透带厚度及浆液收缩率的影响。

(a) 粒径为 0.5～2mm

(b) 粒径为 4～5mm

(c) 粒径为 6.5～8mm

图 13.3-31　砂卵石试验原材试样

（1）A_1 对粒径为 6.5～8mm 的砂卵石充填试验。研究中发现，浆液呈可塑状，每次分别施加 95.56kPa、191kPa、306kPa、400.35kPa 竖向压力，得出在 95.56kPa 压力作用下，距浆液-砂卵石胶结面约 2.5cm 处的砂卵石颗粒已经被自由水所浸湿。在 191kPa 压力作用下，此时浆液的渗透带厚度约为 4.83cm，此时材料体积约被压缩了 40.3%。在 306kPa 竖向载荷作用下，渗透带长度约为 5.8cm，体积约被压缩了 49.39%。在 400.35kPa 作用下，渗透带厚度为 7.5cm，浆液基本贯通试样（图 13.3-32）。上部浆液固结体厚度约为 1.65cm，土体试样底部可以清晰地看到浆液将土颗粒之间的空隙完全充填，颗粒之间的部分自由水通过上下透水石渗出，如图 13.3-33、图 13.3-34 所示，经过称量上方渗出水的总质量约为 11.94g。

试验前与试验后，可以看出下部砂卵石颗粒在竖向压力作用下，逐渐被充填材料挤压出的自由水渗透，当竖向压力 400.35kPa 时，可以看出已全部贯通砂卵石颗粒之间的空隙，并且被挤压密实，如图 13.3-34 所示。试验中析出的自由水如图 13.3-35 所示。

图 13.3-32　浆液贯通试样

图 13.3-33　试验压缩过程

图 13.3-34　浆液-砂卵石复合体　　图 13.3-35　试验中析出的自由水

常见的盾构隧道埋深为 10~15m，对应的竖向应力约为 191kPa，此时渗透带的长度约为浆液固结体厚度的 2.45 倍，由此得出在此条件下，盾体外间隙约 2.5 倍范围内应为浆液-砂卵石复合体。若在 95.56kPa 竖向应力作用充填量应控制为 135.6%，才能对 2cm 的盾体间隙进行有效的充填，而在 191kPa 及 306kPa 的竖向应力作用下，注浆充填量应分别控制为 167%和 197.6%，竖向应力跟诸多因素相关如盾构隧道埋深、穿越地层地质情况等。

（2）A_1 对粒径为 4~5mm 的砂卵石颗粒进行充填试验。在每个竖向载荷作用下静置 2h，在 95.56kPa 竖向压力作用下，共渗出水 21.54g，浆液体积被压缩了 28%，在粒径 6.5~8mm 的试验中浆液体积被压缩了 26.27%，两者压缩比例相近，浆液-砂卵石复合体渗透带厚度为 2.6cm。在 191kPa 竖向应力作用下，渗透带厚度为 3.9cm，浆液被压缩了 43.2%。在 306kPa 竖向压力作用下，浆液体积被压缩了 46.8%，渗透带厚度为 4.3cm。在 400.35kPa 竖向压力作用下，浆液体积被压缩了 53%，渗透带的厚度为 5.8cm。研究发现颗粒粒径对渗透带长度有明显影响，而对浆液压缩量影响较小。

以北京地铁某砂卵石盾构工程为例，盾体外间隙大约为 2cm，土层颗粒以 4~5mm 的细砂卵石为主时，通过研究发现，浆液-砂卵石复合物的渗透带较短，在 95.56kPa 竖向应力作用下充填量应达到 138.9%，才能对间隙进行有效充填。在 191kPa、306kPa、400.35kPa 中充填量应达到 176.1%、213.7%和 243.9%。

由图 13.3-36 可见，充填材料在土颗粒上部堆积，并发生压密作用，浆液与砂卵石颗粒胶结较好。竖向载荷作用下的渗透带情况如图 13.3-37 所示。

(a)浆液-砂卵石复合体的胶结面　　(b)浆液-砂卵石的渗透带

图 13.3-36　浆液-砂卵石复合体情况

(a) 100kPa 竖向载荷作用下的渗透带　　(b) 400kPa 竖向载荷作用下的渗透带

图 13.3-37　竖向载荷作用下的渗透带情况

（3）A_1 对粒径为 0.5~2mm 试样充填试验。在 95.56kPa 竖向压力作用下，浆液体积被压缩了 25.53%，在砂卵石试样中几乎观察不到渗透带。在 191kPa 竖向压力作用下，体积被压缩了约 36.17%，此时观察到渗透带厚度为 0.5~0.8cm。在 306kPa 竖向压力作用下，体积被压缩了约 44.68%，渗透带厚度为 1~1.2cm。在 400.35kPa 作用下渗透带长度为 1.2~1.5cm。由此可见在 0.5~2mm 的土体中注浆，由于颗粒之间的空隙非常小，在竖向压力作用下，浆液固体颗粒都被堆积在土颗粒外形成致密的注浆层。从图 13.3-38 中可以看出，与大粒径颗粒试样不同的是，小粒径颗粒试样中可明显看到浆液与砂卵石试样胶结面，有少量浆液被挤压进砂卵石空隙中。

图 13.3-38　粒径为 0.5~2mm 充填试样

浆液在不同竖向荷载时在砂卵石试样中的压缩率和渗透带厚度如图 13.3-39、图 13.3-40 所示。

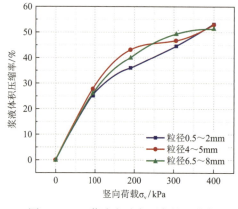 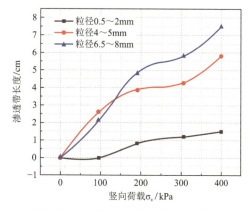

图 13.3-39　浆液在砂卵石中的压缩率　　图 13.3-40　浆液在砂卵石中的渗透带

13.4 浆液性能对地层位移影响的数值模拟研究

盾构在生产设计时刀盘开挖直径通常略大于盾体直径，且盾体一般呈"头大尾小"的倒锥形结构，地层和盾体之间会产生1~3cm厚的环形间隙，相应的体积损失率为0.3%~0.8%。当盾体上方土体自身抗扰动能力小，粘结度较低或者无黏聚力时，易坍落至开挖间隙中，引起上方地层变形。当盾构穿越既有线、建（构）筑物及市政关系等重大风险工程时，要做到地层和周围结构的微变形、精细化控制，盾体外地层间隙的及时、有效充填至关重要。采用ABAQUS数值模拟软件，基于前文所得试验参数，研究盾体外间隙注浆充填对地层变形的影响规律。

以北京轨道交通新机场线磁各庄—1号风井区间隧道工程为背景模拟研究。隧道埋深20m，主要穿越砂卵石地层⑦。隧道管片外径8.8m，内径7.9m，宽1.6m，厚0.45m，采用土压平衡盾构机，刀盘直径9.06m。模拟测试的里程处隧道地质剖面图及参数如图13.4-1所示。

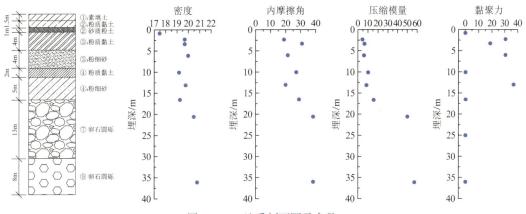

图13.4-1 地质剖面图及参数

13.4.1 盾构隧道开挖充填模型

在实际施工过程中工序繁杂，有限元软件难以做到完整模拟，因此在数值计算中作以下基本假定：

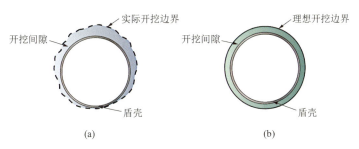

图13.4-2 模型中对开挖间隙的简化

（1）假定土层为均匀水平层状分布，土体均质且各向异性，忽略上方管线桩基等结构物的影响。

（2）根据等效刚度原则，在模拟中考虑管片接头带来的影响，对衬砌刚度进行85%的折减,将衬砌弹性模量降至初始值的85%,考虑管片接头带来的影响。

(3)在模拟盾构开挖过程中,不考虑时间效应,采用瞬时开挖。

(4)将盾体开挖间隙边界理想化,考虑为盾壳外等厚环形间隙,不考虑由于刀盘开挖所引起的不均匀边界及盾构机自重所带来的非均匀环形间隙,如图13.4-2所示。

模型采用高斯坐标系,X为隧道横向,Y为隧道竖向,Z为隧道纵向。模型长80m,宽90m,高50m。模型中单元采用(C3D8R单元)三维八节点线性减缩积分实体单元,网格划分采用单精度划分形式,距离隧道越近网格越密,距离隧道越远网格越稀疏,模型中共采用了93000个单元,其中土体模型单元67400个,两个隧道的单元为12800个。

模型采用底面完全固定,侧向约束水平位移,顶面自由的约束条件。在盾构施工过程,由于盾壳自身刚度非常大几乎不发生变形,因此将盾体弹性模型设为2.1×10^5MPa。

在模拟中考虑管片接头带来的影响,对衬砌刚度进行85%的折减,将衬砌弹性模量降至初始值的85%,管片的弹性模量设为2840MPa。模型如图13.4-3、图13.4-4所示。

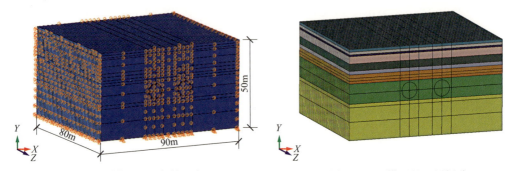

图13.4-3 模型边界条件示意图 图13.4-4 模型的土层划分

在模型中,管片、盾体、注浆单元为线弹性本构模型,土体单元采用Drucker–Prager本构模型。ABAQUS对经典的Drucker–Prager模型进行了扩展,屈服面在子午面的形状则可以通过线性函数、双曲线函数或指数函数模型模拟,其在π平面上的形状也有所区别。

土体的应力应变关系复杂,通常具有非线性、弹塑性、剪胀性和各向异性等。摩尔-库仑本构模型在以极限承载力为分析重点的问题中很合适,但是在研究固结沉降问题时容易出现异常隆起。相对而言,Drucker–Prager本构模型更能真实地反映土体沉降。

在本模型中选取了线性Drucker–Prager模型作为本构模型,其屈服面的形状如图13.4-5所示。

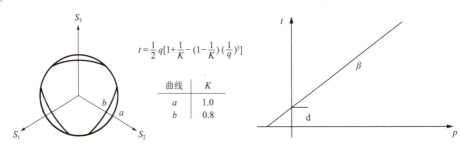

图13.4-5 线性Ducker-Prager模型的屈服面

则有式(13.4-1):

$$F = t - p\tan\beta - d \tag{13.4-1}$$

式中，$t = \dfrac{q}{2}\left[1 + \dfrac{1}{k} - \left(1 - \dfrac{1}{k}\right)\left(\dfrac{r}{q}\right)^3\right]$

β为屈服面在$p \sim t$应力空间上的倾角，与内摩擦角φ有关。k是三轴拉伸强度与三轴压缩强度之比，反映了中主应力对屈服的影响，为了保证屈服面是凸面，要求$0.778 \ll k \ll 1.0$。不同k值其屈服面在π平面上的形状存在差异，当$k=1$时，有$t=q$，此时屈服面为米塞斯屈服面的圆形。

d是屈服面在$p \sim t$应力空间t轴上的截距，可按如下方式确定：

根据单轴抗压强度σ_c定义，可得式(13.4-2)。

$$d = \left(1 - \dfrac{1}{3\tan\beta}\right)\sigma_c \tag{13.4-2}$$

根据单轴抗压强度σ_t定义，可得式(13.4-3)。

$$d = \left(\dfrac{1}{k} + \dfrac{1}{3\tan\beta}\right)\sigma_t \tag{13.4-3}$$

根据剪切强度τ定义，可得式(13.4-4)。

$$d = \left(\dfrac{1}{k} + \dfrac{1}{3\tan\beta}\right)\sigma_t \tag{13.4-4}$$

Drucker-Prager模型的参数通常用三轴试验获得，三个主应力均为负值，即式(13.4-5)。

$$0 \gg \sigma_1 = \sigma_2 \gg \sigma_3 \tag{13.4-5}$$

因而有式(13.4-6)～式(13.4-9)。

$$p = -\dfrac{1}{3}(2\sigma_1 + \sigma_3) \tag{13.4-6}$$

$$q = \sigma_1 - \sigma_3 \tag{13.4-7}$$

$$r^3 = -(\sigma_1 - \sigma_3)^3 \tag{13.4-8}$$

$$t = q = \sigma_1 - \sigma_3 \tag{13.4-9}$$

Drucker-Prager屈服函数所表示的屈服面在π平面上是一个圆，摩尔-库仑，因为其在主应力空间的屈服面上存在尖角相对难收敛，在ABAQUS的计算过程中需要对屈服函数进行求导，而曲线不光滑，尖角处求导困难，无法进行后续的欧拉计算，相对来说Drucker-Prager更好地克服了这一点。

13.4.2 浆液弹性模量对地层位移影响分析

根据现有研究，盾构机掘进过程对地层位移的影响，主要概括为：

（1）由刀盘扰动导致掌子面前方土体发生应力释放；
（2）盾构调整姿态引起的超挖；
（3）盾体与地层摩阻力产生的"背土"效应；
（4）盾尾脱出后由于同步注浆不及时、不密实或者浆液强度不足，可能发生"突沉"现象，以及因浆液硬化收缩，周围土体发生卸荷变形带来的连续沉降；
（5）后期由于孔隙水压力消散土体发生固结变形。

在施工过程中对周围地层产生扰动，土体的原始应力状态及其强度参数、孔隙水压力都将发生改变，地层位移是土体受扰动后的最直观表现。盾构掘进过程中，分别会形成"盾体—地层"间隙和"管片—地层"间隙，这些间隙的存在及充填，不完全被认为是地层损失的主要原因。

采用数值计算方法，分别对"盾体—地层"间隙（盾体外间隙）充填与否进行对比分析，从而得出盾体外间隙充填对地层位移的影响。

在 14.4kPa 摩擦力作用下，通过改变盾体同步注浆浆液的弹性模量，研究对地层位移的影响。通过改变盾体外间隙同步注浆浆液的弹性模量来模拟不同充填状态，将其弹性模量（$E = 0.5$MPa）设定为非常小来模拟开挖间隙不充填状态。通过设定弹性模量逐渐增大，来模拟开挖间隙逐渐充填的过程。此时掌子面的梯度载荷为$(9.48 \times (-Y) + 190)$kPa。参考前文试验，选取摩阻力为 14.4kPa，注浆压力为 0.25MPa，盾尾同步注浆弹性模量为 300MPa，通过数值计算模拟分析盾体外间隙浆液弹性模量对地层位移的影响。

选取盾体外间隙浆液弹性模量为 20MPa 时，左右线隧道开挖完成的时程曲线与位移云图进行分析。从位移云图中可以看出，隧道的最大沉降在隧道上方拱顶处，在隧道拱顶上方 1m 处测点的竖向位移约为 25mm，底部由于土体卸载，而拼装管片的重量远小于原有土体的重量，由此产生了卸荷作用，隧道下部地层发生微小隆起。从图 13.4-6 和图 13.4-7 中可以看出沉降呈现左右对称，沉降随着埋深增大而逐渐增大，断面的横向影响范围由隧道边界呈约 45°延伸至地表。

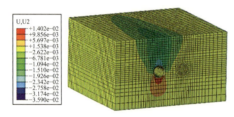

图 13.4-6　左线隧道开挖完成位移云图　　图 13.4-7　右线隧道开挖完成位移云图

通过对图 13.4-8 左右线隧道拱顶正上方地表测点竖向位移时程曲线分析得出，左线隧道开挖时，右线隧道也发生了微小的位移，竖向位移在 2mm 以内，此时左线隧道测点的竖向位移为 7.93mm；当右线隧道开挖时，左线隧道测点受到了扰动发生进一步沉降，沉降值为 1~2mm，当右线开挖完成时，右线隧道测点竖向位移小于左线隧道，左线隧道受两次开挖影响，地层位移发生二次叠加。

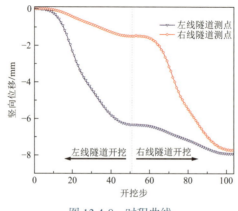

图 13.4-8　时程曲线

第13章 地层位移微变形控制方法与盾体同步注浆材料性能

对左线隧道盾构刀盘到达断面、左线隧道盾尾脱出断面、左线隧道开挖完成、双线隧道开挖完成四个阶段的地层位移进行分析,如图13.4-9～图13.4-12所示。

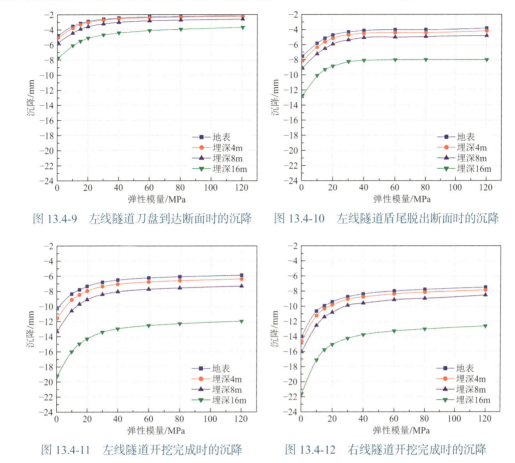

图13.4-9 左线隧道刀盘到达断面时的沉降　　图13.4-10 左线隧道盾尾脱出断面时的沉降

图13.4-11 左线隧道开挖完成时的沉降　　图13.4-12 右线隧道开挖完成时的沉降

选取左线隧道上方不同深度测点,通过数值计算对比分析得出盾构掘进的四个阶段中,浅部地层受盾构掘进的影响较小,而埋深16m处(拱顶上方4m)的地层较埋深8m处(拱顶上方12m)发生了突沉,距离隧道拱顶越近,受到盾构隧道开挖引起的扰动越明显。

盾构推进的四个阶段中,当盾体外间隙填充材料弹性模量$E=120$MPa时,较体外间隙不充填时(开挖间隙浆液弹性模量$E=0.15$MPa),埋深16m测点的地层位移分别减小约93.52%、65.09%、60.24%、71.93%。分析得出由于模拟盾体外间隙不充填时,其弹性模量非常小,掌子面前方土体极易往开挖间隙方向移动,从而造成了地层损失,使得开挖面测点发生了不同程度下沉。

盾体外间隙浆液刚度变大后,对限制土体移动有明显作用。对于盾尾脱出和盾构开挖完成两个阶段,盾尾间隙得到有效充填后引起的地层损失相应减小,主要集中于开挖净空所引起的地层损失。受到右线隧道开挖影响,左线隧道上部不同深度测点也受到了右线隧道的扰动,地层发生了0～2mm的竖向变形,这也是由于右线隧道盾体外同步浆液的弹性模量较小,盾构周围地层发生不同程度变形从而造成了左线隧道测点发生进一步沉降。

盾体外间隙浆液弹性模量增大在一定程度上可以有效减小地层变形,从图13.4-9～图13.4-12中分析得知,盾构推进的四个阶段沉降都随着浆液弹性模量增大而逐渐减小,呈对数降低的趋势,在浆液弹性模量小于 40MPa 时,地层沉降随弹性模量增大而明显下降,当弹性模量超过 40MPa 后对地层变形的抑制作用急剧减小,浆液弹性模量从 40MPa 到 120MPa 时仅能减小 1~2mm 的沉降,故合理调节浆液弹性模量可以达到有效控制地层位移的作用。

选取了盾体外间隙注浆浆液的六种不同弹性模量进行对比分析,研究其对地表沉降槽的影响,进而得到浆液弹性模量对地表的竖向地层变形及横向影响范围规律。

从固结压缩试验中可以得出当充填材料中水泥用量越多时,水泥水化反应所产生的水硬性物质含量越多从而使得充填材料压缩模量越大。将数值计算结果代入数值计算中,分别就充填材料的五种不同工况引起的地层变形进行研究。通过图 13.4-13、图 13.4-14 可以看出,隧道单线开挖完毕时沉降槽曲线呈现"V"形,地层竖向位移及横向位移随着弹性模量的增大相应减小。隧道双线开挖完毕时,曲线底部呈"U"形,呈两隧道中心左右对称的形式,最大沉降点为两隧道中心位置处。弹性模量对于双线隧道的影响较单线隧道影响更为明显,其中对于单线隧道,弹性模量为 120MPa 时,其地表最大竖向位移为 6mm,而弹性模量为 15MPa 时,其地表最大竖向位移为 7.91mm,地层位移约增加 31.83%,当双线隧道开挖完毕,弹性模量为 120MPa 时,其地表最大沉降为 7.45mm,而弹性模量为 20MPa 时,其地表最大沉降为 9.96mm,约增加 33.69%,对开挖间隙进行充填能够有效减小由此带来的地表变形。

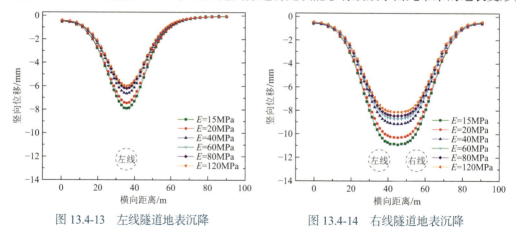

图 13.4-13　左线隧道地表沉降　　　图 13.4-14　右线隧道地表沉降

从图 13.4-15 中对不同弹性模量下地层损失率及地表沉降槽宽度的影响分析可得,弹性模量对地层损失率的影响大于对沉降槽宽度的影响,地层损失率随弹性模量的增大呈对数下降的趋势,沉降槽宽度随弹性模量增大呈线性下降的趋势,曲线较为平缓,因此,弹性模量的变化对横向影响范围较小,对地层损失率的影响较为明显。

前文主要研究了弹性模量对地表变形的影响,随着地铁隧道盾构近接施工、交叉穿越的情况日益增多,深部地层的变形也值得关注,因此,研究了盾体外间隙注浆浆液弹性模量在左线刀盘到达断面处、左线盾尾脱出断面时、左线开挖完成、右线开挖完成四个阶段,对不同深度地层竖向位移影响。通过图 13.4-16 发现,左线刀盘到达断面浅部地层变形非常小,竖向位移随着地层深度增加而不断增大,盾体外间隙浆液充填限制了开挖面前方土体向开挖间隙移动,弹性模量的增大对此阶段的地层变形有微小的抑制作用。当左线盾尾脱出断面时,从图 13.4-17 可以看出,曲线斜率急剧增大。浆液弹性模量为 15MPa 时,埋深 17m 处的测点在盾构通过阶段的地层位移,相较于浆液弹性模量为 120MPa 时,增加了约 75.21%。曲线差异随着弹性模量的增大而逐渐减小,弹性模量较大时,曲线较为相近。

从图 13.4-18 中可知左线隧道开挖完毕后，竖向位移在埋深约为 12m 急剧增大，由于弹性模量不同而引起的竖向位移差异随之增大，在埋深 17m 处盾体外间隙浆液弹性模量为 120MPa 时，其竖向位移为 13.83mm，而浆液弹性模量为 15MPa 时，其竖向位移为 18.05mm，增大约 30%。浆液充填对于盾构隧道拱顶 8~10m 范围内的地层稳定性有较明显的控制作用。从图 13.4-19 中可得，右线隧道开挖对左线隧道上部测点造成了二次扰动，主要影响了浅埋地层，由浅部至深部的曲线走势较左线隧道开挖完毕时有所变缓。

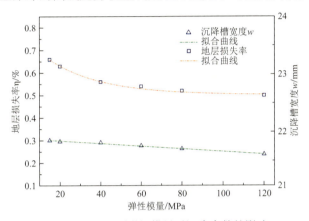

图 13.4-15　不同弹性模量对沉降参数的影响

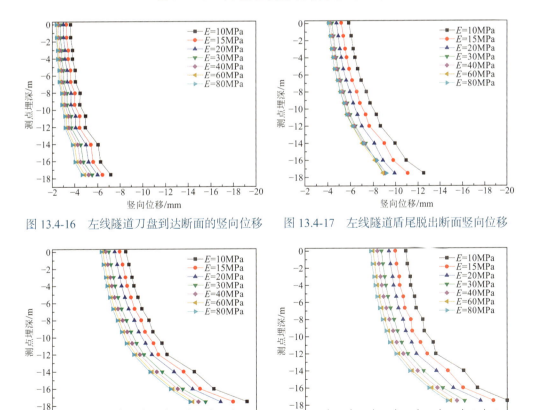

图 13.4-16　左线隧道刀盘到达断面的竖向位移　　图 13.4-17　左线隧道盾尾脱出断面竖向位移

图 13.4-18　左线隧道开挖完毕的竖向位移　　图 13.4-19　右线隧道开挖完毕的竖向位移

13.4.3 盾体摩阻力对地层位移影响

在数值模拟中，对盾体上的节点施加应力，模拟盾体与土体的摩擦力，分别对比单位摩擦应力为 35.35kPa 和 14.4kPa 以及无摩擦时模型的地层位移。盾体与土体之间的摩擦存在于盾构通过阶段，在此阶段内盾体与土体之间过大摩阻力会造成"背土效应"，使得盾体上部大面积区域地层发生剪切破坏，引起地层扰动。研究发现，此阶段地层损失为 0.3%～0.8%。因此，在此阶段对盾体外间隙进行注浆充填，可以利用膨润土材料的润滑特性有效减小盾体与原有土体之间的摩擦作用。

选取刀盘到达断面时左线正上方不同深度的一系列测点。从图 13.4-20～图 13.4-23 研究发现，在盾构尚未到达阶段刀盘前方土体产生 1～2mm 竖向变形，考虑为在模拟中对开挖面土体进行了刚度折减。随着测点埋深变浅，摩阻力对地层变形的影响越来越小。从图 13.4-20 中得出在埋深 12m 处，盾身通过阶段处位移曲线明显变缓，在盾尾脱出后阶段沉降速率增大。从图 13.4-23 中得出在埋深 19m 处，在 29.8～40m 这段纵向距离（盾体长度为 11.2m）中测点发生不同程度下沉，在盾尾脱出后测点竖向位移发生回弹，考虑为对盾尾间隙进行注浆充填使得测点竖向位移减小。

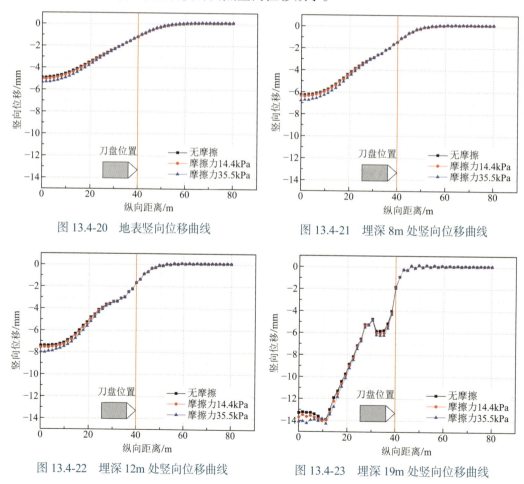

图 13.4-20　地表竖向位移曲线　　　图 13.4-21　埋深 8m 处竖向位移曲线

图 13.4-22　埋深 12m 处竖向位移曲线　　图 13.4-23　埋深 19m 处竖向位移曲线

分别选取监测断面埋深 19m 的测点，研究在不同摩擦力作用下对横向范围内土体的纵向位移的影响，模型测点如图 13.4-24 所示。

从图 13.4-25～图 13.4-27 中可以看出，当盾构尚未到达断面时，刀盘对前方土体产生了挤压作用，使得土体向盾构推进方向产生 1～1.5mm 的纵向位移。在盾构到达断面阶段，三种工况下测点都发生不同程度向开挖面偏移的情况，这是由于在模拟过程中，采用刚度折减法对开挖面前方土体的刚度进行折减，用于模拟刀盘对土体的扰动，导致开挖面土体向盾构刀盘方向偏移。随着盾构通过断面，曲线底部逐渐收窄，由原有的"U"形逐渐转变为"V"形。

研究发现摩阻力越大，土体的纵向位移影响越大，当刀盘通过断面 6.4m 后，三种工况下的纵向位移都发生了不同程度的增大，摩阻力为 35.5kPa 时其最大纵向位移达到了 3.42mm；摩阻力为 14.4kPa 和无摩擦时，最大纵向位移分别为 2.26mm 和 1.47mm，分别距摩阻力为 35.5kPa 时减小 51.32%和 132.65%。在盾尾脱出后曲线达到峰值，当摩擦力为 35.5kPa 时，最大纵向位移达到了 5.16mm，而对于摩阻力为 14.4kPa 和无摩擦时的情况纵向位移分别为 3.36mm 和 2.35mm，分别距摩阻力为 35.5kPa 时减小 53.57%和 119%。盾体与地层摩阻力对横向范围内土体的影响区域，随盾体与地层接触面减小而减小，其纵向位移随着盾体与地层接触面的减小而增大。

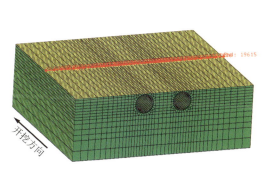

图 13.4-24　纵向位移横向测点示意图

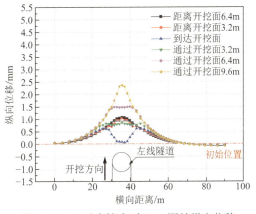

图 13.4-25　无摩擦力时 19m 深处纵向位移

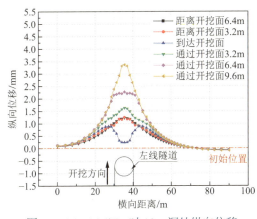

图 13.4-26　14.4kPa 时 19m 深处纵向位移

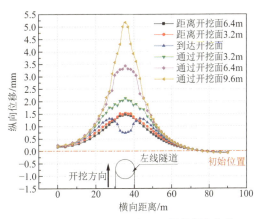

图 13.4-27　35.3kPa 时 19m 深处纵向位移

选取监测断面处，两隧道净距中心线位置不同深度测点，测点如图 13.4-28 所示。研究在不同摩阻力作用下，对土体纵向位移的影响。分别就单线开挖和双线开挖对两隧道中线测点的纵向位移进行研究分析，分别研究了左右线的 3 个阶段，即刀盘到达阶段、盾尾脱出阶段、隧道开挖完毕阶段。

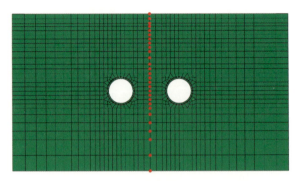

图 13.4-28　纵向位移竖向测点示意图

从图 13.4-29、图 13.4-30 可知，对于地表测点纵向位移受到摩阻力的影响很小，主要对隧道竖向（1～1.5）D 范围地层的纵向位移有明显影响。当左线隧道刀盘到达断面时，由于摩阻力不同，测点纵向位移发生了不同程度增加，摩擦力为 35.35kPa 时，其最大纵向位移为 1.65mm；当左线盾构盾尾脱出后，纵向位移曲线由原有的 "V" 形转变为 "U" 形，最大纵向位移区域宽度约为盾构开挖直径范围，此时摩阻力为 35.35kPa 时的最大纵向位移为 2.21mm，相对于刀盘到达阶段增长了约 33.93%，由于摩阻力不同，带来纵向位移差距在持续增大。

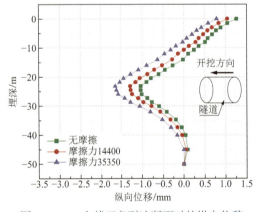

图 13.4-29　左线刀盘到达断面时的纵向位移

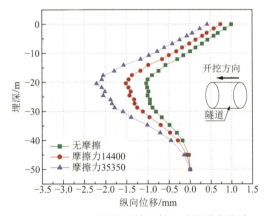

图 13.4-30　左线盾尾脱出断面时的纵向位移

从图 13.4-31 中得出由于盾构同步注浆对土体的固结作用，左线隧道开挖完成后纵向位移减小至 1mm 内，此时由于摩阻力不同而产生的纵向位移差异极具缩小，摩阻力为 35.35kPa 时纵向位移变为 0.9mm，相比盾尾脱出阶段缩小约 145%，摩阻力为 14.4kPa 与无摩擦时的最大纵向位移分别为 0.72mm 和 0.6mm。因此，不同深度测点的纵向位移，在盾构通过阶段，随着刀盘离开断面距离的增大而增大，当盾尾脱出后，随着刀盘离开断面距离的增大而减小。

从图 13.4-32 中可得，右线隧道开挖产生了二次扰动，当右线隧道刀盘到达断面时，摩阻力为 35.35kPa 时、摩阻力为 14.4kPa 时及无摩擦时的纵向位移，相对于左线隧道开挖刀盘到达断面时增加了 43.63%、46.87%、47.79%，摩擦力大小对于右线隧道的纵向位移增量影响较小，主要是左线隧道所带来的一次扰动对地层变形的影响较为明显。右线隧道盾尾脱出断面和隧道开挖完成时的纵向位移曲线见图 13.4-33、图 13.4-34。

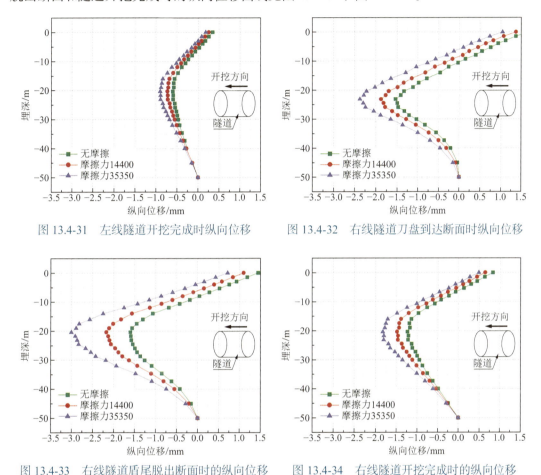

图 13.4-31　左线隧道开挖完成时纵向位移　　图 13.4-32　右线隧道刀盘到达断面时纵向位移

图 13.4-33　右线隧道盾尾脱出断面时的纵向位移　　图 13.4-34　右线隧道开挖完成时的纵向位移

13.5　本章小结

本章基于砂卵石地层盾构施工引起的地层位移特征，提出了地层位移微变形控制方法，并对盾体同步注浆材料性能进行了研究与试验，得出了"盾体—地层"间隙注浆填充材料的性能特征。

（1）通过原位测试分析，地层竖向位移为盾构施工地层位移控制的主控位移，主要影响区和显著扰动层分别为地层位移的主控区域和主控层带，盾体通过阶段和盾尾脱出后阶段为地层位移的主控阶段，盾体通过阶段又是地层位移的微变形控制阶段。针对不同分区、分层和分阶段地层位移特征和控制目标，建立分级控制区域、分级控制等级，采取分级控制措施。针对盾构穿越高等级风险源施工，提出盾体同步注浆技术，实现毫米级微变形控制。

（2）通过对盾体同步注浆材料密度、含水率、泌水率、凝结时间试验，对比分析了适宜于盾体注浆的浆液材料的物理性能，确定了以膨润土为浆液基材，水泥为胶凝材料，水玻璃为浆液促凝、保水、增黏、塑化的改性材料混合拌制的盾体外间隙注浆材料,实现了"盾体—地层"间隙的同步充填,提高了盾体周围地层的支护效果,支撑实现了地层位移微沉降控制。

(3)通过对盾体同步注浆材料抗剪强度、摩擦特性、固结压缩、浆体变形等方面的试验,对比分析了浆液配比、静置时间等因素对其抗剪强度、摩阻力、压缩性、变形情况及可注性等力学性能的影响,优化了浆液配比。

(4)通过建立盾构隧道开挖充填数值模型,模拟研究了盾体同步注浆浆液弹性模量和盾体摩阻力等物理力学性能对地层位移的影响关系,验证了盾体同步注浆的可行性和有效性。

第6篇

工程案例

第 14 章
可输排粒径砂卵石地层盾构长距离高效掘进工程

14.1 工程简介

14.1.1 项目概况

北京轨道交通新机场线（大兴国际机场线）位于北京南三环以外区域，是连接北京中心城区与大兴国际机场的一条快速、直达、大运量、高品质的市域快速轨道交通线路，是主要为航空旅客提供轨道交通服务的机场专线，如图 14.1-1 所示。

新机场线一期全长 41.36km，其中地下段 22.4km，高架段 16.3km（与机场高速共构段长 7.9km），路基及 U 形槽 2.66km。新机场线一期最高设计时速 160km/h，采用市域 D 型车，AC25kV 供电制式，架空接触网供电，全自动驾驶系统。全线由南向北分设北航站楼、大兴新城、草桥三站，北半段基本为地下区间，采用盾构施工，分 5 个盾构区段，单区段盾构隧道长度 2.2~3.8km，如图 14.1-2 所示。

磁各庄站（大兴新城站）—1 号区间风井区段，起止里程为 K30＋336.653~K33＋149.918，全长 2813.265m，线路最小平面曲线半径 2000m，最大坡度 4‰，该区段线路平面如图 14.1-3 所示。

图 14.1-1 北京轨道交通大兴机场线一期工程线路示意图

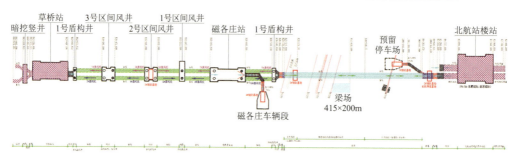

图 14.1-2　北京轨道交通大兴机场线一期工程平面示意图

图 14.1-3　磁各庄站—1号区间风井区段线路平面示意图

14.1.2　工程地质

区间盾构隧道穿越地层（图 14.1-4）：地质Ⅰ单元，粉土、粉细砂、细中砂，486m；地质Ⅱ单元：卵石—圆砾⑤、⑦层，2327m，隧道穿越范围地下水类型：层间水（三），含水层主要为砂质粉土黏质粉土⑥$_2$层、细中砂⑥$_3$层；层间潜水—承压水（四），含水层主要为卵石—圆砾⑦层及其夹层和以下砂土、卵石地层。

卵石圆砾⑤：密实，粒径 2~5cm，揭露最大 16cm，粒径大于 2cm 含量 55%，母岩成分花岗、辉绿岩及白云等，中粗砂充填。重力动探：12~83，平均 47。

卵石圆砾⑦：密实，粒径 2~6cm，揭露最大 17cm，粒径大于 2cm 含量大于 50%~75%，母岩成分花岗、辉绿岩及白云等，中粗砂充填。重力动探：22~167，平均 67。

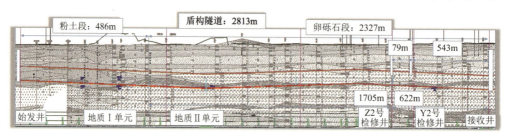

图 14.1-4　磁各庄站—1号区间风井区段工程地质情况

14.1.3　工程环境

盾构区间线路呈南北走向，从磁各庄站北盾构井始发后，向北依次下穿团河路、兴亦路、广平大街、团河农场界沟、连续300m平房区、国家新媒体产业基地、科苑路、金苑路、黄亦路，到达1号区间风井接收。受影响的地下管线主要有2800mm×1400mm雨水管、新建2.6m×2.9m单孔暗挖电力隧道和1500mm×600mm热力管沟、D1350污水管沟、D200中水管、D500上水管、D300燃气管等15处，其中一级风险源2个、二级风险源13个。

14.1.4 隧道结构

盾构隧道采用钢筋混凝土管片衬砌（图 14.1-5 和图 14.1-6），单环管片共分 8 块，包含 5 块标准块（B 块）+ 2 块邻接块（L 块）+ 1 块封顶块（F 块）。管片采用通用环拼装方式，转弯环楔形量 38mm，错缝拼装。环宽 1600mm，厚 450mm。管片纵缝、环缝不设榫槽，管片螺栓为 M30 8.8 级斜螺栓，环向螺栓 16 根，纵向螺栓 22 根。管片混凝土强度等级：C50，混凝土抗渗等级：P12。

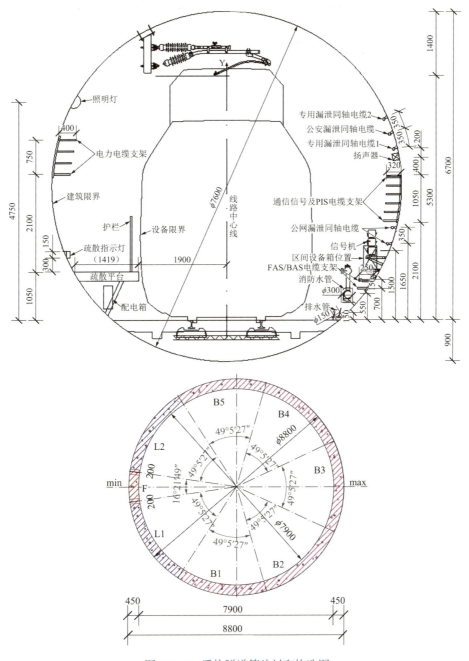

图 14.1-5 盾构隧道管片衬砌构造图

图 14.1-6 盾构区间成型隧道示意图

盾构隧道管片结构参数详见表 14.1-1。

管片结构参数表　　　　　　　　表 14.1-1

项目	特征
衬砌环直径	外径 8800mm，内径 7900mm
衬砌分块	8 块（16°21′49″×1＋49°5′27″×7） 封顶块×1＋邻接块×2＋标准块×5
衬砌厚度	450mm
衬砌环宽	1600mm（平均）
衬砌环形式	通用楔形环
楔形量	38mm（双面楔形）
拼装方式	错缝拼装
接触面构造	环缝纵缝不设置榫槽
管片连接形式	直螺栓连接
螺栓数量	纵缝螺栓 16 颗，环缝螺栓 22 颗

14.2 工程难点

1. 长距离砂卵石地层盾构选型与刀具配置

根据北京地区砂卵石地层盾构施工经验，常规换刀距离 400～600m，本区段盾构连续掘进 2.8km，其中砂卵石地层 2.3km，多数为全断面砂卵石地层。砂卵石地层磨蚀性强、可掘性低、渗透性高、稳定性差，应做好盾构选型和刀具配置，保证盾构有足够的装备能力和最优刀具配置，防止刀盘卡困，降低刀具磨损，延长单次掘进距离，减少换刀次数。

2. 长距离砂卵石地层盾构掘进连续穿越风险源施工

砂卵石地层为散粒体结构,自稳性差,受盾构刀盘开挖扰动易坍塌,为本区段盾构在长距离砂卵石地层连续掘进,面临自身地层困难的同时,叠加穿越道路、房屋建筑、地下管线、河渠等众多风险源,应控制地层沉降,避免坍塌出现。

14.3 砂卵石地层力学特征

该工程在盾构始发井、检修井、接收井工程现场对原状土中的砂卵石进行取样,开展了密度测定试验、矿物成分分析试验、单轴抗压试验、巴西劈裂试验、CIA 磨蚀性试验,以研究该工程砂卵石地层物理力学特征。

14.3.1 密度测定试验

对实验取样的砂卵石试样进行密度测定试验,得出砂卵石密度分布范围为 $2.53\sim2.60\text{g/cm}^3$,密度均值 2.57g/cm^3,极差 0.04g/cm^3,地层整体密度均匀,具体如表 14.3-1 所示。

砂卵石试样密度情况　　　　　　　　表 14.3-1

试样编号	直径D/mm	高度H/mm	重量m/g	密度ρ/(g/cm^3)
A1	50.00	100.20	510.5	2.60
A2	50.10	100.00	508.5	2.58
A3	50.00	100.50	510.5	2.59
A4	50.00	100.50	512.0	2.60
A5	48.10	100.50	472.0	2.59
C1	48.10	25.18	116.13	2.54
C2	48.00	24.72	113.99	2.55
C3	48.00	25.2	117.04	2.57
C4	48.00	25.1	116.95	2.58
C5	48.00	25.5	117.54	2.55
C6	47.86	25.5	117.68	2.57
C7	48.00	25.3	117.18	2.56
C8	48.24	25.5	117.76	2.53
C9	48.10	25.2	117.8	2.57
C10	48.20	25.5	118.6	2.55

14.3.2 矿物成分分析试验

采用 RoqSCAN 矿物成分测试仪,对砂卵石试样矿物成分进行分析,G1~G5 五组矿物分析试验结果如图 14.3-1、表 14.3-2 所示。

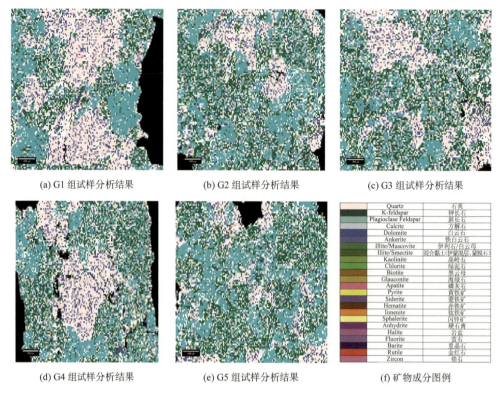

图 14.3-1　五组矿物分析试验结果

砂卵石矿物成分组成　　　　　　　　　表 14.3-2

组号	石英	斜长石	铁白云石	混合黏土	其他
G1	37.68%	30.87%	14.91%	16.36%	0.18%
G2	20.21%	39.76%	10.20%	29.52%	0.30%
G3	27.52%	32.10%	12.22%	27.97%	0.19%
G4	27.66%	35.09%	12.49%	24.57%	0.19%
G5	17.69%	41.80%	9.43%	30.70%	0.38%
均值	26.15%	35.92%	11.85%	25.82%	0.25%

由此可知，本工程砂卵石地层中，砂卵石矿物成分分布：斜长石（约占 35.92%）、石英（约占 26.15%）、混合黏土（约占 25.82%）以及铁白云石（约占 11.85%），其中混合黏土夹杂少量伊蒙混层和蒙脱石，钾长石、方解石、白云母、高岭石等其他成分虽占比较小（约 0.25%），但种类达 13 种以上。

可见，砂卵石地层中的卵石矿物含量以斜长石和石英为主，故强度高，盾构刀具易受冲击，发生合金损伤。

14.3.3　单轴抗压试验

采用 TAW-2000 电液伺服试验机开展砂卵石单轴抗压试验，A1～A5 五组试验结果如图 14.3-2 和表 14.3-3 所示。

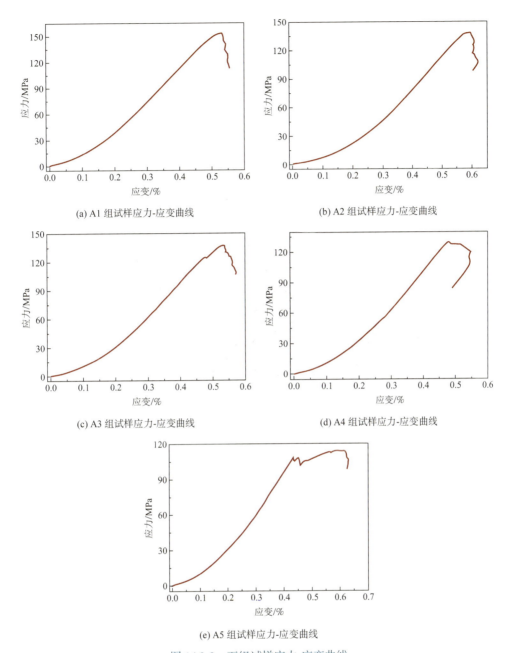

图 14.3-2　五组试样应力-应变曲线

砂卵石单轴抗压试验数据　　　　　　　　　表 14.3-3

组号	抗压强度/GPa	弹性模量/GPa	泊松比
A1	153.40	36.50	0.38
A2	138.33	25.58	0.17
A3	137.33	28.61	0.27
A4	129.99	28.65	0.15
A5	114.71	22.58	0.35
均值	134.75	28.38	0.26

五组试件的单轴抗压强度分布范围：114.70～153.40MPa，均值 134.75MPa；弹性模量：22.58～36.50GPa，均值 28.38GPa；泊松比：0.15～0.38，均值 0.26。该工程地层砂卵石单轴抗压强度高，盾构刀具破碎难度大，只能以楔犁-输排为主，如直接破碎后输排，刀具易损毁，设备功耗高，掘进参数波动大，难以持续掘进。

14.3.4 巴西劈裂试验

采用巴西劈裂法试验测定岩石抗拉强度。C1～C5 五组试验结果如图 14.3-3、图 14.3-4 和表 14.3-4 所示。

图 14.3-3 巴西劈裂试验

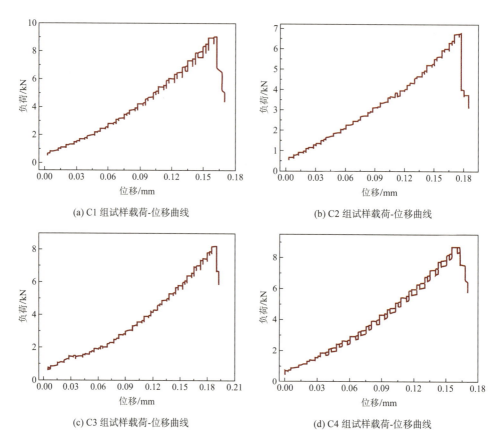

(a) C1 组试样载荷-位移曲线

(b) C2 组试样载荷-位移曲线

(c) C3 组试样载荷-位移曲线

(d) C4 组试样载荷-位移曲线

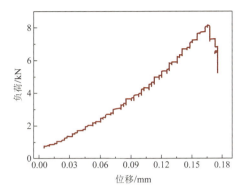

(e) C5 组试样载荷-位移曲线

图 14.3-4　五组试样载荷-位移曲线

巴西劈裂试验数据　　　　　　　　　　　　表 14.3-4

编号	高度/mm	直径/mm	最大载荷/kN	抗拉强度/MPa
C1	25.18	48.10	9.08	4.76
C2	24.72	48.00	6.78	3.63
C3	25.20	48.00	8.23	4.33
C4	25.10	48.00	8.76	4.62
C5	25.50	48.00	8.15	4.23
均值	25.14	48.02	8.20	4.31

五组巴西劈裂试验结果显示，试件抗拉强度分布范围：3.78～5.82MPa，均值抗拉强度 4.56MPa。本工程卵石抗拉强度大概为抗拉强度的 3%，抗拉强度较低，在盾构刀具楔犁开挖时，尽量利于拉应力作用，降低压应力影响。

14.3.5　地层磨蚀性试验

采用 ATA-IGGI 岩石磨蚀伺服试验仪，对砂卵石试样进行磨蚀性试验。E1～E5 五组试验结果如图 14.3-5～图 14.3-7 和表 14.3-5 所示。

五组砂卵石式样的 CAI 磨蚀试验，试件硬度大，钢针划痕较浅。磨蚀指数分布范围：3.02～3.79，均值 3.33，总体磨蚀指数 CAI 值偏大，对刀具磨耗影响大。

通过砂卵石地层物理力学试验，证明该区间地层砂卵石含量较高，粒径中等，密度较均匀；胶结性差，无黏聚力，结构松散，流塑性差。对于盾构掘进而言，总体易开挖，但不易输排，稳定性差。卵石富含石英、斜长石，抗压强度高，抗拉强度低，磨蚀指数高，盾构刀具易磨耗，应优化掘进参数，尽量减少刀具冲击损伤。

图 14.3-5　磨蚀试验图

图 14.3-6　试验后钢针

图 14.3-7　试验后试块划痕

砂卵石试样磨蚀试验数据　　　　　表 14.3-5

组号	测量值/μm 测角 0°、120°、240°			测量平均值/μm	磨蚀指数/0.1mm
E1	304	313	288	301.66	3.02
E2	361	335	346	347.33	3.47
E3	324	315	319	319.33	3.19
E4	299	310	320	309.66	3.10
E5	314	319	314	315.66	3.16
均值	320.4	318.4	317.4	318.728	3.188

14.4　盾构选型与刀具配置

14.4.1　盾构选型

1. 盾构选型重点

（1）刀盘刀具磨损快。在砂卵石地层掘进，刀盘刀具磨损是重点，本工程约 2.3km 隧道进入卵石⑤、卵石⑦层，不换刀风险高。

（2）刀盘驱动扭矩高。长距离、全断面、高标贯值砂卵石地层掘进，渣土的摩擦阻力大，刀盘需要较大的搅拌力矩。当渣土改良不佳时，土仓一旦建立压力则刀盘扭矩急剧增大，导致堵转，如果建压不足，地面又容易发生沉降，甚至塌陷。

（3）螺旋机的磨损及卡阻。砂卵石地层盾构渣土对螺旋机叶片和筒体形成较大磨损。由于卵石在仓底或螺旋机内堆积，容易卡住螺旋机，严重时会发生断轴现象。

（4）渣土建压输排困难。砂卵石地层卵砾石含量高，卵石粒径大，细颗粒含量少，粗颗粒间摩擦阻力大，整体流塑性差。渣土从开挖面剥落，到进仓，直至螺旋机排出的运移过程不顺畅，很难实现渣土平衡输排和压力平衡掘进，渣土改良要求高。

（5）沉降控制难度大。砂卵石地层稳定性较差，受开挖扰动后，沉降反应敏感，地层位移迅速直接，容易导致开挖面及上方地层的松动垮塌。盾构连续穿越多个高等级风险源，防坍控沉要求高，实现地层微沉降控制难度大。

因此，在本工程盾构设备性能选配方面，形成以下针对性选配配置要求。

（1）采用辐条式、大开口率、直角刀盘和高强刀具，提高刀盘耐磨保护和刀具抗冲击性能。

（2）提高盾构主驱动的扭矩储备及装备功率，增强主驱动承载能力和恒扭矩转速与本工程工况的匹配性，整体提升盾构掘进的装备能力，降低刀盘卡困风险。

（3）采用大直径螺旋输送机，提高密集卵石的可排性和大粒径卵石的通过性，并增强螺旋机整体耐磨性能。

（4）加强渣土改良系统配置，可以进行刀盘、土仓、螺旋输送机多部位，泡沫、膨润土泥浆、聚合物多添加剂的加注功能，实现多点多剂加注，综合改善渣土性能。

（5）配置双液二次注浆系统，保证补充注浆的及时性，中盾设置径向注浆孔，具备盾体外间隙注浆条件。

2. 针对性选型配置

（1）盾构主要技术参数

依据长距离全断面无水砂卵石地层条件和工程需求，结合前述盾构选型重点，选用中

第 14 章 可输排粒径砂卵石地层盾构长距离高效掘进工程

铁装备制造的加泥式土压平衡盾构机，见图 14.4-1～图 14.4-3，主要技术参数见表 14.4-1。

盾构主要技术参数表　　　　　　　　　表 14.4-1

序号	项目	参数	说明
1	整机长度	约 110m	
2	主机长度	12.05m（含刀盘）	
3	最小转弯半径	350m	
4	纵向爬坡能力	±40‰	
5	开挖直径	ϕ9040mm	
6	盾体直径	ϕ9010/9000/9000mm	
7	刀盘转速	0-1-2.2r/min	拐点转速 1r/min
8	最大推进速度	80mm/min	
9	推进系统最大推力	83800kN	单位面积推力 1306kN/m²
10	铰接系统最大推力	71400kN	铰接推力比 85%
11	最大扭矩	21580kN·m	扭矩系数 α = 29.2
12	脱困扭矩	25900kN·m	扭矩系数 α = 35
13	螺旋输送机直径	ϕ1120mm	出渣粒径 420mm×670mm
14	装机功率	3630kW	

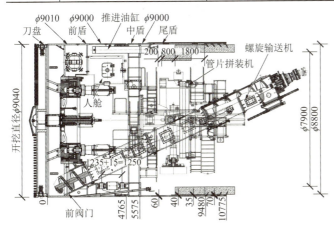

图 14.4-1　盾构主机图　　　　　图 14.4-2　盾构刀盘图

图 14.4-3　盾构机厂内总装

（2）高扭矩主驱动系统

盾构主驱动轴承直径 4.8m，具有足够的径向和轴向承载能力，主驱动电机为 14 个 160kW 变频电机（图 14.4-4）。主驱动额定工作扭矩 21580kN·m，额定扭矩系数 α 约 29，脱困扭矩 25900kN·m，脱困扭矩系数 35，转速-扭矩曲线见图 14.4-5，恒扭矩区进入恒功率区的拐点转速 1.0r/min。主驱动设置内外周密封各 4 道，主驱动密封最大承压能力 5bar。主驱动针对性设计见表 14.4-2。

主驱动针对性设计与配置　　　　　　　　表 14.4-2

序号	针对性设计与配置	目的
1	主驱动配置 2240kW（160kW×14），额定工作扭矩为 21580kN·m，脱困扭矩为 25900kN·m。拐点转速 1r/min，最大转速 2.2r/min	满足砂卵石地层对大扭矩的要求
2	主驱动内、外密封采用 4 道密封布置	满足工作压力 6bar
3	采用高品质扭矩限制器	对主驱动传动系统（减速机、小齿轮和大齿圈等）进行过载保护

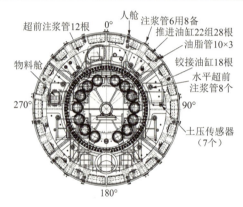

图 14.4-4　主驱动布置示意图

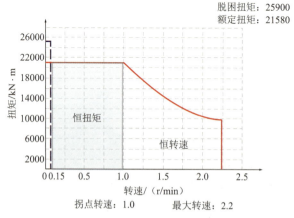

图 14.4-5　主驱动转速-扭矩曲线图

（3）大直径螺旋输送机

盾构采用大直径、高通过率、耐磨轴式螺旋输送机，筒体直径 1120mm，最大通过粒径 420mm×670mm。螺旋输送机针对性设计与配置见表 14.4-3。

螺旋输送机针对性设计与配置　　　　　　表 14.4-3

序号	针对性设计与配置	目的
1	配置φ1120mm 轴式螺旋输送机，最大扭矩 280kNm，最高转速 21r/min，最大出渣能力 680m³/h，驱动功率 400kW	最大出渣粒径 420mm×670mm
2	螺旋叶片外圆焊接高铬合金块，筒体内部焊接耐磨复合钢板	提高叶片、筒体的耐磨性
3	筒体设计高分子聚合物等渣土改良剂注入接口	通过改良剂缓解螺旋机的喷涌
4	螺旋输送机双闸门交替开启且设置有保压泵接口	缓解喷渣压力

（4）渣土改良系统

盾构机配置有泡沫、膨润土泥浆、聚合物改良剂注入系统。渣土改良针对性设计与配置见表 14.4-4。

渣土改良针对性设计与配置　　　　　　表 14.4-4

序号	针对性设计与配置	目的
1	刀盘泡沫注入口 8 个，膨润土注入口 4 个；土仓隔板预留流体孔 7 个；螺旋输送机改良剂注入口 3×4 个	刀盘前、土仓、螺旋机多部位渣土改良
2	8×1.5kW 泡沫泵，混合箱容积 4m³；18.5×2+7.5×2kW 膨润土泵，膨润土罐体积 15m³；3×1.5kW 聚合物泵，聚合物箱体积 2m³	泡沫、膨润土、聚合物多种添加剂渣土改良
3	渣土改良添加剂的注入泵、注入管路及注入口采用单管单泵方式加注	保障加注压力和流量

（5）注浆系统优化

盾构配置有同步注浆与二次注浆系统，其针对性设计见表 14.4-5。同步注浆全圆共 7 个点位，14 道注浆管路，6 用 8 备，见图 14.4-6。

注浆系统针对性设计与配置　　　　　　表 14.4-5

序号	针对性设计与配置	目的
1	注浆管采用外置式，管路为 6 用 8 备	减少地表沉降
2	注浆管路具备清洗系统	防止管路堵塞
3	注浆系统配置 3 台柱塞泵作为同步注浆泵，采用压力或流量控制模式控制同步注浆量	注浆压力高，注浆量控制精准可靠
4	配置双液注浆系统，方便二次注浆	防止地表沉降
5	盾体径向注浆孔 10×3 个	实现盾体间隙注浆填充

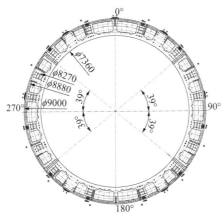

图 14.4-6　盾尾同步注浆管布置图

14.4.2 刀具配置

1. 刀具型式

刀盘以楔犁刀为主体开挖刀具，刮刀为辅助刀具，刀盘与刀具配置见图14.4-7。

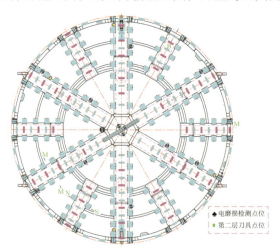

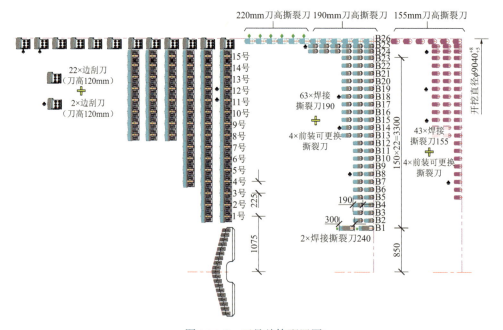

图14.4-7 刀具总体配置图

按照型制、功能和安装部位不同，楔犁刀可分为：

（1）超高中心楔犁刀，刀高300mm，安装于刀盘中心，鱼尾刀两侧，辅助鱼尾刀增强中心区域地层松动效果。

（2）超高保径直角楔犁刀，刀高220mm，安装于刀盘周边最大半径处，与刀盘面垂直安装，角度$\theta = 90°$，起保径开挖作用。

（3）超高保径倾角楔犁刀，刀高245mm，安装于刀盘周边最大半径处，与刀盘面斜向安装，角度θ = 116°，法向投影高度220mm，起保径开挖作用，降低了保径刀外侧面磨损。

（4）超高正面楔犁刀，刀高190mm、155mm，安装于周边保径楔犁刀与中心鱼尾刀之间的刀盘正面区域，起主体开挖作用。

（5）中心强化楔犁刀，刀高73mm，"梳篦状"嵌装于中心鱼尾刀两侧斜刃面，使中心刀高度达到450mm，强化中心刀超前松动剥落效应。

2. 刀具梯次高差

正面楔犁刀按两梯次布置，刀具高度：155mm、190mm，高差35mm 保径楔犁刀按三梯次布置，刀具高度155mm、190mm、220mm，高差依次为35mm、30mm。刮刀单层布置，刀具高度120mm，与楔犁刀高差，从低到高依次为35mm、70mm、100mm。刀具梯次与高度见表14.4-6，图14.4-8。

刀具分层情况　　　　　　　　　　　　　　　　　　　表14.4-6

分层	楔犁刀高度/mm	刮刀高度/mm	高差/mm
第1层	220（保径）		
第2层	190		30
第3层	155		35
		120	35

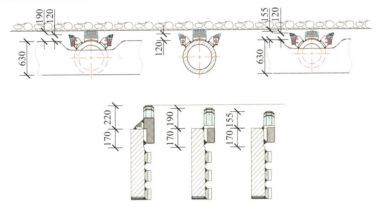

图14.4-8　刀具梯次配置示意图

220mm、190mm、155mm 楔犁刀要形成梯次化布置，除了刀具高差设计外，相邻梯次刀具的合金高度之间应形成搭接，刀具中部合金块搭接高度不小于10mm，刀具两侧外部合金搭接高度不小于20mm，如此方可实现前一梯次刀具合金磨损失效，退出开挖功能前，后一梯次刀具合金可提前参与开挖面掘进，形成接续开挖能力，延长单盘刀具不换刀掘进距离。

3. 刀具轨迹间距

正面楔犁刀轨迹间距150mm，同臂相邻刃间距300mm。刮刀宽度230mm，刮刀轨迹225mm，同臂相邻刃间距450mm。周边楔犁刀轨迹间距由150mm逐渐加密。

4. 刀具配置数量

保径楔犁刀（B26）：220mm×6把 +190mm×6把 +155mm×6把（刀盘周边外径处）。
周边楔犁刀（B24、B25）：190mm×6把 +155mm×3把（每轨迹）。

正面外圆环楔犁刀（B13-B25）：190mm×3把+155mm×3把（每轨迹）。

正面内圆环楔犁刀（B2-B13）：190mm×2把+155mm×1把（每轨迹）。

中心楔犁刀（B1）：300mm×2把（中心鱼尾刀两侧）。

中心鱼尾刀：1把，中心高度450mm，末端高度250mm。

中心强化楔犁刀：73mm×19把，嵌装于中心鱼尾刀两刃面。

周边刮刀：120mm×12对。

正面外圆环刮刀：120mm×6对（每轨迹）

正面内圆环刮刀：120mm×3对，局部120×2对（每轨迹）

5. 刀具配置方式

保径楔犁刀：6把220mm、6把190mm、6把155mm各按60°分层依次交错布置于主臂臂端、副臂臂端、臂间外圆环。

正面190mm、155mm两梯次楔犁刀，按照同辐臂相邻轨迹径向，同轨迹相邻辐臂环向高低交错布置，形成沿掘进方轴向、辐臂径向、轨迹环向的三维、多梯次、大高差空间交错配置，实现砂卵石地层楔犁松动梯次接续开挖，奠定了盾构长距离高效掘进的装备基础。

外圆环同一轨迹190mm、155mm两梯次刀具，各3把，等角度均匀分布，交错配置在主辅臂上；内圆环同一轨迹上190mm刀具2把、155mm刀具1把，等角度均匀交错布置在主臂上。正面刮刀以1.5倍的楔犁刀轨迹，均匀布置于同臂楔犁刀中间或与楔犁刀同轨迹。

中心鱼尾刀加装"梳箆状"中心强化楔犁刀。120°和300°主臂上，中心鱼尾刀两侧，2把B1楔犁刀高度300mm，高于加装楔犁刀后的鱼尾刀末端50mm。保径楔犁刀合金部分宽出刀盘外周15mm，刀盘外周与前盾同高。

6. 刀具强化设计

砂卵石地层刀具应强化其耐磨、耐冲击性能，包括：选用高强度优质合金，耐磨、耐冲击，加大合金覆盖面积，增大合金块宽度和嵌入深度，尤其是外端合金；楔犁刀母材均做耐磨保护，加焊耐磨层，或镶嵌合金保护块；楔犁刀刀刃前端面和外侧面均做倒角设置。保径楔犁刀环向两端面加焊耐磨挡块，外侧面有合金块和耐磨保护。220mm保径楔犁刀提高整体刚度，加强焊接强度，径向采取受力保护措施，周边刮刀背部和外侧面均有合金块保护。除油压式刀具磨损检测外，设置电阻式刀具磨损实时监测装置。刀盘主要技术参数见表14.4-7。

刀盘主要技术参数　　　　　　　　　　表14.4-7

项目	参数
结构形式	辐条式
开口率	60%
重量（t）	约100
中心刀（数量/高度）	1把/450mm
焊接楔犁刀1（数量/高度）	2把/300mm
焊接楔犁刀2（数量/高度）	63把/190mm
焊接楔犁刀3（数量/高度）	43把/155mm

续表

项目	参数
边刮刀（数量/高度）	22 把/120mm
刮刀（数量/高度）	130 把/120mm
保径楔犁刀 1（数量/高度）	6 把/220mm
保径楔犁刀 2（数量/高度）	6 把/190mm
保径楔犁刀 3（数量/高度）	6 把/155mm
前装可更换楔犁刀（数量/高度）	8 把/190mm/155mm
边刮刀磨损检测（数量/高度）	2 把/120mm
刮刀磨损检测（数量/高度）	2 把/120mm
超挖刀（数量/超挖量）	2 把/100mm
泡沫口（个）	8
膨润土口（个）	4
搅拌棒（个）	4
磨损监测点（油路/电阻）	（4+12）
大圆环外侧耐磨处理	4 圈合金耐磨块
大圆环底部耐磨处理	耐磨复合钢板（12.5+12.5）

14.5 盾构长距离高效掘进

14.5.1 渣土改良

密集砂卵石地层，卵石含量高，内摩擦角大，流动性低，摩阻力高，需要围绕保压掘进、平衡输排、降磨减阻等进行渣土改良。主要采取刀盘前方组合加注"高黏度膨润土泥浆+泡沫"，仓壁加注高黏度膨润土泥浆辅助改良，盾体外间隙加注高黏度膨润土泥浆辅助减阻和充填控沉。

具体参数如下，并见表14.5-1。

（1）泡沫：刀盘8孔加注，浓度2.5%～3%，膨胀率20～25；混合液注入量：3～4m^3/环；

（2）膨润土泥浆：刀盘4孔加注改良，盾体壁后4孔加注减阻。采用优质钠基膨润土，泥浆初始发酵黏度35～40s，加注量：16～20m^3/环（含盾体外4～6m^3/环）。为满足长距离掘进需求，膨润土泥浆采取拌送一体系统，地面设两套10m^3搅拌罐强制搅拌、泵吸循环发酵、隧道内管道长距离泵送。

磁草区间全断面密集砂卵石地层盾构渣土改良方法　　表 14.5-1

地层	地层特征	改良剂	配比	注入量	改良目的
全断面密集砂卵石	砂卵石含量高，密实	膨润土泥浆（黏度35～40s）	100～150kg/m^3	12～14m^3/环	优化级配，改善塑流性，增加黏聚性，辅助实现砂卵石楔犁开挖，提高渣体悬浮裹挟能力，利于渣土输排控制和保压掘进
		泡沫	浓度2.5%～3%，膨胀率20～25	3～4m^3/环	改善渣土流塑性和可压缩性

地层与改良情况见图 14.5-1～图 14.5-10。

图 14.5-1　地层卵石颗粒（一）

图 14.5-2　地层卵石颗粒（二）

图 14.5-3　膨润土泥浆拌送站

图 14.5-4　膨润土泥浆配制

图 14.5-5　皮带砂卵石改良渣体

图 14.5-6　土箱砂卵石改良渣体

图 14.5-7　土箱砂卵石改良渣体

图 14.5-8　集土坑砂卵石改良渣体

图 14.5-9　集土坑砂卵石改良渣体　　图 14.5-10　翻斗车砂卵石改良渣体

14.5.2　盾构掘进模式

针对砂卵石地层特征，设计掘进参数，选取掘进模式，对盾构长距离高效掘进十分重要。常规掘进模式一味追求高推进速度，当扭矩升高时，通过提高刀盘转速的方法来降低扭矩。这种模式，初始掘进，因刀具未真正磨损，还可以维持高推速状态，掘进一定距离后，随着刀具磨损加快，刀盘扭矩急剧升高，难以维持之前的推进速度，逐渐形成了低贯入度、高转速的低工效，高能耗的掘进状态，如图 14.5-11 所示。该模式下，虽然可通过提高转速，降低贯入度，来降低切削扭矩，但这个低贯入度只是相对的，因为推进速度和刀盘转速的绝对值均处于高位，刀具磨损严重、掘进参数不稳、设备负荷高、土体改良不充分等问题随之出现，掘进状态不断劣化，最终造成中途需频繁停机换刀，无法维持相对可持续的推进速度，且成本高、综合效率低。

本工程以追求长距离掘进和高效掘进为目标，在一定程度的相对高推速前提下，刀盘低转速运行，在相对的高贯入度掘进状态下，刀盘扭矩低、刀具磨损慢、渣土改良充分、掘进参数稳定、设备状态良好、施工进度快、地层位移小、不换刀掘进距离长，实现了砂卵石地层可持续、均衡、相对高速的长距离高效掘进，减少了换刀次数，降低了换刀成本，提高了掘进效率，降低了设备能耗。砂卵石地层高效掘进模式如图 14.5-12 所示。

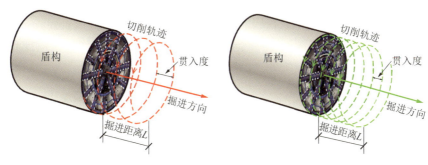

图 14.5-11　砂卵石地层常规掘进模式　　图 14.5-12　砂卵石地层高效掘进模式

本工程实际掘进参数特征和沉降控制效果：推进速度 40~60mm/min，刀盘转速 1.0~1.2r/min，贯入度：40~50mm/rad，刀盘平均扭矩可降低至额定扭矩的 42%~55%，刀具磨损系数可降低至 0.03~0.045mm/km，地层位移控制良好，实现了单次长距离不换刀连续掘进 1.7km 的高效掘进效果。

14.5.3 盾构刀具磨损

随着砂卵石地层盾构掘进距离不断延长，掘进参数也随之发生变化，除地层条件的变化外，刀具磨损累积引起开挖能力的下降也是主要原因之一。盾构掘进一段距离后，刀盘、刀具的母体材料和合金耐磨材料都会发生磨损，刀具前端部合金块不仅会发生正面磨损导致高度降低，还会发生侧面磨损，导致刀具厚度减薄，从而降低刀具整体耐磨和抗冲击性能。测量刀具刃端合金块在连续掘进一定距离前后的高度差和厚度差，可得刀具正面和侧面磨损值。

对本工程始发井—检修井、检修井—接收井两区段刀具磨损量进行实测分析。

如图 14.5-13 所示，楔犁刀刃端镶嵌有 5 个合金块，现场依次测量磨损后楔犁刀单个合金耐磨块剩余高度h_1，与合金耐磨块磨损前的高度h_0做差，得出磨损值Δh，如式(14.5-1)所示。

$$\Delta h = h_0 - h_1 \tag{14.5-1}$$

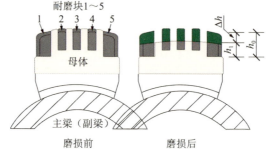

图 14.5-13　楔犁刀合金块磨损测量示意

为表征楔犁刀各合金块磨损特性，定义以下特征参数：全均值、中均值、中方差、侧均值、两侧差、中侧差。全均值为 1～5 号 5 个合金块磨损值的均值，用来表征刀具总体磨损情况；中均值为 2～4 号 3 个合金块磨损值的均值，中方差为 2～4 号 3 个合金块的磨损值的方差，用来表征刀具中间耐磨块的磨损情况；侧均值为 1、5 号 2 个合金块的磨损均值，两侧差为 1、5 号 2 个合金块的磨损值的差，用来表征刀具两边合金块的磨损情况；中侧差为中均值减去侧均值，用来表征中间合金块和两边合金块的磨损差异。

如图 14.5-14 所示，刃端镶嵌有 7 个合金块（条），刮刀合金块磨损量计算与楔犁刀一致。刮刀合金块磨损测量示意如图 14.5-15 所示。

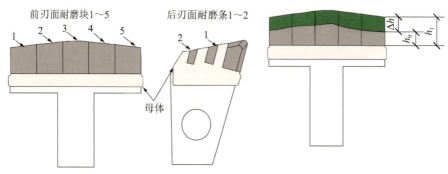

图 14.5-14　刮刀合金块布置示意　　图 14.5-15　刮刀合金块磨损测量示意

1）楔犁刀磨损规律

（1）始发井—检修井区段

左右线隧道始发井—检修井区段长度约 2.2km，其中砂卵石地层长度 1.7km。该段盾构楔犁刀磨损情况如图 14.5-16 所示，通过对同轨迹、同高度楔犁刀合金块的磨损全均值再取平均值，可得各轨迹同高度楔犁刀的磨损均值。相同高度楔犁刀轨迹半径越大，轨迹长度越长，磨损值也越大。位于刀盘外圆环的楔犁刀磨损值要大于内圆环楔犁刀磨损值，随着刀具轨迹半径和轨迹行程的增大而不断增加。在同一轨迹半径内，高度为 190mm 的楔犁刀比高度为 155mm 的楔犁刀磨损值更大，验证了刀具梯次化布置的合理性。

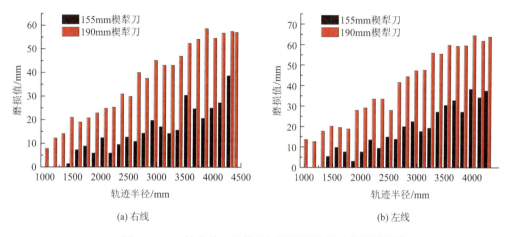

图 14.5-16　始发井—检修井区段盾构楔犁刀磨损量统计

盾构机在掘进过程中每环的贯入度数据可以在盾构实时监控 PLC 系统中提取，刀具的切削轨迹长度主要通过刀具的轨迹半径、贯入度以及盾构的掘进距离，由式(14.5-2)～式(14.5-4)计算可得。

每 10 环管片长度范围，刀具的旋转圈数 N_{10}，可由式(14.5-2)计算得到。

$$N_{10} = \frac{l_{10}}{a_{10}} \tag{14.5-2}$$

当盾构机向前推进长度为 l 时，刀盘旋转总圈数 N，可由式(14.5-3)计算得到。

$$N = \sum_0^l N_{10} \tag{14.5-3}$$

进一步求得刀具切削的轨迹长度 L，可由式(14.5-4)计算得到。

$$L = 2\pi R N \tag{14.5-4}$$

式中：R——刀具切削时所在的轨迹半径；

N——刀盘旋转的总圈数；

l——盾构的掘进距离；

a_{10}——盾构每向前掘进 10 环贯入度的平均值。

由式(14.5-4)计算出各轨迹半径刀具所对应的轨迹长度，分别作出 190mm、155mm 楔犁刀的磨损值与刀具轨迹长度关系的散点图，并对散点图进行线性拟合，如图 14.5-17 所示。

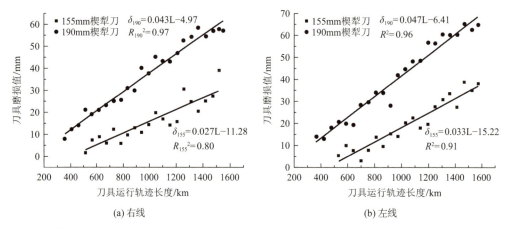

图 14.5-17 始发井—检修井区段盾构楔犁刀磨损量与刀具运行轨迹长度关系

右线楔犁刀磨损值的拟合直线方程，见式(14.5-5)、式(14.5-6)。

$$\delta_{190} = 0.043L - 4.97 \tag{14.5-5}$$

$$\delta_{155} = 0.027L - 11.28 \tag{14.5-6}$$

左线楔犁刀磨损值的拟合直线方程，见式(14.5-7)、式(14.5-8)。

$$\delta_{190} = 0.047L - 6.41 \tag{14.5-7}$$

$$\delta_{155} = 0.033L - 15.22 \tag{14.5-8}$$

刀具平均磨损系数 K 的定义为：刀具在单位切削迹长内的磨损量，在单一地层中，并且盾构的掘进参数均保持不变的情况下，将楔犁刀磨损值与其运行轨迹长度之间关系的散点图进行线性拟合，拟合曲线的斜率即为刀具的平均磨损系数，如式(14.5-9)所示。

$$K = \frac{\delta}{L} \tag{14.5-9}$$

式中：δ——刀具的磨损值；

L——刀具的运行轨迹长度。

由式(14.5-7)、式(14.5-8)可知，右线 190mm 和 155mm 楔犁刀磨损系数分别为 0.043mm/km 和 0.027mm/km，左线 190mm 和 155mm 楔犁刀磨损系数分别为 0.047mm/km 和 0.033mm/km，高刀的磨损系数显著高于低刀。由图 14.5-17 可以看出，低刀开始磨损的时间并不是在高刀磨损到与低刀同样高度时才发生，而是在高刀的保护下，已提前参与到被高刀楔犁松动的非原状土的辅助剥落、搅拌中，其磨损速率低于高刀。当高刀的合金块磨损到一定程度，即高低楔犁刀高差小于刀盘贯入度时，高低刀开始共同承担开挖面楔犁，当高刀合金块完全失效时，低刀开始独自承担开挖面楔犁作用。

由于楔犁刀的刃前端为弧形，中间合金块高于两侧合金块，通过研究楔犁刀合金块的磨损差异，得到始发井—检修井区段楔犁刀两侧差和中侧差的磨损值变化曲线，如图 14.5-18 所示。右线楔犁刀的两侧差在 0~4mm 之间上下波动，左线楔犁刀的两侧差在 0~6mm 之间上下波动，左右线楔犁刀的两侧差差值较小且相对稳定。

如图 14.5-19 所示，左右线 190mm、155mm 楔犁刀的中侧差，随着刀具运行轨迹长度的增加而增大，当刀具的运行轨迹长度达到 1000km 左右时，开始相对稳定。说明当刀具运行轨迹长度小于 1000km 时，主要磨损发生在刃端中部凸出的合金，该阶段中部合金的磨损速率较高；当刀具运行轨迹长度达到并超过约 1000km 时，中部合金磨损至与两侧合金顶面等高，刀具所有合金块开始同等程度参与开挖面楔犁作用，磨损速率将趋于一致。也说明楔犁刀刀刃弧面矢高（主要为刃端中部凸出的合金块与两侧合金块的高差值），决定了刀具前期磨损中侧差增长的峰值高度及其对应的刀具运行轨迹长度临界值。

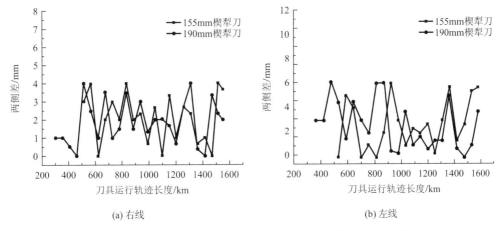

图 14.5-18 始发井—检修井区段楔犁刀两侧差与刀具运行轨迹长度关系

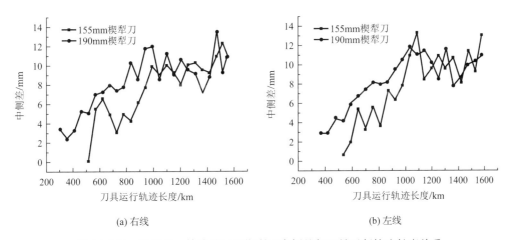

图 14.5-19 始发井—检修井区段楔犁刀中侧差与刀具运行轨迹长度关系

（2）检修井—接收井区段

左右线检修井—接收井区段，长约 0.6km。盾构掘进至检修井完成换刀，右线刀盘正面楔犁刀换刀范围为轨迹半径 2650～4375mm 内的 190mm、155mm 楔犁刀，左线换刀范围为 2050～4375mm 内的 190mm、155mm 楔犁刀，左右线检修井—接收井区段，更换后的楔犁刀新刀具的磨损值曲线如图 14.5-20 所示。

左右线检修井—接收井区段 190mm、155mm 楔犁刀的磨损值与运行轨迹长度均表现为近似的线性关系，190mm 楔犁刀磨损值斜率相对较大，155mm 斜率平直。对比始发井—检修井区段 2.2km（其中砂卵石地层 1.7km）刀具磨损情况，可以看出，在检修井—接收井区段 0.6km 长砂卵石地层，主要为 190mm 高度楔犁刀在承担开挖作用，155mm 高度楔犁刀作为储备刀具，只参与了少量的剥落和搅拌等辅助作用。通过 190mm 楔犁刀最大磨损值未达到 30mm，与相邻 155mm 高度楔犁刀梯次高差 35mm 相比仍有一定余量，可以看出，190mm 楔犁刀在完成剩余 0.6km 砂卵石地层掘进后，仍保持有一定的工作寿命，而相应地更换后的 155mm 新刀具则刚开始微量磨损，也未进入承担开挖面楔犁功能的状态。

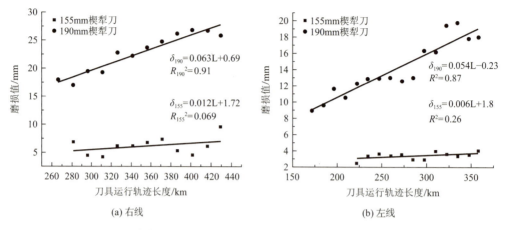

图 14.5-20　检修井—接收井区段盾构楔犁刀磨损量与刀具运行轨迹长度关系

对左右线检修井—接收井区段与始发井—检修井区段楔犁刀磨损系数进行对比，见表 14.5-2。

左右线楔犁刀磨损系数　　　　　表 14.5-2

左右线	右线				左线			
隧道区段	始发井—检修井		检修井—接收井		始发井—检修井		检修井—接收井	
刀高/mm	190	155	190	155	190	155	190	155
磨损系数/(mm/km)	0.043	0.027	0.063	0.012	0.047	0.033	0.054	0.006
拟合系数 R^2	0.97	0.80	0.91	0.069	0.96	0.91	0.87	0.26

由表 14.5-2 可知，左右线检修井—接收井区段 190mm 楔犁刀的磨损系数大于始发井—检修井区段，这是由于始发井—检修井区段初始掘进在约 0.5km 的粉土、砂土地层，相对降低了该区段 2.2km 楔犁刀的磨损系数值。检修井—接收井区段 155mm 楔犁刀的磨损系数小于始发井—检修井区段，说明在该区段 0.6km 掘进中，155mm 楔犁刀未进入参与地层楔犁开挖的阶段。

2）刮刀磨损规律

本工程以楔犁刀作为砂卵石地层的主体开挖刀具，刮刀只承担导流、归拢和搅拌渣土的作用，不参与地层掘进，且刮刀 120mm 刀高，与 220mm、190mm、155mm 的楔犁刀高差较大，楔犁刀对刮刀保护作用显著，因此，刮刀整体磨损较小。

始发井—检修井区段刮刀的磨损值与运行轨迹长度的关系，见图 14.5-21。图中刮刀磨损值随着刀具运行轨迹长度的增加而不断增大。

左右线刮刀磨损速率变化如表 14.5-3 所示，左右线刮刀磨损系数相近，说明两条隧道掘进过程，刮刀磨损均衡。

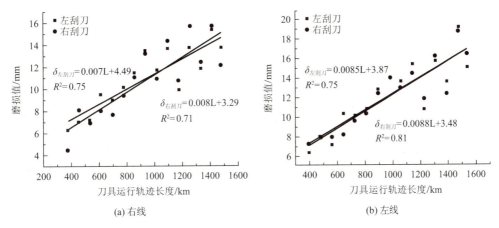

图 14.5-21 始发井—检修井盾构刮刀磨损量与刀具运行轨迹长度关系

左右线刮刀磨损系数　　　　　　　　　　表 14.5-3

左右线	右线		左线	
隧道区段	始发井—检修井		始发井—检修井	
左右刮刀	左刮刀	右刮刀	左刮刀	右刮刀
磨损系数/(mm/km)	0.007	0.008	0.0085	0.0088
拟合系数R^2	0.75	0.71	0.75	0.81

对比分析左右线盾构楔犁刀与刮刀的磨损速率，见表 14.5-4 和表 14.5-5，可以进一步验证楔犁刀为主体开挖刀具、刮刀为辅助刀具的功能定位和性能设计。

右线刮刀与楔犁刀的磨损系数对比　　　　　表 14.5-4

刀具	楔犁刀		刮刀	
区段	始发井—检修井		始发井—检修井	
刀具类型	190 楔犁刀	155 楔犁刀	左刮刀	右刮刀
磨损系数/(mm/km)	0.043	0.027	0.007	0.008
拟合系数R^2	0.97	0.80	0.75	0.71

左线刮刀与楔犁刀的磨损系数对比　　　　　表 14.5-5

刀具	楔犁刀		刮刀	
区段	始发井—检修井		始发井—检修井	
刀具类型	190 楔犁刀	155 楔犁刀	左刮刀	右刮刀
磨损系数/(mm/km)	0.047	0.033	0.0085	0.0088
拟合系数R^2	0.96	0.91	0.75	0.81

刮刀的磨损均值虽然随轨迹半径的增加而增加，但经过现场统计观察，同一轨迹半径

上刮刀的磨损特征并不完全相同，其前刃面磨损表现为四种形态：A. 中间低，两边高；B. 中间高，两边低；C. 单边倾斜；D. 均匀光滑。四种形态如图 14.5-22 所示。

(a) 中间低两边高　　　　(b) 中间高两边低　　　　(c) 单边倾斜　　　　(d) 均匀光滑

图 14.5-22　刮刀前刃面磨损形态

刮刀前三种磨损形态的产生，主要与楔犁刀、刮刀在刀盘上的位置关系相关；第四种磨损形态刮刀主要表现在刀盘内圆环范围的刮刀上，其刀具轨迹半径较小，总体运行轨迹长度短，磨损值相对较低。

对于 A、B、C 三种磨损形态下刮刀磨损量进行统计分析（图 14.5-23），可以看出 A 形态磨损量最大，C 形态磨损量最小；三种磨损形态相邻轨迹刮刀磨损量差值在 3mm 内。通过对比刮刀和楔犁刀在刀盘辐臂上安装位置的轨迹分布，可以看出，刮刀磨损形态中，凡是残留刀体凸出的部位，在该轨迹上均对应布置有楔犁刀，两者轨迹线重合，楔犁刀提前对该轨迹上的砂卵石渣土进行了松动和分流，对同轨迹的刮刀部位起到了保护作用，减弱了渣体对刮刀的磨损影响，使得相对于无楔犁刀保护的刮刀而言，磨损相对较少。

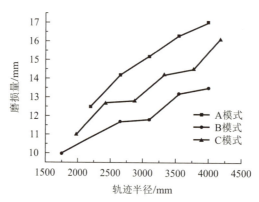

图 14.5-23　不同磨损形态刮刀磨损均值特征曲线

根据盾构刀具磨损预测公式可知，刀具的磨损值可以简化为磨损系数与刀具掘进过程中划过的轨迹长度的乘积，则刀具的磨损系数与刀具的运动轨迹半径无关，主要受地层土体磨蚀性大小、刀具材料强度大小以及外部载荷大小的影响。假定刮刀在不同运行轨迹半径下，同一磨损形态和位置关系下，刮刀的磨损系数相同，根据盾构掘进参数计算出刮刀的运动轨迹长度，将其与刮刀磨损量进行线性拟合分析。通常对盾构刀具磨损进行预测所使用的磨损系数是磨损值与其运行轨迹长度的比值，所以拟合曲线斜率的大小，就是刮刀的平均磨损系数值。拟合结果如表 14.5-6 所示。

	不同磨损形态刮刀的磨损系数		表 14.5-6
磨损形态	磨损系数/（mm/km）	R^2	降低百分比/%
A	0.0081	0.9775	—
B	0.0064	0.9512	21.0
C	0.0070	0.9511	13.6

注：减小百分比表示，与磨损形态 A 的刮刀磨损系数相比，B、C 磨损系数值的降低比例。

对不同磨损形态刮刀磨损系数进行拟合，其可靠性指标 R^2 值均接近于 1，结果较可靠。A、B 和 C 三种磨损形态中，刮刀磨损系数依次为 0.0081mm/km、0.0064mm/km 和 0.0070mm/km。以磨损系数值最大的 A 形态为基点，B、C 形态刮刀磨损系数减小值分别是 21.0% 和 13.6%，相对而言，B、C 形态磨损保护较优。

刀具磨损系数越大，刀具的磨损量也越大，其使用寿命越短，但刀具布置优劣并不能只通过磨损系数来简单地判定。刮刀的设计宽度较大，其前刃面由 5 个较大的合金块构成，根据图 14.5-22 现场刀具磨损形态可以发现，刮刀的前刃面磨损高低不平，最终会导致刮刀各个合金块的寿命不同。磨损均匀光滑的刮刀形式才能够保证刮刀各个合金块同步发挥作用。通过合金块磨损方差（以下简称"方差"），来进一步评价刮刀各合金块磨损程度，见图 14.5-24。

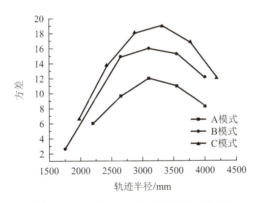

图 14.5-24　刮刀合金块磨损方差关系

如图 14.5-24 所示，不同磨损形态刮刀的磨损方差，整体变现为随盾构刀具轨迹半径的增加，先增大，后减小，方差峰值范围发生在轨迹半径 3000~3500mm 区段。C 形态刮刀磨损方差最大，A 形态方差最小。

以方差最大的磨损形态 C 的方差值为基点，对比 A、B 另外两种磨损形态下刀具方差值的相对变化关系，得出结果如表 14.5-7 所示，相比而言，A、B 磨损方差较优。

	不同磨损形态刮刀合金块磨损方差对比				表 14.5-7
轨迹半径/mm	A 方差	B 方差	C 方差	A 减小百分比/%	B 减小百分比/%
2650	9.7	14.96	16.01	39.4	6.6
3100	12	16	18.58	35.4	13.9
3550	11	15.26	17.95	38.7	15.0
4000	8.3	12.16	14.52	42.8	16.3

注：减小百分比是指，与磨损形态 C 刮刀的磨损方差相比，B、C 刮刀方差的降低比例。

综合 A、B、C 三种磨损形态刮刀的绝对磨损值、磨损系数和磨损方差等指标进行评价，可以看出磨损形态 B 刮刀与楔犁刀的刀具位置关系配合相对最佳。

根据本工程右线始发井—检修井区段刀具磨损情况，绘制出整个刀盘的刀具磨损状态图，如图 14.5-25 所示。图中，蓝色表示刀具轻度磨损，橙色表示刀具中度磨损，红色表示刀具重度磨损。

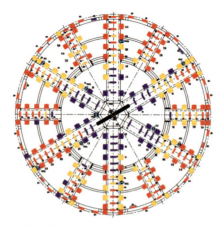

图 14.5-25　右线隧道始发井—检修井区段刀具整体磨损程度示意

由图 14.5-25 可以看出，随刀具轨迹半径增大、运行轨迹长度增加，刀具磨损不断加剧的现象。整个刀盘的刀具磨损较均匀，没有出现明显的异常磨损，也验证了超高耐磨高强楔犁刀设计的可靠性，以及刀具三维大梯次空间布置的合理性。

第 15 章
不可输排粒径漂石地层盾构碎石掘进工程

15.1 工程简介

15.1.1 项目概况

北京地铁 9 号线位于北京市西部区域,跨越丰台区和海淀区,整体呈南北走向。线路起点设在丰台区郭公庄,向北沿造甲路、丰台东大街、到京石高速路广安路路口,转向东北沿京石高速路南过六里桥再折向北,经北京西客站、羊坊店路、玉渊潭公园、首都体育馆南路,到海淀区白石桥与地铁 4 号线衔接。全线共设置车站 12 座、车辆段 1 座,如图 15.1-1 所示。

图 15.1-1 北京地铁 9 号线线路示意图

北京地铁 9 号线全长为 16.5km,全部为地下线。区间总长度 28358.5m,区间总数 13 个,其中盾构法隧道总长度 13996.8km,盾构区间总数 7 个,区间数量占比 54%,长度占比 49%。

北京地铁 9 号线 06 标段包含:军东区间(军事博物馆站—东钓鱼台站)和东白区间

（东钓鱼台站—白石桥南站）2段区间隧道。军事博物馆站—东钓鱼台站区间穿越地层与环境条件复杂多变，采用矿山法和盾构法结合施工，矿山法区间里程K12+128.265～K12+639.483，长约511m；盾构法区间里程K12+652.800～K13+863.527，长约1211m。

军事博物馆站—东钓鱼台站盾构区间，从盾构井始发，以2‰和3‰的上坡盾构穿过永定河引水渠及玉渊潭东湖，至里程K13+210后变坡为12‰，于里程K13+500变为3‰的下坡进入东钓鱼台，隧底埋深在23～26m之间。该段区间最低点受永定河引水渠沟底标高及盾构井位置控制，区间顶板距渠底埋深约8m，距湖底约14m。

盾构区间平面布置及左右线主要风险环境情况如图15.1-2～图15.1-4所示。

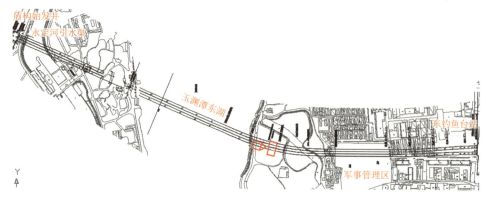

图 15.1-2　北京地铁9号线06标段军事博物馆站—东钓鱼台站区间平面图

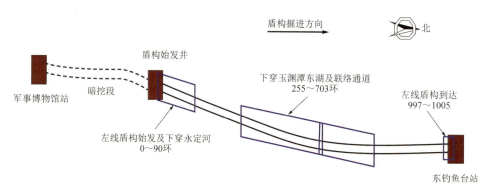

图 15.1-3　军事博物馆站—东钓鱼台站盾构区间左线平面示意图

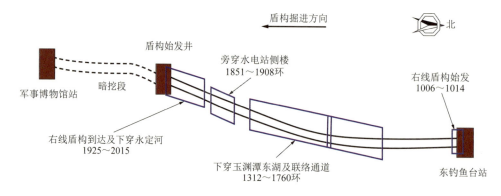

图 15.1-4　军事博物馆站—东钓鱼台站盾构区间右线平面示意图

15.1.2 工程地质

1. 全线盾构区间砂卵石地层分布情况

北京地铁 9 号线的 7 个盾构区间均为砂卵石地层，勘察资料显示卵石含量最高可达 75%～90%，已探明漂石最大粒径 650mm。丰台南路站—丰台东大街站区间矿山法试验段，竖井开挖至第一次临时封底深度 21.475m，已揭示漂石最大粒径 920mm，揭示地层情况如图 15.1-5 所示。

图 15.1-5　丰台南路站—丰台东大街站区间矿山法试验段竖井开挖揭示地层情况

2. 本工程场区揭露砂卵石情况

勘察单位在白堆子站场区内开挖两处探井，进一步查明大粒径卵石的粒径及分布情况。调查结果显示：

（1）深度 10.50～14.00m 分布的第四纪沉积的卵石粒径一般为 5～8cm，最大为 25cm。

（2）深度 14.00～14.40m 为第四纪沉积的漂石层，可见粒径一般为 18～20cm，最大可达 60cm。其中粒径 30～50cm 漂石 2 块，约占 20%；粒径 50～60cm 漂石 2 块，约占 50%。

（3）深度 14.40m 以下为第三纪砾岩层，大部分深度段均有较大粒径卵漂石分布，一般粒径为 15～35cm，同时分布有较多 40～60cm 粒径的卵漂石，最大粒径可达 80cm。砾岩层卵漂石分布情况如下：

①深度 14.40～14.80m 段：卵漂石可见粒径一般为 20～30cm（约 15 块），约占 30%。粒径 40cm 漂石 1 块，约占 10%；粒径 60cm 漂石 1 块，约占 25%。

②深度 14.80～16.10m 段：卵漂石粒径一般小于 20cm，但粒径介于 30～50cm 的漂石分布较集中，达到 8 块，约占 20%。

③深度 16.10～19.00m 段：大粒径卵漂石集中分布深度，可见粒径介于 30～50cm 的漂石 12 块，约占 15%；粒径介于 50～80cm 的漂石 5 块，约占 25%；粒径大于 80cm 的漂石 2 块，约占 12%。

④深度 19.00～20.30m 段：可见卵漂石粒径相对较小，粒径一般小于 20cm。粒径介于 20～30cm 的砾石 3 块，约占 8%。胶结程度较好，胶结物以泥质为主，砂质胶结物约占 20% 左右。

⑤深度 20.30～21.20m 段：可见卵漂石粒径相对较小，粒径一般小于 20cm。个别较大砾石粒径为 30～40cm（3 块），约占 10%；粒径 70cm 漂石 1 块，约占 15%。胶结程度较好，胶结物以泥质为主，砂质胶结物约占 30% 左右。

⑥深度 21.20～24.00m 段：可见卵漂石粒径相对较小，粒径一般小于 20cm，但胶结程度较好，胶结物中泥质与砂质含量相近，整体强度相对较高。

3. 详勘资料

（1）在北京市勘察设计研究院编制的《北京地铁 9 号线军事博物馆站—白堆子站区间岩土工程勘察报告》（工程编号：2006 地铁详勘 9-22）中，调查收集了该区间所在区域及附近既有工程施工期间所揭示的卵石粒径分布资料，见表 15.1-1。

卵石粒径分布情况调查　　　　表 15.1-1

序号	工程及地点	调查方式	卵石粒径分布情况
1	海军总医院，阜成路	基坑验槽	基坑面积约 7650m²，开挖深度 14m。粒径大于 50cm 的漂石 20 余块，最大可见粒径约 80cm；粒径 30～50cm 卵漂石 60～80 块
2	盾构区间初勘，玉渊潭公园内	初勘探井	深度 8.9～14.2m 范围为卵石层，一般粒径 2～8cm，最大粒径 30cm
3	西四环南水北调暗涵工程	《浅埋暗挖技术在南水北调西四环暗涵工中的应用》（北京市水利规划设计研究院）	卵石粒径 3～6cm，最大粒径在 35cm 以上，卵石含量 60%～45%，部分地段 40%～30%
4	建工学院凿井工程，西外展览馆路	凿井地质资料	卵石一般粒径 2～5cm，最大粒径约 16cm，含砂量 20% 左右
5	阜成门外凿井资料	凿井地质资料	卵石最大粒径约 16cm，其中深度 18～19m、25m 处含漂石，最大粒径约 22cm
6	月坛公园凿井资料	凿井地质资料	深度 15m 以下的卵石最大粒径 20～25cm
7	五棵松体育文化中心	人工挖孔桩施工情况	深度 20m 左右分布有 2m 厚的漂石层，最大粒径大于 30cm
8	地铁 10 号线工体北路站	地铁施工情况	勘察资料揭示卵石粒径大小 4～7cm。现场施工揭示出实际卵石最大粒径约 30cm

场区邻近的海军总医院医疗大楼基坑工程开挖现场，揭露较大范围砾岩层，其中最大

粒径漂石1.5m×1.2m，见图15.1-6。

图15.1-6 海军总医院医疗大楼基坑工程揭露漂石情况

（2）北京地铁9号线军事博物馆站—东钓鱼台站盾构区间土层分布较为稳定，自上而下依次为人工填土、第四纪全新世冲洪积层、第四纪晚更新世冲洪积地层。隧道穿越范围地层主要为卵石—圆砾⑦层、砾岩⑪层和黏土岩⑪$_2$层。具体而言，区间始发段和接收段各约250m基本位于砾岩层，中间约700m穿湖及湖堤段为卵漂石地层，两种地层之间为砾岩—卵漂石地层的复合地层过渡段。砾岩和卵漂石地层中均含有超大粒径的漂石，竖井与暗挖隧道工程中揭露可见的最大漂石粒径1.7m。区间工程地质条件分布情况见图15.1-7、图15.1-8。

①卵石—圆砾⑦层：杂色，密实，湿—饱和，重型动力触探击数$N_{63.5}=73\sim90$，最大粒径不小于115mm，一般粒径30~50mm，粒径大于20mm颗粒含量约为总质量的50%~60%。亚圆形，中粗砂充填；杂色，密实，钻探揭露卵石部分：$D_{大}=8cm$，$D_{长}=12cm$，$D_{一般}=4\sim6cm$，亚圆形，级配较好，含细砂约30%。局部含漂石。

②砾岩⑪层：半胶结—弱胶结的极软岩，成岩性较差，强风化。胶结物以黏粒组为主，局部为细砂；易掰碎，砾石粒径一般2mm×2.5mm～6cm×8cm，局部可达 20cm 以上，磨圆度中等。

③黏土岩⑪$_2$层：棕红色，极软岩，胶结中等—差，强风化，含少量云母及中粗砂粒，局部含少量砾石。

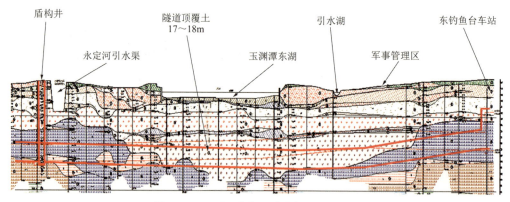

图 15.1-7　区间隧道地质纵断面图（一）

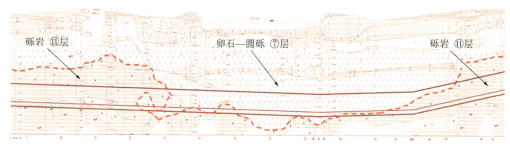

图 15.1-8　区间隧道地质纵断面图（二）

（3）盾构隧道始发竖井结构深度范围（21.0～29.5m）内地层调查情况为：

①深度 21.0～23.0m 范围内整体为砾岩层，强风化，泥质—砂质胶结，胶结程度较好，较大粒径砾石相对集中分布，一般粒径为 4～8cm，大于 20cm 的砾石约占总体积的 20%～30%，局部分布有较多 30～60cm 粒径的砾石，最大粒径可达 80cm。

②深度 23.0～26.0m 范围内整体为黏土岩层，强风化，其中混少量风化碎石屑。

③深度 26.0～27.5m 范围内整体为砾岩层，强—中等风化，泥质—砂质胶结，胶结程度较好，较大粒径砾石相对集中分布，一般粒径为 4～8cm，大于 20cm 的砾石约占总体积的 25%，局部分布有较多 30～50cm 粒径的砾石，最大粒径可达 60cm。

④深度 27.5～29.5m（槽底）范围内整体为砾岩层，强—中等风化，泥质—砂质胶结，胶结程度较好，整体强度相对较高，较大粒径砾石分布较少，一般粒径为 6～9cm，大于 20cm 的砾石约占总体积的 15%有粒径 40～50cm 的漂石存在。

（4）本区间场区端勘探期间（2006 年 12 月下旬～2007 年 1 月下旬），于勘察深度范围内测到 1 层地下水：地下水类型为潜水，水位标高为 38.48～38.77m（埋深 13.30～13.80m），含水层为卵石、圆砾⑤层。场区中部潜水埋藏较深，水位标高约为 26.50m，含水层为卵石、圆砾⑦层。

场区竖井、检修井、隧道内先后揭露的砾岩和砂卵石地层中的漂石情况见图 15.1-9～图 15.1-18。

图 15.1-9　地质补勘孔深度 14.0～14.4m 处揭露的漂石

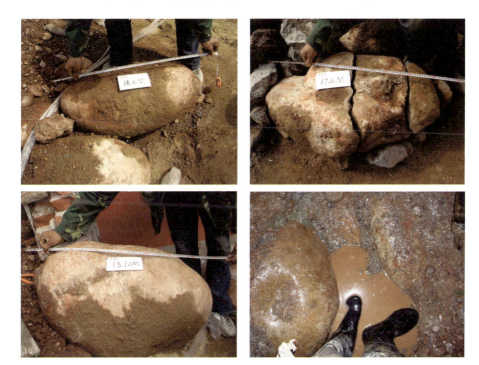

图 15.1-10　地质补勘孔深度 16.4～18.1m 处揭露的漂石

图 15.1-11　始发竖井砾岩层漂石

图 15.1-12　始发端暗挖隧道砾岩层漂石

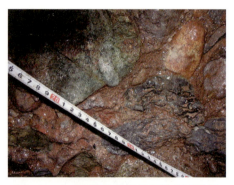
图 15.1-13　东钓鱼台车站探井内砾岩层

图 15.1-14　区间隧道检修井内漂石

图 15.1-15　玉渊潭东湖检修井内漂石地层

图 15.1-16　盾构排渣中的破碎漂石

图 15.1-17 砾岩地层

图 15.1-18 开挖面卵砾石与漂石

15.1.3 工程环境

本区间隧道穿越的环境风险主要为永定河引水渠、玉渊潭东湖，均为一级风险工程，见图 15.1-19。

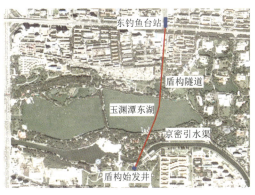
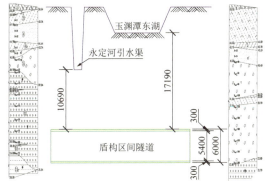

图 15.1-19 盾构隧道下穿永定河引水渠与玉渊潭东湖平剖面示意图

（1）永定河引水渠：隧道穿越段范围：K12+676～K12+736，相交段宽约50m。河道挡墙为块石混凝土，混凝土护坡，河底为大方砖，固坡砖为六角空心砖，回填料石为细粒花岗岩，见图 15.1-20、图 15.1-21。

（2）玉渊潭东湖：隧道穿越段范围：K12+970～K13+290，湖面宽约300m。现状玉渊潭东湖区间段的湖底高程为 46.16～47.63m，各钻孔揭示湖底以下分布有厚度 1.00～

4.30m 的湖底淤积层。

图 15.1-20　永定河引水渠

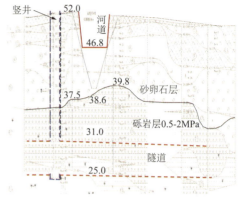

图 15.1-21　隧道下穿永定河引水渠剖面图

15.1.4　隧道结构

本区间隧道衬砌采用预制钢筋混凝土管片，混凝土强度等级为 C50，抗渗等级≥S10。管片外径 6000mm，内径 5400mm，环宽 1200mm，厚度 300mm，环向分 6 块，即 3 块标准块（中心角 67.5°），2 块邻接块（中心角 67.5°），1 块封顶块（中心角 22.5°）。管片之间采用弯螺栓连接，环向每接缝有 2 个螺栓，纵向共设 16 个螺栓（封顶块 1 个，其他每块 3 个），管片连接螺栓强度等级为 4.6 级、性能等级为 C 级。管片环与环之间采用错缝拼装，管片端面采用平面式，仅设置防水胶条处留有沟槽，楔形量为 48mm。结构断面形式见图 15.1-22、图 15.1-23。

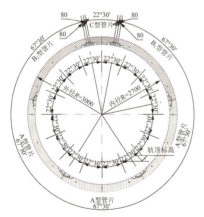

图 15.1-22　盾构隧道管片衬砌构造图

图 15.1-23　盾构区间成型隧道示意图

15.2　工程难点

（1）漂石粒径大、含量高，盾构破碎漂石掘进困难，盾构选型配置是重点。

区间隧道主要穿越卵石—圆砾⑦层和砾岩⑪层，均富含有大粒径漂石，成群状随机分布。场区邻近工程揭露最大粒径 800mm，区间竖井与暗挖隧道工程中揭露可见的最大漂石粒径 1.7m。依靠盾构设备自身破碎漂石，完成盾构掘进是最大难题，国内外罕见。盾构合理选型与针对性配置是实现碎石掘进的根本。

（2）富含大粒径漂石的砾岩与砂卵石复合地层盾构掘进，刀盘刀具磨损快。

隧道始发与接收段为砾岩层，中间段为漂石地层，相邻段为复合地层，从隧道纵向和开挖断面竖向均存在复合特征，均富含大粒径漂石，掘进困难，刀盘刀具磨损严重，换刀频繁，需进行针对性的刀盘刀具设计与配置。

（3）下穿引水渠与玉渊潭东湖水域，地下水丰富，水力连通性高。

隧道下穿京密引水渠和玉渊潭东湖，地下水赋存丰富，水压高，地层有效孔隙率高，水力连通性好，补给快。土压平衡盾构施工，面临高水压掘进，螺旋输送机喷涌严重，需采取针对性渣土改良和防喷涌措施，利于保压掘进和平衡输排。

15.3　不可输排粒径漂石地层力学特征

在岩土工程勘察报告的基础上，对现场采集的卵漂石取样，进行了相关物理力学试验，包括对36块试样进行了密度试验、单轴压缩及变形试验、三轴压缩及变形试验；6组试样进行了围岩成分测试试验；18组试样进行了CAI磨蚀性试验（8组）和岩石劈裂试验（10组），试样如图15.3-1所示。

图 15.3-1 卵漂石试样

15.3.1 岩石密度试验

1. 仪器设备

电子天平；天平最大称量 1000g，感量 10mg；游标卡尺等。

2. 试验方法与计算公式

试样密度用体积密度法，计算公式为

$$\rho_0 = M_0/V \tag{15.3-1}$$

式中：ρ_0——试样的天然密度、干密度，g/cm³；

M_0——试样的天然质量、干质量，g；

V——试样体积，cm³。

3. 试验结果

试验结果见表 15.3-1。

试样密度计算表　　　　　　表 15.3-1

试样编号	直径D/mm	高度H/mm	重量M/g	密度ρ/(g/cm³)
1-1	50.32	100.74	505.6	2.52
1-2	50.52	99.72	504.4	2.52
1-3	50.08	101.56	514.3	2.57
1-4	50.00	100.34	509.1	2.58
1-5	50.10	101.02	514.2	2.58

续表

试样编号	直径D/mm	高度H/mm	重量M/g	密度ρ/(g/cm³)
1-6	50.22	101.28	512.8	2.56
1-7	49.98	100.06	507.5	2.59
1-8	50.14	100.08	507.8	2.57
2-1	50.38	98.34	502.8	2.56
2-2	50.68	98.28	505.4	2.55
2-3	50.52	97.68	506.4	2.59
2-4	50.56	98.82	511.8	2.58
3-1	50.62	100.16	534.2	2.65
3-2	50.48	100.14	535.5	2.67
3-3	50.44	100.20	544.8	2.72
3-4	50.46	101.00	567.1	2.81
3-5	50.60	100.62	564.7	2.79
3-6	50.56	101.02	540.8	2.67
3-7	50.58	100.5	549.2	2.72
3-8	50.44	100.74	523.1	2.60
4-1	50.78	100.14	546.8	2.70
4-2	50.52	101.30	549.4	2.71
4-3	50.58	99.92	544.1	2.71
4-4	50.18	99.48	531.1	2.70
4-5	49.92	101.00	530.1	2.68
4-6	50.02	101.08	523.8	2.64
4-7	50.68	100.02	534.4	2.65
4-8	50.1	99.48	532.7	2.72
5-1	50.58	99.74	512.4	2.56
5-2	50.34	99.12	509.2	2.58
5-3	49.96	99.72	505.9	2.59
5-4	50.18	101.08	513.1	2.57

续表

试样编号	直径D/mm	高度H/mm	重量M/g	密度ρ/（g/cm³）
5-5	50.08	100.42	509.5	2.58
5-6	50.4	100.7	524	2.61
6-1	50.78	100.42	501.1	2.46
6-2	50.62	100.64	501.8	2.48

15.3.2 单轴压缩与变形试验

1. 主要仪器设备

加载设备：CSS-WAW2000DL 型电业伺服万能试验机；

记录设备：CSS-WAW2000DL 型电业伺服万能试验机，静态电阻应变仪；

数据处理设备：联想奔腾系列计算机，惠普打印机。

2. 单轴抗压强度计算公式

单轴抗压强度计算见式(15.3-2)。

$$\sigma_c = P_{max}/A \tag{15.3-2}$$

式中：σ_c——单轴抗压强度，MPa；

P_{max}——试样最大破坏载荷，kN；

A——试样受压面积，mm²。

3. 弹性模量E、泊松比μ计算公式

弹性模量E、泊松比μ计算见式(15.3-3)、式(15.3-4)。

$$E = \frac{\sigma_b - \sigma_a}{\varepsilon_{lb} - \varepsilon_{la}} \tag{15.3-3}$$

$$\mu = \frac{\varepsilon_{db} - \varepsilon_{da}}{\varepsilon_{lb} - \varepsilon_{la}} \tag{15.3-4}$$

式中：E——试件弹性模量，GPa；

μ——泊松比；

σ_a——应力与轴向应变关系曲线上直线段的起始点的应力值，MPa；

σ_b——应力与轴向应变关系曲线上直线段的终点的应力值，MPa；

ε_{la}——应力为σ_a时的轴向应变值；

ε_{lb}——应力为σ_b时的轴向应变值；

ε_{da}——应力为σ_a时的径向应变值；

ε_{db}——应力为σ_b时的径向应变值。

4. 试验成果

试样单轴压缩及变形试验结果见表15.3-2。

试样单轴试验结果 表 15.3-2

试样编号	负荷/kN	抗压强度/MPa	弹性模量/Gpa	泊松比
1-1	16.14	8.12	6.85	0.62
1-2	81.65	40.73	18.92	0.11
1-3	289.84	147.14	32.09	0.49
1-4	245.3	124.93	50.35	0.67
1-5	195.81	99.33	23.17	0.40
2-1	94.45	47.38	7.76	0.53
3-1	450.64	223.92	55.76	0.19
3-2	240	119.92	25.71	0.24
3-3	68.2	34.13	21.25	0.44
3-4	129.88	64.95	24.31	0.11
3-5	200.4	99.66	35.56	0.41
4-1	271.3	133.96	25.71	0.68
4-2	274.23	136.80	18.83	0.57
4-3	413.9	205.99	37.57	0.55
4-4	622.88	314.96	45.04	0.26
4-5	337.54	172.46	29.74	0.34
5-1	208.66	103.85	26.51	0.32
5-2	170.86	85.85	20.81	0.08
5-3	446.2	227.61	36.01	0.26
6-1	107.13	52.90	14.58	0.44
6-2	101.96	50.66	14.85	0.27

试样单轴压缩应力应变曲线见图 15.3-2。

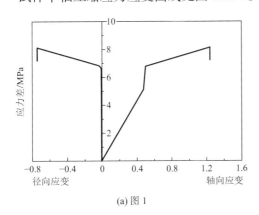

(a) 图 1

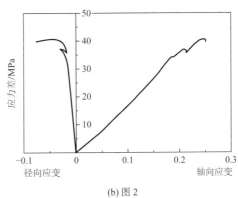

(b) 图 2

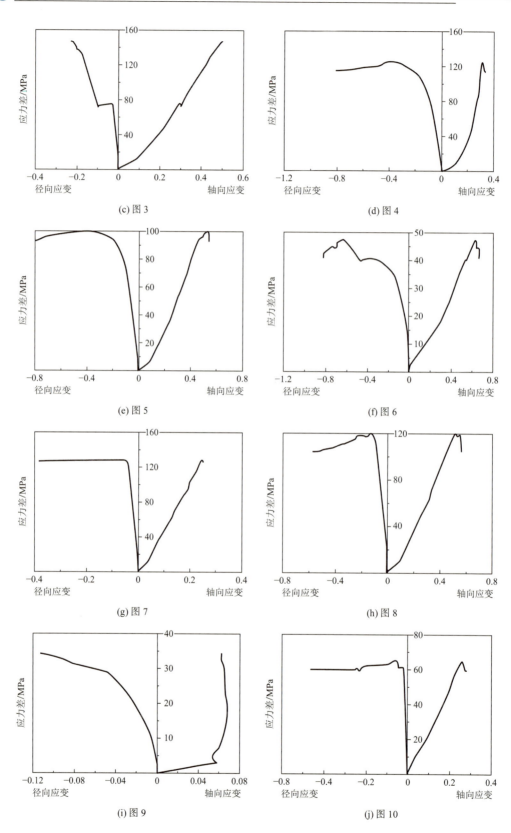

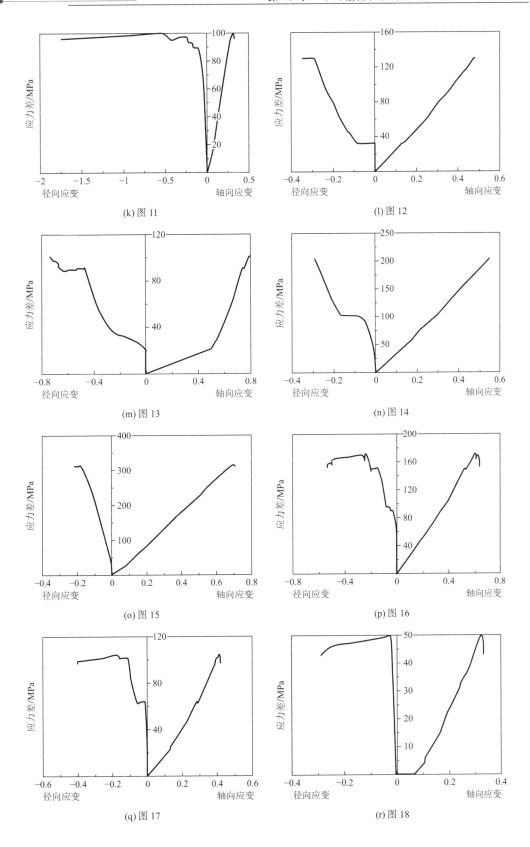

(k) 图 11　　　　　　　　　　(l) 图 12

(m) 图 13　　　　　　　　　　(n) 图 14

(o) 图 15　　　　　　　　　　(p) 图 16

(q) 图 17　　　　　　　　　　(r) 图 18

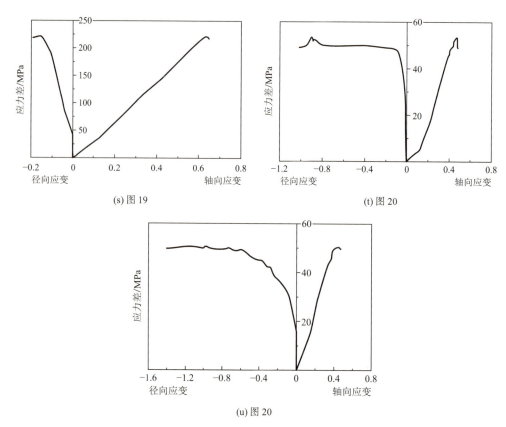

图 15.3-2 试样单轴压缩应力应变曲线

注：图 15.3-2 试样单轴压缩应力应变曲线的坐标中，左横轴表示：径向应变（10^6），右横轴表示：轴向应变（10^6），竖轴表示：轴向应力差/MPa。

15.3.3 三轴压缩与变形试验

1. 主要仪器设备

加载设备：TAW-2000 微机控制电液伺服岩石三轴试验机；

记录设备：TAW-2000 微机控制电液伺服岩石三轴试验机；

数据处理设备：联想奔腾系列计算机，惠普打印机。

2. 围压等级设定

应委托方要求围压等级按 4MPa、8MPa、12MPa 共 3 个等级进行。

3. 试验结果整理

（1）计算轴向破坏应力 σ_1，见式(15.3-5)。

$$\sigma_1 = P_{max}/A \tag{15.3-5}$$

式中：σ_1——轴向破坏应力，MPa。其余符号同前。

（2）计算弹性模量 E 和泊松比 μ，计算方法同式(15.3-3)和式(15.3-4)。

（3）各组 σ_1 与 σ_3 关系曲线，直线回归方程见式(15.3-6)。

$$\sigma_1 = \sigma_0 + k\sigma_3 \tag{15.3-6}$$

式中：σ_0——σ_1 与 σ_3 关系曲线纵坐标的应力截距，MPa；

k——σ_1与σ_3关系曲线的斜率。

（4）按式(15.3-7)、式(15.3-8)计算c、φ值。

$$c = \frac{\sigma_0(1-\sin\varphi)}{2\cos\varphi} \tag{15.3-7}$$

$$\varphi = \arcsin\left(\frac{k-1}{k+1}\right) \tag{15.3-8}$$

式中：c——岩石的黏聚力，MPa；

φ——岩石的内摩擦角，°。

4. 试验成果

试样在 4MPa、8MPa、12MPa 围压下的试验结果见表 15.3-3～表 15.3-7，各组试样三轴压缩应力应变曲线见图 15.3-3；各组岩石σ_1与σ_3关系曲线及石强度包络线图见图 15.3-4～图 15.3-8。

三轴压缩试验计算表　　　表 15.3-3

试样编号	组号	围压σ_3/MPa	主应力σ_1/MPa	弹性模量E/GPa	泊松比μ
1-6	1	4	158.53	22.26	0.17
1-7		8	184.19	22.68	0.12
1-8		12	245.20	21.84	0.11
抗剪强度指标计算：		$\sigma_1 = \sigma_0 + k\sigma_3$		$\tau = c + \sigma\mathrm{tg}\varphi$	
		$\sigma_0 = 109.20$（MPa）		$k = 12.33$	
		$c = 21.13$（MPa）		$\varphi = 58.20$（°）	

三轴压缩试验计算表　　　表 15.3-4

试样编号	组号	围压σ_3/MPa	主应力σ_1/MPa	弹性模量E/GPa	泊松比μ
2-2	2	4	139.96	10.79	0.21
2-3		8	221.51	16.86	0.03
2-4		12	219.32	17.81	0.10
抗剪强度指标计算：		$\sigma_1 = \sigma_0 + k\sigma_3$		$\tau = c + \sigma\mathrm{tg}\varphi$	
		$\sigma_0 = 114.30$（MPa）		$k = 6.43$	
		$c = 53.14$（MPa）		$\varphi = 46.94$（°）	

三轴压缩试验计算表　　　表 15.3-5

试样编号	组号	围压σ_3/MPa	主应力σ_1/MPa	弹性模量E/GPa	泊松比μ
3-6	3	4	169.58	24.21	0.11
3-7		8	232.53	36.56	0.10
3-8		12	240.89	30.93	0.14
抗剪强度指标计算：		$\sigma_1 = \sigma_0 + k\sigma_3$		$\tau = c + \sigma\mathrm{tg}\varphi$	
		$\sigma_0 = 143.03$（MPa）		$k = 6.64$	
		$c = 64.75$（MPa）		$\varphi = 47.59$（°）	

三轴压缩试验计算表　　　　　　　　　　表 15.3-6

试样编号	组号	围压 σ_3/MPa	主应力 σ_1/MPa	弹性模量 E/GPa	泊松比 μ
4-6	4	4	296.44	27.23	0.05
4-7		8	379.35	38.92	0.14
4-8		12	396.98	38.35	0.16
抗剪强度指标计算：		$\sigma_1 = \sigma_0 + k\sigma_3$		$\tau = c + \sigma\mathrm{tg}\varphi$	
		$\sigma_0 = 256.97$（MPa）		$k = 9.86$	
		$c = 75.72$（MPa）		$\varphi = 54.67$（°）	

三轴压缩试验计算表　　　　　　　　　　表 15.3-7

试样编号	组号	围压 σ_3/MPa	主应力 σ_1/MPa	弹性模量 E/GPa	泊松比 μ
5-4	5	4	285.64	24.32	0.10
5-5		8	446.53	38.26	0.15
5-6		12	405.96	27.25	0.18
抗剪强度指标计算：		$\sigma_1 = \sigma_0 + k\sigma_3$		$\tau = c + \sigma\mathrm{tg}\varphi$	
		$\sigma_0 = 258.97$（MPa）		$k = 6.66$	
		$c = 117.00$（MPa）		$\varphi = 47.63$（°）	

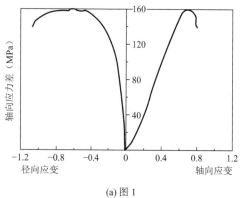

(a) 图 1

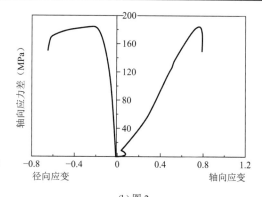

(b) 图 2

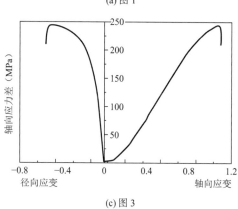

(c) 图 3

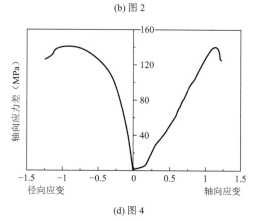

(d) 图 4

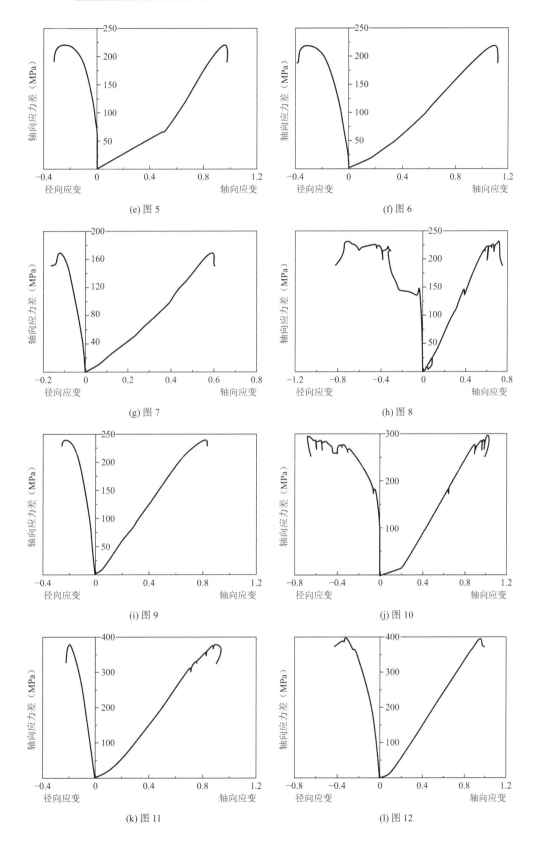

(e) 图 5　　　　　　　　　　　　(f) 图 6

(g) 图 7　　　　　　　　　　　　(h) 图 8

(i) 图 9　　　　　　　　　　　　(j) 图 10

(k) 图 11　　　　　　　　　　　(l) 图 12

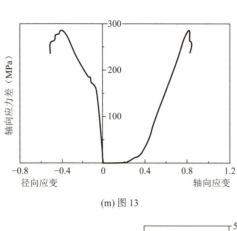

(m) 图 13

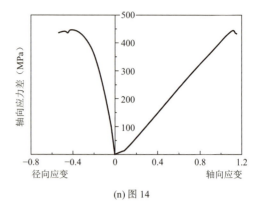

(n) 图 14

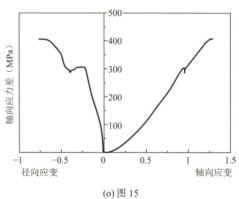

(o) 图 15

图 15.3-3　三轴压缩应力应变关系曲线图

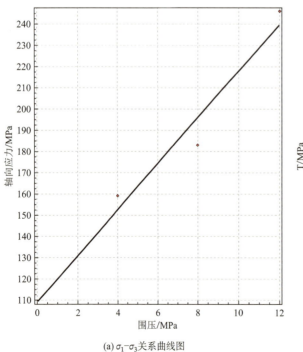

(a) σ_1-σ_3 关系曲线图

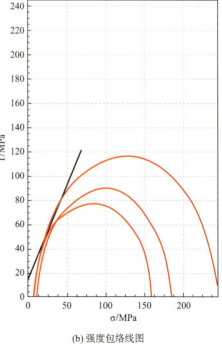

(b) 强度包络线图

图 15.3-4　第 1 组试样 σ_1-σ_3 关系曲线图与强度包络线图

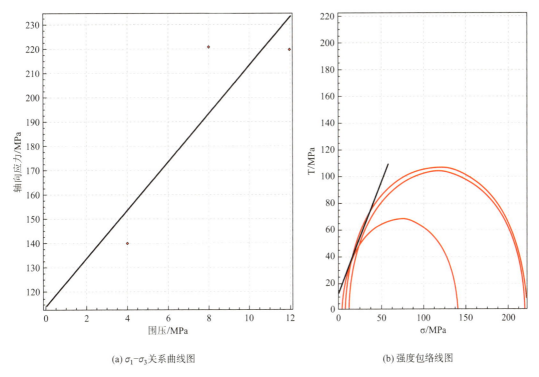

(a) σ_1-σ_3关系曲线图　　　　　　　　(b) 强度包络线图

图 15.3-5　第 2 组试样 σ_1-σ_3 关系曲线图与强度包络线图

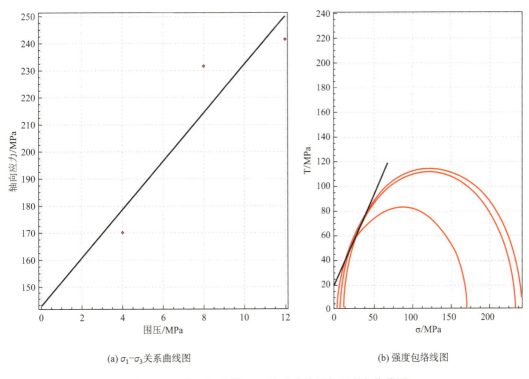

(a) σ_1-σ_3关系曲线图　　　　　　　　(b) 强度包络线图

图 15.3-6　第 3 组试样 σ_1-σ_3 关系曲线图与强度包络线图

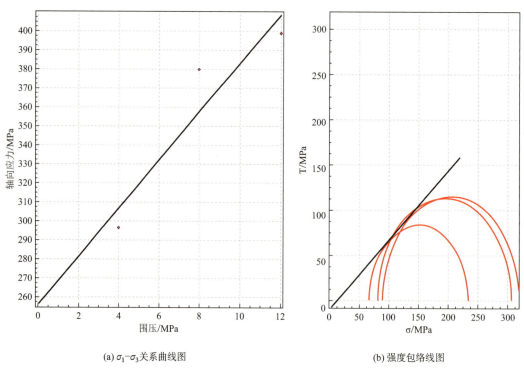

(a) σ_1-σ_3关系曲线图　　(b) 强度包络线图

图 15.3-7　第 4 组试样σ_1-σ_3关系曲线图与强度包络线图

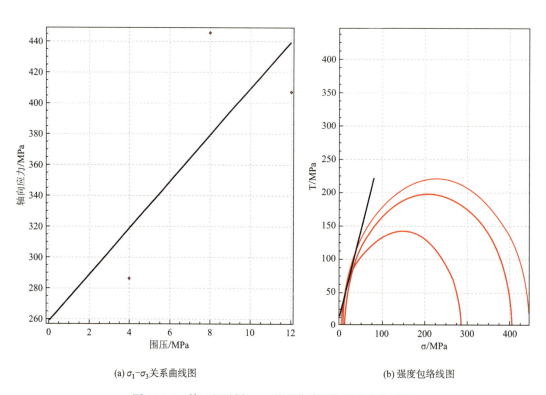

(a) σ_1-σ_3关系曲线图　　(b) 强度包络线图

图 15.3-8　第 5 组试样σ_1-σ_3关系曲线图与强度包络线图

15.3.4 矿物成分测试试验

研究卵漂石矿物成分是了解地层工程特性，探究刀盘、刀具磨蚀机理及相关技术的内在需求。

取上述试样的 1-4、2-1、3-4、4-4、5-3 及 6-1 等 6 组试样进行矿物成分试验，结果如下：

1）1-4 试样

黑云母花岗岩，半自然粒状结构，块状构造。

矿物成分：条纹长石 41%、石英 36%、斜长石 18%、黑云母 3%、磁铁矿 2%。

条纹长石：半自形，直径 2～4mm，负低突起，一级灰干涉色，具明显条纹结构，常见卡氏双晶，部分晶体中有斜长石包裹体。

石英：他形粒状，粒径 1～2mm，一级黄白干涉色，具弱的波状消光。

斜长石：半自形，直径 1～2mm，发育聚片双晶，为更长石，部分斜长石中部有轻微的绢云母化。

黑云母：片状，直径 0.3～0.5mm，一组极完全解理，具浅黄—褐色极明显多色性。

磁铁矿：半自形粒状，粒径 0.2～0.4mm，黑色不透明，反光下呈钢灰色。

2）2-1 岩石试样

花岗斑岩，斑状结构，块状构造。

（1）斑晶含量 39%，主要成分为：正长石 18%、石英 14%、斜长石 5%、黑云母 2%。

正长石：半自形，直径 2～3mm，一级灰干涉色，常见卡氏双晶，有轻微高岭石化。

石英：他形粒状，直径 1～2mm，一级黄白干涉色，部分石英边部有溶蚀边，内部有斜长石包裹体。

斜长石：半自形板状，直径 2～3mm，具聚片双晶及环带结构，大部分斜长石具较强的绢云母化。

黑云母：他形，直径 1～2mm，具浅黄—褐色多色性。

（2）基质含量 61%，主要成分：石英 22%、正长石 19%、斜长石 15%、黑云母 5%。

石英：近似等轴粒状，粒径 0.1～0.2mm，一级黄白干涉色。

正长石：他形粒状，直径 0.2mm，一级灰干涉色，无双晶。

斜长石：半自然粒状，粒径 0.1～0.3mm，具明显的聚片双晶。

黑云母：半自形，直径 0.1mm，具浅黄—褐色明显的多色性。

3）3-4 试样

辉石安山岩。斑状结构，杏仁状构造。

（1）斑晶含量 55%，主要成分：斜长石 48%、普通辉石 7%。

斜长石：半自形—自形，直径 0.3～1mm，所有斜长石强烈绢云母化，仅少数颗粒隐约可见聚片双晶。

普通辉石：半自形—自形，无色，正高突起，具辉石式解理，最高干涉色为一级紫红，偶见简单双晶和聚片双晶。

（2）基质含量 45%，主要成分：斜长石 20%，隐晶质 15%，磁铁矿 2%，杏仁体 8%。

斜长石：板条状，宽 0.01mm，长 0.05mm。一级灰白干涉色，略有定向排列。

隐晶质：浅灰白色，粒度极细，小于 0.002mm，在强光下略显光性，分布在微晶斜长石之间。

磁铁矿：他形粒状，直径 0.01mm，黑色不透明，均匀分布。

杏仁体：椭圆形，直径 0.1～1mm，杏仁体成分主要为绿泥石，含少量绿帘石。

4）4-4 试样

中粗粒岩屑，石英砂岩，中粗粒砂状碎屑结构、块状构造。

（1）碎屑含量 93%，呈次棱胶状，直径 0.3～1mm，分选及磨圆均较差，颗粒支撑，孔隙式胶结，碎屑间呈线状接触。碎屑成分：石英 75%、长石 8%、岩屑 10%。

石英：次棱角状，少数为棱角状，一级黄白干涉色，部分石英有弱的波状消光。

长石：长石种类主要为正长石，含少量斜长石，部分长石碎屑有轻微的高岭石化和绢云母化。

岩屑：岩屑种类以凝灰岩为主，其次为安山岩，含少量零细岩及碎石岩屑。

（2）填隙物含量 7%，主要成分：黏土矿物 5%、方解石 2%。

黏土矿物：灰色，粒度极细，小于 0.002mm，大部分黏土矿物已重结晶为结晶不完全的绿帘石和绿泥石。

方解石：他形粒状，粒径 0.1mm，高级白干涉色。

5）5-3 试样

花岗斑岩，斑状结构，块状构造。

（1）斑晶含量 31%，主要成分：石英 15%，钾长石 9%，斜长石 4%，黑云母 3%，斑晶直径 0.5～1.0mm。

石英：半自形粒状，一级黄白干涉色，部分石英具弱的波状消光。

钾长石：半自形板状，主要种类为正长石，含少量微斜长石。正长石一级灰干涉色，常见卡式双晶，微斜长石具细密的网络双晶。

斜长石：半自形，发育糜片双晶，有轻微的绢云母化。

黑云母：半自形片状，一组极完全解理，具浅黄—褐色极明显的多色性。

（2）基质含量 69%，主要成分：长英质微晶 68%、黑云母 1%。

长英质微晶：近等轴粒状，粒径 0.02～0.05mm，其中长石微晶有轻微的高岭石化。

黑云母：片状，直径 0.05mm，具浅黄—褐色明显的多色性。

6）6-1 岩石试样

黑云母安山岩石，斑状结构，气孔构造。

（1）斑晶含量 15%，成分：斜长石 12%、黑云母 3%。

斜长石：半自形—自形，直径 1～3mm，发育聚片双晶，偶见穿插双晶。

黑云母：片状，直径 1～2mm，一组极完全解理，浅黄色-红褐色极明显多色性，三级干涉色。

（2）基质含量 85%，具交织结构，主要成分：斜长石 74%、黑云母 2%、石英 1%、磁铁矿 1%、气孔 7%。

斜长石：板条状，宽 0.02mm，长 0.1mm，一级灰白干涩色，常见聚片双晶，略有定向分布。

黑云母：片状，宽 0.01mm，长 0.1mm，具浅黄—褐色多色性。

磁铁矿：他形粒状，直径 0.01mm，黑色不透明。

石英：无色，他形粒状，粒径 0.02mm，一级黄白干涉色。

气孔：椭圆形，宽 0.3~0.5mm，长 1~2mm，延长轴定向分布。

15.3.5 颗粒级配试验

盾构穿越地层的颗粒级配对盾构施工有着重要的影响。一般来说，细颗粒含量多，土体易形成不透水的塑流体，容易充满盾构开挖仓，在开挖仓中可以建立土压力，平衡地层的水土合力。粗颗粒含量高的土体塑流性普遍较差，难以建立土压的动态平衡。

选取 3 组不同层位的样品进行室内筛分试验，得出颗粒级配曲线和颗粒粒组含量，如图 15.3-9~图 15.3-11 所示。试验结果表明：北京 9 号线军事博物馆站—东钓鱼台站区间盾构隧道穿越地层三组样品的颗粒级配曲线较为平缓，表示地层土体粒径相差悬殊，土颗粒分布不均匀，级配良好；进一步分析粒径含量可知，三组地层颗粒中卵、砾、漂石含量较高，分别为 39%、70% 及 54.5%，分别不利于土压平衡盾构的施工。因此，非常有必要根据试验情况，在刀盘、刀具磨损控制、土体改良技术、盾构掘进控制等方面进行深入、细致的研究。

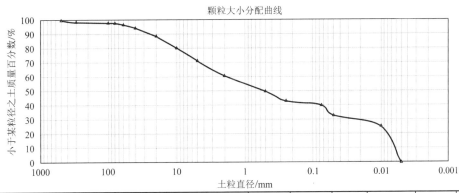

颗粒组成 /%	漂石	卵石					砾石	粗砂	中砂	细砂	粉砂	黏粒
	>400 mm	400~200 mm	200~100 mm	100~80 mm	80~60 mm	60~40 mm	40~20 mm	20~2 mm	2~0.5 mm	0.5~0.25 mm	0.25~0.075 mm	0.075~0.01 mm	0.01~0.005 mm
	/	1.5	0.5	0.2	1.1	2.3	5.7	27.7	11.0	6.7	3.0	15.0	25.2

图 15.3-9 颗粒粒径级配曲线及颗粒组成（21~27m）

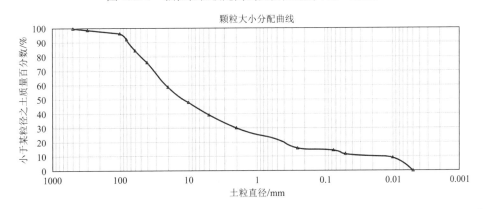

颗粒组成/%	漂石		卵石					砾石	粗砂	中砂	细砂	粉砂	黏粒
	>400 mm	400~200 mm	200~100 mm	100~80 mm	80~60 mm	60~40 mm	40~20 mm	20~2 mm	2~0.5 mm	0.5~0.25 mm	0.25~0.075 mm	0.075~0.01 mm	0.01~0.005 mm
	/	1.3	2.6	4.2	7.7	8.3	17.3	28.6	8.1	6.1	1.3	5.5	9.0

图 15.3-10　颗粒粒径级配曲线及颗粒组成（18.5~24.5m）

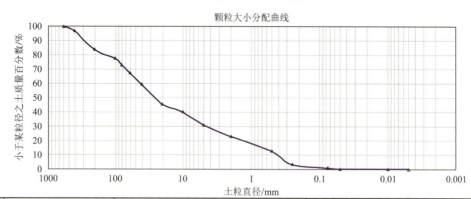

颗粒组成/%	漂石			卵石				砾石	粗砂	中砂	细砂	粉砂	黏粒
	>500~400 mm	500~200 mm	400~200 mm	200~80 mm	100~60 mm	80~40 mm	60~20 mm	40~2 mm	20~0.5 mm	2.0~0.25 mm	0.5~0.075 mm	0.25~0.01 mm	0.01~0.005 mm
	3.4	13.0	6.0	4.7	5.6	8.0	13.8	0.0	10.3	9.2	2.5	1.0	/

图 15.3-11　颗粒粒径级配曲线及颗粒组成（19.5~20.5m）

15.3.6　CAI 磨蚀试验

CAI（Cerchar Abrasion Index）磨蚀试验是常用的一种测试硬岩磨蚀性指标的试验方法。目前，CAI 试验是国际上用于检测盾构刀盘、刀具磨损性能最有效、应用最为广泛的地层磨蚀性试验。为了研究卵漂石的磨蚀性能，利用中国科学院 ATA-IGGI 岩石磨蚀伺服试验仪，选取 8 组大粒径卵漂石样本进行了 CAI 磨蚀试验。

1. 试验仪器

ATA-IGGI 岩石磨蚀伺服试验仪是目前国内首台、世界先进的岩石 Cerchar 磨蚀试验仪，如图 15.3-12 所示。试验机配置了德国 DOLI 公司原装进口的 EDC 全数字伺服控制器、德国 ASM 线式位移传感器和日本松下步进伺服电机、电子显微观测仪等先进部件，试验过程闭环伺服控制，水平位移速度范围为 1~100mm/min。试验机可进行 Cerchar 磨蚀试验，测试岩石 Cerchar 磨蚀值，分析磨蚀全过程"岩—机"相互作用。数据采集最小间隔 1ms，可实时获得钢针水平位移值、力值、钢针磨蚀值、岩石凹痕深度。磨蚀试验仪的主要力学参数如表 15.3-8 所示。

图 15.3-12　ATA-IGGI岩石磨蚀伺服试验仪照片

岩石磨蚀试验仪的主要计算参数表　　　　表 15.3-8

技术参数	ATA-IGGI岩石磨蚀伺服试验仪
水平力有效测量范围	0.4～200N
水平力测量精度	±1%
钢针垂直荷重	70N
钢针外形尺寸	直径 10mm；长 100mm；锥角 90°
钢针材质	40CrNiMo；HRC40-45
位移精度	±1%
位移分辨率:	1/100000
显微放大倍数	×60，×180，×540
显微测量精度	0.001mm

2. 试件制作

试件采取岩心加工制成试件，试件为圆柱体，直径约为 50mm。试件高度与直径之比在 1.0～2.0 之间。试件两端面不平整度误差小于 0.05mm，沿试件高度直径的误差小于 0.3mm，端面垂直于试件轴线最大偏差小于 0.25°。

3. 试验过程

（1）钢针使用前，使用电子显微观测仪（×180）检查钢针针尖是否完好，针尖锥角是否为 90°，钢针确认正常后，并截取试验前钢针针尖典型显微图像；不正常更换新的钢针（图 15.3-13）。

（2）启动试验机电源，打开计算机试验控制软件，连接试验机伺服控制器（EDC），使试验机伺服步进电机以 10mm/min 的位移速度空转10mm并归位，同时打开测量系统，检查伺服控制器与伺服电机是否正常运行，检查位移、力和时间测量是否正常；所有部件正常后进行下一步试验，不正常停机检修。

（3）安装试件，测试面水平，加持面固定，旋紧虎钳，固定样品。

（4）装测试钢针，在钢针夹持固定后，缓缓旋下主机荷重，使针尖垂直压在测试面表面，如图 15.3-13 所示。

（5）在控制软件上新建试验项目，开始试验。以 10mm/min 的位移速度，使钢针在试样表面位移 10mm。

（6）缓缓旋离主机荷重，钢针针尖脱离试样表面，打开钢针夹持器，取下钢针。

（7）命名试验项目并保存。

4. 测量

将试验后的钢针，放在电子显微观测仪（×180）载物台上，调整钢针位置和观测仪焦距，用测量软件测量钢针针尖直径，如图 15.3-14 所示；将钢针沿轴向旋转 120°，再次测量钢针针尖直径；将钢针沿轴向再次旋转 120°，第 3 次测量钢针针尖直径。为了使试验的结果更加准确，在垂直原划痕方向重复 CAI 试验，目的是降低卵石的各向异性造成试验结果的偏差。记录 3 次钢针针尖直径测量值，并保存测量时钢针针尖图像。

 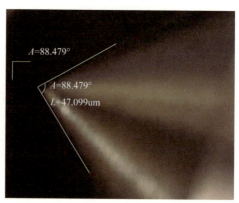

图 15.3-13　钢针与卵石作用痕迹图　　图 15.3-14　用显微镜测量试验钢针磨损值

5. 数据处理

以 0.1mm 为基本单位，将测量值转换为钢针磨蚀值，比照各种岩石钢针磨蚀值经验表，判断测量合理性。将 3 个角度测量的磨蚀值算术平均，为单次试验值，每个样品表面在同一方向重新试验 3 次，3 次单次试验值的算术平均值即为最终样品的岩石 CAI 磨蚀值。

6. 试验标准

岩石 CAI 指数的分级情况如表 15.3-9 所示。

岩石 CAI 指数磨蚀性分级表　　　　　　　　　表 15.3-9

CAI	磨蚀等级
0.0-0.3	无磨蚀性
0.3-0.5	弱磨蚀性
0.5-1.0	轻度磨蚀性
1.0-2.0	中等磨蚀性
2.0-4.0	强磨蚀性
4.0-6.0	极强磨蚀性

7. 试验结果

CAI 磨蚀试验结果显示 8 组试件的磨蚀指数 CAI 最大 3.237，最小 2.084，平均 2.738，整体偏大，参照表 15.3-9，表明该区间盾构穿越的不可输排粒径漂石地层为强磨蚀性地层，卵漂石耐磨性能高，对盾构刀盘、刀具的磨损大。详细的试验结果情况如图 15.3-15 和表 15.3-10 所示。

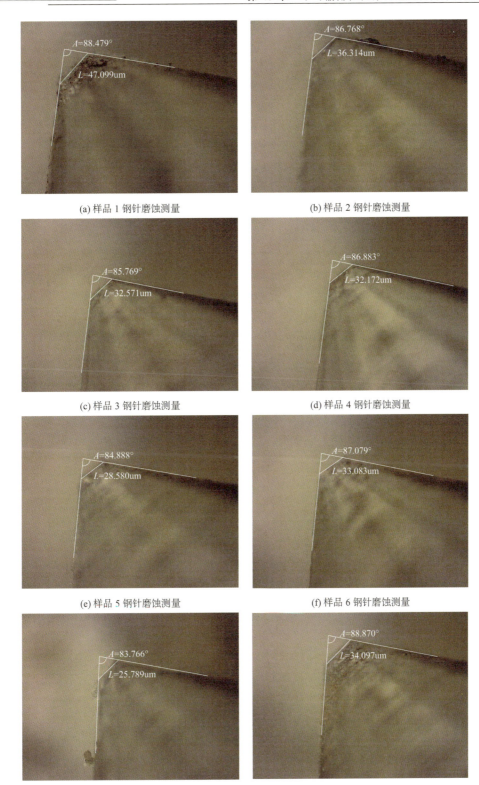

图 15.3-15 岩石磨蚀试验钢针磨蚀情况

岩石磨蚀试验结果表　　　　　　　　　　　表 15.3-10

样品	测试号	测量值/μm（测角 0°, 120°, 240°）			测量平均值/μm	样品 Cerchar 磨蚀指数 CAI/0.1mm
1	A	409.108	310.268	300.227	323.684	3.237
1	B	370.145	280.719	271.634		
2	A	306.416	345.492	306.829	313.313	3.133
2	B	294.400	331.943	294.797		
3	A	277.527	280.356	287.402	273.555	2.736
3	B	261.360	264.024	270.661		
4	A	255.497	270.674	263.344	274.137	2.741
4	B	276.789	293.230	285.289		
5	A	234.064	260.165	244.448	248.713	2.487
5	B	238.792	265.421	249.387		
6	A	259.995	253.818	288.114	281.378	2.814
6	B	287.363	280.536	318.442		
7	A	196.120	197.323	181.637	208.362	2.084
7	B	230.228	231.640	213.226		
8	A	304.633	265.527	294.698	266.932	2.669
8	B	259.502	226.190	251.039		

15.3.7　劈裂强度研究

为了进一步研究卵漂石的劈裂强度及劈裂特征，选取 10 组试验开展岩石的劈裂试验，具体的试验结果如表 15.3-11 和图 15.3-16 所示。

岩石抗拉强度试验成果表　　　　　　　　　　表 15.3-11

试样编号	厚度/mm	直径/mm	天然质量/g	天然密度/（g/cm³）	负荷/kN	抗拉强度/MPa	加载速率/（mm/min）
1	48.08	51.21	251.99	2.545	21.278	5.502	0.10
2	48.76	51.11	255.11	2.550	23.950	6.118	0.10
3	39.95	51.02	210.74	2.580	28.046	8.760	0.10
4	43.25	50.99	249.93	2.830	60.772	17.543	0.10
5	46.12	50.98	258.27	2.743	46.892	12.697	0.10
6	68.87	50.97	356.52	2.537	39.364	7.139	0.10
7	62.97	50.09	319.81	2.577	14.36	2.898	0.10
8	46.02	51.01	245.13	2.606	46.46	12.601	0.10
9	49.97	51.02	260.79	2.553	22.206	5.545	0.10
10	46.98	51.07	245.74	2.554	23.024	6.109	0.10

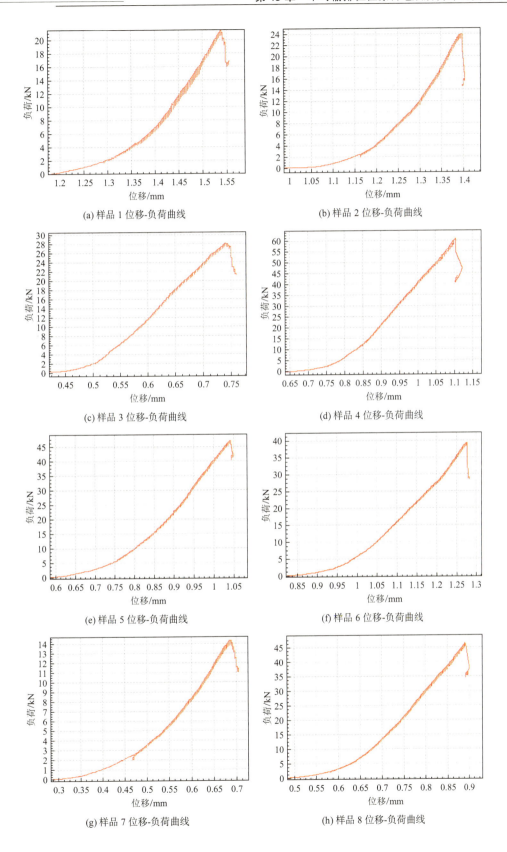

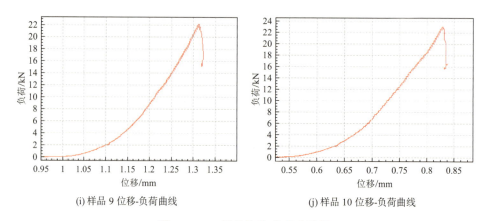

(i) 样品 9 位移-负荷曲线　　　　　　　(j) 样品 10 位移-负荷曲线

图 15.3-16　样品位移-负荷曲线图

15.4　盾构选型与刀具配置

15.4.1　盾构选型

1. 盾构选型重点

（1）漂石破碎输排困难。含不可输排粒径漂石的砾岩地层或砂卵石地层，大粒径漂石含量高，且粒径超过螺旋输送机的可输排粒径限值，难以直接进仓输排，滞留于刀盘前无法进仓，导致刀盘卡困、刀具磨损、开挖面坍塌，或者进入螺旋机但无法排出，导致螺旋机卡困、断轴等问题。盾构机应具备刀盘刀具直接破碎大粒径漂石的装备能力。

（2）刀盘刀具磨损严重。地层卵漂石含量高、粒径大、强度高、磨蚀性强，刀盘刀具常规磨耗快，异常损伤大，直接影响漂石的破碎效果和地层的开挖效率。

（3）渣土改良运移困难。地层富水，漂石、卵石、砾石等粗颗粒级配不连续，地层流动性差、黏聚力小、摩阻力大，渣土运移输排困难，渣土改良难度大。要实现地层顺利开挖和渣土运移输排，建立压力平衡和维持开挖面稳定，延缓刀盘刀具磨损、降低刀盘开挖扭矩、防止刀盘和螺旋输送机卡困、减少螺旋输送机喷涌，需要重视渣土改良配置。

（4）盾构掘进效率低下。卵漂石含量高，漂石破碎输排困难，富水喷涌，加上刀具磨损快，均会造成盾构开挖效率低、渣土输排不畅、参数波动大等问题，整体降低掘进效率。

针对以上盾构工程问题，需对盾构机进行针对性选型配置，将不可输排粒径漂石破碎为可输排粒径的颗粒。

因此，在本工程盾构设备性能选配方面，形成以下针对性选型配置要求。

（1）采用复合式重型刀盘，配置高强楔击和楔犁刀具，尽量扩大刀盘开口率，提高刀盘耐磨保护和刀具抗冲击性能。

（2）提高盾构主驱动的扭矩储备及装备功率，不可输排大粒径漂石地层盾构刀盘驱动系统应具备高功率、高承载、高可靠性，实现高转速、大扭矩输出，以适应地层高密实度、高摩阻、高强度、强冲击等特性。

（3）采用大直径螺旋输送机，提高卵漂石可排性，增强螺旋机整体耐磨性能。

（4）加强渣土改良系统配置，可以进行刀盘、土仓、螺旋输送机多部位，泡沫、膨润土泥浆、聚合物多添加剂的加注功能，综合改善渣土性能，提高渣土输排效率，辅助实现压力平衡掘进，降低刀盘刀具磨损。

2. 针对性选型配置

（1）盾构主要技术参数

依据长距离全断面无水砂卵石地层条件和工程需求，结合前述盾构选型重点，选用中铁装备制造的加泥式土压平衡盾构机，见图 15.4-1～图 15.4-4，主要技术参数见表 15.4-1。

盾构主要技术参数表   表 15.4-1

序号	项目	参数	说明
1	整机长度	约 83m	
2	主机长度	9m（含刀盘）	
3	最小转弯半径	250m	
4	纵向爬坡能力	±40‰	
5	开挖直径	φ6264mm	
6	主轴承直径	3130.55mm	
7	盾体直径	φ6226mm	
8	刀盘转速	0-1.7-3.2r/min	
9	最大推进速度	80mm/min	
10	推进系统最大推力	37800kN	单位面积推力 1227kN/m^2
11	最大扭矩	6190kN·m	扭矩系数α＝25.2
12	脱困扭矩	7740kN·m	扭矩系数α＝31.5
13	螺旋输送机内径	φ850mm	出渣粒径 300mm
14	刀盘驱动功率	1200kW	
15	装机功率	1850kW	

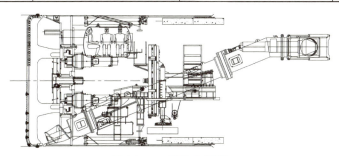

图 15.4-1 盾构主机图

图 15.4-2 盾构刀盘图

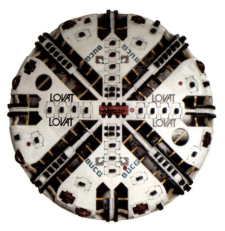

图 15.4-3　盾构机厂内总装　　　　　图 15.4-4　现场初装刀盘

（2）盾构机耐磨设计

在颗粒中石英含量较高砂卵石地层盾构掘进过程中，除刀具磨损外，盾构刀盘、土仓、螺旋输送机等与运移的渣土直接接触的部件表面都会产生不同程度的磨损；尤其是大粒径漂石地层，盾构土压、扭矩和推力等参数指标高，处于长期高负载掘进状态，上述部位承受磨粒磨损和冲击磨损的双重作用，因此磨损更为迅速，磨损程度更为严重，甚至造成刀盘和螺旋输送机本体钢结构严重磨损或变形破坏，影响正常掘进，被磨损的部件在地下进行维修也将面临巨大的安全风险。因此，加强盾构机相应部件的耐磨设计，是砂卵石地层盾构配置的关键点之一。

①盾构机耐磨设计

耐磨材料选用双金属复合耐磨钢板（基材为 Q235 普通钢板，耐磨堆焊层一般为高强 Cr7C3 合金层）、镶嵌硬质合金的耐磨条和 VT-TBM-61 堆焊焊条 3 种材料。耐磨处理的部位是：刀盘正面、进渣开口侧面和刀盘外周圈；土仓的下半部分和连接螺栓周边；螺旋输送机螺杆、叶片和外筒下半部分的内壁。

耐磨材料与盾构机耐磨处理部件本体的结合采用手工焊接方式。大部分耐磨表面采用双金属复合耐磨钢板满铺焊接；刀盘外周圈采用镶嵌硬质合金的耐磨条间隔焊接；耐磨板接缝及局部不规则表面采用 VT-TBM-61 焊条堆焊耐磨层。

所有耐磨材料与盾构机耐磨处理表面的结合均采用手工焊接方式，连接强度高，不会出现耐磨层脱落现象。当耐磨层磨损超限后，耐磨钢板和耐磨条可采用碳弧气刨进行刨除、更换；堆焊的耐磨层则进行补焊。更换耐磨材料方便可靠，不会造成所述盾构机本体结构的磨损变形。

②刀盘耐磨设计

刀盘迎土面的面板和辐条裸露表面以及刀盘进渣开口部位的两侧面，除切削刀具安装位置以外，满铺焊接厚度 14mm（8mm 耐磨层 + 6mm 基板）双金属复合耐磨钢板。根据各部位形状，将耐磨钢板分割成若干分块，分块尺寸应小于 600mm × 800mm，各分块与刀盘本体采用手工焊接方式连接，分块间的焊缝焊好后再堆焊 5mm 厚耐磨层。在刀盘外周圈宽度范围内，设置 3～4 道镶嵌硬质合金的耐磨条；耐磨条在刀盘周圈进渣口位置断开，呈 60°斜向进渣口的喇叭口，以便周圈土渣顺利进入土仓，详见图 15.4-5。

③开挖仓耐磨设计

土仓内周圈和隔板的下半部分，沿着掘进方向和隔板半径方向，铺焊宽100mm，厚14mm，间距100mm的双金属复合耐磨钢板。在土仓切口环位置采用VT-TBM-61焊条堆焊10mm厚耐磨层。在土仓隔板上的刀盘主驱动连接法兰沉头螺栓位置，满铺焊接宽150mm的双金属复合耐磨钢板环带，环带上预留连接螺栓的安装孔位，详见图15.4-6。

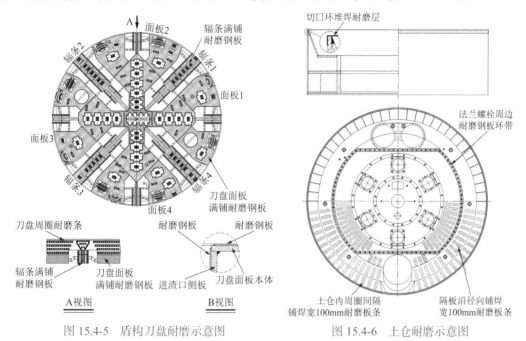

图15.4-5 盾构刀盘耐磨示意图　　图15.4-6 土仓耐磨示意图

④螺旋输送机耐磨设计

螺旋输送机的螺旋叶片的上表面，满铺焊接14mm厚双金属复合耐磨钢板。在螺杆端头两个螺距范围内堆焊10mm厚耐磨层。在螺旋输送机外筒下部内壁1~1.5m长度范围内堆焊80mm×80mm网格状8mm厚耐磨层，如图15.4-7所示。

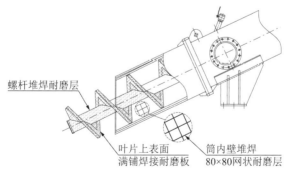

图15.4-7 螺旋输送机耐磨示意图

耐磨材料以双金属复合耐磨钢板为主，其可焊性能及耐磨、耐冲击性能均较高，并配合其他两种耐磨材料可适应盾构机各种曲面形状，即满足耐磨要求，降低了耐磨处理成本。耐磨板采用焊接方式，连接强度高，不易发生脱落，可有效抵抗砂卵石渣土的磨耗作用和大粒径卵漂石的冲击作用，减小盾构掘进排渣机构的磨损，实现盾构长距离安全掘进。当耐磨层磨损超限后，可方便地采用碳弧气刨将耐磨钢板和耐磨条进行刨除、更换，堆焊的耐磨层则进行补焊，不会造成所述盾构机本体结构的磨损变形。

15.4.2 刀具配置

盾构主要配置楔击刀实现不可输排粒径漂石破碎，通过楔击刀和楔犁刀共同实现地层开挖，通过周边配置双刃滚刀实现单一地层和复合地层的保径开挖，具体配置见 10.2.3 节内容。区间盾构刀具编号及位置如图 15.4-8 所示。

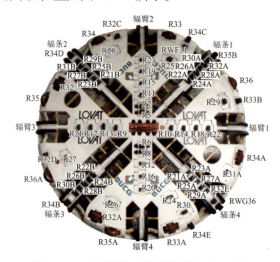

图 15.4-8　区间盾构刀具编号及位置示意图

15.5　盾构碎石掘进

15.5.1　渣土改良

1. 含不可输排粒径漂石的砾岩地层渣土改良

（1）地层特征

经室内试验分析，砾岩层的沉积成岩时间较短，成岩作用差，呈半胶结状态，属半成岩。因其岩石性质的弱化，通常具有饱和软化、干燥收缩和吸水崩解的特征，泥质胶结物的水理性质较差，具有一定胀缩性。第三纪沉积的砾岩均形成时间较晚，成岩程度低，其胶结强度很低，为 0.3～2.0MPa。随着深度的增加，胶结物强度随之增加。

砾岩由于成岩程度低，当含水量过低或接近干燥状态时，砾岩的结构易受到扰动而使单轴抗压强度降低。随着含水量的增加，砾岩的单轴抗压强度会具有逐渐增加的特点，但含水量过大时，水对砾岩中的泥质会起到较明显的软化作用，从而降低其单轴抗压强度。一般砾岩中的含水量在 10% 左右时的强度较高。但是该砾岩地层最大的特征是地层中包括了大量的不可输排粒径漂石，漂石强度大多为 60～120MPa，增加了盾构施工难度。

（2）改良方法

砾岩地层：半胶结状态，属半成岩，成岩程度低，岩体强度低，泥质胶结物的水理性质较差，盾构掘进时选用泡沫对开挖面前方的土体进行改良。泡沫为康达特（COMDAT）

CLB F4 AD 型泡沫，泡沫剂浓度为 3.5%，泡沫注入率 20%～30%。该泡沫原液在 25℃时实测各项指标如表 15.5-1 所示。

泡沫原液性能指标 表 15.5-1

项目	指标
密度/（g/cm³）	1.02
运动黏度/（MPa·s）	2
水溶性	完全溶解
pH 值	7.2

（3）改良效果

通过现场土体改良前后对比试验，盾构关键施工参数发生了显著的变化，见图 15.5-1～图 15.5-3。

①土体改良前，上土压力偏小，稳定性差，时常出现上土压力小于 0.02MPa 的情况，非常不利于开挖面稳定及地表沉降的控制。土体改良后，上土压力提高明显，而且稳定性好，控制在 0.05MPa 以上，见图 15.5-1。

②土体改良后，刀盘扭矩控制的均比土体改良前降低明显，且控制得较为稳定，利于盾构掘进，见图 15.5-2。

③土体改良前后，盾构掘进效率也发生了明显的变化。土体改良前，盾构推进过程稳定性差，时常出现推进速度为零的情况；土体改良后，盾构推进速度明显提高，为 30～40mm/min，见图 15.5-3。

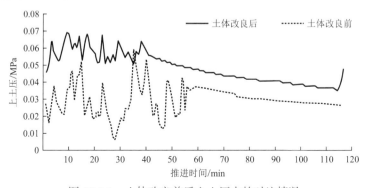

图 15.5-1 土体改良前后上土压力的对比情况

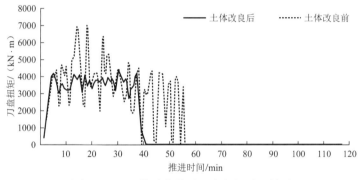

图 15.5-2 土体改良前后刀盘扭矩对比情况

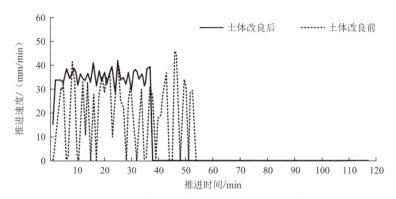

图 15.5-3　土体改良前后盾构推进速度对比情况

通过现场土体改良试验证明，泡沫改良剂能够适应砾岩层特征，能改善渣土塑流性，防粘结，利于盾构掘进的同时，能顺畅地将漂石排出。

2. 含不可输排粒径漂石的砂卵石地层渣土改良

（1）地层特征

该区间中段盾构穿越第四纪沉积的卵石—圆砾⑦层，地层随机分布大量不可输排粒径的漂石。漂石强度高，最大强度 200MPa，平均强度 100MPa，而且不同深度处卵漂石分布不均。

（2）改良方法

地层富水，大粒径漂石含量大，强度高，渗透系数高，难破碎、易卡困、易沉仓、易喷涌，采用"钠基膨润土泥浆 + 聚合物溶液 + 泡沫"进行渣土改良。$1m^3$ 膨润土泥浆配比为：1000kg 水，55kg 纳基膨润土，3kgCTSH-1 盾构制浆剂，膨润土浆液稠度为 100~120s，pH 值为 7.2，现场设置专用搅拌发酵站，如图 15.5-4 所示。高分子聚合物溶液浓度 5‰，泡沫剂浓度为 4.0%。膨润土泥浆注入量 20%~25%，聚合物溶液注入量 5%，泡沫溶液注入量 20%~30%。

图 15.5-4　现场膨润土搅拌发酵设备

（3）改良效果

通过现场土体改良前后对比试验，盾构在富水不可输排粒径漂石地层掘进时，土体改良后上土压力、刀盘扭矩及推进速度等盾构参数均比土体改良前得到了很好的改善，提高了盾构掘进效率，地表沉降得到了有效的控制，见图 15.5-5~图 15.5-7。

①土体改良前，上土压力较小，大多小于 0.03MPa，非常不利于开挖面稳定和地表沉降控制，土体改良后，上土压力显著提高，平均上土压力控制在 0.05MPa。

②土体改良前，刀盘扭矩波动大，在 2000～5000kN·m之间变化，土体改良后，刀盘扭矩控制得非常平稳，多为 3000～4000kN·m。

③土体改良前，盾构掘进效率低，掘进速度时快时慢，非常不稳定，平均掘进速度 20mm/min，时有掘进速度为零的情况发生，土体改良后，掘进效率显著提高，平均掘进速度提高到 42mm/min。

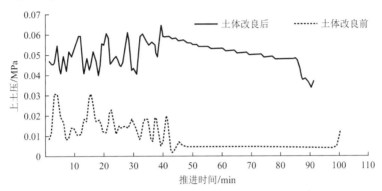

图 15.5-5　土体改良前后上土压力对比情况

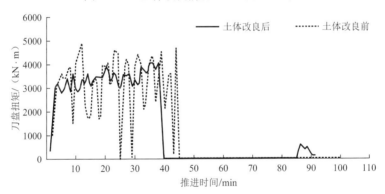

图 15.5-6　土体改良前后刀盘扭矩对比情况

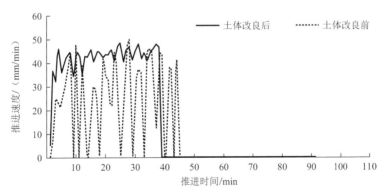

图 15.5-7　土体改良前后推进速度对比情况

现场土体改良试验结果证明：使用钠基膨润土泥浆、聚合物溶液和泡沫，能改善渣土塑流性、止水性、可压缩性，防喷涌，利于卵漂石渣土的悬浮输排，高阻尼泥浆可辅助实现漂石破碎。

3. 含不可输排粒径漂石的砾岩—砂卵石复合地层渣土改良

（1）地层特征

区间不可输排粒径漂石的砾岩—砂卵石复合地层，为砾岩与漂石地层之间的过渡段。根据详勘提供资料，卵石⑦层实际为古金沟河河道，而过渡段恰为河床部位，上游冲刷及地壳变化等条件的共同作用使该部位产生级配良好的石群。

（2）改良方法及效果

方案一：采用"钠基膨润土泥浆+泡沫改良方法"。

施工过程中，盾构掘进参数出现异常，第254环推进过程中上土压小于0.03MPa，掘进速度波动大，平均10mm/min，时常出现推进速度为零的情况，刀盘扭矩为4500~7000kN·m，螺旋输送机出渣离析并伴有喷涌的现象，刀盘转动时前方大面积出现异响。渣土中石块含量高，直径均为10~20cm，水中含有细颗粒。此现象易导致直径稍大的石块难以破碎、排出，极有可能在刀盘面板前方封堵住进土口，长时间这样会导致刀盘前方石块堆积，会造成刀盘被卡、难以启动的现象。

方案二：采用"增黏的钠基膨润土泥浆+高分子聚合物+泡沫改良方法"。

总结前阶段土体改良过程中出现的问题，更改原有渣土改良材料及用法、用量，在改良材料中增加高分子聚合物溶液，将原膨润土浆液稠度提高到120s以上。

①改良剂选用：优质纳基膨润土、制浆剂、高分子聚合物、泡沫原液，分别加水拌制。

②改良剂配比：膨润土浆液制拌稠度为120s以上浆液，$1m^3$膨润土的配比为55kg膨润土、1000kg水、3kg盾构制浆剂，以确保最终注入刀盘前方稠度。高分子聚合物混合液拌制，原料与水按5‰混合。泡沫混合液（康达特生产的CLB F4AD型泡沫，发泡装置设置的泡沫剂的质量分数为4%），泡沫注入率大于20%。

③改良剂的注入量：刀盘前方每环注入增黏的膨润土浆液7~9m^3。土仓内每环注入聚合物混合液约2m^3（停机后螺旋输送机内也持续注入2min），主要目的是防喷涌，防止膨润土浆液被地下水稀释，所以其注入量和注入时间参照出渣样调整。

采用上述土体改良方案后，渣土的流塑性得到改善，喷涌基本解除，掘进效率得到了有效提高，掘进参数好转，其中盾构推进速度达到25~30mm/min，上土压力为0.05MPa~0.08MPa，刀盘扭矩为3000~5000kN·m。

两种改良方法参数效果对比，见图15.5-8~图15.5-10。

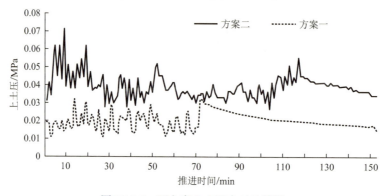

图15.5-8 两方案上土压力对比情况

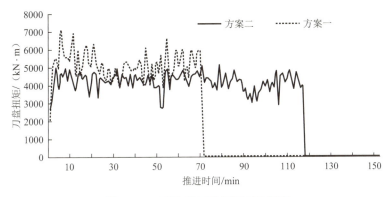

图 15.5-9 两方案刀盘扭矩对比情况

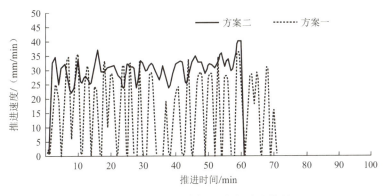

图 15.5-10 两方案推进速度对比情况

富含大粒径漂石地层,漂石被盾构刀具破碎,并经渣土改良后的出渣情况,如图 15.5-11 所示。

图 15.5-11 改良后的卵漂石渣土

15.5.2 盾构掘进模式

为了楔击破碎地层中的不可输排粒径漂石并降低刀具冲击损伤，实现盾构持续掘进，采取了"低贯高转"的掘进模式。该模式下，盾构主要掘进参数特征如下：

1. 主要参数特征

（1）砾岩地层

推进速度 20~40mm/min，刀盘转速 2r/min，贯入度：10~20mm/rad，推力 10000~13000kN，扭矩 3500~4000kN·m。

左线盾构 1~260 环砾岩地层主要掘进参数曲线如图 15.5-12 所示。

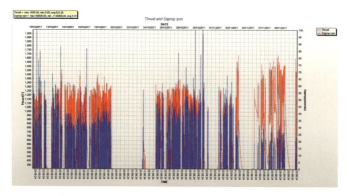

(a) 推力与推进速度曲线图（红色为推力，蓝色为推进速度）

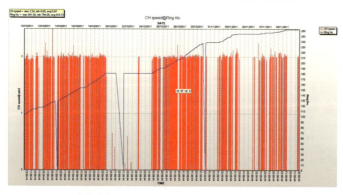

(b) 刀盘转速与环号曲线图（红色为转速，蓝色为环号）

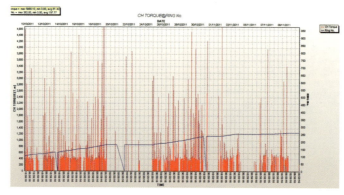

(c) 刀盘扭矩与环号曲线图（红色为扭矩，蓝色为环号）

第 15 章 不可输排粒径漂石地层盾构碎石掘进工程

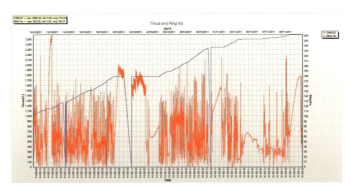

(d) 推力与环号曲线图（红色为推力，蓝色为环号）

图 15.5-12　左线盾构 1~260 环砾岩地层主要掘进参数曲线图

（2）卵漂石地层

推进速度 30~50mm/min，刀盘转速 2r/min，贯入度：10~20mm/rad，推力 12000~15000kN，扭矩 4000~4500kN·m。

左线盾构 310~788 环卵漂石地层主要掘进参数曲线如图 15.5-13 所示。

（3）砾岩—卵漂石复合地层

推进速度 30~45mm/min，刀盘转速 1.9~2.1r/min，贯入度：15~23mm/rad，推力 5000~7000kN，扭矩 2500~4000kN·m。

左线盾构 794~840 环主要掘进参数曲线如图 15.5-14 所示。

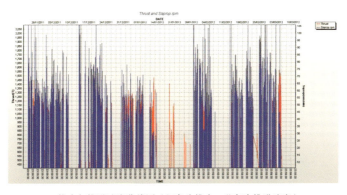

(a) 推力与推进速度曲线图（红色为推力，蓝色为推进速度）

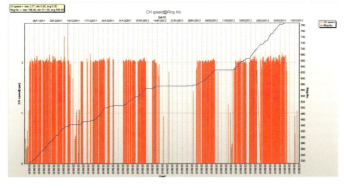

(b) 刀盘转速与环号曲线图（红色为转速，蓝色为环号）

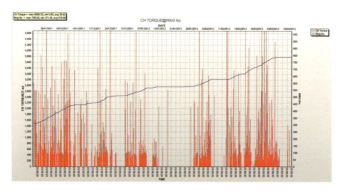

(c) 刀盘扭矩与环号曲线图（红色为扭矩，蓝色为环号）

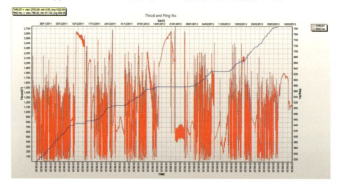

(d) 推力与环号曲线图（红色为推力，蓝色为环号）

图 15.5-13　左线盾构 310～788 环卵漂石地层主要掘进参数曲线图

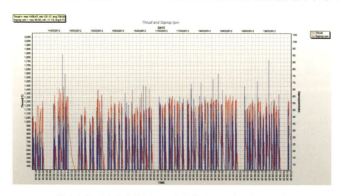

(a) 推力与推进速度曲线图（红色为推力，蓝色为推进速度）

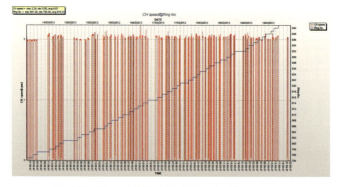

(b) 刀盘转速与环号曲线图（红色为转速，蓝色为环号）

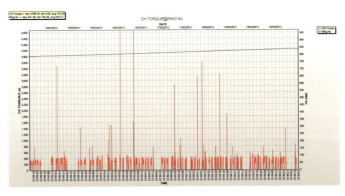

(c) 刀盘扭矩与环号曲线图（红色为扭矩，蓝色为环号）

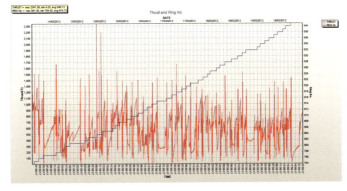

(d) 推力与环号曲线图（红色为推力，蓝色为环号）

图 15.5-14　左线盾构 794~840 环砾岩—卵漂石地层主要掘进参数曲线图

2. 刀盘转速与扭矩变化

本区间盾构刀盘转速基本维持在 2r/min 上下，扭矩保持 4000kN·m 左右跳动。由于该盾构机具有高功率、高负载能力，额定在此扭矩水平时，设备状态良好。如图 15.5-15 所示，高转速和高扭矩输出为盾构刀盘刀具楔击破碎不可输排粒径漂石提供了所需的高能量和高承载能力，满足了该地层掘进的装备需求。

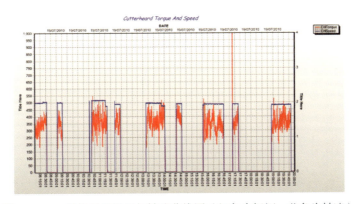

图 15.5-15　盾构刀盘扭矩与转速曲线图（红色为扭矩，蓝色为转速）

施工过程中，曾尝试降低刀盘转速，但刀盘扭矩当即随之增加，高扭矩防护程序自动开启，主驱动停止工作。这说明低转速不仅无法破碎大粒径漂石，而且提高了刀盘贯入度，必然使刀盘扭矩升高,掘进效率降低,增加了掘进难度。低转速条件下,如牺牲推进速度以谋求降低贯入度,进而降低刀盘扭矩的做法,也因为明显降低了盾构整体掘进效率而不可行。在砾岩地层中,针对刀盘转速调整后扭矩变化的试验结果,如图 15.5-16~图 15.5-18 所示。

由图 15.5-16 可知,当刀盘转速在 1.8r/min 时,刀盘扭矩基本在 3500kN·m 以上,扭矩波动大,油温升速快,设备状态不稳定,对地层扰动大。

图 15.5-17 可知,刀盘转速为 2r/min 时,刀盘扭矩正常在 2500~3000kN·m 之间变化,此时设备掘进稳定,扭矩波动小,油温升速慢,可连续掘进时间长,对地层扰动小。

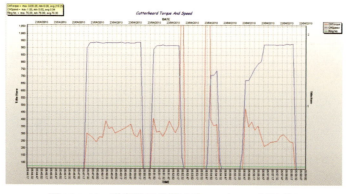

图 15.5-16　砾岩层刀盘转速为 1.8r/min 时的扭矩

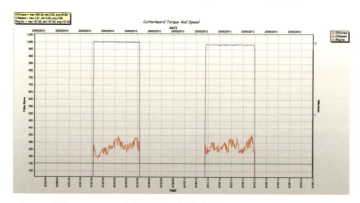

图 15.5-17　砾岩地层刀盘转速为 2r/min 时的扭矩

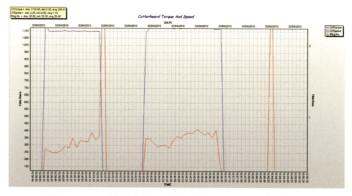

图 15.5-18　砾岩地层刀盘转速为 2.2r/min 时的扭矩

图 15.5-18 可知,刀盘转速在 2.2r/min 时的刀盘扭矩变化情况,此时刀盘扭矩在 2500～4000kN·m 变化,相较于 2r/min 的扭矩而言,扭矩波动变大。同时,转速越高,刀具承受的冲击荷载越大。

实际分析,刀盘转速为 2r/min,扭矩稳定在 2000～3500kN·m 时,刀盘扭矩,设备的温升、负载、耗电量,以及参数波动和对地层扰动都相对较小。

3. 推力

以该区间盾构设备参数、掘进参数及工程地质条件为基础,推导的盾构推力计算公式对富含超大粒径漂石地层盾构推力的组成要素进行计算及统计分析,理论计算结果表明:盾体与周围地层的摩阻力 F_1、盾构推进时正面推进阻力 F_2 和盾构切口环贯入地层时的阻力 F_3 是盾构推力的主要构成部分,三者之和约占了盾构总推力的 95% 以上,如图 15.5-19 所示。因此,可将富含不可输排粒径漂石的砂卵石地层盾构推力计算公式简化为式(15.5-1)。

$$F_d = (1.05 \sim 1.1)(F_1 + F_2 + F_3) \tag{15.5-1}$$

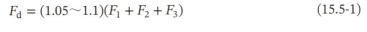

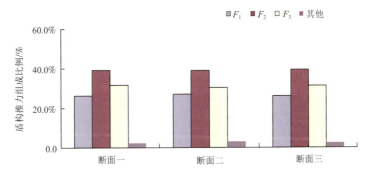

图 15.5-19 区间典型断面盾构推力构成比例图

在富含不可输排粒径漂石的砾岩地层段,盾构推力为 11000～14000kN;在富含不可输排粒径漂石的砾岩与砂卵石复合地层段,盾构推力为 8000～13000kN;在富含不可输排粒径漂石的砂卵石地层段,盾构推力为 8500～13000kN。上述三类地层盾构推力总体控制较好,均在合理范围内,而且整个推进过程盾构推力波动小、变化稳定。其中三段代表性推力值,可见图 15.5-20～图 15.5-22。

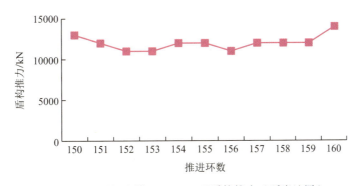

图 15.5-20 区间左线 150～160 环盾构推力(砾岩地层)

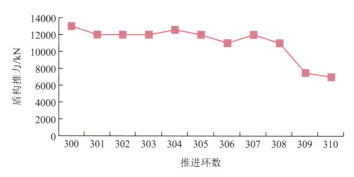

图 15.5-21　区间左线 300～310 环盾构推力（砾岩与砂卵石复合地层）

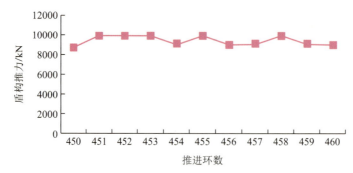

图 15.5-22　区间左线 450～460 环盾构推力（砂卵石地层）

影响盾构与周围地层的摩擦阻力大小的因素较多，盾构主机直径、自重和长度等设备参数，隧道埋深、上覆地层的重度和掘进地层的内摩擦角等地层条件，均对盾构推力有直接的影响。施工阶段，在设备参数和地质条件已定的情况下，可以通过良好的渣土改良，来改善盾构前方及周围地层的摩擦性质，以降低盾构与周围土体的摩擦阻力。

4. 扭矩

根据砂卵石地层力学特性，刀盘扭矩主要由刀盘切削阻力扭矩、刀盘正面的摩擦阻力扭矩、刀盘侧面的摩擦阻力扭矩、刀盘背面及搅拌翼与渣土的摩擦阻力扭矩、轴承旋转的阻力扭矩和刀盘密封摩擦的阻力扭矩 6 部分组成。定义 T 为刀盘扭矩，$kN \cdot m$；$T_1 \sim T_6$ 依次为 6 个阻力扭矩，$kN \cdot m$，则总扭矩见式(15.5-2)。

$$T = T_1 + T_2 + T_3 + T_4 + T_5 + T_6 \tag{15.5-2}$$

（1）刀盘切削阻力扭矩

刀盘切削土体时产生的切削扭矩 T_1，可按式(15.5-3)计算。

$$T_1 = \frac{1}{8} D^2 \frac{v}{N} q_u \tag{15.5-3}$$

式中：D——刀盘外径，m；

v——掘进速度，mm/min；

N——刀盘旋转数，r/min；

q_u——周围土体的单轴抗压强度，kPa。

（2）刀盘正面的摩擦阻力扭矩

刀盘在切削土体过程中，其正面将与掌子面前方土体发生摩擦，产生的摩擦阻力扭矩

T_2，可按式(15.5-4)计算。

$$T_2 = \frac{\pi}{24}D^3(Q_1+Q_2)(1-\eta)f \tag{15.5-4}$$

式中：Q_1——刀盘顶部水平土压，kPa；
　　　Q_2——刀盘底部水平土压，kPa；
　　　η——刀盘开口率；
　　　f——土与刀盘表面之间的摩擦系数。

（3）刀盘侧面的摩擦阻力扭矩

刀盘侧面在垂直土压力和水平土压力的作用下产生摩擦阻力，由此产生的侧面摩擦阻力扭矩T_3，可按式(15.5-5)计算。

$$T_3 = \frac{\pi D^2}{4}(1+K_a)f\gamma HB \tag{15.5-5}$$

式中：K_a——主动土压力系数；
　　　γ——刀盘周围土体的重度，kN/m³；
　　　H——地表至刀盘中心的距离，m；
　　　B——刀盘外沿宽度，m。

（4）刀盘背面及搅拌翼与渣土的摩擦阻力扭矩

类似于刀盘正面摩擦阻力扭矩，刀盘背面与渣土接触发生摩擦，由此产生的摩擦阻力扭矩T_{41}，可按式(15.5-6)计算。

$$T_{41} = k'\frac{\pi}{24}D^3(Q_1+Q_2)(1-\eta)f_k \tag{15.5-6}$$

式中：k'——仓内土压力与开挖面上土压力的比值；
　　　f_k——刀盘背面与渣土的摩擦系数。

假设搅拌翼板在土仓内搅拌渣土时各方向上所受土压力相等，且等于相同开挖深度开挖面土体的竖向土压力，则搅拌翼摩擦阻力扭矩T_{42}，可按式(15.5-7)计算。

$$T_{42} = k\sum_n \gamma' H_k D_k L_k R_k f_k \tag{15.5-7}$$

式中：k——侧压力系数；
　　　n——搅拌翼的数量，个；
　　　γ'——土仓内渣土的重度，kN/m³；
　　　H_k——地表到搅拌翼的高度，m；
　　　D_k——搅拌翼直径，m；
　　　L_k——搅拌翼长度，m；
　　　R_k——搅拌翼到刀盘中轴线的距离，m。

因此，刀盘背面及搅拌翼与渣土的摩擦阻力扭矩T_4，可按式(15.5-8)计算。

$$T_4 = k'\frac{\pi}{24}D^3(Q_1+Q_2)(1-\eta)f_k + k\sum_n \gamma' H_k D_k L_k R_k f_k \tag{15.5-8}$$

（5）轴承旋转阻力扭矩

轴承旋转阻力扭矩T_5由轴向旋转和径向旋转两部分组成，见式(15.5-9)。

$$T_5 = \frac{Q_1 + Q_2}{2}(1-\eta)f_5\frac{D_s}{2} + W_c f_5 \frac{D_r}{2} \tag{15.5-9}$$

式中：f_5——轴承摩擦系数；

D_s——轴承轴向旋转直径，m；

D_r——轴承径向旋转直径，m；

W_c——刀盘质量，包含轴承质量，t。

（6）刀盘密封摩擦阻力扭矩

根据刀盘密封的结构形式，得出刀盘密封摩擦的阻力扭矩T_6，见式(15.5-10)。

$$T_6 = \frac{\pi}{2}T_a(L_1^2 N_1 + L_2^2 N_2) \tag{15.5-10}$$

式中：T_a——密封接触阻力扭矩，kN·m；

L_1——第1组刀盘密封安装半径，m；

N_1——刀盘密封组数，m；

L_2——第2组刀盘密封安装半径，m；

N_2——刀盘密封组数，组。

根据盾构刀盘扭矩理论计算公式和刀盘扭矩的力学特征，可以将刀盘扭矩分为三大类：第一类，开挖扭矩（T_1）；第二类，磨损阻力扭矩（$T_2 + T_3 + T_4$）；第三类，机械损失扭矩（$T_5 + T_6 + T_7$）。对该区间盾构刀盘设计扭矩进行统计分析，结果表明：摩擦阻力扭矩（$T_2 + T_3 + T_4$）在刀盘总扭矩中占据主导地位，成为控制刀盘扭矩大小的主要因素。通过取该区间三个典型断面显示，刀盘的摩擦阻力扭矩占总扭矩的比例依次为 90.74%、91.54% 和 90.68%，如图 15.5-23 所示。

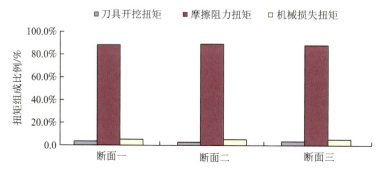

图 15.5-23 区间典型断面刀盘设计扭矩组成比例

基于刀盘扭矩的计算公式及组成特征分析，对不可输排粒径漂石地层刀盘扭矩的计算公式进行简化，可以得到式(15.5-11)。

$$T' = 1.2(T_2 + T_3 + T_4) \tag{15.5-11}$$

刀盘扭矩除与刀盘外径、开口率、刀盘厚度和搅拌棒尺寸等结构参数有关外，还与隧道埋深、开挖土体重度、开挖土体与刀盘摩擦系数、渣土与刀盘和搅拌棒摩擦系数等地层参数密切相关。在富含不可输排粒径漂石地层，卵漂石含量高，粒径大，渣土塑流性差，摩阻力高，因此，盾构掘进过程中应重视渣土改良对刀盘扭矩的影响，通过土体改良来改善刀盘扭矩，以提高盾构掘进性能和开挖效率。

在富含不可输排粒径漂石的砾岩地层段，刀盘扭矩为 3000~4200kN·m；在富含不可输排粒径漂石的砾岩与砂卵石复合地层段，刀盘扭矩为 2500~4000kN·m；在富含不可输排粒径漂石的砂卵石地层段，刀盘扭矩为 3000~4000kN·m，实际最高工作扭矩占额定扭矩的 74%，能满足该地层掘进需求。其中 3 段代表性扭矩值，可见图 15.5-24~图 15.5-26。

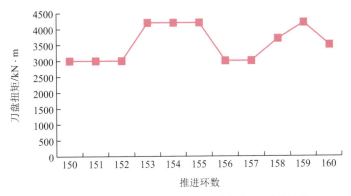

图 15.5-24　区间左线 150~160 环刀盘扭矩（砾岩地层）

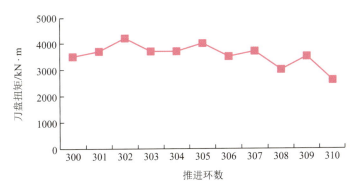

图 15.5-25　区间左线 300~310 环刀盘扭矩（砾岩与砂卵石复合地层）

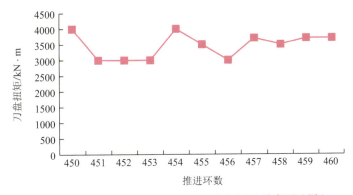

图 15.5-26　区间左线 450~460 环刀盘扭矩（砂卵石地层）

15.5.3　盾构刀具磨损

1. 检修换刀点设置

北京地铁 9 号线建设初期，委托设计咨询单位对全线盾构换刀方案进行了咨询，形成了《全线盾构检修换刀方案咨询报告》，建议首次换刀点间距不小于150m，军事博物馆站—东钓鱼台站区间隧道主要穿越卵石⑦、砾岩⑪层，建议检修换刀距离200m，区间检修换刀点设置情况为：左线5处，右线6处，具体见图15.5-27、表15.5-2和表15.5-3。

图 15.5-27　区间盾构检修换刀点设置建议图

区间盾构检修换刀点设置建议表　　　　　表 15.5-2

隧道	里程	检修方案	检修距离/m	备注
区间左线	K12+645	盾构工作井 盾构始发	—	
	K12+800	土体加固后开仓	155	第一次换刀
	K13+000	土体加固后开仓	200	湖水疏干后在湖底施作
	K13+169	土体加固后开仓	169	湖水疏干后在湖底施作
	K13+338	大竖井检修换刀	169	与区间泵站结合
	K13+470	土体加固后开仓	132	下穿军事管理区前
	K13+645	土体加固后开仓	175	
区间右线	K13+864.027	东钓鱼台站南端 盾构调头	219	
	K13+645	土体加固后开仓	219	下穿军管区前
	K13+470	土体加固后开仓	175	
	K13+338	大竖井检修换刀	132	与区间泵站结合
	K13+100	土体加固后开仓	238	湖水疏干后在湖底施作
	K12+870	土体加固后开仓	230	
	K1+821.566	盾构工作井 盾构接收	225	

现场盾构掘进过程中，右线设置检修换刀井5座，洞内开仓换刀点3处，左线设置检修换刀井5座，洞内开仓换刀点1处。每次换刀滚刀、楔击刀基本全部更换。

区间盾构检修换刀点实际设置表　　　　表 15.5-3

右线 K12+652～K13+864

换刀位置	开仓	1号换刀井	2号换刀井	3号换刀井	4号换刀井	5号换刀井	开仓	开仓	接收井
	K12+752	K12+867	K13+022	K13+154	K13+354	K13+422	K13+550	K13+696	K13+864
换刀间距	100	115m	155m	132m	200m	68m	128m	146m	168m
地层条件	砾岩黏土岩	砾岩黏土岩	卵漂石黏土岩	卵漂石	卵漂石	卵漂石	卵漂石砾岩	卵漂石砾岩	砾岩

左线 K12+652～K13+864

换刀位置	始发井	1号换刀井	2号换刀井	3号换刀井	4号换刀井	5号换刀井	开仓	接收井
	K12+652	K12+866	K13+035	K13+195	K13+354	K13+422	K13+598	K13+864
换刀间距	0	214	169m	165m	159m	68m	176m	266m
地层条件	砾岩黏土岩	砾岩黏土岩	卵漂石黏土岩	卵漂石	卵漂石	卵漂石	卵漂石、砾岩	砾岩

2. 刀具磨损情况

本区间盾构初装刀主要配置有双刃滚刀、楔击刀、刮刀、中心刀，盾构进入检修井和出洞后的刀盘情况如图 15.5-28～图 15.5-30 所示。

对于区间刀具磨损情况，总体而言，存在以下特点：

（1）因对实际地层特征和掘进控制存在试验摸索阶段，先行掘进的右线刀具磨损情况，较后行掘进的左线严重；始发段掘进时刀具磨损较正常段严重。

（2）就地层而言，因砾岩和黏土岩胶结物强度低，且含黏性颗粒，易于开挖和输排，渣土改良相对容易，虽同样富含不可输排粒径漂石，但相对于富含漂石的砂卵石地层而言，刀具磨损相对较轻，掘进相对容易。

（3）刀具磨损形态以常规磨耗为主，冲击损伤并存；轨迹半径越大的刀具，磨损越严重；刀盘面板和外周均有不同程度磨损，尤其是在部分刀具磨损较快的轨迹半径上，容易形成环带状磨损。

（4）承担主体开挖作用的楔击刀和滚刀，磨损速率快，多数刀具已磨损至只余部分母材的残体，失去了破碎漂石的功能；楔犁刀因低于楔击刀，磨损程度尚可，仍具备对地层的楔犁开挖能力；刮刀因高度最低，受冲击损伤概率较低，但因地层磨蚀性高，其合金和母材均不同程度磨损，尤其是边刮刀磨损较明显。刀盘刀具磨损情况如图 15.5-31～

图 15.5-33 所示。

图 15.5-28　盾构检修井内换刀前后刀盘

图 15.5-29　盾构右线出洞　　　　图 15.5-30　盾构左线出洞

图 15.5-31　右线 1 号换刀井砾岩地层刀盘刀具磨损情况

图 15.5-32　右线 4 号换刀井漂石地层刀盘刀具磨损情况

图 15.5-33　更换的刀具

参考文献

[1] 中华人民共和国建设部. 土的工程分类标准: GB/T 50145—2007[S]. 北京: 中国计划出版社, 2008.

[2] 张永军, 李松, 谢煜. 兰州城市区工程地质分区研究[J]. 兰州大学学报（自然科学版）, 2014(5): 599-603.

[3] 北京轨道交通新机场线一期工程勘察04合同段区间（磁各庄站—草桥站）岩土工程勘察报告（详细勘察）[R]. 中航勘察设计研究院有限公司, 2017.

[4] 北京地铁九号线军事博物馆站—白碓子站区间岩土工程勘察报告（详细勘察）[R]. 北京市勘察设计研究院, 2007.

[5] [日]土木学会. 隧道标准规范[盾构篇]及解说[M]. 朱伟, 译. 北京: 中国建筑工业出版社, 2011.

[6] 尹旅超, 朱振宏, 李玉珍, 等. 日本隧道盾构新技术[M]. 武汉: 华中理工大学出版社, 1999.

[7] [日]地盘工学会. 盾构法的调查设计施工[M]. 牛清山, 陈凤英, 徐华, 译. 北京: 中国建筑工业出版社, 2008.

[8] [德]B.MAID, M.HERRENKNECHT, L.ANHEUSER 机械化盾构隧道掘进[M]. 曾慎聪, 郦伯贤, 胡胜利, 译. 杭州: 浙江大学出版社, 2002.

[9] 邓勇, 管会生, 任霄. 成都特殊地质条件下地铁盾构选型与施工关键技术[M]. 成都: 西南交通大学出版社, 2018.

[10] 黄威然, 杨书. 砂与砂砾地层盾构工程技术[M]. 北京: 中国建筑工业出版社, 2013.

[11] 朱伟, 闵凡路, 钟小春. 泥水加压盾构泥浆与泥膜[M]. 北京: 科学出版社, 2016.

[12] 陈馈, 洪开荣, 焦胜军. 盾构施工技术[M]. 北京: 人民交通出版社, 2016.

[13] 李守巨, 曹丽娟, 孙伟, 等. 盾构机土仓压力控制技术[M]. 大连: 大连理工大学出版社, 2011.

[14] 谢兴华, 赵廷华, 张文峰, 等. 砂卵石地基大型渠道的渗流与抗浮[M]. 郑州: 黄河水利出版社, 2010.

[15] 王毅才. 隧道工程[M]. 北京: 人民交通出版社, 2006.

[16] 乐贵平, 贺少辉, 罗富荣, 等. 北京地铁盾构隧道技术[M]. 北京: 人民交通出版社, 2012.

[17] 鲍绥意. 盾构技术理论与实践[M]. 北京: 中国建筑工业出版社, 2012.

[18] 潘秀明, 雷崇红, 等. 北京地铁砂卵石砾岩地层综合工程技术[M]. 北京: 人民交通出版社, 2012.

[19] 杨书江, 孙谋, 洪开荣. 富水砂卵石地层盾构施工技术[M]. 北京: 人民交通出版社, 2011.

[20] 王毅才. 隧道工程(上册)[M]. 北京: 人民交通出版社, 2006.

[21] 刘佑荣, 唐辉明. 岩体力学[M]. 北京: 中国地质大学出版社, 1999.

[22] 徐小荷, 余静. 岩石破碎学[M]. 北京: 煤炭工业出版社, 1984.

[23] 周小文, 濮家骝, 包承钢. 砂土中隧洞开挖稳定机理及松动土压力研究[J]. 长江科学院院报, 1999(4): 10-15.

[24] 秦建设, 吕国君. 太沙基隧道松动土压力研究[J]. 施工技术, 2007(S1): 390-392.

[25] 武军, 廖少明, 张迪. 基于颗粒流椭球体理论的隧道极限松动区与松动土压力[J]. 岩土工程学报, 2013, 35(4): 714-721.

[26] 官全美, 张润来, 周顺华, 等. 基于颗粒椭球体理论的隧道松动土压力计算方法[J]. 岩土工程学报, 2017, 39(1): 99-105.

[27] 胡欣雨, 张子新. 基于开挖面实际破坏模式的盾构隧道稳定性分析模型[J]. 上海交通大学学报, 2013, 47(9): 1469-1476.

[28] 陈其志, 郭生根, 徐长节, 等. 砂土中松动土压力及松动区位移破坏形式的试验研究[J]. 中南大学学报(自然科学版), 2019, 50(1): 108-117.

[29] 汪大海, 贺少辉, 刘夏冰, 等. 基于主应力旋转特征的浅埋隧道上覆土压力计算及不完全拱效应分析[J]. 岩石力学与工程学报, 2019, 38(6): 1284-1296.

[30] 朱孟龙, 张庆文, 徐国林, 等. 考虑塔形滑移面的浅埋隧道松动土压力研究[J]. 应用力学学报, 2020, 37(5): 2197-2206.

[31] ZHANG H.F, ZHANG P, ZHOU W, et al. A new model to predict soil pressure acting on deep burial jacked pipes[J]. Tunnelling and Underground Space Technology, 2016, 60: 183-196.

[32] 陈若曦, 朱斌, 陈云敏, 等. 基于主应力轴旋转理论的修正 Terzaghi 松动土压力[J]. 岩土力学, 2010, 31(5): 1402-1406.

[33] 黎春林. 盾构隧道施工松动土压力计算方法研究[J]. 岩土工程学报, 2014, 36(9): 1714-1720.

[34] 徐长节, 梁禄钜, 陈其志, 等. 考虑松动区内应力分布形式的松动土压力研究[J]. 岩土力学, 2018, 39(6): 1927-1934.

[35] 徐前卫, 唐卓华, 朱合华, 等. 盾构隧道开挖面极限支护压力研究[J]. 岩土工程学报, 2017, 39(7): 1234-1240.

[36] 黄石茂. 螺旋输送机输送机理及其主要参数的确定[J]. 广东造纸. 1998(3): 27-31.

[37] 王继伟, 于文娟, 姜元志, 等. 螺旋输送器的类型及输送机理分析[J]. 粮油加工, 2010(7): 158-160.

[38] 张福培. 大倾角螺旋输送机的工作原理和设计[J]. 建筑机械, 1991(7): 19-23.

[39] 朱伟, 秦建设, 魏康林. 土压平衡盾构喷涌发生机理研究[J]. 岩土工程学报, 2004(5): 589-593.

[40] BERNHARD MAIDL, MARTIN HERRENKNECHT, ULRICH MAIDL, et al. Maschineller Tunnelbau im Schild‐vortribe[M]. Berlin: Ernst&Sohn, 2011.

[41] DEUTSCHER AUSSCHUSS FÜR UNTERIRDISCHES Bauen e. V. (DAUB), German Tunnelling Committee (ITA-AITES). Recommendations for Face Support Pressure Calculations for Shield Tunnelling in Soft Ground, 2016.

[42] 魏康林. 土压平衡式盾构施工中"理想状态土体"的探讨[J]. 城市轨道交通研究. 2007(1): 67-70.

[43] 王树英, 刘朋飞, 胡钦鑫, 等. 盾构隧道渣土改良理论与技术研究综述[J]. 中国公路学报. 2020, 33(5): 8-34.

[44] 于方, 宋神友, 李汉渤, 等. 钢壳沉管自密实混凝土工作性能评价方法的对比试验研究[J]. 硅酸盐通报. 2021, 40(4): 1228-1237.

[45] 覃维祖, 安明哲. 高流动性混凝土工作度评价方法研究[J]. 混凝土与水泥制品. 1996(3): 11-15.

[46] 罗时勇. 混凝土工作性控制技术及评估方法研究[D]. 南京: 东南大学, 2015.

[47] 吴计旭. 新拌混凝土泌水规律及控制研究[D]. 唐山: 河北联合大学, 2012.

[48] 邹超. 土压平衡盾构法隧道施工渣土改良指标探讨[J]. 甘肃科技, 2016, 32(2): 87-90.

[49] 王洪新, 陈大羽, 商涛平, 等. 土压平衡盾构渣土改良的合理坍落度研究[J]. 地下空间与工程学报, 2021, 17(1): 148-157+188.

[50] 张淑朝, 贺少辉, 朱自鹏, 等. 兰州富水砂卵石层土压平衡盾构渣土改良研究[J]. 岩土力学, 2017, 38(S2): 279-286.

[51] 铁道部第一勘察设计院. 铁路工程地质手册[M]. 北京: 中国铁道出版社, 1999.

[52] 编委会. 岩土工程手册[M]. 北京: 中国建筑工业出版社, 1994.

[53] 编委会. 工程地质手册[M]. 4版. 北京: 中国建筑工业出版社, 2007.

[54] 吕丹. 盾构切刀摩擦磨损特性研究[D]. 长沙: 中南大学, 2012.

[55] 王昶皓. 地层对钻头磨损机理及岩石研磨性评价研究[D]. 大庆: 东北石油大学, 2018.

[56] 舒标. 基于磨料磨损的TBM滚刀磨损量计算及磨损性能研究[D]. 长沙: 中南大学, 2014.

[57] 刘进志, 智小慧, 郭京波. 盾构掘削刀具简述[J]. 工程机械, 2009, 40(6): 50-53.

[58] BESTE U, JACOBSON S. Micro scale hardness distribution of rock types related to rock drill wear[J]. Wear, 2003, 254(11): 1147-1154.

[59] 洪海侠, 程秀兰, 张卫兵. 冲击钻头用硬质合金磨损的研究现状[J]. 硬质合金, 2016, 33(1): 74-80.

[60] 朱杰兵, 沈小轲, 王小伟, 等. TBM施工中岩石可钻性测试与评价技术综述[J]. 人民长江, 2019, 50(8): 143-150.

[61] BROEKMANS M A T M. Failure of greenstone, jasper and cataclasite aggregate in bituminous concrete due to studded tyres: Similarities and differences[J]. Materials Characterization, 2007, 58(11-12): 1171-1182.

[62] 张晋勋, 殷明伦, 江玉生, 等. 土压平衡盾构楔犁刀松动砂卵石地层力学行为研究[J]. 隧道建设(中英文), 2022, 42(9): 1501-1513.

[63] 张晋勋, 殷明伦, 江华, 等. 砂卵石地层盾构长距离掘进先行刀优化配置研究[J]. 都市快轨交通, 2021, 34(4): 119-127.

[64] 张晋勋, 江华, 程晋国, 等. 盾构施工引起地层损失率的变化特征[J]. 都市快轨交通, 2017, 30(6): 56-61.

[65] 张晋勋, 江华, 程晋国, 等. 盾构开挖引起的地层位移空间分布预测模型[J]. 铁道工程学报, 2017, 34(11): 88-94.

[66] 张晋勋, 江华, 江玉生, 等. 盾构施工引起的地层分层位移测试技术研究[J]. 现代隧道

技术, 2017, 54(4): 123-130.

[67] 张晋勋, 江华, 孙正阳, 等. 大粒径卵漂石地层盾构破岩机理及工程应用[J]. 土木工程学报, 2017, 50(2): 88-96.

[68] 江华, 张晋勋, 李继东, 等. 砂卵石地层撕裂刀布置对刮刀磨损的影响研究[J]. 铁道工程学报, 2021, 38(1): 103-108.

[69] 江华, 张晋勋, 唐飞鹏, 等. 北京砂卵石地层盾构先行撕裂刀切削过程数值模拟分析[J]. 煤炭学报, 2021, 46(S1): 539-548.

[70] 潘茁, 张晋勋, 江玉生, 等. 盾构刀盘扭矩与位移相关性分析[J]. 科学技术与工程, 2016, 16(10): 238-242+247.

[71] 江华, 张晋勋, 江玉生, 等. 土压平衡盾构穿越土砂复合地层控制技术[J]. 都市快轨交通, 2013, 26(4): 96-99.

[72] 江华, 张晋勋, 江玉生. 北京地铁砂卵石地层盾构推力组成及可控因素敏感性研究[J]. 现代隧道技术, 2013, 50(4): 109-114.

[73] 江华, 张晋勋, 苏艺, 等. 砂卵石地层土压平衡盾构隧道施工土体改良试验研究[J]. 中国铁道科学, 2013, 34(4): 40-45.

[74] 江华, 张晋勋, 江玉生. 大粒径卵砾石地层土压平衡盾构关键参数相关性特征[J]. 都市快轨交通, 2013, 26(2): 94-99, 107.

[75] 江华, 江玉生, 张晋勋, 等. 大粒径卵砾石地层盾构刀盘选型及适应性评价[J]. 土木建筑与环境工程, 2014, 36(5): 119-124.

[76] 江华, 江玉生, 张晋勋, 等. 北京地铁砂卵石地层土压平衡盾构施工刀盘扭矩研究[J]. 中国铁道科学, 2013, 34(3): 59-65.

[77] 江华, 江玉生, 张晋勋, 等. 大直径土压平衡盾构施工诱发地层变形规律研究[J]. 都市快轨交通, 2015, 28(2): 94-97.